The idea of living in the house like this essentially came from me.

Het idee van het huis zo te bewonen kwam in principe van mij.

Truus Schröder

RIETVELD SCHRÖDER HOUSE HUIS

EEN BIOGRAFIE VAN HET HUIS

A BIOGRAPHY OF THE HOUSE

Natalie Dubois
Jessica van Geel

RIETVELD SCHRÖDER HOUSE / HUIS

CONTENTS INHOUD

- **15** ABOUT THE BOOK DESIGN
  OVER HET BOEKONTWERP

- **16** WELCOME
  WELKOM

- **18** ALL THAT LIFE
  AL DAT LEVEN

- **23** THE DREAM HOUSE
  HET GEDROOMDE HUIS
  1889–1924
  From the birth of two kindred
  spirits to the first scale model
  Van de geboorte van twee gelijkgestemden
  tot het eerste schaalmodel

- **121** BEAUTIFUL, REALLY BEAUTIFUL
  PRACHTIG MOOI, VRESELIJK MOOI
  1924–1925
  From the construction of the house to when
  Truus Schröder moved in with her children
  Van de bouw van het huis totdat Truus Schröder
  er met haar kinderen gaat wonen

- **215** SCHRÖDER & RIETVELD ARCHITECT
  SCHRÖDER & RIETVELD ARCHITECT
  1925–1933
  From architect's office
  to a view of their own design
  Van het architectenbureau
  tot het zelfgecreëerde uitzicht

- **343** AN EMPTY HOUSE
  EEN LEEG HUIS
  1933–1940
  From alone in the house to the 'tower room'
  Van alleen in het huis tot het 'torenkamertje'

481 HIDING PEOPLE IN THE STUDY
ONDERDUIKERS IN DE STUDEERKAMER
1940–1947
From the evacuation of the house
to the return of the children
Van de evacuatie uit het huis tot
de terugkomst van de kinderen

587 LET'S TEAR IT DOWN
LATEN WE HET MAAR SLOPEN
1947–1964
From 'architectural artist' to the death of Rietveld
Van 'bouwkunstenares' tot het overlijden van Rietveld

717 THE HOUSE AS MUSEUM
HET HUIS ALS MUSEUM
1964–now nu
From the 'little sorting room'
to the Rietveld Schröder House
Van het 'sorteerkamertje'
tot het Rietveld Schröderhuis

875 EXPLANATION
VERANTWOORDING

876 ARCHIVES
ARCHIEVEN

876 LITERATURE
LITERATUUR

878 PHOTO CREDITS
FOTOVERANTWOORDING

886 ACKNOWLEDGEMENTS
DANKWOORD

889 ABOUT THE AUTHORS
OVER DE AUTEURS

__What matters in architecture is what is between, in or beside the work. Whether it is good to live there.
— Gerrit Rietveld in *De Werkende Vrouw*, 1930

__Het komt in de architectuur aan op dat wat tussen, in of naast het werk is. Of het daar goed is om te leven.
— Gerrit Rietveld in *De Werkende Vrouw*, 1930

ABOUT THE BOOK DESIGN

This book is actually two books in one: it contains both Dutch and English texts. Dual-language books were common in the Netherlands for many years, but today, due to internationalisation, books often appear exclusively in English.

Books containing multiple languages are known as polyglots. A polyglot book is one which comprises texts in several languages, sometimes as many as twelve on a double page! The contents are organised in such a way that the reader can view several languages side by side. Bibles and linguistic works are often in polyglot form, as are books on art and design, in order to reach a wider audience.

This book is about an important piece of Dutch architecture: the Rietveld Schröder House. Bringing two languages together in this book – English in black, Dutch in blue – conveys its importance on the national and international stage. Moreover, this bilingual set-up gave the designers, Frederik Pesch and myself, the opportunity to arrange the texts in such a way that they reflect Rietveld and Schröder's architecture.

Irma Boom

OVER HET BOEKONTWERP

Dit boek is eigenlijk twee boeken in één: het omvat zowel een Nederlandse als een Engelse versie. Een fenomeen dat in Nederland jarenlang gangbaar was, maar door de internationalisering verschijnen boeken nu vaak uitsluitend in het Engels.

Publicaties die meerdere talen bevatten, staan bekend als polyglotten. Een polyglot is een boek met teksten in verschillende talen – soms wel 12 talen op een dubbele pagina! De inhoud wordt zo georganiseerd opdat de lezer de taalversies naast elkaar kan bekijken. Goede voorbeelden van polyglotboeken zijn bijbels en taalkundige werken, maar het gebruik van verschillende talen naast elkaar wordt ook in kunst- en designboeken toegepast om een breder publiek te bereiken.

In dit boek gaat het over het Rietveld Schröderhuis, een mijlpaal in de Nederlandse architectuur. Door juist in deze uitgave twee talen, het Engels in zwart en het Nederlands in blauw, bij elkaar te brengen, wordt het nationale en internationale belang van dit iconische huis aangetoond. Bovendien biedt deze tweetalige opzet ons, de ontwerpers Frederik Pesch en mijzelf, de kans om de teksten zó te plaatsen dat ze de architectuur van Rietveld en Schröder weerspiegelen.

Irma Boom

WELKOM

Het excentrieke en wereldberoemde Rietveld Schröderhuis, dat al meer dan een eeuw moderniteit staat uit te stralen, werd aan de rafelrand van de stad Utrecht neergezet. Niemand wilde het stukje land hebben. Inmiddels is de grond drager van een Unesco-werelderfgoedhuis. Juist doordat het een afgelegen stuk land was, konden Gerrit Rietveld en Truus Schröder er hun gang gaan. Ik kies deze woorden zorgvuldig: hun gang gaan. Want als er iets is dat tot op vandaag in het huis te ervaren is, is het die eigenzinnigheid. Waarbij Rietveld en Schröder een ultieme balans creëerden tussen het ideaal van moderne schoonheid, rationele vernieuwing en praktische toepassingen.

We zijn de afgelopen jaren blij verrast met prachtige vondsten uit archieven die nooit eerder waren geraadpleegd. Dit levert veel nieuwe inzichten op over de totstandkoming van het huis, waarmee we opnieuw naar de samenwerking tussen Schröder en Rietveld kunnen kijken. Want in hoeverre hebben we in het verleden Truus Schröder op de juiste waarde geschat? Waar lag de grens tussen opdrachtgever, meedenker en ontwerper eigenlijk? Wat was haar aandeel in het ontwerp? Juist over deze vragen zijn interessante ontdekkingen gedaan, die onze blik op de samenwerking tussen Gerrit Rietveld en Truus Schröder aanscherpen en de ingesleten vooronderstellingen over het ontwerpproces kritisch ter discussie stellen.

Als artistiek directeur van het Centraal Museum in Utrecht, dat al zolang mede zorg mag dragen voor dit meesterwerk uit 1924, ben ik dan ook bijzonder dankbaar dat mijn gewaardeerde collega-conservator toegepaste kunst en vormgeving

WELCOME

The eccentric and world-famous Rietveld Schröder House, which has been radiating modernity for over a century, was erected on the fringes of the city of Utrecht. Nobody was after that little bit of land. Since then, the house erected there has been recognised as a UNESCO World Heritage site. Precisely because it was a remote plot, Gerrit Rietveld and Truus Schröder were able to do as they pleased. I choose these words carefully: as they pleased, because if there is anything that visitors to this house can sense to this day, it is that self-will. It allowed Rietveld and Schröder to achieve the ultimate balance between the ideals of modern beauty, rational innovation and practical applications.

In recent years, we have been pleasantly surprised by precious finds in archives that had only rarely been consulted. These discoveries have yielded many new insights about the emergence of the house, and have also enabled us to look with fresh eyes at the collaboration between Schröder and Rietveld. To what extent did we correctly value Truus Schröder in the past? Where was the line between client, collaborator and designer actually drawn? What part did she play in the design? It is precisely these questions that have led to interesting discoveries that sharpen our view of the collaboration between Gerrit Rietveld and Truus Schröder, critically challenging ingrained assumptions about the design process.

As the artistic director of the Centraal Museum in Utrecht, which has been involved in the preservation of this 1924 masterpiece for some time, I am therefore particularly grateful that my esteemed fellow curator of applied arts and design

Natalie Dubois, together with historian Jessica van Geel, are addressing these issues in this book on the occasion of the house's centenary. Van Geel, who in 2018 published a biography of Truus Schröder entitled *I love you, Rietveld,* had already shown that Schröder's influence on the Rietveld Schröder House and on Rietveld's other designs was not to be underestimated.

The publication you now hold in your hands is an essential addition to the historiography of the house. It is a rich source of archival documents, beautifully designed by renowned book designer Irma Boom. This book stands as a house. Welcome.

    Bart Rutten
    Artistic director,
    Centraal Museum

ALL THAT LIFE

AL DAT LEVEN

The house is a two-storey building, the usual type of residential house in the Netherlands, but then in revolutionary form. The entire upper floor is one large space in which the furniture, except for the chairs, has been permanently built in: the cupboards, divan beds and tables have been set out like houses in a city, leaving streets and squares around which to move, as it were.
— El Lissitzky

This book, you might say, is a visual biography of the Rietveld Schröder House. From the birth of Truus Schröder, the client and joint designer, to the opening of the house as a museum house.

It took two very progressive and free people to erect this building. Those two people were: Truus Schröder-Schräder and Gerrit Rietveld. They built their living machine on Prins Hendriklaan in Utrecht, the outskirts of the city at the time. What nerve! To put up such a house in those days, from nothing, from scratch: it was an exceptional achievement. Schröder and Rietveld found each other in the other, in the new and the unknown.

They dared to build something completely new together. 'You are the only one who can live in this house', Rietveld told Schröder years later. And he was right. She lived there for sixty years, and with her revolutionary house she left us a message: 'simplicity in life'.

After she died, her house was restored to the ideal of the early years, when she lived there with her three children, Binnert, Marjan and Han. From a private and intimate home that was constructed as a study for the new, it ultimately became a home for all of us. The visitor who enters the building – it has been a

gebouw betreedt – sinds 1987 is het een museumwoning – ervaart de geniale eenvoud en loopt rond in een museumstuk met strakke vlakken en rechte lijnen.

Rietveldmeubelen, planken, laden en kastjes met vernuftigheden, en uiteraard de beroemde schuifwanden die, eenmaal open, de bovenverdieping die beleving geven van één grote lichte en open leefruimte, waar binnen en buiten in elkaar overvloeien. Of, zoals de Russische avant-gardekunstenaar El Lissitzky het beschreef na zijn bezoek aan het huis: je beweegt er over straten en pleinen. Wanneer je je als bezoeker door de twee verdiepingen van het huis laat gidsen, vergeet je soms dat het bovenal een woonhuis is geweest en zo ook was bedoeld. Een huis waar volop geleefd werd.

Truus Schröder woont er vanaf het moment dat het huis in januari 1925 klaar is tot aan haar overlijden in 1985. Haar kinderen groeien er op, op een van de bedden wordt haar oudste kleinkind geboren, ze heeft tijdelijke huurders, biedt tijdens de Tweede Wereldoorlog onderdak aan onderduikers en uiteindelijk woont ze er samen met Gerrit Rietveld. Riet. De man met wie ze de droom van deze woning heeft kunnen waarmaken.

Schröder en Rietveld hebben in de beginjaren hun architectenbureau op de begane grond. Ze werken ook jaar na jaar boven aan de grote houten tafel met uitzicht op de Erasmuslaan, waar ze een rij woningen en een aantal flats hebben opgetrokken. Ze werken samen, maar Schröder werkt ook alleen. Ze laat zich registreren als *architecte d'intérieur*, binnenhuisarchitecte of architect van moderne interieurs. Ze ontwerpt interieurs en meubelen, maar werkt ook mee aan Rietvelds architectuuropdrachten. Daarnaast is ze medewerker van De Stijl, houdt ze lezingen en helpt ze mee

museum house since 1987 – experiences its brilliant simplicity and walks around a museum piece with clean surfaces and straight lines.

Rietveld furniture, shelves, drawers and cabinets with contrivances, and of course the famous sliding walls that, once open, turn the upper floor into one big bright and open living space where indoors and outdoors merge. Or, as the Russian avant-garde artist El Lissitzky described it after visiting the house: 'you move in it around streets and squares. When, as a visitor, you let yourself be guided through the two floors of the house, you sometimes forget that it was in the first instance a home and was intended as such. A house that was lived in to the full'.

Truus Schröder lived in the house from the time it was completed in January 1925 until her death in 1985: her children grew up there, her oldest grandchild was born on one of the beds, she had short-term tenants, she sheltered people in hiding during World War II, and eventually lived there with Gerrit Rietveld. Riet. The man with whom she was able to realise the dream of this house.

In the early years, Schröder and Rietveld had their architect's office on the ground floor. They also worked year after year upstairs at the big wooden table overlooking Erasmuslaan, where they put up a row of houses and several flats. They collaborated, but Schröder also worked alone. She registered as an *'architecte d'intérieur'*, interior designer or architect of modern interiors. She designed interiors and furniture, but also took part in Rietveld's architectural commissions. She was also a contributor to De Stijl, gave lectures and helped design and organise exhibitions, and also contributed to publications and interviews, in particular on Rietveld.

After Rietveld's death in 1964, she devoted herself to his legacy by classifying a large part of his archive kept in their house. The house that was once so empty and austere was full of boxes, folders and piles of paper. Among Rietveld's legacy, we also found the paper legacy of Schröder herself: photos, notes, letters, sketches, notebooks and diaries. This material offered us a new perspective on the extraordinary life and work of this progressive woman.

Through all this material stemming from the house, but also through items added to this archive over the years, we have learnt more and more about the Rietveld Schröder House. In recent years, we have received photo books from family members, archives of other researchers, and letters from relatives and acquaintances.

Every fortnight Truus Schröder wrote long letters to her daughter Han, who for much of her life lived abroad, far away from her mother. Those thousands of words provide a wonderful insight into the ups and downs of Schröder, her home and her work. Thanks to her letters, we have words to accompany the thousands of photographs, drawings and notes from her archive, and we can use her own words to bring the history of and around her home to life.

All that life, the conversations, the work, the love, the tensions, the peace and quiet, and the noise: that is what we want to show in this book.

In so doing, we have allowed ourselves to diverge when necessary – because sometimes it is just too tempting to look up and out – but the central focus is on the house. The Rietveld Schröder House. What has been happening all these decades in this '3D Mondrian painting', as it is also called? That house that stands

aan het ontwerp en de inrichting van tentoonstellingen en ze draagt bij aan publicaties en interviews, met name over Rietveld.

Nadat Rietveld in 1964 overlijdt, legt ze zich toe op zijn nalatenschap door een groot deel van zijn archief dat zich in hun huis bevindt, te ordenen. Het huis dat eens zo leeg en strak was, staat vol dozen, mappen en stapels papier. En tussen die nalatenschap van Rietveld vinden we ook de papieren erfenis van Schröder zelf. Foto's, aantekeningen, brieven, schetsen, notitieboekjes en agenda's. Dit materiaal biedt ons een nieuwe kijk op het bijzondere leven en werk van deze vooruitstrevende vrouw.

Door al dit uit het huis afkomstige materiaal, maar ook door stukken die in de loop van de jaren aan dit archief zijn toegevoegd, leren we steeds meer over het Rietveld Schröderhuis. De laatste jaren ontvingen we fotoboeken van familieleden, archieven van andere onderzoekers, en brieven van familie en bekenden.

Truus Schröder schrijft haar dochter Han – die een groot deel van haar leven ver van haar moeder in het buitenland leeft – elke twee weken lange brieven. Die duizenden woorden geven ons een prachtige kijk op het wel en wee van Schröder, haar huis en haar werk. Dankzij haar brieven hebben we woorden bij de duizenden foto's, tekeningen en notities uit haar archief. En kunnen we met haar eigen woorden de geschiedenis van en rondom haar huis tot leven wekken.

Al dat leven, de gesprekken, het werk, de liefde, de spanningen, de rust en het rumoer willen we in dit boek laten zien.

We permitteren ons daarbij de nodige uitstappen – omdat het soms té verleidelijk is een blik naar buiten te werpen – maar de centrale focus ligt op het huis. Het Rietveld Schröderhuis. Wat gebeurt er al die decennia in dat "3D-Mondriaanschilderij", zoals het ook wel wordt genoemd? Dat huis dat aan de Utrechtse Prins Hendriklaan zo modern staat te wezen? Welke veranderingen onderging de woning, maar vooral: wat speelde zich in het huis af?

Het onderzoek voor dit boek maakt ons duidelijk dat de naam Schröder aan veel meer ontwerpen van Rietveld verbonden kan worden dan we aanvankelijk aannamen. Truus schrijft in brieven dat ze meewerkt aan projecten, ze correspondeert met opdrachtgevers, haar naam staat veelvuldig op tekeningen, soms samen met die van Rietveld, soms alleen. Om een volledig beeld van haar oeuvre te krijgen, zal meer onderzoek gedaan moeten worden. Maar met al het materiaal dat door ons onderzoek uit archieven naar boven is gekomen, kunnen we vaststellen dat Schröder veel meer was dan de 'minnares' of 'muze' van Rietveld, zoals ze zo vaak is neergezet.

Ze zijn onlosmakelijk verbonden, in liefde en in werk. Of zoals Han Schröder haar moeder citeert: 1 + 1 = 1.

Natalie Dubois
Conservator toegepaste
kunst en vormgeving,
Centraal Museum

Jessica van Geel
Cultuurhistoricus
en schrijver

on Utrecht's Prins Hendriklaan looking so modern? What changes did the house undergo? But above all, what went on in the house?

The research for this book clearly shows that the name Schröder can be attached to many more Rietveld designs than has been assumed. Truus wrote in letters that she was collaborating on projects and corresponding with clients – and her name frequently appears on drawings, sometimes alongside Rietveld's, sometimes on its own. To get a complete picture of her oeuvre, more research will have to be carried out. But with all the material that has emerged from the archives through our research, we can establish that Schröder was much more than Rietveld's 'mistress' or 'muse', as she has so often been portrayed.

They were inextricably linked, in love and in work. As Han Schröder quoted her mother: 1 + 1 = 1.

Natalie Dubois
Curator of applied
arts and design,
Centraal Museum

Jessica van Geel
Cultural historian
and writer

THE DREAM HOUSE
HET GEDROOMDE HUIS

1889–1924

FROM THE BIRTH OF TWO KINDRED
SPIRITS TO THE FIRST SCALE MODEL

VAN DE GEBOORTE VAN TWEE GELIJKGESTEMDEN
TOT HET EERSTE SCHAALMODEL

It was nothing more than a piece of land in front of a bare wall. Unsightly and unremarkable. Rubbish was lying among the weeds, dogs were let loose, and the soldiers from the barracks opposite urinated against the high, blind wall. It was precisely this 'worthless piece of land' on Prins Hendriklaan that made Truus Schröder and Gerrit Rietveld say to each other, 'This is just right, let's do it.'
It was on the outskirts of the city of Utrecht that they erected their world-famous Rietveld Schröder House in 1924. The white-grey box of blocks, between the terrace of brown brick houses, that is still modern even after a hundred years. The '3D Mondrian painting' on the UNESCO World Heritage List thanks to its innovative architectural design.
The house would rise on this plot. But its story starts with the birth of its creators: Truus Schröder (1889–1985) and Gerrit Rietveld (1888–1964).

PINAFORE

Truus Schröder – her maiden name was Schräder – was born in Deventer in 1889. She was the second daughter of the prosperous Catholic merchant Bernard Schräder ('a dealer in draperies and confections') and Johanna Schräder-Mensen ('a daughter of the dairy shop'). When Truus was four years old, her mother died. When her father remarried a few years later and the family moved to Leiden and later to Arnhem, it was to the displeasure of Truus Schröder and her sister An, who was two years older. They found their stepmother Aletta Grundemann to be too 'strictly Catholic'.
Like her sister An, Truus attended the Catholic Pensionnat des Soeurs de Notre-Dame [boarding school of the Catholic convent of the Sisters of Our Lady] in Amersfoort, during

waar ze vooral uitkijkt naar de lange weekendwandelingen samen met haar vader. Van hem leert ze de beginselen van de architectuur, 'huisjes kijken' zoals ze het noemt. Tijdens de wandelingen door Arnhem wijst haar vader op de variaties in bouwstijlen en als hij een huis met een 'boezelaartje' ziet, kijkt hij misprijzend: dat is een soort schortje, een overbodige decoratie.

In 1907 behaalt Truus Schröder haar diploma apothekersassistente – een studie die haar vader goedkeurt – waarna ze in Londen en Hannover verblijft om talen te leren. Vooral de tijd in Londen blijft haar bij. De familie bij wie ze logeert, laat haar kennismaken met de moderne architectuur in de stad. Truus Schröder krijgt steeds meer belangstelling voor strakke bouwstijlen die eenvoud en soberheid nastreven.

Terug in Nederland ontmoet ze Frits Schröder, een elf jaar oudere, katholieke advocaat, met wie ze in 1911 in Utrecht trouwt. Vanaf dat moment heet ze officieel Truus Schröder-Schräder. Ze passen misschien wat hun namen betreft goed bij elkaar, in werkelijkheid – zo zal snel blijken – is dat een stuk minder.

Bij hun huwelijk had Frits Schröder Truus twee beloften gedaan: ze mocht studeren en hij hoefde geen kinderen. Maar het blijken loze beloften. Truus Schröder gaat niet studeren en al snel worden er twee kinderen geboren: zoon Binnert in 1912 en een jaar later dochter Marjan. "Hij heeft me er feitelijk ingeluisd", zou ze later in een interview zeggen.

Als de Eerste Wereldoorlog uitbreekt, koopt Bernard Schräder een zomerhuis in Huis ter Heide voor zijn dochter. Niet alleen omdat het gezin Schröder de vakanties niet in Zwitserland kan doorbrengen, maar ook omdat de spanningen thuis oplopen.

which time she mainly looked forward to the long weekend walks with her father. It is from him that she learnt the basics of architecture – 'looking at houses', as she called it. During their walks through Arnhem, her father would point out the variations in building styles, and if they passed a house with a 'pinafore', he would give it a disapproving gaze: that kind of apron was an unnecessary decoration.
In 1907 Truus Schröder qualified as a pharmacist's assistant – training her father approved of – after which she went to London and Hanover to study languages. Her time in London in particular left an impression on her. The family with whom she was staying introduced her to the city's modern architecture. Truus Schröder became increasingly interested in austere architectural styles pursuing simplicity and austerity.

Back in the Netherlands she met Frits Schröder, a Catholic lawyer eleven years her senior whom she married in Utrecht in 1911. From then on, her official name was Truus Schröder-Schräder. They may have been a match in terms of their names, but as it would soon turn out, a lot less so in reality. When they married, Frits Schröder made Truus two promises: that she could study and that he did not want children. But these turned out to be empty promises. Truus Schröder did not study and soon two children were born: firstly, a son, Binnert in 1912, and a year later, a daughter, Marjan. 'He actually tricked me', she would later say in an interview.
When World War I broke out, Bernard Schräder bought a summer house in Huis ter Heide for his daughter – not simply because the Schröder family could not spend their holidays in Switzerland, but because tensions were rising at home. Truus Schröder

spent a lot of time at the summer house with the children. In 1918 her third child, Han, was born.

KINDRED SPIRITS

Truus Schröder did not find in her husband the man who, like her, was pursuing modernity and sobriety, a spiritual kinship that she did experience with Gerrit Rietveld. They met in 1911, the year Truus Schröder married and, coincidentally, also the year Gerrit Rietveld married.

One evening in 1911, Rietveld rang the doorbell at the Schröders' house on Biltstraat in Utrecht. He stood there with his father, furniture maker Johannes Rietveld, the two of them holding a wooden, traditional curlicued desk. It was a housewarming gift from a client of Frits Schröder that was made in the workshop of furniture maker J.C. Rietveld. As the two men carried the desk into the lawyer's office, Truus Schröder engaged in a discussion with Gerrit's father. She found the desk 'well sculpted', but far too traditional. She called it an ugly thing. During this exchange with the father, Gerrit Rietveld threw her a look of understanding that she would recall several times in later interviews. A look in which she saw that he agreed with her, that she had found a kindred spirit.

ARTIST

Gerrit Rietveld was the second child of Elisabeth van der Horst, a servant from Monnickendam, and furniture maker Johannes Cornelis Rietveld. He grew up in a strict, Protestant middle-class family in Utrecht. At the age of 11, Gerrit Rietveld went to work in his father's atelier. He learnt how to sculpt the curlicues that adorned neoclassical furniture, the style in which

Truus Schröder brengt er veel tijd met de kinderen door. In 1918 wordt haar derde kind geboren: Han.

GELIJKGESTEMDEN

Truus Schröder vindt in haar echtgenoot niet de man die net als zij het moderne en het sobere nastreeft, een zielsverwantschap die ze wel met Gerrit Rietveld ervaart. Ze ontmoeten elkaar in 1911 – het jaar waarin Truus Schröder trouwt en toevallig ook het jaar dat Gerrit Rietveld in het huwelijk treedt.

Op een avond in 1911 belt Rietveld aan bij het huis van de Schröders in de Biltstraat in Utrecht. Hij staat daar samen met zijn vader, meubelmaker Johannes Rietveld, met een houten, klassiek krullerig bureau tussen hen in. Het is een welkomstcadeau van een cliënt van Frits Schröder dat in de werkplaats van Meubelmakerij J.C. Rietveld is gemaakt. Terwijl de twee mannen het meubel naar het advocatenkantoor brengen, gaat Truus Schröder met Gerrits vader een discussie aan. Ze vindt de schrijftafel 'goed gebeeldhouwd', maar veel te traditioneel. Een lelijk ding, noemt ze het.

Dan de blik die Rietveld haar tijdens de woordenwisseling toewerpt. Het is een blik van verstandhouding die ze in latere interviews meermaals memoreert. De blik waarin ze ziet dat hij het met haar eens is, dat ze een gelijkgestemde heeft gevonden.

KUNSTENAAR

Gerrit Rietveld is het tweede kind van Elisabeth van der Horst, een dienstbode uit Monnickendam en meubelmaker Johannes Cornelis Rietveld. Hij groeit op in een streng gereformeerd middenstandsgezin in Utrecht. Op elfjarige leeftijd gaat Gerrit Rietveld in de werkplaats van zijn vader aan de slag. Daar leert hij het slijpen van de krullen voor de neoclassicistische meubelen: de stijl waarin de meubelmakerij aan de Poortstraat 98 gespecialiseerd is. Gerrit Rietveld is handig, kan goed tekenen en hij is creatief. Bijklussen doet hij in de Koninklijke Utrechtsche Fabriek van Zilverwerken van C.J. Begeer, waar hij ontwerpen maakt voor zilveren en gouden siervoorwerpen, zoals medailles en plaquettes.

Rietveld ambieert een leven als kunstenaar. Hij stuurt schilderijen in voor tentoonstellingen en volgt cursussen bij de architecten Piet Klaarhamer en Petrus Houtzagers. Maar wanneer hij met de gereformeerde verpleegster Vrouwgien Hadders trouwt, gaat hij weer bij zijn vader in de meubelwerkplaats werken. Er moet immers geld worden verdiend.

In 1917 opent Gerrit Rietveld zijn eigen atelier in de Adriaen van Ostadelaan. Dan heeft hij inmiddels twee kinderen met Vrouwgien: dochter Bep wordt in 1913 geboren en zoon Egbert in 1915.

Na de eerste ontmoeting met Truus Schröder in 1911 houdt Gerrit Rietveld contact met haar. Net als in de Biltstraat komt hij met enige regelmaat in villa Berkenbosch langs, zoals het zomerhuis in Huis ter Heide heet, 'om dingen te repareren'.

In die periode ontmoet Rietveld andere vernieuwers, onder wie architect Robert van 't Hoff, die zijn leven zullen veranderen. Via Van 't Hoff komt hij met De Stijl in aanraking. Leider van deze avant-gardistische beweging is Theo van Doesburg. In 1919 publiceert hij in het tijdschrift *De Stijl* voor het eerst een meubel van Rietveld: de uit latjes opgebouwde kinderstoel. Ook de lattenleunstoel – de voorloper van de rood-blauwe stoel – wordt in het kunsttijdschrift besproken.

Vanaf die eerste publicatie wordt Rietveld opgenomen in de internatio-

the furniture workshop at Poortstraat 98 specialised. Gerrit Rietveld was handy, a good draughtsman, and creative. He took on additional jobs at C.J. Begeer's Koninklijke Utrechtse Fabriek van Zilverwerken [Royal Utrecht Silverware Factory], where he designed silver and gold decorative objects such as medals and plaques. Rietveld aspired to a life as an artist. He submitted paintings for exhibitions and trained with architects Piet Klaarhamer and Petrus Houtzagers. But when he married the Protestant nurse Vrouwgien Hadders, he went back to work in his father's furniture atelier. After all, he had to earn a living. In 1917 Gerrit Rietveld opened his own workshop on Adriaen van Ostadelaan. By then, he had had two children with Vrouwgien: Bep, a girl, born in 1913 and Egbert, a boy, born in 1915.

After first meeting Truus Schröder in 1911, Gerrit Rietveld kept in touch with her. Just as he did before in Biltstraat, he regularly visited 'Villa Berkenbosch', as the summer house in Huis ter Heide was called, 'to fix things'.
During this period, Rietveld met other innovators who would change his life, including architect Robert van 't Hoff. Through Van 't Hoff, he came into contact with De Stijl. The leader of this avant-garde movement was Theo van Doesburg. In 1919, in the magazine *De Stijl*, he published the first article about a piece of furniture by Rietveld: the slatted children's chair. The slatted armchair – the forerunner of the red and blue chair – was also discussed in the art magazine.
From that first publication, Rietveld was included in the international avant-garde and could measure himself against such artists as Theo van Doesburg, Piet Mondrian, Vilmos Huszár and Bart van der Leck.

THE ROOM WITH THE LOVELY GREYS

Rietveld also carried out his first important commission for Truus Schröder. In 1921 he remodelled a room in the house on Biltstraat for her. Rietveld had already shown an interest in architecture – by now he had designed a few shop fronts. For the Biltstraat room, Gerrit 'lowered' the ceiling by obscuring the upper part of the high windows. To further emphasise the room's horizontality, he added a shelf halfway up the wall and had the walls above and below painted different shades of grey. He placed benches against the walls.

Truus Schröder lovingly called her room the 'room with the lovely greys'. Frits, on the other hand, refused even to set foot inside it. When he showed the room to friends, he would swing the door open and say, 'Look, my wife is a communist!'

After a long illness at home and then in Amsterdam's Onze Lieve Vrouwe Gasthuis hospital, Frits Schröder died on 5 October 1923. The younger daughter, Han, was five years old at the time, about the same age as Truus when her mother died. But besides grief, Truus Schröder also experienced a certain liberation: she could finally free herself from the brown furniture and the high ceilings.

DADA SOIRÉE

After celebrating an absurdist Dada soirée in the room with the lovely greys – 'we laughed so much' – Schröder decided to sell the large house on Biltstraat. In late 1923 she handed over the keys to the new owners, the trustees of the Oude Mannen- en Vrouwenhuis [Old men and women's home], who were going to turn it into a 'rest home for the nale avant-garde en kan hij zich meten met kunstenaars als Theo van Doesburg, Piet Mondriaan, Vilmos Huszár en Bart van der Leck.

KAMER MET DE MOOIE GRIJZEN

Ook voert Rietveld zijn eerste belangrijke opdracht voor Truus Schröder uit. In 1921 verbouwt hij voor haar een kamer in het woonhuis aan de Biltstraat. Eerder toonde Rietveld al belangstelling voor architectuur, inmiddels heeft hij een paar winkelpuien getekend. Voor de kamer in de Biltstraat 'verlaagt' Gerrit het plafond door het bovenste deel van de hoge ramen te verduisteren. Om het horizontale verder te benadrukken, brengt hij halverwege de muur een plank aan en laat hij de muren erboven en eronder in verschillende grijstinten schilderen. Tegen de muren maakt hij banken.

Liefkozend noemt Truus Schröder haar kamer de kamer met de mooie grijzen. Frits daarentegen weigert er ook maar een voet binnen te zetten. Wanneer hij het vertrek aan vrienden laat zien, zwaait hij de deur open en zegt: "Kijk, mijn vrouw is communist!"

Na een lang ziekbed thuis en daarna in het Amsterdamse Onze Lieve Vrouwe Gasthuis overlijdt op 5 oktober 1923 Frits Schröder. De jongste dochter Han is dan vijf jaar oud, ongeveer even oud als Truus toen haar moeder overleed. Maar behalve verdriet ervaart Truus Schröder ook een zekere bevrijding: nu kan ze zich eindelijk ontdoen van de bruine meubelen en de hoge plafonds.

DADA-AVOND

Na een absurdistische dada-avond in de kamer met de mooie grijzen gevierd te hebben – 'vreselijk gelachen' – besluit Schröder het grote huis aan de

Biltstraat te verkopen. Eind 1923 draagt ze de sleutels over aan de nieuwe eigenaren, de regenten van het Oude Mannen- en Vrouwenhuis die er een 'rusthuis voor ouden van dagen' van maken. Truus Schröder wil kleiner wonen, meer in de menselijke maat, meer in contact met de natuur. 'Sober' en 'vrij' zijn haar kernwoorden.

Korte tijd overweegt ze nog om een woning te huren, maar dan, tijdens een weekend, gaan Rietveld en Schröder elk apart in Utrecht op zoek naar de geschikte plek om een huis op te bouwen. De maandag erop komen ze samen en wanneer Rietveld de plattegrond van de stad op tafel uitrolt, wijzen ze allebei dezelfde locatie voor het gedroomde huis aan: een 'stukje grond van niks' aan de rand van de stad.

Op 18 juni 1924 koopt Truus voor 5.400 gulden de grond aan de Prins Hendriklaan – omgerekend naar de huidige geldwaarde zo'n 40.000 euro.

Het ontwerpen kan beginnen.

elderly'. Truus Schröder wanted to live on a smaller, more human scale, more in contact with nature. 'Sobriety' and 'freedom' were her watchwords.

For a while, she considered renting a house, but then, over the course of a weekend, Rietveld and Schröder both set off, separately, to find a suitable place to build a house in Utrecht. They met the following Monday, and when Rietveld unfolded the map of the city on the table, they both pinpointed the exact same location for the dream house – a 'worthless piece of land' on the edge of town.

On 18 June 1924, Truus bought the land on Prins Hendriklaan for 5,400 guilders (about 40,000 euros in today's currency).

The designing could begin.

IT WAS A WORTHLESS PIECE OF LAND
HET WAS EEN STUKJE GROND VAN NIETS
— TRUUS SCHRÖDER

Photo of the blind wall, against which the Rietveld Schröder House would be built, at the end of Prins Hendriklaan in Utrecht, 1923–24.

Foto van de blinde muur waartegen het Rietveld Schröderhuis gebouwd wordt, aan het einde van de Prins Hendriklaan in Utrecht, 1923–1924.

— Born in 1889 to conservative, already elderly parents. My mother died when I was four years old. Two years later a second mother. She was the same age as my father. I soon didn't like her. In retrospect, it was a bad relationship anyway. From age 12 to 14, I was suddenly alone at home. My sister, two years older, went to boarding school. From age 14 to 16, I went to boarding school myself. I was very lonely there. From age 16 to 18, getting a diploma. At 18 I went to England for the language. At 19, I met literary, younger and older people who were travelling, such as Jacques Perk, Willem Kloos, Lodewijk van Deyssel, Albert Verwey, P.C. Boutens and others. At 19, to Hanover for German and the Technische Hochschule [Technical University], art history.
— notes by Truus Schröder

— In 1889 geboren uit behoudende, al oude ouders. Mijn moeder stierf toen ik vier was. Twee jaar later een tweede moeder. Ze was even oud als m'n vader. Ik hield al gauw niet van haar. Het was achteraf toch een slechte binding. Van mijn 12de tot mijn 14de was ik plotseling alleen thuis. Mijn twee jaar oudere zusje ging naar kostschool. Van mijn 14de tot mijn 16de ging ik zelf naar kostschool. Ik was zeer eenzaam daar. Van mijn 16de tot mijn 18de een diploma halen. Op mijn 18de naar Engeland voor de taal. Op mijn 19de ontmoetingen met literaire, jongere en oudere reizende mensen zoals Jacques Perk, Willem Kloos, Lodewijk van Deyssel, Albert Verwey, P.C. Boutens en anderen. Op mijn 19de naar Hannover voor Duits en de Technische Hochschule, kunstgeschiedenis.
— aantekeningen van Truus Schröder

Truus (right) and her sister An, c. 1891.
Truus (rechts) en haar zus An, ca. 1891.

In Deventer, on the night of Friday to Saturday 23 August 1889, Geertruida Antonia Schräder was born. Truus. Her parents placed an announcement in the Catholic newspaper *De Tijd*: 'J.G. Mensen, Wife of B.J. Schräder Jzn., has given birth to a girl. Deventer, 23 Aug. 1889.'

In Deventer, in de nacht van vrijdag op zaterdag 23 augustus 1889, wordt Geertruida Antonia Schräder geboren. Truus. Haar ouders plaatsen een aankondiging in het katholieke dagblad *De Tijd*: "Bevallen van een Meisje, J.G. Mensen, Echtgenoote van B.J. Schräder Jzn. Deventer, 23 Aug. 1889."

— it has been very quiet here, since you left.

— het is hier erg stil, na je vertrek

Postcard from Truus Schröder to her sister An, 1901.

Ansichtkaart van Truus Schröder aan haar zus An, 1901.

When her sister An went to the Pensionnat des Sœurs de Notre-Dame [boarding school of the convent of the Sisters of Our Lady] in Amersfoort, Truus Schröder would write to her. On the front of the postcard is a photo of their parental home on Velperweg in Arnhem.

Als haar zus An naar het Pensionnat des Sœurs de Notre-Dame in Amersfoort gaat, ofwel de kostschool van de Congregatie van Zusters van Onze-Lieve-Vrouw, schrijft Truus Schröder haar. Op de voorkant van de ansichtkaart een foto van hun ouderlijk huis aan de Velperweg in Arnhem.

Poetry album by Truus Schröder, 1903.
Her sister, An (full name Johanna Gerharda Antonia Schräder), wrote to Truus.

Poëziealbum van Truus Schröder, 1903.
Zus An (voluit Johanna Gerharda Antonia Schräder) schrijft aan Truus.

— Dearest Truce,

Make your parents' life more pleasant
Only seek to give them joy
Be amiable also to everyone
Whether poor or rich, whether big or small
Trust me, Truce, and read this carefully
Do as you would be done by.
Your so loving sister J.G. Schräder,
Arnhem 19/9 1903.

— Liefste Truce,

Veraangenaam uws Ouders leven
Wil hun alleen slechts vreugde geven
Wees minzaam ook voor iedereen
Zij arm of rijk, 't zij groot of klein
Geloof mij, Truce, en lees dit goed
Wie goed doet, wordt steeds wel ontmoet.
Je zo liefhebbende zus J.G. Schräder,
Arnhem 19/9 1903.

Schröder and her sister An at Drachenfels, c. 1900. 'Dragon Rock' is an extinct volcano on the Rhine near Bonn in Germany.

Schröder en haar zus in Drachenfels, ca. 1900. De 'Drakenrots' is een dode vulkaan aan de Rijn bij Bonn in Duitsland.

Portrait of Schröder's mother Johanna Geertruida Mensen, c. 1870. She was the daughter of a merchant and a shopkeeper who ran a dairy shop in the centre of Deventer.

Portret van Truus Schröders moeder: Johanna Geertruida Mensen, ca. 1870. Zij is de dochter van een koopman en een winkelierster die een boterwinkel in het centrum van Deventer hadden.

Prayer card of Johanna Geertruida Mensen, 1894. Schröder's mother died when Truus was four years old. She kept this prayer card all her life.

Bidprentje van Johanna Geertruida Mensen, 1894. Schröders moeder overlijdt als Truus 4 jaar oud is. Dit bidprentje bewaart ze haar hele leven.

Schröder (left) and her sister An, who was two years older, c. 1900.

Schröder (links) en haar twee jaar oudere zus An, ca. 1900.

Truus Schröder, like her sister, attended the Pensionnat des Soeurs de Notre-Dame in Amersfoort. She is standing in the back row, fifth from the right, 1904.

Truus Schröder gaat net als haar zus naar het Pensionnat des Sœurs de Notre-Dame in Amersfoort. Ze staat op de achterste rij, vijfde van rechts, 1904.

ANYTHING COULD HAPPEN. IT BECAME A CLASH BETWEEN LOOKING FOR ABSOLUTE FREEDOM AND THE BIBLE

ALLES KON GEBEUREN. HET WERD EEN BOTSING TUSSEN ABSOLUTE VRIJHEID ZOEKEN EN DE BIJBEL

— TRUUS SCHRÖDER

— I found it inhuman to have to live with all those rules. I was far too anxious and conscientious. I had a tremendous desire for freedom.
— Truus Schröder

— Ik vond het onmenselijk om met al die regels te moeten leven. Ik was veel te angstvallig en nauwgezet. Ik had een enorme vrijheidsdrang.
— Truus Schröder

Truus Schröder in Hanover, 1909.

— After first Communion, you had to be confirmed and say you would always remain Catholic. But I always felt, you can't tell what's going to happen to you. I felt I could become a circus child or a king's daughter.
— Truus Schröder

—— Na de eerste communie moest je gevormd worden en zeggen dat je altijd katholiek zou blijven. Maar ik heb altijd het gevoel gehad: je kunt niet weten wat er met je gaat gebeuren. Ik had het gevoel: ik kan een circuskind worden of een koningsdochter.
— Truus Schröder

On the right, Truus Schröder (aged 14) and, seated, An (aged 16), 1903.

Rechts Truus Schröder (14 jaar) en zittend An (16 jaar), 1903.

Because Schröder's father did not consider university studies appropriate for girls, she trained as a pharmacist's assistant. She qualified in 1907.

Omdat de vader van Schröder een universitaire studie niet gepast vindt voor meisjes, volgt ze een opleiding tot apothekersassistente. In 1907 behaalt ze haar diploma.

— I had no other desire than to study architecture later on. My sister was going to study, but my father thought it was terribly wrong for a girl to study, so I wasn't allowed to, either.
— Truus Schröder

— Ik had geen wensen behalve dat ik later architectuur wilde studeren. Mijn zuster ging studeren, maar mijn vader vond het vreselijk verkeerd als een meisje studeerde, dus bij mij ook, dat ging niet.
—Truus Schröder

Truus Schröder (left) and her sister An, c. 1905.

Truus Schröder (links) en haar zus An, ca. 1905.

After obtaining her certificate as a 'pharmacist's assistant', Truus Schröder left for London to learn English. She ended up with 'very open-minded people, Catholic but wise', who took her to museums and showed her London's architecture. A few months later, she left for Hanover to brush up on her German. Schröder took art history courses at the Technische Hochschule but, by her own account, she mainly partied.

Na het behalen van haar 'getuigschrift apothekerbediende' vertrekt Truus Schröder naar Londen om de Engelse taal te leren. Ze komt terecht bij "heel ruimdenkende mensen, katholiek maar levenswijs", die haar meenemen naar musea en Schröder de Londense architectuur laten zien. Een paar maanden later vertrekt ze naar Hannover om haar Duits bij te spijkeren. Daar volgt ze cursussen kunstgeschiedenis aan de Technische Hochschule, maar ze is er naar eigen zeggen vooral feest aan het vieren.

⎯ My eyes were opened wide.

The streets and the stylish people with bowler hats and umbrellas. They took me everywhere. The Tate Gallery, Rossetti, Turner.
— Truus Schröder on her time in London

⎯ Mijn ogen gingen wijd open.

De straten en de stijlvolle mensen met bolhoeden en paraplu's. Ze brachten mij overal heen. De Tate Gallery, Rossetti, Turner.
— Truus Schröder over haar tijd in Londen

Schröder in Hanover, 1909.   Schröder in Hannover, 1909.

TRUUS SCHRÄDER MARRIES FRITS SCHRÖDER
TRUUS SCHRÄDER TROUWT MET FRITS SCHRÖDER

After her time in London and Hanover, she met Frits Schröder, a lawyer from Utrecht who was eleven years older than her and whom she married in 1911. From then on, her official name was Truus Schröder-Schräder. With Frits, she hoped to lead a modern life: he had told her that he did not want to have children and that she would be allowed to study, but these soon proved to be empty promises.

Truus Schröder met haar echtgenoot rond hun huwelijk in 1911.

Na haar tijd in Londen en Hannover ontmoet ze Frits Schröder, een elf jaar oudere advocaat uit Utrecht met wie ze in 1911 trouwt. Vanaf dat moment heet ze officieel: Truus Schröder-Schräder. Met Frits hoopt ze het moderne leven aan te gaan: hij hoeft geen kinderen en ze mag studeren, maar al snel blijken dat loze beloften.

Truus Schröder with her husband around the time of their wedding in 1911.

Frits Schröder (1878–1923) was the fifth child of the wealthy Catholic Schröder family from Brabant. His father was a linen manufacturer and proudly advertised his 'electric linen & damask weaving mill' in the newspapers as C.E. Schröder & Sons from Stratum near Eindhoven. At age 19, Frits Schröder went to study law at the University of Utrecht. After his studies, he worked at various law firms until he started his own office. This was around the time of his engagement to Truus Schröder. They probably met through their fathers: both were entrepreneurs in the fabric trade. Once they were married, Frits Schröder set up his law firm on the lower ground floor of their house on Biltstraat: Mr F.A.C. Schröder, *advocaat-procureur* [lawyer and public prosecutor]. It was a great success, until he fell ill.

Frits Schröder (1878–1923) is het vijfde kind van het welgestelde, katholieke, Brabantse Schrödergezin. Zijn vader is linnenfabrikant en adverteert trots als C.E. Schröder & Zonen uit Stratum bij Eindhoven in de kranten met zijn 'electrische linnen- & damastweverij'. Als hij 19 is, gaat Frits Schröder aan de Rijksuniversiteit Utrecht rechten studeren. Na zijn studies werkt hij bij verschillende advocatenkantoren tot hij een eigen bureau begint. Dat is rond zijn verlovingstijd met Truus Schröder. Waarschijnlijk hebben ze elkaar via hun vaders ontmoet: beiden zijn ondernemers in de stoffenhandel. Als ze zijn getrouwd, vestigt Frits Schröder zijn advocatenkantoor in het souterrain van hun huis aan de Biltstraat: Mr. F.A.C. Schröder, advocaat-procureur. Het is een succesvolle onderneming, tot hij ziek wordt.

—— Our engagement ring was from Cornelis Begeer. It was a beautiful ring. I've always wondered if Rietveld made it.
— Truus Schröder

—— Onze verlovingsring was van Cornelis Begeer. Het was een erg mooie ring. Ik heb me altijd nog afgevraagd of Rietveld die niet gemaakt heeft.
— Truus Schröder

Frits Schröder, 1911.

Their house was a neo-classical villa, six windows wide and three storeys high. They furnished it with classic furniture: bulky, brown and expensive. Truus Schröder later said that Frits wanted the furnishings to be exactly like 'the houses of his university friends'.

Hun huis is een neoclassicistische villa van zes ramen breed en drie verdiepingen hoog. Ze richten het in met klassieke meubelen: log, bruin en duur. Truus Schröder zegt later dat Frits de inrichting precies zo wilde als "de huizen van zijn corpsvrienden".

— It was all so vertical, not earthly at all.

A large, lovely house, but it had such high rooms.
— Truus Schröder

— Het was allemaal zo verticaal, zo helemaal niet aards.

Een zeer groot, heerlijk huis, maar het had zulke hoge kamers.
— Truus Schröder

Biltstraat 135 in Utrecht, where Truus and Frits Schröder lived between 1911 and 1923. The building is still there – today it is Biltstraat 423.

De Biltstraat 135 in Utrecht waar Truus en Frits Schröder tussen 1911 en 1923 wonen. Het gebouw staat er nog steeds – tegenwoordig is het Biltstraat 423.

Truus Schröder with her husband in the back garden – with the pavilion – of Biltstraat, c. 1911.

Truus Schröder met haar echtgenoot in de achtertuin – met tuinhuisje – van de Biltstraat, ca. 1911.

— My husband had also said, 'I don't want to have children.' I wanted to study, and oh yes, he found all that wonderful. I had met lots of young men who actually wanted a family. I didn't want any of that. So I never wanted to. But then, suddenly, this man. He was a handsome man. I found him very handsome. Wonderfully warm. And wonderfully difficult, but I didn't know that back then. And I walked into the trap.
— Truus Schröder

— Mijn man had ook gezegd: "ik wil geen kinderen hebben". Ik wilde studeren, en oh ja, dat vond hij allemaal prachtig. Ik had allemaal jongens ontmoet die toch eigenlijk een gezinnetje wilden. Daar moest ik niks van hebben. Dus ik wou nooit. Maar toen ineens: deze man. Het was een hele mooie man. Ik vond 'm heel erg mooi. Geweldig hartelijk. En geweldig lastig, maar dat wist ik toen nog niet. En daar ben ik ingetrapt.
— Truus Schröder

Akte met de huwelijkse voorwaarden, 1911.

Deed containing the marriage contract, 1911.

Schröder met een camera in haar handen in de achtertuin van de Biltstraat, jaren 10.

Schröder holding a camera in her hands in the back garden of Biltstraat, 1910s.

Links in het wit: Truus Schröder. Rechts: Frits Schröder met zijn Brabantse familie, 13 augustus 1916. Zittend: de schoonvader van Schröder.

On the left, in white: Truus Schröder. On the right: Frits Schröder and his family from Brabant, 13 August 1916. Seated: Schröder's father-in-law.

Business card of Mr F.A.C. Schröder, lawyer and public prosecutor, n.d.

Visitekaartje van Mr. F.A.C. Schröder advocaat-procureur, z.j.

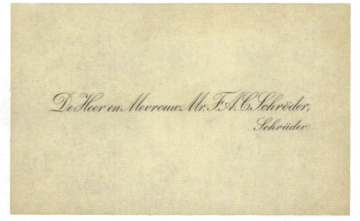

Business card of Mr and Mrs F.A.C. Schröder Schräder, n.d.

Visitekaartje van De Heer en Mevrouw Mr. F.A.C. Schröder Schräder, z.j.

— I had immediately wanted modern furniture. I also always used to go to the shops on Raadhuisstraat, in the Berlage building in Amsterdam to look at furniture. I took it for granted that that is the sort of furniture we would have. But my husband really didn't want it. Back then I still thought you had to sacrifice yourself for someone.
— Truus Schröder

— Ik had onmiddellijk al modern gewild. Ik ging ook altijd in die winkels van Berlage in de Raadhuisstraat in Amsterdam, meubelen kijken. Ik had niet anders gedacht dan dat je vanzelfsprekend die meubelen zou nemen. Mijn man wilde dat echt niet. Ik dacht toen nog dat je je moest opofferen voor iemand.
— Truus Schröder

Truus Schröder, c. 1911.   Truus Schröder, ca. 1911.

THEN ONE EVENING THE YOUNG FURNITURE MAKER GERRIT RIETVELD RANG THE DOORBELL

DAN BELT OP EEN AVOND DE JONGE MEUBELMAKER GERRIT RIETVELD AAN

Gerrit Rietveld with camera in Utrecht's Wilhelminapark, c. 1911.

Gerrit Rietveld met fotocamera in het Utrechtse Wilhelminapark, ca. 1911.

Together with his father, furniture maker J.C. Rietveld, Gerrit Rietveld had come to deliver a desk for Frits Schröder. In the conversation that followed, Truus Schröder noticed that Rietveld was a kindred spirit: he too aspired to modernity. He threw her a look of understanding that she would still remember at the age of 92.

Samen met zijn vader, meubelmaker J.C. Rietveld, komt Gerrit Rietveld een bureau voor Frits Schröder afleveren. In het gesprek dat volgt, merkt Truus Schröder dat Rietveld een gelijkgestemde is: ook hij streeft naar het moderne. Hij werpt haar een blik van verstandhouding toe die ze zich op 92-jarige leeftijd nog altijd zal herinneren.

—— My husband said, 'Come and see this evening, my desk is being delivered'. A client had offered it to him as a present. So then Rietveld, the young Rietveld, came and brought that desk. It was a desk like every other desk: well made, well sculpted, but not at all what I was looking for in life. At the very least, I insisted on Berlage. So I didn't like that desk, I couldn't say so either. And he didn't like it either.
— Truus Schröder

—— He didn't say anything, but I sensed he was thinking the same as me. He was a very young man with an idealistic face. I thought, 'That young idealist, you have to be careful with him'.
— Truus Schröder

—— Hij zei niets, maar ik voelde dat hij net zo dacht als ik. Het was een hele jonge jongen met een idealistisch gezicht. Ik dacht: die jonge idealist, daar moet je voorzichtig mee zijn.
— Truus Schröder

—— Mijn man zei: kom vanavond eens kijken, want dan wordt mijn bureau gebracht. Dat had hij van een cliënt cadeau gekregen. Toen kwam dus Rietveld, de jonge Rietveld, dat bureau brengen. Dat was een bureau zoals alle bureaus waren: goed gemaakt, goed gebeeldhouwd, maar helemaal niet wat ik zocht in het leven. Ik stond op z'n minst bij Berlage. Dat bureau vond ik dus niet mooi, dat kon ik ook niet zeggen. En hij vond het ook niet mooi.
— Truus Schröder

Truus Schröder, c. 1911.

IN 1912 SON BINNERT WAS BORN, A YEAR LATER DAUGHTER MARJAN

IN 1912 WORDT ZOON BINNERT GEBOREN, EEN JAAR LATER DOCHTER MARJAN

__All I know about beertje is that he has blue eyes and black hair. Lovely, isn't it, that all your wishes are so completely fulfilled! Of course, I am aunt this and aunt that and feel a little uncomfortable still with my new dignity. But you get used to everything.

__Van 't beertje weet ik alleen dat hij blauwe ogen en zwarte haren heeft. Heerlijk, hè, dat al je wensen zo volkomen vervuld zijn! Ik ben natuurlijk tante voor en tante na en voel me een beetje ongemakkelijk nog in mijn nieuwe waardigheid. Maar alles went.

Felicitaties van An, de zus van Truus Schröder, bij de geboorte van Binnert (Beertje), 20 juli 1912.

Congratulations from An, Truus Schröder's sister, on the birth of Binnert (Beertje), 20 July 1912.

A friend congratulates Truus Schröder on the birth of her second child, Marjan, 8 November 1913.

Een vriend feliciteert Truus Schröder met de geboorte van haar tweede kind: Marjan, 8 november 1913.

— Dear Truce
Although a bit late, I warmly congratulate you on the birth of your baby daughter.

— Beste Truce
Hoewel wat laat kom ik je toch nog hartelijk gelukwensen met de geboorte van je dochtertje.

— Dear Frits Truce
I have to leave for the railway in a moment, to see Cardinal Van Rossum, but am quickly writing this so that you will still get it in Ostend. Binnert is doing well. [He] is extraordinarily vigorous and lively. Regular bowel movements, wonderful sleeper. Tonight again until 6 o'clock this morning from 8 o'clock last night. If the weather is suitable, I think I'll put him in the garden with his playpen in front of the house. Yesterday he was outside all day. Goodbye, have a nice time. Pa

— Waarde Frits Truce
Ik moet zo naar 't spoor, kardinaal Van Rossum zien, maar schrijf nog even dat je dit nog in Oostende krijgt. Binnert maakt het best. Is buitengewoon tierig en levendig. Stoelgang prachtig, slaap heerlijk. Vannacht weer tot hedenmorgen 6 uur vanaf gisteravond 8 uur. Als 't weer geschikt is, zet ik hem denkelijk met zijn box voor het huis in de tuin. Gisteren was hij de hele dag buiten. Adieu, amuseer u maar goed. Pa

Letter from Truus's father, who was looking after Binnert in Arnhem while Frits and Truus were in Ostend, 28 July 1913.

Brief van Truus' vader, die in Arnhem op Binnert past, terwijl Frits en Truus in Oostende zijn, 28 juli 1913.

Bernard Schräder, de vader van Truus Schröder (rechts), met stiefmoeder Aletta Grundemann en Binnert, ca. 1913.

Schröder doet Binnert in bad, ca. 1912.

Top: Bernard Schräder, Truus Schröder's father, with her stepmother Aletta Grundemann and Binnert, c. 1913.

Bottom: Schröder bathing Binnert, c. 1912.

— I did not espouse my husband's environment, but there it was. I had adapted to my husband's wishes as best I could. At the time, I still thought that should be possible. And I thought, 'Things will change naturally', but they didn't change at all. Things just don't change if you're conservative. They got worse and worse.
— Truus Schröder

— Ik hing dat milieu van mijn man niet aan, maar het was er. Ik had me, zo goed en zo kwaad als maar mogelijk was, aangepast aan de wensen van mijn man. Ik vond toen nog dat dat moest kunnen en zo. En ik dacht: dat verandert vanzelf, maar het veranderde helemaal niet. Dat verandert zomaar niet als je conservatief bent. Het werd steeds erger.
— Truus Schröder

Truus Schröder and her husband with Binnert, c. 1913.

Truus Schröder en haar echtgenoot met Binnert, ca. 1913.

— I used to think that we would fully embrace modernity.
— Truus Schröder

— Ik dacht vroeger dat we helemaal de moderne kant op zouden gaan.
— Truus Schröder

Schröder with Binnert and Marjan, c. 1914.

Schröder met Binnert en Marjan, ca. 1914.

Schröder (on chair) with Binnert and Marjan, c. 1916. To her right, with the dog, is Marietje Verspyck, the daughter of a general who lived with them and looked after the children and household.

Schröder (op stoel) met Binnert en Marjan, ca. 1916. Rechts met hond staat Marietje Verspyck, de dochter van een generaal die bij hen inwoont en voor de kinderen en het huishouden zorgt.

YOU CHANGED ME
JIJ HEBT ME VERANDERD
— FRITS SCHRÖDER

▬ Were I to continue along your lines, I would be unfit as a lawyer, for which I have already become less fit. I can feel it. My former incisiveness and willpower are gone.
— Frits Schröder

▬ Zou ik in jouw lijn doorgaan dan ben ik ongeschikt als advocaat, waartoe ik nu reeds minder geschikt ben geworden. Dat voel ik. Mijn vroegere doortastendheid en wilskracht zijn weg.
— Frits Schröder

The Schröders with Binnert and Marjan, c. 1916.

De Schröders met Binnert en Marjan, ca. 1916.

MR. F. A. C. SCHRÖDER,
ADVOCAAT EN PROCUREUR.
UTRECHT.
Biltstraat No. 135.

TELEFOON No. 1309.

Aangeteekende Brieven:
Postkantoor Sweelinckstraat.

Utrecht, 11 Juni 1914

BETREFFENDE:

Tenitje. Als ik in dit schrijven onaangenaamheden of vleierijen gebruik, dan moet je dat niet
als zoodanig beschouwen; ik moet dat wellicht
om je brief te beantwoorden en dit laatste
wil ik doen al wensch ik niet, dat je de
gevolgen der waarheid zult accepteeren.
Ik ga dus je brief beantwoorden en daarom
zal ik wellicht onaangenaamheden en
vleierijen moeten zeggen; mijn antwoord behoef je niet als axioma te beschouwen.—
Je vraag komt hierop neer, waarom ik jou
behandel of ten opzichte van jou handel zooals
ik doe. Die vraag is moeilijk te beantwoorden
omdat er betrekkelijk geen feiten gesteld
worden en de vraag dus als zuiver theoretisch gesteld en behandeld moet worden.—
Het eenige feit, dat ik in dien brief vind
is onduidelijk : "je vond ongepast wat ik
van jou en eenje zei". Wat dat geweest
is, weet ik niet meer precies en daarom
behandel ik de kwestie in van principe

First page of the letter from Frits Schröder to his wife, in which he explains why he felt they were having marital problems, 1914.

Eerste pagina van de brief van Frits Schröder aan zijn echtgenote waarin hij uitlegt waarom ze volgens hem huwelijksproblemen hebben, 1914.

—— I want to start by saying that your character and all its expressions are beautiful, noble and elevated, far above my own. Your intellectual development is also very advanced; I have never met a woman who stands so high.

For all this, I love you, sincerely love you. And the strange thing is that I love you more when I am not with you than when I am around you.

I take life as it presents itself practically and try to bend it towards my own sense of justice. You, on the other hand, put your sense of justice first and try to bend life accordingly. Your sense of justice is shaped by your books, your reading, your own being, and your life flows from their theories. As a result, you are more theoretical and I am more practical. You pay more attention to the moral things, I to the material. You don't see society as it expresses itself. You see society in its essence, as it should be.
— Frits Schröder

—— Ik begin te zeggen dat jouw karakter en al zijn uitingen mooi, edel en verheven zijn, ver het mijne overtreffend. Je intellectuele ontwikkeling is ook zeer hoog; nooit ontmoette ik een vrouw die zo hoog staat.

Om een en ander hou ik van je, heb ik je oprecht lief. En het eigenaardige is dat ik meer van je hou als ik niet bij je ben, als dat ik wel in je omgeving ben.

Ik neem het leven zoals het zich praktisch voordoet en tracht dit te buigen in de richting van mijn eigen rechts-gevoel. Jij daarentegen stelt jouw rechtsgevoel voorop en tracht het leven daarnaar in te richten. Jouw rechts-gevoel wordt gevormd door je boeken, je lectuur, je eigen zijn en uit hun theorieën vloeit je leven voort. Jij bent daardoor meer theoretisch en ik meer praktisch. Jij let meer op de zedelijke, ik op de materiële dingen. De maatschappij zoals die zich uit, zie jij niet. Jij ziet de maatschappij in haar wezen, zoals ze moet zijn.
— Frits Schröder

Because World War I prevented the Schröder family from spending their holidays in Switzerland, in 1915 Truus's father bought them a summer house in Huis ter Heide, about ten kilometres from their house in Biltstraat. As tensions increased in her marriage to Frits, it became a refuge for Truus Schröder. Just as on Biltstraat, Gerrit Rietveld visited 'Berkenbosch', as the summer villa was called, 'to fix things'.

Omdat het gezin Schröder door de Eerste Wereldoorlog de vakanties niet in Zwitserland kan vieren, koopt de vader van Truus in 1915 een zomerhuis voor hen in Huis ter Heide, een kilometer of tien van hun huis aan de Biltstraat verwijderd. Het wordt een toevluchtsoord voor Truus Schröder, aangezien de spanningen in haar huwelijk met Frits oplopen. En net als in de Biltstraat komt Gerrit Rietveld langs in Berkenbosch, zoals de zomervilla heet, "om dingen te repareren".

___ I let things run their course until Binnert was 6. Then he had to go to Catholic school and I started raising objections.

___ Ik heb tot Binnert 6 jaar was alles zijn gang laten gaan. Toen moest hij naar de katholieke school en ben ik bezwaren gaan maken.
– Truus Schröder

___ I was resolutely in favour of Montessori, and my children had to have a Montessori education but my husband didn't particularly care for it. It was a very sore point for me.

___ Ik was vreselijk voor de montessori, en mijn kinderen moesten montessori-onderwijs hebben en mijn man voelde daar niet zoveel voor. Het was een heel teer punt voor me.
– Truus Schröder

Binnert Schröder, c. 1918.

Marjan Schröder, c. 1919.

'Our little house in Huis ter Heide', Schröder wrote under this advertisement she cut out of a newspaper years later. The text reads: 'Villa BERKENBOSCH at Huis ter Heide. This villa is quietly situated amid birch trees. It contains, downstairs: 3 rooms, a kitchen and a large conservatory. Upstairs: 4 rooms and an attic with a shower bathroom, entire size 1 hectare. Purchase price f 15,500.'

"Ons huisje in Huis ter Heide", schrijft Schröder onder deze advertentie die ze jaren later uit een krant knipt. De tekst luidt: "Villa BERKENBOSCH te Huis ter Heide. Deze villa is rustig gelegen te midden van berkenbomen. Zij bevat beneden: 3 kamers, keuken en een grote serre. Boven: 4 kamers en zolder met één douche badkamer, gehele grootte 1 hectare. Koopsom f 15.500"

⎯ Then he would sometimes come to the house to fix something. He later told me – whether it is true I don't know – 'I would make sure I could go'.
— Truus Schröder

⎯ Dan kwam hij nog weleens aan huis om iets te repareren. Later heeft hij me verteld – of het waar is weet ik niet: "dan zorgde ik wel dat ik kon gaan".
— Truus Schröder

Sales advertisement for Villa Berkenbosch in Huis ter Heide, clipping from Schröder's archive, date and provenance unknown.

Verkoopadvertentie villa Berkenbosch in Huis ter Heide. Knipsel uit het archief van Schröder, datum en herkomst onbekend.

Hanneke (Han), their third child, was born in 1918. She would become one of the first registered female architects in the Netherlands.

In 1918 wordt hun derde kind Hanneke (Han) geboren. Ze zal een van de eerste geregistreerde vrouwelijke architecten in Nederland worden.

De Heer en Mevrouw Mr. F. A. C. SCHRöDER—SCHRäDER, geven kennis van de geboorte eener Dochter. 8378 7
Utrecht, 16 Juli 1918.
Biltstraat No. 135.

Announcement of the birth in *De Maasbode*, 17 July 1918.

Geboortebericht in *De Maasbode*, 17 juli 1918.

— Mr and Mrs F.A.C. SCHRöDER-SCHRäDER announce the birth of a daughter.
Utrecht 16 July 1918.
Biltstraat 135.

Truus Schröder with her three children, c. 1918.

Truus Schröder met haar drie kinderen, ca. 1918.

— Later, he sometimes also came to the house. Then we both felt we were different.
— Truus Schröder about Gerrit Rietveld

_ Later kwam hij ook weleens aan huis. Toen hebben we allebei gevoeld dat we allebei anders waren.
— Truus Schröder over Gerrit Rietveld

Schröder with her daughters Marjan and Han (on her lap), probably at their summer house in Huis ter Heide, c. 1918.

Schröder met dochters Marjan en Han (op schoot), vermoedelijk bij hun zomerhuis in Huis ter Heide, ca. 1918.

The Schröders in front of their pavilion on Biltstraat, c. 1920.

De Schröders voor hun tuinhuisje in de Biltstraat, ca. 1920.

GERRIT RIETVELD'S CHILDHOOD
DE JEUGD VAN GERRIT RIETVELD

Johannes Rietveld and Elisabeth van der Horst had six children: two daughters and four sons. Their second son, Gerrit Thomas Rietveld, was born on 24 June 1888.

Johannes Rietveld en Elisabeth van der Horst krijgen zes kinderen: twee dochters, vier zonen. Hun tweede zoon, Gerrit Thomas Rietveld, wordt op 24 juni 1888 geboren.

— My parents were so different in terms of temperament that it always seemed to me that they lived in different worlds, occasionally clashing on practical matters, without them knowing the pain they were causing each other. What my mother found most beautiful and the best thing in life, my father found bad and sinful.
— Gerrit Rietveld

— Mijn ouders waren zo verschillend van aanleg dat het me altijd voorkwam dat ze in verschillende werelden leefden, die zo nu en dan bij praktische aangelegenheden in botsing kwamen, zonder dat ze wisten welke pijn ze elkaar deden. Wat mijn moeder het mooiste en beste in het leven vond, vond mijn vader slecht en zondig.
— Gerrit Rietveld

Johannes Cornelis Rietveld and Elisabeth van der Horst, c. 1911.

Johannes Cornelis Rietveld en Elisabeth van der Horst, ca. 1911.

— As a boy I was a delicate little dreamer.

When I looked at something, for example a picture in the newspaper, I saw images of people and letters, but I also saw the dots of the grid. I understood that I wasn't supposed to see those. There was a certain scale at which I was supposed to see such a picture. If I took a magnifying glass, I would only see several dots with no further representation; if I looked through a microscope I would see fibres, threads and spots.
— Gerrit Rietveld

— Ik was als kleine jongen een zwak dromertje.

Als ik iets bekeek, bijvoorbeeld een plaatje in de krant, dan zag ik afbeeldingen van mensen en letters, maar ik zag ook stippels van het raster. Ik begreep dat het niet de bedoeling was dat ik die zag. Er was een bepaalde schaal waarop ik zo'n plaatje moest zien. Nam ik een vergrootglas, dan zag ik alleen verschillende stippels zonder verdere voorstelling, zou ik door een microscoop kijken dan zou ik vezels zien, draden en vlekken.
— Gerrit Rietveld

Gerrit Rietveld, c. 1911.

Gerrit Rietveld, cupboard, c. 1905.   Gerrit Rietveld, kast, ca. 1905.

When he was 11 years old, Gerrit Rietveld started working in his father's furniture workshop. In November 1904, the Volksbond tegen Drankmisbruik [People's Alliance Against Alcohol Abuse] held an exhibition of home crafts. Among the entrants aged between 12 and 16 (96 entrants), 16-year-old Rietveld received a large bronze medal for a 'tea table and book table'.

Als hij 11 jaar oud is, gaat Gerrit Rietveld in de meubelwerkplaats van zijn vader werken. In november 1904 houdt de Volksbond tegen Drankmisbruik een *Tentoonstelling voor Huisvlijt*. Bij de jongeren tussen 12 en 16 jaar (96 inzenders) ontvangt de zestienjarige Rietveld een grote bronzen medaille voor een "theetafel en boekentafel".

Mention of the exhibition prizes in the *Utrechtsch Nieuwsblad*, 17 November 1904.

Vermelding tentoonstellingsprijzen in het *Utrechtsch Nieuwsblad*, 17 november 1904.

Gerrit Rietveld, chair for the gatehouse of Zuylen Castle, 1906.

Gerrit Rietveld, stoel voor het poortgebouw van Slot Zuylen, 1906.

When architect Petrus Houtzagers was renovating the Utrechtsche Hypotheekbank, he engaged Rietveld's father for the restoration work and the refurbishment of the interior. Gerrit Rietveld was involved in these works, being responsible, for instance, for the neo-Rococo paintings above the doors. Between 1904 and 1908, Rietveld took drawing lessons at the evening school of the Utrechtsch Museum van Kunstnijverheid [Utrecht Museum of Applied Art], where Houtzagers was the director.

Als architect P.J. Houtzagers de Utrechtsche Hypotheekbank verbouwt, schakelt hij de vader van Rietveld in voor de restauratiewerkzaamheden en de interieurverbouwing. Ook Gerrit Rietveld werkt hieraan mee, zo neemt hij onder meer de klassieke schilderingen boven de deuren voor zijn rekening. Tussen 1904 en 1908 volgt Rietveld tekenlessen aan de avondschool van het Utrechtsch Museum van Kunstnijverheid, waar Houtzagers directeur is.

Interior of the meeting room of the Utrechtsche Hypotheekbank at Drift 17 in Utrecht, c. 1905.

Interieur van de vergaderzaal van de Utrechtsche Hypotheekbank aan Drift 17 in Utrecht, ca. 1905.

In addition to lessons with architect Houtzagers, Rietveld enrolled at age 16 on a multi-year evening course with architect and furniture maker Piet Klaarhamer. 'Lessons, designs for architecture and crafts', P.J.C. Klaarhamer advertised in the *Utrechtsch Nieuwsblad*. The 'B.A. v.d. Leck' mentioned in the article is painter Bart van der Leck, with whom Klaarhamer shared the premises on Herenstraat in Utrecht. Van der Leck later became an important figure of the De Stijl movement, with his brightly coloured geometric shapes floating on a white background.

Behalve lessen bij architect Houtzagers gaat Rietveld op 16-jarige leeftijd een meerjarige avondcursus volgen bij architect en meubelmaker Piet Klaarhamer. 'Lessen, ontwerpen voor bouwkunde en ambachten', adverteert P.J.C. Klaarhamer in het *Utrechtsch Nieuwsblad*. De "B.A. v.d. Leck" die ook in het krantenbericht wordt genoemd, is kunstschilder Bart van der Leck, met wie Klaarhamer het pand aan de Herenstraat in Utrecht deelt. Van der Leck wordt later met zijn helder gekleurde geometrische vormen, zwevend op een witte achtergrond, een belangrijke figuur van de Stijlbeweging.

___ I had a dreadful inferiority complex. I didn't show my work for years. I hid it, I was afraid of it. I really wasn't proud of it. I only made it because I couldn't help myself.
— Gerrit Rietveld

___ Ik had een ontzettend minderwaardigheidscomplex. Ik liet jaren m'n werk niet zien. Ik verstopte het, ik was er bang voor. Ik was er echt niet trots op. Ik maakte het alleen omdat ik het niet kon laten.
— Gerrit Rietveld

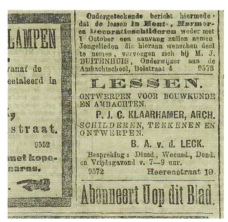

Advertisement for drawing lessons placed by Klaarhamer in the *Utrechtsch Nieuwsblad*, 15 Sepember 1906.
Advertentie van Klaarhamer voor tekenlessen in het *Utrechtsch Nieuwsblad*, 15 september 1906.

Armchair, designed by Piet Klaarhamer, made by Gerrit Rietveld, c. 1906.
Leunstoel ontworpen door Piet Klaarhamer, uitgevoerd door Gerrit Rietveld, ca. 1906.

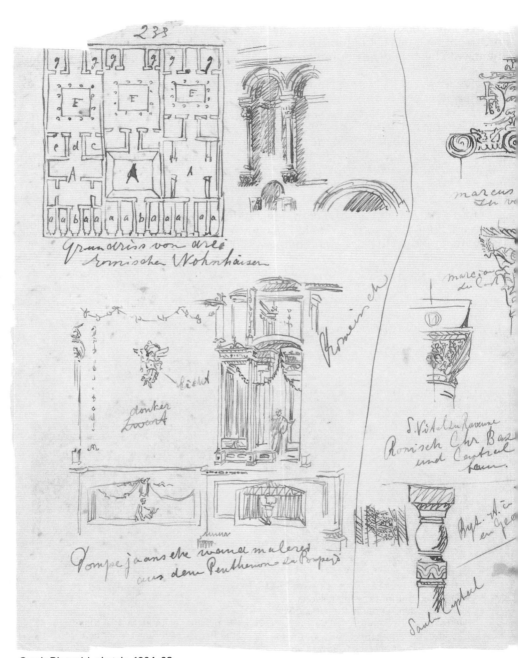

Gerrit Rietveld, sketch, 1904–08.

Gerrit Rietveld, schets, 1904–1908.

In 1909 Rietveld joined the Schilder- en Tekenkundig Genootschap Kunstliefde [Kunstliefde (Love of Art), Society for Painting and Drawing], on Oudegracht 35. It was the main association in Utrecht where artists could meet, exhibit and sell their work. Frits Schröder had been a member of Kunstliefde as a devotee since 1913. In 1918 both Truus Schröder and Gerrit Rietveld joined Voor de Kunst [For Art], another artist society in Utrecht.

In 1909 wordt Rietveld lid van het Schilder- en Tekenkundig Genootschap Kunstliefde aan de Oudegracht 35. Het is de belangrijkste vereniging voor Utrechtse kunstenaars waar ze elkaar kunnen ontmoeten, hun werk kunnen exposeren en verkopen. Frits Schröder staat vanaf 1913 op de ledenlijst van Kunstliefde als liefhebber. Van een ander Utrechts kunstenaarsgenootschap, Voor de Kunst, worden zowel Truus Schröder als Gerrit Rietveld in 1918 lid.

Vrouwgien Hadders, 1911.

Rietveld married Vrouwgien Hadders in 1911. After their wedding they moved to the centre of Utrecht, to Oudegracht Tolsteegzijde 61 (now 231). Rietveld tried to make a career as a painter while earning extra money as a draughtsman and designer at Carel Begeer's jewellery shop. In 1913 Rietveld and Hadders moved to Ooftstraat, near his father's furniture workshop. Due to financial reasons, Rietveld started working with his father again.

Vrouwgien Hadders (1883–1957) and Gerrit Rietveld met through her brother Egbert, an art lover. Vrouwgien Hadders, born on 10 October 1883, was 5 years older than Rietveld, a nurse, Protestant. Her father, a labourer from Assen, died when she was 3 years old, after which she and her mother moved in with the Smedes family, her mother working there as a domestic help. Later, her mother would marry the son of the house with whom she had two sons. In 1911 Vrouwgien Hadders married Gerrit Rietveld. She then had to give up her work as a nurse, as the law required. The first years of her marriage to Rietveld were good, or at least seemingly stable. On Sundays, they attended church twice. Rietveld was active in the church, and in the evening Hadders read to him from the Bible or played the harmonium, her favourite instrument.

Rietveld trouwt in 1911 met Vrouwgien Hadders. Na hun bruiloft verhuizen ze naar het centrum van Utrecht, aan de Oudegracht Tolsteegzijde 61 (nu 231). Rietveld probeert als kunstschilder carrière te maken, terwijl hij als tekenaar en ontwerper op het edelsmidatelier van Carel Begeer geld bijverdient. In 1913 verhuizen Rietveld en Hadders naar de Ooftstraat – terug naar de buurt van de meubelwerkplaats van zijn vader. Rietveld gaat om financiële redenen weer bij zijn vader werken.

Vrouwgien Hadders (1883–1957) en Gerrit Rietveld ontmoeten elkaar via haar broer Egbert, die kunstliefhebber is. Vrouwgien Hadders, geboren op 10 oktober 1883, is 5 jaar ouder dan Rietveld, verpleegster en streng gereformeerd. Haar vader, een arbeider uit Assen, overleed toen zij 3 jaar oud was, waarna haar moeder met de jonge Vrouwgien bij de familie Smedes intrekt en er als hulp in de huishouding werkt. Later zou haar moeder met de zoon des huizes trouwen, met wie ze twee zonen kreeg. In 1911 trouwt Vrouwgien Hadders met Gerrit Rietveld. Haar werk als verpleegster moet ze dan, zoals de wet aangaf, opgeven. De eerste jaren van het huwelijk met Rietveld zijn goed, of in ieder geval op het oog stabiel. Op zondag gaan ze twee keer naar de kerk, Rietveld is er actief en 's avonds leest Hadders hem uit de Bijbel voor of speelt ze op het harmonium (traporgel), haar favoriete instrument.

Gerrit Rietveld with his wife Vrouwgien, c. 1911.

Gerrit Rietveld met zijn echtgenote Vrouwgien, ca. 1911.

Table made by Gerrit Rietveld for his wedding in 1911.

Tafel die Gerrit Rietveld voor zijn huwelijk in 1911 maakt.

Three works by Gerrit Rietveld were shown at a 1912 Kunstliefde sales exhibition. Two portraits, including that of Anthonie Begeer, the father of his employer, Carel. The third work was a Christ figure with a crown of thorns, *O Haupt voll Blut und Wunden*. This work was owned by Truus for many years.

Op een verkooptentoonstelling in 1912 van het Schilder- en Tekenkundig Genootschap Kunstliefde worden drie werken van Gerrit getoond. Twee portretten, waaronder dat van Anthonie Begeer, de vader van zijn werkgever Carel. Het derde werk is een Christusfiguur met doornenkroon: *O Haupt voll Blut und Wunden*. Dit werk is jarenlang in het bezit van Truus.

Gerrit Rietveld, *Portrait of Anthonie Begeer*, 1910–12.
Gerrit Rietveld, *Portret van Anthonie Begeer*, 1910–1912.

Gerrit Rietveld, *O Haupt voll Blut und Wunden*, 1911–12.
Gerrit Rietveld, *O Haupt voll Blut und Wunden*, 1911–1912.

Gerrit Rietveld, left, sitting at the table, in the atelier of the Begeer jewellery shop, 1913.

RIETVELD'S FURNITURE WORKSHOP
MEUBELMAKERIJ RIETVELD

In May 1917 the Rietveld-Hadders family moved to Adriaen van Ostadelaan. They occupied the upstairs while Gerrit Rietveld set up his own furniture workshop downstairs. Here he broke away from his father and designed modern furniture.

In mei 1917 verhuist het gezin Rietveld-Hadders naar de Adriaen van Ostadelaan. Ze gaan boven wonen, beneden vestigt Gerrit Rietveld zijn eigen meubelwerkplaats. Hier maakt hij zich los van zijn vader en ontwerpt moderne meubelen.

Vignet van de meubelmakerij van Gerrit Rietveld, ca. 1917. Het logo brengt hij ook op de etalageruit van zijn werkplaats aan.

Gerrit Rietveld's furniture workshop logo, c. 1917. He also applied this logo to the shop window of his workshop.

The furniture workshop can be seen behind the Bible cart, c. 1918. The address of the workshop is Adriaen van Ostadelaan 25 (later renumbered 93).

Achter de bijbelkar is de meubelmakerij te zien, ca. 1918. Het huisnummer van de werkplaats is Adriaen van Ostadelaan 25, later omgenummerd naar huisnummer 93.

Gerrit Rietveld and Vrouwgien Hadders had six children. Elisabeth (Bep) Rietveld was born on 26 October 1913, her younger brother Egbert (Eggi) on 13 August 1915. Vrouwgien (Tutti) was born on 6 May 1918 and Jan on 27 April 1919. A few years later, Gerrit (21 October 1921) and Wim (18 July 1924) followed.

Gerrit Rietveld en Vrouwgien Hadders krijgen zes kinderen. Elisabeth (Bep) Rietveld wordt op 26 oktober 1913 geboren, haar jongere boer Egbert (Eggi) op 13 augustus 1915. Op 6 mei 1918 wordt Vrouwgien (Tutti) geboren en op 27 april 1919 Jan. Een aantal jaren later volgen Gerrit (21 oktober 1921) en Wim (18 juli 1924).

__ You see, I didn't move away from the old styles because I didn't like them, or because I couldn't make them properly. Because I had learnt the trade. I quit because it wasn't satisfying. I saw no future in it, because everything you made in those old styles was actually worse than what people made themselves in those times.
— Gerrit Rietveld

__ U ziet wel dat ik niet van de oude stijlen ben afgehaakt omdat ik ze niet mooi vond, of omdat ik het niet goed kon maken. Want ik had het vak geleerd. Maar ik ben ermee uitgescheden omdat het geen voldoening gaf. Ik zag er geen toekomst in, want alles wat je maakte in die oude stijlen was eigenlijk slechter dan wat de mensen in die tijden zelf maakten.
— Gerrit Rietveld

Rietveld with his two eldest children, his daughter Bep (right) and son Egbert, c. 1918.

Rietveld met zijn twee oudste kinderen, dochter Bep (rechts) en zoon Egbert, ca. 1918.

Rietveld's first architectural commission was to design the front of Begeer's jewellery shop at Oudkerkhof 27 in Utrecht. He decorated the façade with ornaments and human figures. These are figures in concrete that he pre-cut in wooden forms. Rietveld also drew the typography and the furniture for the shop.

Dit is de eerste architectuuropdracht van Rietveld: het ontwerp van de winkelpui van de juwelierswinkel Begeer aan het Oudkerkhof 27 in Utrecht. Hij versiert de gevel met ornamenten en mensfiguren; betonnen figuren die hij vooraf in de houten bekistingsmallen uitsneed. Ook ontwerpt Rietveld het meubilair voor de winkel en de typografie voor het drukwerk.

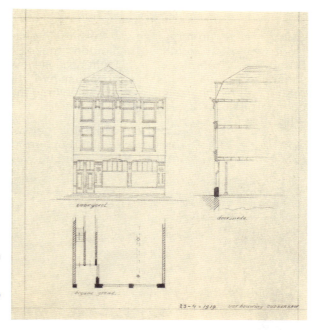

Gerrit Rietveld, façade design for Begeer on Oudkerkhof in Utrecht, 1919.

Gerrit Rietveld, gevelontwerp Begeer aan het Oudkerkhof in Utrecht, 1919.

Façade of Begeer's jewellery shop, 1919.

Gevel van de juwelierswinkel Begeer, 1919.

Rietveld with his three eldest children: Bep, Egbert and Tutti in a homemade cart. The photo was taken at the Rhijnauwen estate in Utrecht, c. 1920. The identity of the boy at the back right is unknown.

Rietveld met zijn drie oudste kinderen: Bep, Egbert en Tutti in een eigengemaakte bolderkar. De foto is genomen in het Utrechtse landgoed Rhijnauwen, ca. 1920. Het is niet bekend wie de jongen rechtsachter is.

Gerrit Rietveld designed this chair for Begeer's jewellery shop, 1919.

Gerrit Rietveld ontwerpt deze stoel voor de juwelierswinkel van Begeer, 1919.

On Van Ostadelaan, Rietveld made sober furniture, light and without curlicues. He increasingly detached himself from the old styles. The date of this chair is unclear. It was long believed that Rietveld made it in 1908 when he was 20 years old. But it is more plausible that he created it later, around 1917, when he broke away from his father's furniture style.

Aan de Van Ostadelaan maakt Rietveld sobere meubelen, licht en zonder krullen. Hij laat de oude stijlen steeds meer los. De datering van deze bankstoel is onduidelijk. Lang is gedacht dat Rietveld het zitmeubel in 1908 maakte toen hij 20 jaar oud was. Maar het is aannemelijker dat hij het later realiseert, rond 1917, als hij zich heeft losgemaakt van de meubeltraditie van zijn vader.

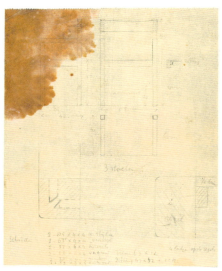

Gerrit Rietveld, tekening bankmeubel, z.j.

Gerrit Rietveld, drawing of a wooden chair, n.d.

Gerrit Rietveld, bankmeubel, ca. 1917.

Gerrit Rietveld, wooden chair, c. 1917.

GERRIT RIETVELD AND DE STIJL
GERRIT RIETVELD EN DE STIJL

De Stijl, the avant-garde magazine that ran from 1917 to 1932 and grew into an influential art movement, wanted a radical overhaul of all art disciplines. Early members of the movement included the painters Piet Mondrian, Bart van der Leck and Vilmos Huszár, the poet Antony Kok, and the architects Ko Oud and Robert van 't Hoff. Gerrit Rietveld joined De Stijl in 1919 when his furniture was published in the magazine: first the children's chair, then the slatted chair. In the 1927 anniversary issue, Truus Schröder would also be named by Van Doesburg as a member of De Stijl. Rietveld came into contact with Van Doesburg through the architect Robert van 't Hoff, who became a friend.

De Stijl, het avant-gardistische tijdschrift dat van 1917 tot 1932 bestaat en uitgroeit tot een invloedrijke kunstbeweging, wil alle kunstdisciplines radicaal vernieuwen. Tot de eerste leden van de beweging behoren kunstschilders Piet Mondriaan, Bart van der Leck en Vilmos Huszár, dichter Antony Kok, en architecten Ko Oud en Robert van 't Hoff. Gerrit Rietveld treedt in 1919 tot De Stijl toe wanneer zijn meubelen in het tijdschrift worden gepubliceerd: eerst de kinderstoel, daarna de lattenstoel. In het jubileumnummer van 1927 zal ook Truus Schröder door Van Doesburg als lid van De Stijl worden aangemerkt. Rietveld komt met Van Doesburg in contact via architect Robert van 't Hoff, die een vriend van hem wordt.

Vilmos Huszár, design for the cover of *De Stijl*, 1917.

Theo van Doesburg (1883–1931) was one of the pioneers of abstract art. He founded *De Stijl*, a 'monthly magazine for modern visual arts' in the last year of World War I. Van Doesburg was then 34 years old and he painted, drew and wrote poetry under the pseudonym I.K. Bonset – an anagram of '*Ik ben sot*' [I am mad]. He was also involved in art theory, typography and architecture, and he played an important role in the Dada movement.

Theo van Doesburg (1883–1931) is een van de belangrijkste voortrekkers van de abstracte kunst. In het laatste jaar van de Eerste Wereldoorlog richt hij *De Stijl* op, een 'maandblad voor moderne beeldende vakken'. Van Doesburg is dan 34 jaar oud en hij schildert, tekent en schrijft poëzie onder het pseudoniem I.K. Bonset – anagram van 'ik ben sot'. Ook houdt hij zich bezig met kunsttheorie, typografie en architectuur, en speelt hij een belangrijke rol in de dadabeweging.

Theo van Doesburg, 1920.

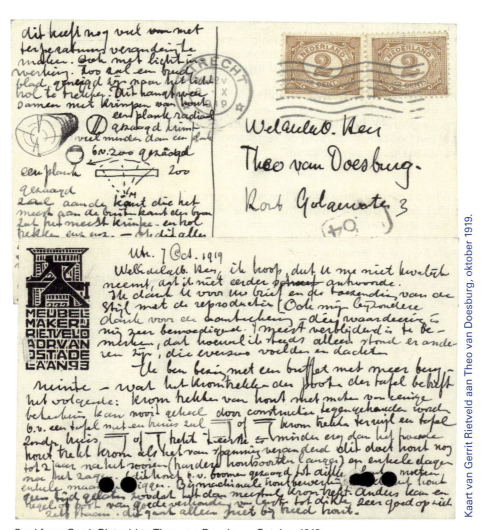

Card from Gerrit Rietveld to Theo van Doesburg, October 1919.

—— Dear Sir, Thank you for your letter and for sending me *De Stijl* with the reproduction. My particular thanks also for the note – this appreciation is very encouraging to me. The most gratifying thing is to observe that, although I was always alone, there are others who also felt and thought [this].
— Rietveld to Van Doesburg

—— Weledelgeb. Heer, Ik dank u voor uw brief en de toezending van *De Stijl* met de reproductie. Ook mijn bijzondere dank voor de aantekening – deze waardering is mij zeer bemoedigend. 't Meest verblijdend is te bemerken, dat hoewel ik steeds alleen stond, er anderen zijn die [dit] eveneens voelden en dachten.
— Rietveld aan Van Doesburg

In his notes for the children's chair, Rietveld wrote: 'The wood is green, the straps are red, the pins that hold the straps in the holes of the boards are light green. A red leather cushion can be hung from the top rail of the back board. The front rail and top board are removable.'

Rietveld schrijft in zijn toelichting bij de kinderstoel: "Het hout is groen, de riempjes zijn rood, de pennetjes, die de riempjes in de gaatjes der plankjes gekneld houden, zijn lichtgroen. Een roodleren kussentje kan vanaf het bovenregeltje van de rugplank hangen. Het voorhekje en bovenplankje zijn afneembaar."

__ When I came home there, I was in a completely different world. I picked up a lot from that. I owe him an awful lot. He also possessed that simplicity. He preferred an orange box to the most beautiful things he made himself.
— Gerrit Rietveld on Robert van 't Hoff

__ Als ik daar thuis kwam, was ik in een heel andere wereld. Daar ben ik erg van opgeknapt. Ik heb ontzettend veel aan hem te danken. Hij had ook van dat eenvoudige. Hij vond een sinaasappelkistje mooier dan de mooiste dingen die hij zelf maakte.
— Gerrit Rietveld over Robert van 't Hoff

BIJLAGE XVIII VAN „DE STIJL", 2E JAARGANG No. 9. VÓÓR-, OPZIJ- EN ACHTER-AANZICHT VAN EEN KINDERSTOEL. MAKER: RIETVELD.

Gerrit Rietvelds kinderstoel in het tijdschrift *De Stijl*, jrg. 2, nr. 9, juli 1919.

Gerrit Rietveld's children's chair in *De Stijl* magazine, vol. 2, no. 9, July 1919.

The children's chair was Gerrit Rietveld's first work to be published in *De Stijl* in the summer of 1919. Around 1922, he produced the chair a second time in red, blue, yellow and black for young Hendrikus Johannes Witteveen, who would become finance minister from 1963 to 1965.

De kinderstoel is het eerste werk van Gerrit Rietveld dat in de zomer van 1919 in *De Stijl* wordt gepubliceerd. Rond 1922 voert hij de stoel een tweede keer uit in rood, blauw, geel en zwart voor de kleine Hendrikus Johannes Witteveen, die in 1963–1965 minister van Financiën zal worden.

Gerrit Rietveld, children's chair, c. 1922

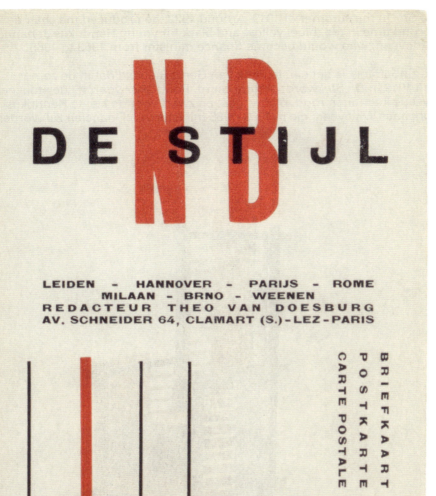

De Stijl postcard, design by Theo van Doesburg, 1921.

Briefkaart van *De Stijl*, ontwerp Theo van Doesburg, 1921.

A DELIGHTFUL SIT!
HIJ ZIT VERRUKKELIJK!

Rietveld had his photo taken in his slatted chair in front of his furniture workshop on Adriaen van Ostadelaan. Surrounding him are three workmen. Leaning on the slatted chair is Gerard van de Groenekan, the carpenter who would go on to make Rietveld's furniture for the rest of his life.

Rietveld laat zich rond 1919 fotograferen in zijn lattenstoel voor zijn meubelmakerij aan de Adriaen van Ostadelaan. Om hem heen zijn drie werkmannen. Met de arm op de leuning van de stoel: Gerard van de Groenekan, de timmerman die zijn leven lang meubelen van Rietveld zal maken.

Gerrit Rietveld, slatted chair, c. 1919.

Gerrit Rietveld, lattenstoel, ca. 1919.

The slatted chair was shown at the *Aesthetisch uitgevoerde gebruiksvoorwerpen* [Aesthetically executed articles of daily use] exhibition held at the Museum van Kunstnijverheid [Museum of Applied Art] in Haarlem in autumn 1919. A competition was held alongside this exhibition: participants were invited to design an armchair costing less than 35 guilders. It is likely that this exhibition prompted the design of the chair. One reviewer called it an 'ultra-modern chair, costing only 18 guilders and completely set for mass production' and 'A delightful sit!'

De lattenstoel wordt in het najaar van 1919 getoond op de tentoonstelling *Aesthetisch uitgevoerde gebruiksvoorwerpen* in het Museum van Kunstnijverheid in Haarlem. Aan deze expositie is een prijsvraag verbonden: ontwerp een armstoel van minder dan 35 gulden. Het is aannemelijk dat deze tentoonstelling de aanleiding is voor het ontwerp van de stoel. Een recensent noemt het een "ultra-moderne stoel, die slechts 18 gulden kostte en geheel was ingesteld op massaproductie" en "hij zit verrukkelijk!"

Gerrit Rietveld, lattenstoel, 1919.

Gerrit Rietveld, slatted chair, 1919.

THE ROOM WITH THE LOVELY GREYS
DE KAMER MET DE MOOIE GRIJZEN

Although there are no known sketches of the room with the lovely greys, we can assume that Truus Schröder integrated her ideas into this design and that it was therefore not Gerrit Rietveld's work alone. We may rather think of it as Schröder's work too.

Er zijn geen ontwerpschetsen van de kamer met de mooie grijzen bekend, maar we kunnen ervan uitgaan dat Truus Schröder in dit ontwerp haar ideeën heeft verwerkt en dat het dus niet alleen op naam van Gerrit Rietveld staat, maar dat we er Schröder bij mogen denken.

— What Rietveld thought really struck a chord with me. Rietveld had enormous thinking power.
— Truus Schröder

— Wat Rietveld dacht sloeg verschrikkelijk bij me aan. Rietveld had een enorme denkkracht.
— Truus Schröder

Schröder's room on Biltstraat, 1921.   Schröders kamer in de Biltstraat, 1921.

Truus Schröder began to feel less and less comfortable in the house on Biltstraat with its high windows and brown furniture. At some point, Frits allowed her to furnish her own room, as Truus Schröder later put it. She said it was Frits's idea to ask Rietveld to do the remodelling. Her husband is said to have told her, 'I believe I have an architect for you. Come along, he is bringing a scale model.' Frits was referring to the scale model for the Goud en Zilversmid's Compagnie's [Gold and Silversmith Company] shop on Amsterdam's Kalverstraat. Creator: Gerrit Rietveld. The scale model was on display at the Voor de Kunst society on Utrecht's Nobelstraat, where Frits and Truus Schröder went to see it. 'My husband did not have a great opinion of those things', said Schröder. She herself liked the model, although in her opinion, the gold and silver jewellery was too close to the pavement. She believed the jewellery should not be as close to the wet and dirty street. 'The windows went down to the ground and it was so close to the pavement, I felt it wasn't right. But other than that I thought it was quite good.' After this, she asked Rietveld to remodel the room in the house on Biltstraat.

Truus Schröder voelt zich steeds minder comfortabel in het huis aan de Biltstraat met de hoge ramen en de bruine meubelen. Van Frits mag ze op een zeker moment een eigen kamer inrichten, zoals Truus Schröder het later formuleert. Ze zegt dat het Frits' idee is om Rietveld voor die verbouwing te vragen. Haar echtgenoot zou hebben gezegd: "Ik geloof dat ik een architect voor je heb. Ga maar mee, hij komt met een maquette." Hij doelt op het schaalmodel voor de winkel in de Amsterdamse Kalverstraat van de Goud en Zilversmid's Compagnie. Maker: Gerrit Rietveld. De maquette staat tentoongesteld bij de vereniging Voor de Kunst in de Nobelstraat in Utrecht en Frits en Truus Schröder gaan er kijken. "Mijn man had niet zo'n kijk op die dingen", vertelt Schröder. Zelf vindt ze de maquette mooi, al hebben de gouden en zilveren sieraden wat haar betreft te weinig afstand van de stoep. Juwelen horen volgens haar niet zo vlak bij de natte en vieze straat te liggen. "De ramen waren tot aan de grond en dan lag dat zo dicht bij het trottoir, ik vond dat dat niet kon. Maar verder vond ik het wel goed." Hierna zou ze Rietveld vragen om de kamer in het huis aan de Biltstraat te verbouwen.

_ What I admire most in you is your sense of astonishment.
— Gerrit Rietveld to Truus Schröder

_ Wat ik het meest in je bewonder, is je verwondering.
— Gerrit Rietveld aan Truus Schröder

— I told him that the house's dominant verticality bothered me terribly and exhausted me mortally. I was looking for horizontality, not only in a new society but also in the lines of architecture.
— Truus Schröder

— Ik vertelde hem dat dat dominerende verticale in het huis mij zo hinderde en zo dodelijk vermoeide. Ik zocht het horizontale, niet alleen in een nieuwe maatschappij maar ook in de lijnen van de architectuur.
— Truus Schröder

Truus Schröder's daughter Han in the Biltstraat living room with the dog in front of the table, c. 1923.

Truus Schröders dochter Han in de woonkamer van de Biltstraat met voor de tafel de hond, ca. 1923.

_I found the model beautiful, but not in keeping with the purpose. Still, I immediately knew that this was the man for that room.
— Truus Schröder

_De maquette vond ik erg mooi, maar niet in overeenstemming met de bestemming. Toch wist ik direct dat dit de man was voor die kamer.
— Truus Schröder

Model of the Goud en Zilversmid's Compagnie jewellery shop renovation, designer Gerrit Rietveld, 1921.

Maquette van de verbouwing van de juwelierswinkel Goud en Zilversmid's Compagnie, ontwerp Gerrit Rietveld, 1921.

Shop window of the Goud en Zilversmid's Compagnie, Kalverstraat 107 in Amsterdam, designer Gerrit Rietveld, c. 1921.

Etalage van de Goud en Zilversmid's Compagnie, Kalverstraat 107 in Amsterdam, ontwerp Gerrit Rietveld, ca. 1921.

A photograph of the window display, coloured by Rietveld, c. 1921.

Een door Rietveld ingekleurde foto van de etalage, ca. 1921.

Rietveld visually lowered the room by installing wooden panels in front of the tall windows. The ceiling lamp was also designed by him: a cluster of four bulbs hanging from their cord.

Rietveld verlaagt de kamer visueel door houten schotten voor de hoge ramen aan te brengen. De lamp aan het plafond is ook zijn ontwerp: een tros van vier peertjes hangend aan hun snoer.

⎯ Rietveld made it lower. He said it was actually wrong for an architect who was a man of space to make a room lower, to eliminate part of that room. He had solved it beautifully, because the light came from that height. The light came in through the upper part of the window.
— Truus Schröder

Schröder noemt de kamer die Rietveld voor haar verbouwt liefdevol de kamer met de mooie grijzen, 1921.

⎯ Rietveld heeft het lager gemaakt. Hij zei: dat was eigenlijk voor een architect die een ruimteman was verkeerd om een kamer lager te maken, weg te werken. Dat had-ie vreselijk prachtig opgelost, want het licht kwam uit die hoogte. Het licht kwam door het bovenlicht naar binnen.
— Truus Schröder

Schröder affectionately called the room Rietveld remodelled for her 'the room with the lovely greys', 1921.

Once the room had been remodelled, Rietveld asked Schröder if he could put some of his chairs in it, the slatted chair for example, but she didn't want that. 'I wasn't ready for that yet', Truus later explained. She decorated the table in the room with a tablecloth of 'red baize with soft blue dots' and the shelf on the wall with silver objects, bowls, a cactus, a teapot and another plant. 'Riet liked that too, it accentuated the horizontality,' she says. The pendant lamp in the style of the Amsterdam school was given to Truus Schröder by her sister An.

Wanneer de verbouwing van de kamer klaar is, vraagt Rietveld Schröder of hij er een paar van zijn stoelen neer mag zetten, de lattenstoel bijvoorbeeld, maar dat wil ze niet. "Daar was ik nog niet aan toe", zegt ze er later over. Op de tafel in de kamer legt ze een kleed van "rode baai met zachtblauwe stipjes" en op de plank aan de muur plaatst ze zilveren voorwerpen, schaaltjes, een cactus, een theepot en een plantje. "Dat vond Riet ook leuk, het accentueerde het horizontale." De hanglamp in de stijl van de Amsterdamse school heeft Truus Schröder van haar zus An gekregen.

De kamer met de mooie grijzen, 1921.

The room with the lovely greys, 1921.

__It was a nice room, very nice, with all very light greys, different shades of grey.
— Truus Schröder

The room with the fireplace and built-in sofa, 1921.

__Het was een mooi kamertje, heel mooi kamertje, met allemaal hele lichte grijzen, verschillende tinten grijs.
— Truus Schröder

De kamer met haard en ingebouwde bank, 1921.

— Then my sister – who didn't come to the house very often, she didn't get on very well with my husband – came and said, 'You never told me you had such a beautiful room'. She absolutely loved it.
— Truus Schröder

— Toen kwam mijn zuster – die kwam niet zo vaak in huis, dat ging niet zo erg goed met m'n man – die zei: "maar je hebt me nooit verteld dat je zo'n prachtig kamertje had." Die was er helemaal weg van.
— Truus Schröder

The room with the bookcase, 1921.

De kamer met boekenkast, 1921.

DESIGNING WITH DE STIJL MEMBERS
ONTWERPEN MET STIJLGENOTEN

After collaborating with Truus Schröder on her house on Biltstraat, Gerrit Rietveld collaborated with members of De Stijl. For instance, he made a scale model for architect Cornelis van Eesteren and Theo van Doesburg for an exhibition in Paris. He also worked with Vilmos Huszár and Van Doesburg on the interior of writer Til Brugman's house. Together with Bart van der Leck, he furnished a showroom at the Utrecht Jaarbeurs [trade fair].

L'Architecture Vivante featured a model of the *hôtel particulier* [town house] that Rietveld made for Theo van Doesburg and architect Cornelis van Eesteren in 1922. Van Doesburg organised an exhibition in Paris the following year at the art gallery L'Effort moderne. Rietveld's model was shown during this first De Stijl exhibition.

Na de samenwerking met Truus Schröder in haar huis aan de Biltstraat werkt Gerrit Rietveld ook met Stijlgenoten samen. Zo maakt hij een maquette voor architect Cornelis van Eesteren en Theo van Doesburg voor een tentoonstelling in Parijs en werkt hij met Vilmos Huszár en Van Doesburg aan het interieur van het huis van schrijver Til Brugman. Met Bart van der Leck richt hij een modelkamer op de Utrechtse Jaarbeurs in.

In *L'Architecture Vivante* staat een maquette van het Hôtel Particulier die Rietveld in 1922 voor Theo van Doesburg en architect Cornelis van Eesteren maakt. Van Doesburg organiseert het jaar erop een tentoonstelling in Parijs bij Galerie L'Effort Moderne. Rietvelds maquette wordt tijdens deze eerste De Stijltentoonstelling getoond.

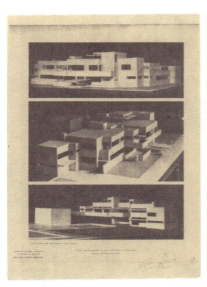 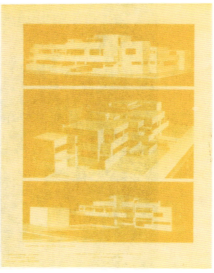

Pages from the French magazine *L'Architecture vivante,* Autumn 1925.

Pagina's uit het Franse tijdschrift *L'Architecture Vivante*, herfstnummer 1925.

In 1923, Til Brugman first published a sound poem in *De Stijl*. That same year, the upstairs flat in The Hague of the writer and her partner, singer Sienna Masthoff, was remodelled. While the Space-Colour Composition in the music room was by Vilmos Huszár, Rietveld arranged the furniture: an asymmetrical table in primary colours and a white slatted chair.

In 1923 publiceert Til Brugman voor het eerst een klankgedicht in *De Stijl*. In datzelfde jaar wordt de Haagse bovenwoning van de schrijver en haar partner, zangeres Sienna Masthoff, verbouwd. De ruimte-kleurcompositie in de muziekkamer is van Vilmos Huszár, Rietveld plaatst de meubelen: een asymmetrisch tafeltje in primaire kleuren en een witte lattenstoel.

Furniture by Gerrit Rietveld in the music room of Til Brugman and Sienna Masthoff, The Hague, 1923.

Meubelen van Gerrit Rietveld in de muziekkamer van Til Brugman en Sienna Masthoff, Den Haag, 1923.

At the group exhibition *De practische huisvrouw* [The practical housewife] at the Utrecht Jaarbeurs in 1923, Rietveld furnished a showroom. A reviewer from the *Utrechtsch Nieuwsblad* called it a 'modern and simple yet tasteful living room interior'. Rietveld used his slatted chair, straight chairs and a table. A graphic work by Bart van der Leck hung on the wall, a piece that would later hang in Truus Schröder's home. It is possible that Rietveld first gave his slatted chair its famous red, blue, yellow and black colours at this presentation.

Bij de groepstentoonstelling *De Practische Huisvrouw* in de Utrechtse Jaarbeurs richt Rietveld in 1923 een modelkamer in. Een recensent van het *Utrechtsch Nieuwsblad* noemt het een "modern eenvoudig doch smaakvol huiskamerinterieur". Rietveld plaatst er zijn lattenstoel, rechte stoelen en een tafel. Er hangt grafiek van Bart van der Leck aan de muur – werk dat later bij Truus Schröder thuis zal hangen. Het is mogelijk dat Rietveld zijn lattenstoel bij deze presentatie voor het eerst de beroemde kleuren rood, blauw, geel en zwart geeft.

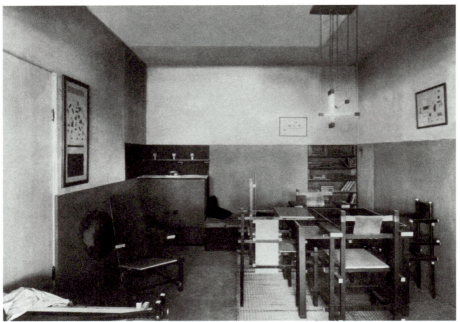

Gerrit Rietveld, Jaarbeurs showroom, 1923.

— Chair, inexpensive construction: 15 guilders.

— Stoel, goedkope uitvoering: 15 gulden.

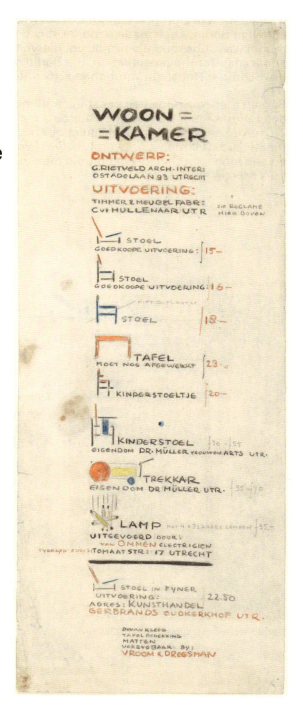

Price list for furniture designed by Rietveld on display in the showroom at the Jaarbeurs, c. 1923. Two variants of the slatted armchair were available for sale: one for 15 guilders, and a more refined version for 22.50 guilders from Utrecht art dealer Gerbrands. Rietveld, who drew up the price list, calls himself an 'interior designer'.

Prijslijst voor meubelen van Rietveld die in de modelkamer van de Jaarbeurs te zien zijn, ca. 1923. De lattenstoel is in twee varianten te koop: één voor 15 gulden en een fijnere, duurdere variant die bij de Utrechtse kunsthandel Gerbrands te koop is voor 22,50 gulden. Rietveld, die de prijslijst opstelt, noemt zichzelf "interieurarchitect".

Together with the Hungarian artist Vilmos Huszár, Rietveld designed a Space-Colour Composition for the *Juryfreie Kunstschau* [non-juried art show] in Berlin. They made a model. It is not known whether the scale model was subsequently produced. Rietveld also designed a small table and a chair for the presentation: the Berlin chair, which would stand in the Schröder House for more than sixty years.

Samen met de Hongaarse kunstenaar Vilmos Huszár ontwerpt Rietveld een Ruimte-Kleur-Compositie voor de Juryfreie Kunstschau in Berlijn. Ze maken een maquette. Het is niet bekend of het schaalmodel daarna is uitgevoerd. Daarnaast ontwerpt Rietveld voor de presentatie een tafeltje en een stoel: 'de Berlijnse stoel', die meer dan zestig jaar in het Schröderhuis zal staan.

Gerrit Rietveld, Berlin chair, 1923.

Space-Colour Composition with inscription on the wall: 'Oct. 1923; Colour by V. Huszár; Form by G. Rietveld'.

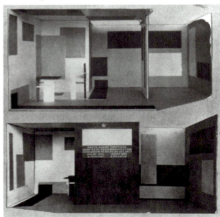

Gerrit Rietveld, Berlijnse stoel, 1923.

Maquette Ruimte-Kleur-Compositie met een opschrift op de muur: "Oct. 1923; Kleur van V. Huszár; Vorm van G. Rietveld".

FRITS SCHRÖDER DIES
FRITS SCHRÖDER OVERLIJDT

__ Dear Sis, I am doing rather well. Papa.

__ Lieve Zus, ik maak het tamelijk goed. Papa.
— Frits Schröder

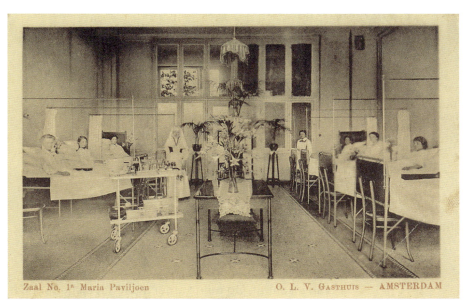

Postcard from Frits Schröder to his daughter Marjan from the Onze Lieve Vrouwe Gasthuis hospital in Amsterdam, 1923.

Ansichtkaart van Frits Schröder aan zijn dochter Marjan vanuit het Onze Lieve Vrouwe Gasthuis in Amsterdam, 1923.

Truus Schröder wrote to her children about their father in hospital in Amsterdam, 1923. She included a plan of their rooms.

—— We each have a room a few doors apart. In my room there is the frame with your little sister's [Marjan's] beautiful plant and in Dad's room there is your portrait. I hope I can report to you soon that Dad is visibly improving.

—— We hebben ieder een kamer een paar deuren van elkaar af. Op mijn kamer staat het lijstje met het mooie plantje van zusje [Marjan] en op paps kamer jullie portret. Ik hoop dat ik jullie gauw kan melden dat pap zichtbaar beter wordt.

Han in the room on Biltstraat where her father was cared for when he was sick, 1923. Frits Schröder used the rope ladder and thick rope to pull himself upright.

Han in de kamer in de Biltstraat waar haar vader tijdens zijn ziekbed verzorgd wordt, 1923. De touwladder en het touw zijn hulpmiddelen waaraan Frits zich overeind kan trekken.

— Dad's last words were, 'Think about the children'.

— Paps laatste woorden waren: "Denk om de kinderen."
— Truus Schröder

Biltstraat, interior. The seating area where Frits sat when he was ill, c. 1923.

Interieur Biltstraat. De zithoek waar Frits zit wanneer hij ziek is, ca. 1923.

Frits Schröder died on 5 October 1923. He probably suffered from lung cancer. The text of the obituary reads: 'Today, Mr FREDERIK ADRIAAN CHRISTIAAN SCHRÖDER, lawyer and public prosecutor, deputy district judge, passed away at the age of 45 after a long illness and after receiving the Last Rites. Utrecht, 5 October 1923. Biltstraat 135. Tr. SCHRÖDER-SCHRÄDER and children: BINNERT. MARIAN. HANNEKE.'

Frits Schröder overlijdt op 5 oktober 1923. Hij leed waarschijnlijk aan longkanker. De tekst van de rouwadvertentie luidt: "Heden overleed na een langdurig lijden, voorzien van de H.H. Sacramenten der Stervenden, in den leeftijd van 45 jaren, Mr. FREDERIK ADRIAAN CHRISTIAAN SCHRÖDER, Advocaat en Procureur, Kantonrechter-Plaatsvervanger. Utrecht, 5 October 1923. Biltstraat 135. Tr. SCHRÖDER-SCHRÄDER en Kinderen: BINNERT. MARIAN. HANNEKE."

Frits Schröder, ca. 1916.

Obituary in the *Algemeen Handelsblad* of 8 October 1923.

Overlijdensbericht in het *Algemeen Handelsblad* van 8 oktober 1923.

DADA SOIRÉE IN BILTSTRAAT
DADA-AVOND IN DE BILTSTRAAT

In late 1923, Truus Schröder and Gerrit Rietveld held a Dada soirée in the room with the lovely greys on Biltstraat. They had missed a performance of the Dada tour earlier that year and had decided to hold one themselves. Rietveld was now friends with Kurt Schwitters, the German Dadaist known for his collage art, paintings and absurdist sound and figure poems. Along with a dozen others, they celebrated their soirée with Schwitters as the main guest. An, Truus Schröder's sister, was there, as were painter Jacob Bendien and architect Sybold van Ravesteyn, among others.

Eind 1923 houden Truus Schröder en Gerrit Rietveld een dada-avond in de kamer met de mooie grijzen in de Biltstraat. Een optreden van de dadatournee van begin dat jaar hebben ze gemist en ze besluiten er zelf een te houden. Rietveld is inmiddels bevriend met de Duitser Kurt Schwitters: de dadaïst die bekendstaat om zijn collagekunst, schilderijen en absurdistische klank- en cijfergedichten. Samen met zo'n tien anderen vieren ze hun soirée met Schwitters als hoofdgast. An, de zus van Truus, is erbij, net als onder anderen kunstschilder Jacob Bendien en architect Sybold van Ravesteyn.

Advertisement for the Dada soirée in Utrecht in the *Utrechtsch Nieuwsblad*, 25 January 1923.

Aankondiging van de dada-avond in Utrecht, *Utrechtsch Nieuwsblad*, 25 januari 1923.

— Rietveld gave me the medicine that allowed me to dare to live. To live through your senses. You have to think highly of what your senses experience. Be elemental. It is not quantity that matters, but quality.
— Truus Schröder

— I was ripe for it and hungry. I had missed so much.
— Truus Schröder

— Ik was er rijp voor en hongerig. Ik had zoveel gemist.
— Truus Schröder

— Rietveld gaf mij het medicijn waarmee ik zou durven leven. Leven vanuit je zintuigen. Wat je zintuigen ervaren, dat moet je hoog aanslaan. Elementair zijn. Niet de hoeveelheid die telt, maar de kwaliteit.
— Truus Schröder

Ingekleurde foto van de kamer met de mooie grijzen. Of de primaire kleuren in het interieur gebruikt zijn, is niet bekend, 1920.

Coloured photo of the room with the lovely greys. Whether the primary colours were used in the interior is not known, 1920.

— Kurt Schwitters asked afterwards, '*Hat es ihnen Freude gemacht?*' [Did you enjoy it?] I said, 'Yes, I laughed a lot.' I laughed so terribly, I thought it was great fun. Well, he liked that, that he had given enjoyment.
— Truus Schröder

— Kurt Schwitters vroeg achteraf: '*Hat es ihnen Freude gemacht?*' Ik zei: 'Ja, ik heb vreselijk gelachen.' Ik moest er zo verschrikkelijk om lachen, ik vond het vreselijk leuk. Nou, dat vond hij wel leuk, als-ie je Freude gemacht had.
— Truus Schröder

Theo van Doesburg, poster for a Dada soirée, 1922.

Theo van Doesburg, affiche van een dadasoiree, 1922.

THEN WE DECIDED TO BUILD A HOUSE TOGETHER

TOEN HEBBEN WE BESLOTEN SAMEN EEN HUIS TE BOUWEN
— GERRIT RIETVELD

After the death of her husband, Schröder wanted to move out of the large neo-classical house on Biltstraat. The tall windows and heavy brown interior had been an annoyance to her for years, and now she had the opportunity to live differently. For a while she considered moving to Amsterdam, and she also considered renting. But ultimately she decided to build a new house. Exactly the way she wanted it. She had already found the right architect. Rietveld and Schröder both searched separately for a suitable plot on which to build and, independently of each other, they found it on the edge of the city of Utrecht, at the end of Prins Hendriklaan, overlooking a polder landscape.

Na het overlijden van haar echtgenoot wil Schröder weg uit het grote neoclassicistische huis aan de Biltstraat. De hoge ramen en het logge bruine interieur vormen al jaren een bron van ergernis voor haar en nu heeft ze de kans om anders te gaan wonen en leven. Even overweegt ze om naar Amsterdam te verhuizen, ook denkt ze na over een huurwoning, maar dan besluit ze om een nieuw huis te bouwen. Precies zoals zij het wil. De geschikte architect heeft ze al gevonden. Rietveld en Schröder gaan elk apart op zoek naar een geschikte bouwlocatie en die vinden ze – volgens de officiële lezing: los van elkaar – aan de rand van de stad Utrecht – aan het einde van de Prins Hendriklaan, met uitzicht op de natuur.

— I wanted and needed to leave Biltstraat. I knew how I wanted it: no staff, little housework, and a lovely home for the children.

— Ik wilde en moest weg uit de Biltstraat. Ik wist hoe ik het wilde: geen personeel, weinig huiswerk, en een heerlijke woning voor de kinderen.
— Truus Schröder

__I didn't go to Rietveld to build a crazy house. I knew that Rietveld had achieved a lot in my room, that I liked it very much, had been very happy with it. And that therefore Rietveld had to be the man to help me.
— Truus Schröder

Gerrit Rietveld, sketch model of the Rietveld Schröder House, c. 1924.

This is probably Gerrit Rietveld's first model of Schröder's house. The features of the final house are already visible: compositions of planes and lines in white, grey, black with accents of red, blue and yellow. But the whole is still a closed box. Truus Schröder was not satisfied.

Dit is vermoedelijk het eerste model dat Gerrit Rietveld voor de woning van Schröder maakt. De kenmerken van het uiteindelijke huis zijn al zichtbaar: composities van vlakken en lijnen in wit, grijs, zwart met accenten van rood, blauw en geel. Maar het geheel is nog een gesloten blokje. Truus Schröder is niet tevreden.

> __ Ik ben niet naar Rietveld gegaan om nou eens een gek huis te bouwen. Ik wist dat Rietveld in mijn kamertje erg veel bereikt had, dat ik dat erg mooi vond, erg blij mee was geweest. En dat dus Rietveld de man moest zijn om mij te helpen.
> — Truus Schröder

Gerrit Rietveld, schetsmodel van het Rietveld Schröderhuis, ca. 1924.

── When Rietveld got a commission, or thought he was going to build something, he set to work immediately. So he had a house ready the very next day, I think. But that was not at all the way I wanted it. It was a very nice house, but I hardly looked at it because I wanted it to be different.
— Truus Schröder

── Als Rietveld een opdracht kreeg, of dacht dat hij iets ging bouwen, dan begon hij onmiddellijk. Dus die had al de volgende dag, denk ik, een huisje klaar. Maar dat was helemaal niet zoals ik het wou. Het was wel een erg leuk huisje, maar ik heb er amper naar gekeken, want ik wou het anders.
— Truus Schröder

Prins Hendriklaan, c. 1923. This picture is the only one which shows the houses against which the Rietveld Schröder House was to be built (to the right).

Prins Hendriklaan, ca. 1923. Dit is de enige foto waarop je de huizen ziet waar tegenaan (rechts) het Rietveld Schröderhuis wordt gebouwd.

BEAUTIFUL, REALLY BEAUTIFUL
PRACHTIG MOOI, VRESELIJK MOOI

1924–1925

FROM THE CONSTRUCTION OF THE HOUSE TO WHEN TRUUS SCHRÖDER MOVED IN WITH HER CHILDREN

VAN DE BOUW VAN HET HUIS TOTDAT TRUUS SCHRÖDER ER MET HAAR KINDEREN GAAT WONEN

Truus Schröder 'barely' looked at Gerrit Rietveld's first sketch model of the house. It was 'not at all' the way she wanted to live, and it was only when they took the interior as their starting point – rather than the exterior – that the design of the house worked out. 'Beautiful', Schröder then calls it, 'really beautiful'.

Her prime wish may have been that she wanted to live upstairs with her young children. On the first floor. So Schröder and Rietveld first thought of what would be needed there: a living room, a bathroom and three bedrooms – one for her, one for Binnert and one for Marjan and Han.

She then asked Rietveld whether the walls between the rooms could also be removed. Yes, they could. This way, the upper floor would become one big living and sleeping space. But since Truus also needed privacy, she asked whether he could make movable partitions. Yes, that too was possible, Rietveld replied, even though that was not his first choice. Apart from the fact that sliding partitions are noisy, he found that the suspension system clashed with the plain surfaces of the ceiling and floor.

So, at her request, he drew partitions in the design drawing. A revolutionary choice. Until then, houses, even the smaller ones, were mostly laid out like traditional town houses, with a fixed layout: behind the front door, a hall; to the side, the living room(s); and at the back, the kitchen. Bedrooms and bathroom(s) upstairs. Poky, you might say. While Schröder and Rietveld wanted space.

OUTSIDE INSIDE

Schröder and Rietveld wanted to be in contact with the rural surroundings of the house – they wanted the outside to come in, so to speak. There would be big, wide windows in the

Truus Schröder kijkt "amper" naar het eerste schetsmodel dat Gerrit Rietveld van het huis maakt. Het is "helemaal niet" zoals ze wil wonen en pas wanneer ze het interieur als uitgangspunt nemen – in plaats van het exterieur – komt het goed met het ontwerp van de woning. "Prachtig mooi", noemt Schröder het dan, "vreselijk mooi".

Haar belangrijkste wens is misschien wel dat ze met haar jonge kinderen boven wil wonen en leven. Op de eerste verdieping. Dus bedenken Schröder en Rietveld allereerst wat er daar nodig is: een woonkamer, een badkamer en drie slaapkamers: een voor haar, een voor Binnert en een voor Marjan en Han.

Vervolgens vraagt ze Rietveld of de muren tussen de kamers ook weg kunnen. Dat kan. Zo wordt de bovenverdieping één grote leef- en slaapruimte. Maar omdat Truus tegelijkertijd behoefte aan privacy heeft, vraagt ze of hij verplaatsbare schotten kan maken. Ook dat is mogelijk, antwoordt Rietveld, al heeft het niet zijn voorkeur. Los van het feit dat schuifwanden gehorig zijn, vindt hij het ophangsysteem botsen met de effen vlakken van het plafond en de vloer.

Op haar verzoek tekent hij dus schotten in de ontwerptekening. Een revolutionaire keuze. Woningen zijn tot dan toe vooral als traditionele herenhuizen – ook de kleinere – ingericht met een vaste indeling: achter de voordeur een hal, aan de zijkant de woonkamer(s) en achterin de keuken. Slaapkamers en badkamer(s) boven. Hokkerig zou je kunnen zeggen. Terwijl Schröder en Rietveld ruimte willen.

BUITEN BINNEN

Schröder en Rietveld willen contact met de landelijke omgeving van het huis – ze willen als het ware dat buiten binnenkomt. Er komen grote, brede ramen in het huis. De hoek van het raam in de woonkamer kan aan beide kanten open. Het raam heeft geen hoekstijl waardoor je je verbonden voelt met het weidse uitzicht op de weilanden en bomen.

Een andere belangrijke vernieuwing in het ontwerp is dat de kamers zelfstandige entiteiten zijn. Dat wil zeggen: elke ruimte heeft stromend water, centrale verwarming, stopcontacten en een balkon – vooruitstrevende wensen, zeker voor die tijd. De kamers beneden krijgen dezelfde voorzieningen, maar dan met een deur naar buiten.

Het leven is boven, het werk is beneden. De kamerindeling op de begane grond is meer traditioneel, waarschijnlijk mede om de bouwvergunningen rond te kunnen krijgen. Op de benedenverdieping bevinden zich de keuken met een liftje voor het eten en de afwas, een kamer voor de hulp, een studeerkamer en een halletje met opstap voor de deur naar de trap – het 'schavotje' zoals Truus Schröder het noemt – waar ook een zitje is en de telefoon komt te staan.

Dan blijft er één kamer over, een ruimte die Rietveld in de ontwerptekening als 'zit-slaapkamer' aanmerkt en volgens Schröder een 'garage' zou worden. Maar het is een vertrek dat in werkelijkheid een veel gewichtiger functie krijgt: daar komt het architectenbureau van Schröder en Rietveld.

DRIE DIMENSIES VAN RUIMTE

Half juni 1924 heeft Schröder de grond gekocht, daarna zijn de bestektekeningen in een mum van tijd klaar zodat half augustus de vergunningen rond zijn en de eerste spade de grond in kan.

Hoewel het binnen de Stijlbeweging gebruikelijk is om samen te werken, doet Rietveld dat met dit huis niet. Zo had hij het kleurenschema met

house. The corner window in the living room could open on both sides. With no corner post for the window, the wide view could make you feel connected to the meadows and trees.

Another important innovation in the design was that the rooms were independent entities. That is, each room had running water, central heating, power points and a balcony – progressive requirements, especially for the time. The downstairs rooms would have the same amenities, with a door leading outside.

Upstairs was for living, downstairs for working. The layout of the ground floor was more traditional, probably in part to obtain building permits. The ground floor housed the kitchen, with a dumb waiter for food and dishes, a housemaid's room, a study, and a hallway with a step for the door to the stairs – the 'scaffold', as Truus Schröder called it, where there would also be a seat and the telephone.

That left one room, a space that Rietveld referred to in the design drawing as a 'living-bedroom' and, according to Schröder, would become a 'garage'. But it was a room that in reality would have a far more significant function: that was where Schröder and Rietveld's architect's office would be housed.

THREE DIMENSIONS OF SPACE

Schröder bought the land in mid-June 1924, after which the specification drawings were quickly finalised, so that by mid-August the permits were in place and the ground broken.

Although it was usual within the De Stijl movement to collaborate, Rietveld did not do so with this house. He could have discussed the colour scheme with Huszár or Van Doesburg, for instance, or the construction with architect Oud. But

Rietveld kept the other members of De Stijl at a distance from the house on Prins Hendriklaan in Utrecht. The house was finished in the winter of 1924. The daring experiment that still feels modern a hundred years later.

The exterior – a brick shell with two storeys and a flat roof – was composed of asymmetrical horizontal and vertical planes. There were no flat walls to be found – parts stuck out or were pushed in throughout the house. The exterior was plastered and painted in various shades of grey, but white, black and accents of yellow, blue and red – the principal De Stijl colours – were also used for the façade.

SWITZERLAND

Before moving into the house, Schröder decided to go on holiday to Switzerland with her children. In the meantime, Rietveld could finish the floor with his carpenter Gerard van de Groenekan.

The heating system – a huge, serpentine factory heater – also still had to be installed. Truus moved into the house in early January 1925. 'It was terribly damp', she later said of it. 'We shivered at night from the damp and cold.'

Even after the house was finished, Van de Groenekan still had a lot of work to do in the house. At Schröder's request, he made, among other things, wooden shutters for the windows and also the 'stacking cupboard'. Rietveld had the floor in the living room partly made in white, forcing the children to jump over it with their dirty shoes. Binnert (12 at the time) and his sisters Marjan (11) and Han (7) found it amusing, but Schröder called it an 'educational mistake'.

Huszár of Van Doesburg kunnen bespreken of de bouw met architect Oud. Maar Rietveld houdt de andere Stijlgenoten weg van het "woonhuisje" aan de Prins Hendriklaan in Utrecht.

En dan is het huis klaar in de winter van 1924. Het gedurfde experiment dat honderd jaar later nog altijd als modern aanvoelt.

Het exterieur – een bakstenen casco van twee woonlagen en een plat dak – is opgebouwd uit asymmetrische horizontale en verticale vlakken. Er is geen vlakke wand te vinden, overal steken delen uit of worden delen naar binnen geduwd. De buitenkant is gepleisterd en geschilderd in verschillende tinten grijs, maar ook wit, zwart en accenten in de primaire Stijlkleuren geel, blauw en rood worden gebruikt voor de gevel.

ZWITSERLAND

Voordat ze in het huis gaat wonen, besluit Schröder met haar kinderen naar Zwitserland op vakantie te gaan. Dan kan Rietveld ondertussen met zijn timmerman Gerard van de Groenekan de vloer afmaken.

Ook de verwarming, een kronkelende, enorme fabrieksverwarming, moet nog worden geïnstalleerd. Begin januari 1925 trekt Truus dan in het woonhuis. "Vreselijk vochtig was het", zegt ze er later over, "'s nachts rillen van het vocht en de kou."

Van de Groenekan werkt ook als de woning af is nog veel in en aan het huis. Op verzoek van Schröder maakt hij onder meer houten luiken voor de ramen en de 'stapelkast'. De vloer in de woonkamer heeft Rietveld deels wit laten maken waardoor de kinderen er met hun vuile schoenen overheen moeten springen. Binnert (dan 12 jaar oud) en zijn zussen Marjan (11) en Han (7) vinden het wel grappig, maar Schröder noemt het een "pedagogische fout".

TOGETHER

Although Gerrit Rietveld is often referred to as the house's sole designer, Schröder and Rietveld built the house together. It is as if Schröder had simply vanished from history over the years, but her omission was not due to Rietveld. In lectures and interviews, he invariably mentioned 'Mrs Schröder' as the joint designer. Even in early discussions of the house, they are both mentioned as the designers. But the question that haunted Schröder her entire life was: who did what?

Sometimes she would react with irritation when asked that question, saying, 'This house was our child. You don't ask that with a child, do you?' Sometimes she would make notes about it and conclude that her part was 'actually the whole design of the house'.

Where do things stand now? Who designed what? It is no longer possible to answer that question in full.

Fifty years after the house was built, in 1974, a journalist may have come closest to hitting the mark. Interviewing Truus Schröder about her 'understanding' with Rietveld, the interviewer wrote that 'a romance developed'. This is the only time she spoke publicly about her relationship with Rietveld. The journalist then tied their love and the design of the house together: 'Anyone seeking an explanation for such an explosion of creativity, for such completely new architecture that immediately appears as classic, cannot ignore this fact.'

To make it a little less lyrical and a bit more tangible: roughly speaking, you could say that the interior was Schröder's idea and that the exterior was mainly drawn by Rietveld.

SAMEN

Al wordt in de literatuur vaak alleen Gerrit Rietveld als de ontwerper van het huis genoemd, Schröder en Rietveld bouwen het huis samen. Het is alsof Schröder in de loop der jaren uit de geschiedenis is verdwenen, want aan Rietveld ligt het niet. In lezingen en interviews noemt hij consequent "mevrouw Schröder" als medeontwerper. Ook in de eerste besprekingen van het huis worden ze beiden genoemd als ontwerpers van het huis. Maar – en dit is de vraag die Schröder haar leven lang blijft achtervolgen – wie heeft dan wat bedacht?

Soms reageert ze geïrriteerd als die vraag haar gesteld wordt en antwoordt ze: "Dit huis was ons kind. Bij een kind vraag je dat toch ook niet?" Soms maakt ze er aantekeningen over en concludeert ze dat haar aandeel "feitelijk de hele opzet van het huis" is.

Hoe zit het nu? Wie heeft wat ontworpen? Het volledige antwoord is niet meer te achterhalen.

Wellicht dat een journalist vijftig jaar na dato, in 1974, nog het meest raakschiet. Als hij Truus Schröder interviewt over de "verstandhouding" met Rietveld schrijft hij dat er "een liefdesrelatie groeide". Het is de enige keer dat ze in het openbaar over haar verhouding met Rietveld spreekt. Vervolgens knoopt de journalist hun liefde en het ontwerp van het huis aan elkaar: "Wie de verklaring zoekt voor zo'n explosie van creativiteit, voor zo'n volkomen nieuwe architectuur die zich onmiddellijk als klassiek manifesteert, kan aan dit feit niet voorbij."

Om het wat minder lyrisch en meer tastbaar te maken: grofweg zou je kunnen stellen dat het interieur het idee van Schröder is en het exterieur vooral door Rietveld getekend is.

ONE PERSON SAID WHAT THE OTHER WAS THINKING

DE EEN ZEI WAT DE ANDER DACHT
— TRUUS SCHRÖDER

After Truus Schröder rejected the first sketch model, she and Rietveld took the interior as the starting point for the house. How did Truus want to live with her children, and what were they going to need for this? A final design soon emerged. Rietveld drew up the plans (the technical drawings of the house) and the specifications (detailed descriptions of the work to be done) for the planning application that had to be submitted to the municipality.

Na het eerste schetsmodel dat Truus Schröder afkeurt, nemen Schröder en Rietveld het interieur als uitgangspunt voor het huis. Hoe wil Truus met haar kinderen wonen en wat is daarvoor nodig? Zo komt er al snel een definitief ontwerp. Voor de bouwaanvraag die bij de gemeente moet worden ingediend, maakt Rietveld de bestektekeningen (technische tekeningen van het huis) en het bestek (toelichting bij het werk dat moet worden uitgevoerd).

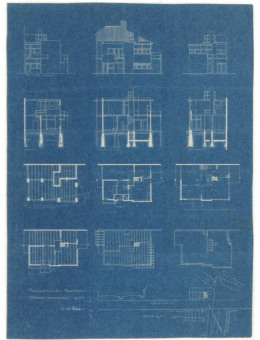

___ The use of the home should simplify our lives. We should neither be bothered by too much nor lack too little. Leave the excess out.
— Gerrit Rietveld

___ Het gebruik van het huis moet ons leven vereenvoudigen. We moeten geen last hebben van te veel en geen gebrek aan te weinig. Het overtollige laat je eraf.
— Gerrit Rietveld

Blauwdruk van het Rietveld Schröderhuis, 1924.

Blueprint of the Rietveld Schröder House, 1924.

— Then we decided to build the house together.

— Toen besloten we samen het huis te bouwen.
— Gerrit Rietveld

— I was commissioned by a female interior designer who had far-reaching notions about the use of space, and not just the use of space, but the sense of space. That was Mrs Schröder.

— Ik had een opdracht van een vrouwelijke interieurarchitect die hele vergaande begrippen had over het gebruik van ruimte, en niet alleen het gebruik van ruimte, maar ook het aanvoelen van ruimte. Dat was mevrouw Schröder.
— Gerrit Rietveld

Gerrit Rietveld, c. 1925.

__ When I got full care of the children, I said, 'They're going to be alright now.' Then I thought very much about that question, 'How do I want to live with the children?'

__ Toen ik de volle beschikking over de kinderen kreeg, heb ik gezegd: nu zullen ze het goed hebben. Toen heb ik daar heel erg aan gedacht: hoe wil ik leven met de kinderen?
— Truus Schröder

__ It was beautiful, really beautiful.

__ Het was prachtig mooi, vreselijk mooi.
— Truus Schröder

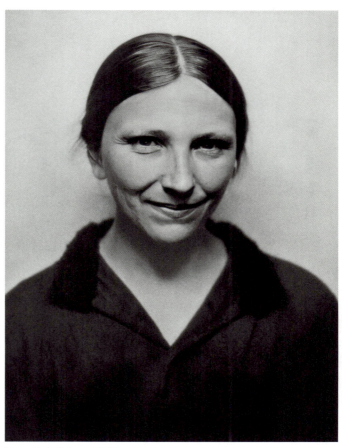

Truus Schröder, c. 1925.

___ Everything happened in perfect harmony, one person saying what the other was thinking. I couldn't draw a line, but I had a strong sense of space and a great many wishes. Rietveld loved that. With another architect it would have come to nothing.

___ He immediately said, 'Let's do it together'.
— Truus Schröder

___ Alles verliep in een volkomen harmonie, de een zei wat de ander dacht. Ik kon geen lijn tekenen, maar ik had een sterk ruimtegevoel en erg veel wensen. Dat vond Rietveld heerlijk. Met een andere architect was het niets geworden.

___ Hij heeft direct gezegd: laten we het samen doen.
— Truus Schröder

Gerrit Rietveld, sketch of the Rietveld Schröder House, n.d. Beneath the drawing: '1st sketch exterior R'. Rietveld often signed using the letter R.

Gerrit Rietveld, Rietveld Schröderhuis, z.j. Onderaan de tekening staat: "1e schets exterieur R". Rietveld ondertekent vaak met de letter R.

— You had to have a bedroom, a room for the girls, a room for the boy. That's how you started anyway, with rooms. And you then drew those out. And where should they be? Well, close together, cosily. The children had missed so much because of their father's illness.
— Truus Schröder

— Je moest een slaapkamer hebben, een kamer voor de meisjes, een kamer voor de jongen. Zo ben je toch begonnen, met kamers. En die heb je toen uitgetekend. En waar moesten die zijn? Nou ja, allemaal bij elkaar, gezellig. De kinderen hadden door de ziekte van hun vader zoveel gemist.
— Truus Schröder

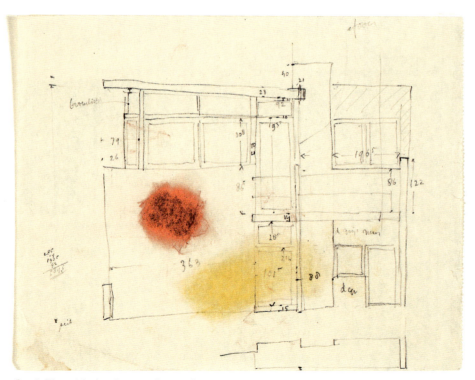

Gerrit Rietveld, sketch, rear view, n.d.   Gerrit Rietveld, schets achteraanzicht, z.j.

LET ME KNOW SOMETIME!
HOUD ME EENS OP DE HOOGTE!
— THEO VAN DOESBURG

Within De Stijl it was usual to work together. But Gerrit Rietveld did not involve any other members of this art movement, such as Theo van Doesburg and Ko Oud, in the construction of the house – much to the displeasure of his fellow members. He created the house on Prins Hendriklaan in Utrecht with Truus Schröder and no one else.

In March 1925, Van Doesburg, somewhat offended, wrote to Rietveld: 'I've heard from various quarters that you've been hard at work. I myself haven't heard from you in a long time. You must have received an ideal commission ... Is that true? Let me know sometime! As soon as you have pictures, send me some!'

Postcard from Theo van Doesburg to Gerrit Rietveld, March 1925.

Kaart van Theo van Doesburg aan Gerrit Rietveld, maart 1925.

── You certainly do the colour yourself. I never heard anything from you in that regard.
— Theo van Doesburg to Gerrit Rietveld

── De kleur doe je zeker zelf. Ik vernam daaromtrent nooit iets van je.
— Theo van Doesburg aan Gerrit Rietveld

Bij De Stijl is het gebruikelijk om samen te werken, maar Gerrit Rietveld betrekt andere leden van de kunststroming, zoals Theo van Doesburg en Ko Oud, niet bij de bouw van het woonhuis – tot ongenoegen van zijn Stijlgenoten. De woning aan de Prins Hendriklaan in Utrecht maakt hij met Truus Schröder en niemand anders.

In maart 1925 schrijft Van Doesburg Rietveld enigszins beledigd: "Van verschillende zijden vernam ik dat je hard aan het werk bent. Ik zelf mocht lang niets van je horen. Je zult zo'n ideale opdracht hebben... Is dat waar? Houd me eens op de hoogte! Zodra je foto's hebt, stuur je er dan enige!"

'I have a small house in progress, here in Utrecht', Gerrit Rietveld wrote to his architect friend Ko Oud in August 1924. 'As soon as I have it drawn out on a somewhat better scale, I will show it. It has to be built soon. If I get a permit next week, work is going to start.' A month earlier, Rietveld had told the architect Walter Gropius that he was far too busy to collaborate on a Bauhaus exhibition. Gropius was the founder and director of the Bauhaus, the art school in Weimar that developed into one of the leading avant-garde academies soon after it was founded in 1919. Rietveld replied to Gropius: 'Unfortunately, due to being too busy, I am prevented from collaborating on the exhibition at the moment. I apologise for causing you any trouble.'

"Ik heb een woonhuisje onderhanden, hier in Utrecht", schrijft Gerrit Rietveld in augustus 1924 aan zijn vriend Ko Oud. "Zo gauw ik het op wat beter schaal uitgetekend heb zal ik het laten zien. 't Moet gauw gemaakt worden. Als ik volgende week een vergunning heb beginnen we." Een maand eerder heeft Rietveld Walter Gropius laten weten dat hij het veel te druk heeft om aan een Bauhaustentoonstelling mee te werken. Architect Gropius is de oprichter en directeur van het Bauhaus, de kunstacademie in Weimar die zich al snel na de oprichting in 1919 tot een van de meest vooraanstaande avant-gardeacademies ontwikkelt. Rietveld antwoordt Gropius: "Door te grote drukte ben ik tot mijn spijt verhinderd momenteel voor de tentoonstelling mee te werken. Ik vraag verontschuldiging voor uw moeite."

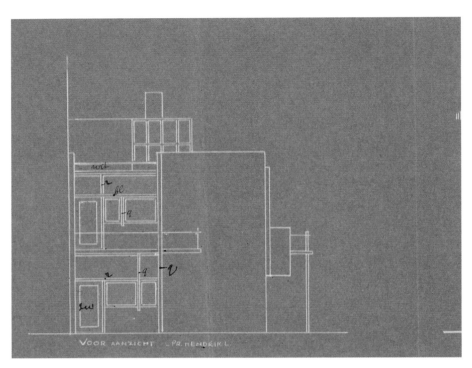
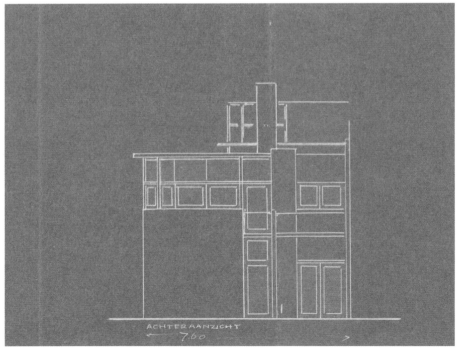

Gerrit Rietveld, excerpts from the blueprint of the Rietveld Schröder House, n.d.

Gerrit Rietveld, uitsnedes van de blauwdruk van het Rietveld Schröderhuis, z.j.

―― I am not a founder of De Stijl, I joined De Stijl when it had already been in existence for a year and a half. Quite by chance, because people saw my designs which were similar in outward form to the output of De Stijl members. But De Stijl's intention was to make a new style, while I was really just making studies that happened to correspond to the principles of De Stijl.
— Gerrit Rietveld

―― Ik ben geen oprichter van De Stijl, ik ben wel bij De Stijl gekomen toen die al anderhalf jaar bestond. Heel toevallig, omdat men mijn dingen zag die in uiterlijke vorm overeenkwamen met de voortbrengselen van De Stijlleden. Maar De Stijl had de bedoeling om een nieuwe stijl te maken, terwijl ik eigenlijk alleen maar een studie maakte die toevallig met de principes van De Stijl overeenkwam.
— Gerrit Rietveld

__ The other De Stijl people, a few of them, also reproached Rietveld for it. They had heard about this house and they all thought that they would get some work in it. That they would make it together. I wasn't in favour of that at all. Of course, I also had a considerable say, otherwise I wouldn't have started it. For me it was really about Rietveld doing it and not the others at all.
— Truus Schröder

__ De andere Stijlmensen, een paar daarvan, hebben het Rietveld ook verweten. Ze hadden van dit huis gehoord en allemaal gedacht dat ze er werk in zouden krijgen. Dat ze dat gezamenlijk zouden maken. Ik voelde er helemaal niet voor. Ik had natuurlijk ook nog wat in de melk te brokkelen, anders was ik er niet aan begonnen. Het was me echt om Rietveld te doen en helemaal niet om de anderen.
— Truus Schröder

When applying for building permits, Rietveld allegedly misled the 'building police', as he later explained. He did so as follows: the upper floor, for which he did not draw the sliding walls, was identified as one large attic. Nor did he mention the fact that the upper floor was designated for residential use – walls would have been required between the individual rooms. It is no longer possible to verify whether Rietveld indeed did this on purpose. We do know with certainty that Truus Schröder and her children would only go on holiday to Switzerland when the house was 'done'. She wanted the floor to be finished and the heating installed.

__ How did the house in Utrecht turn out?

__ Hoe was het huisje geworden in Utrecht?

Postcard from Domburg sent by An, Schröder's sister, September 1924.

Ansichtkaart uit Domburg van An, de zus van Schröder, september 1924.

SCHRÖDER AND RIETVELD DESIGN FROM THE INSIDE
SCHRÖDER EN RIETVELD ONTWERPEN VANUIT HET INTERIEUR

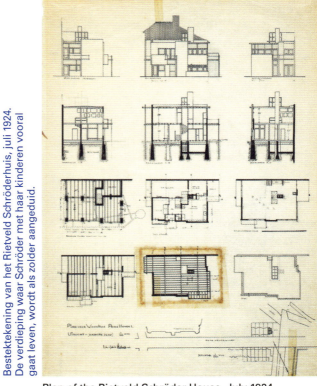

Bestektekening van het Rietveld Schröderhuis, juli 1924. De verdieping waar Schröder met haar kinderen vooral gaat leven, wordt als zolder aangeduid.

Plan of the Rietveld Schröder House, July 1924. The floor where Schröder would mainly live with her children is identified as an attic.

Bij de aanvraag van de bouwvergunningen zou Rietveld de 'bouwpolitie' hebben misleid, zoals hij later vertelt. Dat doet hij als volgt: de bovenverdieping wordt aangemerkt als één grote zolder zonder dat hij de schuifwanden erbij tekent. Ook vermeldt hij niet dat de bovenetage een woonbestemming heeft. Dan hadden er namelijk muren tussen de afzonderlijke kamers moeten staan. Het is niet meer na te gaan of Rietveld dit inderdaad met opzet heeft gedaan. Wel weten we zeker dat Truus Schröder met haar kinderen eerst naar Zwitserland op vakantie gaat als het huis 'af' is. Ze wil dat de vloer wordt afgewerkt en de verwarming geïnstalleerd.

In a 1974 interview, Truus Schröder was asked what her input was in the creation of the house. This is her answer:

— This house was our child. You don't ask that with a child, do you?

The Schröder house seen from Prins Hendriklaan, Winter 1924–25.

— The reality that architecture can create is space.
— Gerrit Rietveld

— De werkelijkheid die de architectuur scheppen kan is de ruimte.
— Gerrit Rietveld

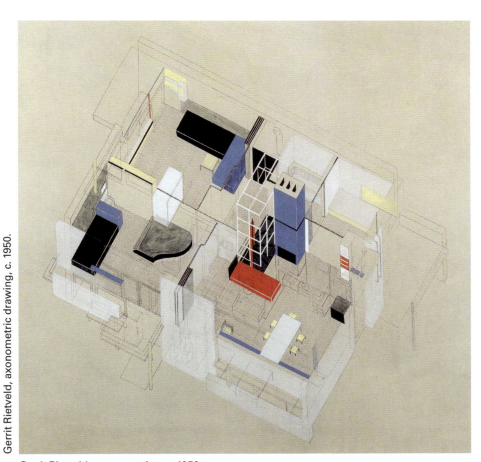

Gerrit Rietveld, axonometric drawing, c. 1950.

Gerrit Rietveld, axonometrie, ca. 1950.

▁▁ The main thing was that we no longer worked with the mass, the building mass, but with the inner space that could then be continued outwards. There were no fixed walls either, they were all sliding walls. So you could make rooms. After all, she had three children, so she had to be able to make several bedrooms. But that was only possible with sliding walls. It wasn't so easy to achieve that because the building police did not recognise those sliding walls as walls, so this was not a house, you see.
— Gerrit Rietveld

▁▁ De hoofdzaak was dat we niet meer werkten met de massa, de bouwmassa, maar met de innerlijke ruimte die dan naar buiten voortgezet kon worden. Er waren ook geen vaste wanden, dat waren allemaal schuifwanden. Dus je kon kamers maken. Ze had namelijk drie kinderen, dus ze moest verschillende slaapkamers kunnen maken. Maar dat kon alleen met schuifwanden gebeuren. Dat was niet zo makkelijk om dat gedaan te krijgen, want de bouwpolitie erkende die schuifwanden niet als wanden, dus dit was geen huis, begrijpt u wel.
— Gerrit Rietveld

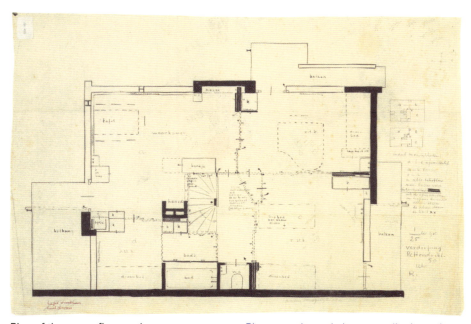

Plan of the upper floor, n.d.

Plattegrond van de bovenverdieping, z.j.

A TOUR OF THE HOUSE: THE UPPER FLOOR

EEN RONDGANG DOOR HET HUIS: DE BOVENVERDIEPING

The following pages take us on a tour of the house as Truus Schröder found it when she returned from Switzerland. We begin upstairs in the living room, where Schröder and Rietveld started the design, and move down from there to the ground floor and to the outside.

Op de volgende pagina's maken we een rondgang door het huis zoals Truus Schröder het aantreft wanneer ze uit Zwitserland terugkomt. We beginnen boven in de woonkamer, waar Schröder en Rietveld met het ontwerp zijn begonnen, en gaan vandaaruit naar de benedenverdieping en naar buiten.

▬ We had a blank floor plan, but we still had to have a room layout. We then did that and when those lines were on the drawing, I asked, 'Can those walls go too?' And then Rietveld said, 'Yes, of course.'
— Truus Schröder

▬ We hadden een lege plattegrond, maar we moesten toch een kamerindeling hebben. Dat hebben we toen gedaan en toen die lijntjes op de tekening stonden, heb ik gevraagd: 'Kunnen die muren ook weg?' En toen zei Rietveld: 'Ja graag.'
— Truus Schröder

THE LIVING ROOM

DE WOONKAMER

— I wanted to live on the first floor because I am very keen on privacy. When I was a babysitter for a sculptor's family, I was already imagining myself living in a large space. We first designed four rooms but then, at my request, left out the walls and replaced them with partitions, so that we now had a total living space which, with the partitions, could also provide the four spaces needed.
— Truus Schröder

— Ik wilde op de eerste etage wonen, omdat ik erg op privacy gesteld ben. Als babysit bij een beeldhouwersgezin had ik mij al een voorstelling gemaakt van het bewonen van een grote ruimte. We ontwierpen eerst vier kamertjes maar lieten toen, op mijn verzoek, de muren weg en vervingen die door schotten, zodat we nu een totale leefruimte hadden, die met de schotten ook de vier benodigde ruimtes kon verschaffen.
— Truus Schröder

Living room with the film projector on the 'stacking cabinet', 1926. Films could be projected on a closed, white sliding wall. Top right is the air vent, the only round shape on the façade of the house.

Woonkamer met de filmprojector op de stapelkast, 1926. Op een dichtgeschoven schuifwand, wit van kleur, kan geprojecteerd worden. Rechtsboven het ventilatiegat, de enige ronde vorm in de gevel van het huis.

— That joy of life is there. I have it naturally, but you also have to feed it. It has to do with everything: with proportions, but also directly with the light in the house and the light outside.
— Truus Schröder

— Dat levensblije zit er in. Dat heb ik van nature wel, maar dat wordt ook wel gevoed. Dat heeft met alles te maken: met maatverhoudingen, maar ook direct met het licht in huis en het licht buitenshuis.
— Truus Schröder

Interior of the upper floor of the Rietveld Schröder House, c. 1925.

Interieur van de bovenverdieping van het Rietveld Schröderhuis, ca. 1925.

Rietveld put white rubber around the stairwell. 'For something beautiful', he said, 'you have to give something up'. Schröder's children found it funny to have to jump over the white floor surfaces with their dirty shoes, but Schröder said it was 'so wrong', 'I thought it was an educational mistake'.

Rietveld legt wit rubber rond het trapgat. "Voor wat moois moet je wat over hebben", zegt hij. De kinderen van Schröder vinden het een grappig spel dat ze met hun vuile schoenen over de witte vloervlakken moeten springen, maar Schröder noemt het "zó verkeerd", "ik vond het een pedagogische fout".

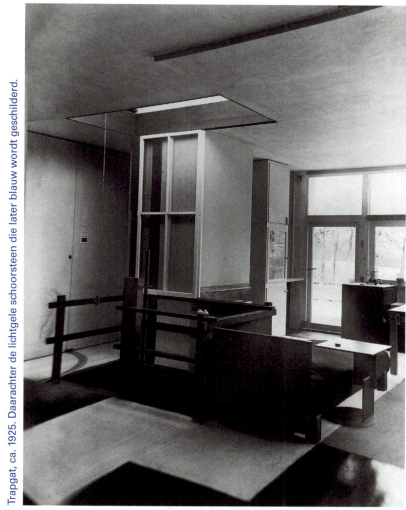

Trapgat, ca. 1925. Daarachter de lichtgele schoorsteen die later blauw wordt geschilderd.

Stairwell, c. 1925. Behind it, the yellow chimney, later painted blue.

The vertical support beam in the corner of the living room window was moved a little to the left so that the windows could connect directly, without a corner post. When you opened both windows, the corner of the room was left completely open, giving you the feeling of being outside. Or of sitting on a terrace, as was also said. Contact between inside and outside was an important theme for Truus Schröder and Gerrit Rietveld.

Folding shelves were fixed in front of the radiator at the window, where the children could draw or read. The shelves could be lowered and, using a support bar, could be tilted at 45 degrees for sketching, or laid flat so that books could be kept on them. In the living room is the military table – called 'military' because he designed this table along with a series of other furniture pieces in 1923 for the Katholiek Militair Tehuis [Catholic Military Home] in Utrecht.

Living room, c. 1925.

In de hoek van het woonkamerraam is de verticale steunbalk een stuk naar links verplaatst, zodat de ramen direct op elkaar aansluiten, zonder hoekstijl. Als je beide ramen opent, is de hoek in de kamer daardoor geheel open en krijg je het gevoel buiten te zijn. Of op een terras te zitten, zoals ook wel wordt gezegd. Het contact tussen binnen en buiten is een belangrijk thema voor Truus Schröder en Gerrit Rietveld.

Voor de verwarming aan het raam zijn opklapbare planken bevestigd, waaraan de kinderen kunnen tekenen of lezen. De planken kunnen naar beneden hangen en met behulp van een steunbalkje op 45 graden gekanteld worden om aan te kunnen schetsen of vlak worden gelegd, zodat boeken erop blijven liggen. In de woonkamer staat de militaire tafel: 'militair' genoemd omdat hij deze tafel samen met een serie andere meubelstukken in 1923 voor het Katholiek Militair Tehuis in Utrecht ontwerpt.

Woonkamer, ca. 1925.

▬ We moved in when it was far from ready. It was terribly damp, with a round iron stove and a bench here, and at night we shivered from the damp and cold.
— Truus Schröder

▬ We zijn er ingetrokken toen het nog lang niet klaar was. Vreselijk vochtig was het, met een potkacheltje en een werkbankje hier, en 's nachts rillen van het vocht en de kou.
— Truus Schröder

— Rietveld was often here. He often sat at this table, tinkering with works and models. He was always busy with his hands. He was always doing something.
— Binnert Schröder

— Rietveld was hier vaak. Hij heeft vaak aan deze tafel zitten knutselen met werkjes en maquettes. Hij was altijd bezig met zijn handen. Hij was altijd iets aan het doen.
— Binnert Schröder

Gerrit Rietveld, military table, c. 1924.

Gerrit Rietveld, militaire tafel, ca. 1924.

In the corner, the dumb waiter connecting to the kitchen downstairs. Truus Schröder had also had such a lift fitted in Biltstraat. Dinner would be sent upstairs while the dirty dishes would go down.

In de hoek het liftje dat in de keuken beneden uitkomt. Ook in de Biltstraat had Truus Schröder zo'n keukenlift laten inbouwen. De hulp kan het avondeten naar de bovenetage sturen, de vuile vaat kan erin naar beneden.

The corner of the living room with cupboard and dumb waiter. Next to it, a door giving on to the balcony, c. 1925.

Hoek van de woonkamer met kast en etenslift. Daarnaast een deur naar het balkon, ca. 1925.

Running around the stairs leading down was an open balustrade of square slats painted black. Grey wooden sliding boards could be used to close off the rail. The space towards the ceiling – where there was a lightwell of the same size as the stairwell – could also be closed off with a sliding system of windows with white frames. When Truus Schröder shut off the stairwell and closed the sliding walls, she obtained a 'traditional' layout, with all the rooms separated from each other.

Rondom de trap naar beneden zit een open balustrade van zwartgeschilderde vierkante latten. Met grijze houten schuifplaten kan de leuning worden afgesloten. Ook de ruimte naar het plafond toe – waar een lichtkoker zit van gelijke grootte als het trapgat – kan worden dichtgemaakt met een schuifsysteem van wit omlijste ramen. Als Truus Schröder het trapgat afsluit en ook de schuifwanden dichtdoet, heeft ze een 'traditionele' indeling waarbij alle kamers afzonderlijk afgesloten zijn.

Gesloten trapgat, ca. 1925.

Closed stairwell, c. 1925.

Tube lamp, c. 1925.

Buizenlamp, ca. 1925.

In her room with the lovely greys in her former home on Biltstraat, Truus Schröder had had a Rietveld 'ball lamp': four bulbs with a fitting hanging from their cord. Now the 'tube lamp' hung in the living room. Three tube lamps in three dimensions – height, width and depth. Rietveld designed the lamp in 1922 for A.M. Hartog, a doctor from Maarssen. There was also a version with two and four lamps. Later, the hanging lamp was given a square ceiling medallion. The hanging system here consisted of two semi-circles.

In haar kamer met de mooie grijzen in haar vroegere woning aan de Biltstraat had Truus Schröder een 'bolletjeslamp' van Rietveld hangen: vier peertjes met een fitting hangend aan hun snoer. Nu hangt de 'buizenlamp' in de woonkamer: drie buizenlampen in de drie dimensies. Hoogte, breedte en diepte. Rietveld ontwerpt de lamp in 1922 voor de arts A.M. Hartog uit Maarssen. Er is ook een versie met twee en vier lampen. Later krijgt de hanglamp een vierkante plafondplaat. Hier bestaat het ophangsysteem uit twee halve cirkels.

Gerard van de Groenekan (1904–94) joined Gerrit Rietveld's studio on Adriaen van Ostadelaan in 1917 as a 13-year-old. He lived on the same street and his mother liked the idea of her son having a job nearby. Van de Groenekan grew from carpenter's apprentice and houseboy into Gerrit Rietveld's permanent carpenter and furniture maker. He would build Rietveld's furniture designs his whole life.

Gerard van de Groenekan (1904–1994) komt in 1917 als 13-jarige jongen bij Gerrit Rietveld in het atelier aan de Adriaen van Ostadelaan werken. Hij woont in dezelfde straat en zijn moeder vindt het een prettig idee dat haar zoon een baantje in de buurt heeft. Van krullenveger, knecht en timmerjongen groeit Van de Groenekan uit tot de vaste timmerman en meubelmaker van Gerrit Rietveld.

Stapelkast, ca. 1925.

'Stacking cabinet', c. 1925.

Like many other pieces of furniture in the house, furniture maker Gerard van de Groenekan also made the 'stacking cabinet'. A wooden cabinet construction, painted lemon yellow, consisting of four stacked individual cubes of different sizes. Concealed in one of the yellow cubes was the gramophone with the brass horn that Truus Schröder brought with her from Biltstraat. For her, the gramophone was far too conventional to be on display in the new house. The 'stacking cabinet' also served as a stand for the film projector.

Net als veel andere meubelen in het huis maakt Van de Groenekan ook de 'stapelkast'. Een citroengeel geschilderde houten kastconstructie van vier gestapelde losse kubussen in verschillende grootte. In een van de gele blokken zit de grammofoon met de koperen hoorn verborgen die Truus Schröder uit de Biltstraat meeneemt. De grammofoon is veel te klassiek naar haar zin om zichtbaar in het nieuwe huis neer te zetten. De stapelkast dient ook als standaard voor de filmprojector.

Schuifwand tussen de woonruimte en de slaapruimte van zoon Binnert, ca. 1925. De schuifwand is gesloten, de deur naar zijn slaapkamer staat open.

Sliding wall between the living room and Binnert's bedroom, c. 1925. The sliding wall of Binnert's room is closed, the door to his bedroom open.

Dezelfde situatie als de foto hiernaast, alleen is nu de deur naar de woonkamer ook geopend, ca. 1925. Op de stapelkast staat de filmprojector.

The same set-up as in the picture opposite, only now the door to the living room is also open, c. 1925. The film projector is on the 'stacking cabinet'.

BINNERT'S RED ROOM

DE RODE KAMER VAN BINNERT

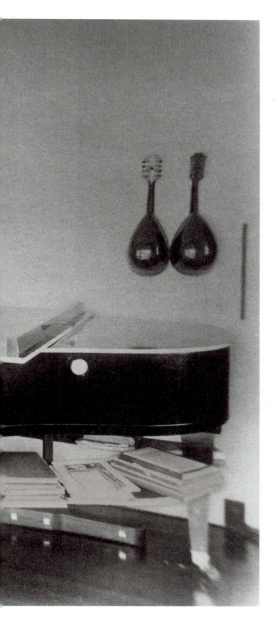

Binnert's bedroom was also the music room. Two mandolins hung on the wall and there was a Bösendorfer baby grand piano, c. 1925.

De slaapruimte van Binnert is ook de muziekkamer. Er staat een Bösendorfer-babyvleugel en er hangen twee mandolines aan de muur, ca. 1925.

View of Schröder's son's room, called the 'red room' due to its red-painted floor, c. 1925.

Zicht op de kamer van Schröders zoon, die vanwege de roodgeverfde vloer de 'rode kamer' wordt genoemd, ca. 1925.

The baby grand piano was altered by Gerrit Rietveld. He painted the rim white and he built a shelf for sheet music and books between the square legs. Graphic work by Van der Leck adorned the wall. As well as the children, Van Lier, the neighbour, also played the piano quite regularly.

De babyvleugel wordt door Gerrit Rietveld aangepast. Hij schildert de rand wit en tussen de vierkante poten maakt hij een plank voor bladmuziek en boeken. Grafisch werk van Van der Leck siert de muur. Behalve de kinderen speelt ook buurman Van Lier met enige regelmaat op de piano.

Gerrit Rietveld, pianostoel, ca. 1923.

Gerrit Rietveld, piano chair, c. 1923.

Vleugel in de slaapruimte van Binnert, ca. 1925.

Baby grand piano in Binnert's bedroom, c. 1925.

— It had to stay simple. I agree with that, but it creates so much noise that it can be annoying. You could hear each other rustling the newspaper.
— Truus Schröder about the sliding walls

— Het moest eenvoudig blijven. Daar ben ik het mee eens, maar het geeft zoveel gehorigheid dat het wel eens lastig kan zijn. Het ritselen van de krant, dat hoor je van elkaar.
— Truus Schröder over de schuifwanden

View of Binnert's bedroom with the sliding walls partially closed, c. 1925.

Zicht op de slaapkamer van Binnert met de schuifwanden gedeeltelijk gesloten, ca. 1925.

Van de Groenekan made wooden shutters for the windows in Binnert's room. During the day, these were stored as discreetly as possible. During the day, for instance, a shutter hung as a coloured surface in front of the mirror above the washbasin.

Van de Groenekan maakt houten luiken voor de ramen in Binnerts kamer. Overdag worden die zo onzichtbaar mogelijk opgeborgen. Een luik in Binnerts kamer hangt bijvoorbeeld overdag als kleurvlak voor de spiegel boven de wastafel.

Zicht op de slaapkamer van Binnert met de schuifwanden open, ca. 1925.

Same room with the sliding walls open, c. 1925.

MARJAN AND HAN'S BEDROOM

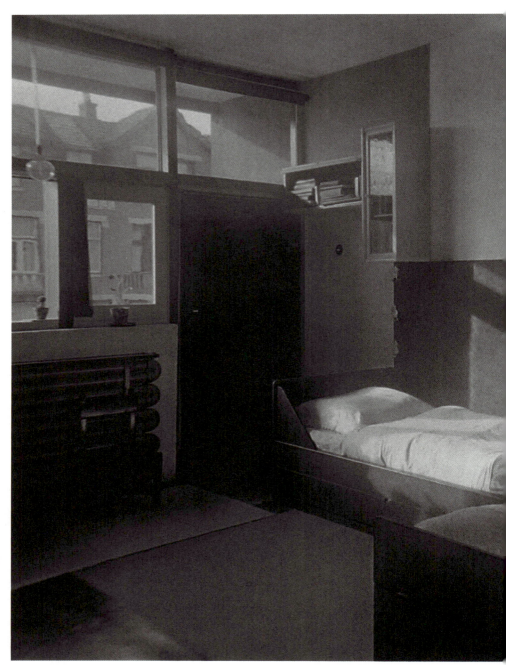

At night, the sofas became beds for Marjan and Han, c. 1925.

DE SLAAPKAMER VAN MARJAN EN HAN

's Avonds worden de banken bedden voor Marjan en Han, ca. 1925.

The daughters shared a bedroom. Marjan was in the last year of primary school and Han had just started the first year. After the arguments with her husband Frits, Truus Schröder could now choose which school her younger daughter should go to. She sent Han to the progressive, faith-free primary school around the corner, founded by a group of parents.

De dochters delen een slaapkamer. Marjan zit in de laatste klas van de lagere school en Han is net begonnen in de eerste klas van de lagere school. Na de ruzies met haar echtgenoot Frits kan Truus Schröder voor haar jongste dochter zelf kiezen naar welke school die gaat. Ze stuurt Han naar de progressieve lagere school om de hoek, zonder geloof, opgericht door een groep ouders.

Marjan and Han's bedroom during the day, c. 1925.

Slaapruimte van Marjan en Han overdag, ca. 1925.

Like all the rooms in the house, Marjan and Han's room had a sink, electricity and a space outside: a balcony, in this case. By day, the 'girls' room' was a living room, with covers spread over the sofas and colourful cushions; by night, these were turned into two beds.

Net als alle andere vertrekken in het huis krijgt de kamer van Marjan en Han een wasbak, elektriciteit en een ruimte naar buiten: een balkon in dit geval. Overdag is de 'meisjeskamer' een zitkamer met hoezen over de banken en kleurige kussens, 's avonds zijn het twee bedden.

— Of course, you have to make do, for a while, with that simple life, but a complicated life is not easy either.
— Truus Schröder

— Het is natuurlijk even behelpen, dat eenvoudige leven, maar het ingewikkelde leven is ook niet makkelijk.
— Truus Schröder

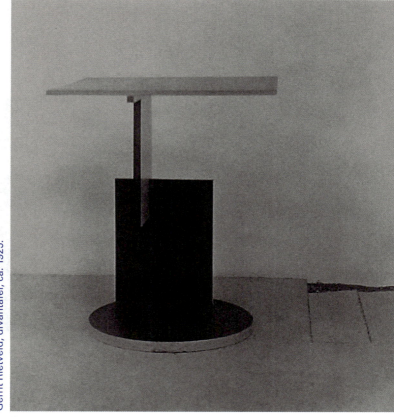

Gerrit Rietveld, 'divan table', c. 1925.

Each room had running water. In front of the wardrobe is a washbasin, c. 1925.

Elke ruimte is voorzien van water. Voor de kledingkast hangt een wastafel, ca. 1925.

Truus Schröder ordered the cabinets from the US department store and mail-order company Sears, Roebuck and Co. She was curious about this new method of delivery. Sears had all kinds of furniture in its catalogue, including prefabricated houses.

De kastjes heeft Truus Schröder bij het Amerikaanse warenhuis en postorderbedrijf Sears, Roebuck and Company besteld uit nieuwsgierigheid naar deze nieuwe manier van levering. Sears heeft allerhande meubelen in de catalogus staan, tot zelfs prefabhuizen.

Two white wooden bookcases with glass fronts, n.d.

Twee witte houten boekenkastjes met een glazen ruit, z.j.

TRUUS SCHRÖDER'S BEDROOM, BATHROOM AND TOILET

DE SLAAPKAMER VAN TRUUS SCHRÖDER, DE BADKAMER EN HET TOILET

Truus Schröder's bedroom seen from the living room. To the left, the stove with the chimney wall in pale yellow. A work by El Lissitzky, also yellow, hung above her bed, c. 1925.

Slaapkamer van Truus Schröder vanuit de woonkamer gezien. Links de kachel met de schoorsteenwand in lichtgele kleur. Een werk van El Lissitzky hangt boven haar bed, dat ook geel van kleur is, ca. 1925.

Schröder called the building 'a real morning house'. Given the large windows, she woke up as soon as the sun rose, sometimes as early as five in the morning.

Een "echt morgenhuis", noemt Schröder de woning. Door de grote ramen wordt ze wakker zodra de zon opkomt, soms al om vijf uur 's ochtends.

Truus Schröder's bedroom, c. 1925.

Slaapkamer van Truus Schröder, ca. 1925.

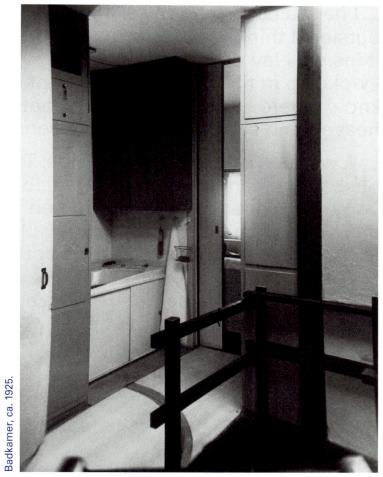

Bathroom, c. 1925.

Schröder took a number of small items from her old house on Biltstraat, including crockery, cutlery and books. Also: the stove from the room with the lovely greys, and her clawfoot bath. Rietveld integrated the bath. When the bathroom was not in use, a wall slid in front of the bath, creating a corridor from Truus's bedroom to Marjan and Han's room. When the bathroom was being used, it could be closed using the sliding walls.

Uit haar oude huis in de Biltstraat neemt Schröder wat kleine spulletjes mee, zoals haar servies, bestek en boeken. Verder: de kachel uit de kamer met de mooie grijzen en haar bad op pootjes. Rietveld bouwt de kuip in. Als de badkamer niet in gebruik is, schuift een wand voor het bad en ontstaat er een gang van Truus' slaapkamer naar de ruimte van Marjan en Han. Wordt de badkamer gebruikt, dan kun je die met schuifwanden afsluiten.

__I had fallen asleep once. The couch was outside; I think we had forgotten to bring it inside. I lay down on it and fell asleep. I woke up in the middle of the night. I didn't know where I was, I was floating between heaven and earth. It was a great sensation.

__Ik was een keer in slaap gevallen. Toen stond die bank buiten, die hadden we geloof ik vergeten binnen te zetten. Toen ben ik daarop gaan liggen en ben ik in slaap gevallen. Ben ik midden in de nacht wakker geworden. Toen wist ik niet waar ik was, toen zweefde ik tussen hemel en aarde. Het was een reuze gewaarwording.
— Truus Schröder

Painter and photographer Paul Citroen (1896–1983) was a regular guest of An and Rein Harrenstein-Schräder on the Weteringschans in Amsterdam. Lien Bendien (1889–1961), who was also a painter and photographer, married Paul Citroen in 1929. Lien was the sister of Jacob Bendien, who lived with An and Rein. Lien Bendien looked after Binnert, Marjan and Han several times in the Rietveld Schröder House when Schröder was working. Paul Citroen probably took the photograph of the toilet on one of these occasions.

Kunstschilder en fotograaf Paul Citroen (1896–1983) is een regelmatige gast bij An en Rein Harrenstein-Schräder aan de Amsterdamse Weteringschans. Lien Bendien (1889–1961), eveneens kunstenaar en fotograaf, trouwt in 1929 met Paul Citroen. Lien is de zus van Jacob Bendien, die bij An en Rein in huis woont. Een aantal keer past Lien Bendien op Binnert, Marjan en Han in het Rietveld Schröderhuis wanneer Schröder aan het werk is. Waarschijnlijk maakt Paul Citroen bij een van deze gelegenheden de foto van het toilet.

There are toilets upstairs and downstairs. To save space, Rietveld had the upstairs toilet bowl installed widthways. He covered it with a loose wooden toilet seat he had sawn himself. When their friend, artist and photographer Paul Citroen, showed this picture at an exhibition, Schröder was far from happy about it.

Er is zowel boven als beneden een toilet. Om ruimte te besparen, laat Rietveld de toiletpot op de bovenverdieping in de breedte installeren. Hij plaatst er een losse houten zelf gezaagde wc-bril bovenop. Wanneer de bevriende kunstenaar en fotograaf Paul Citroen deze foto op een tentoonstelling toont, is Schröder daar allesbehalve blij mee.

— Het was een gezellig hokje in mijn herinnering.
— Han Schröder

— In my memory it was a cosy closet.
— Han Schröder

Toilet, foto door Paul Citroen, 1929.

Toilet, photo by Paul Citroen, 1929.

A TOUR OF THE HOUSE: THE GROUND FLOOR

EEN RONDGANG DOOR HET HUIS:
DE BENEDENVERDIEPING

Coat rack in the hall with a 'rod with meat hooks', c. 1925.

Kapstok in de hal met een 'roede met vleeshaken', ca. 1925.

On the ground floor, the rooms were arranged more traditionally around the staircase; moreover, they had stone walls. To the left of the hall was the study, to the right the kitchen. Next to the kitchen was the housemaid's room; next to that again, the darkroom and then the architect's office. Like the rooms upstairs – each with running water, electricity and a door leading outside – these too were independent units.

Beneden zijn de kamers meer traditioneel rond de trap ingedeeld, bovendien hebben ze stenen muren. Links van de hal bevindt zich de studeerkamer, rechts de keuken. Naast de keuken ligt de kamer van de hulp, daar weer naast de doka en het architectenbureau. Net als de kamers boven zijn het – met een eigen wateraansluiting, elektriciteit en een deur naar buiten – ook hier zelfstandige eenheden.

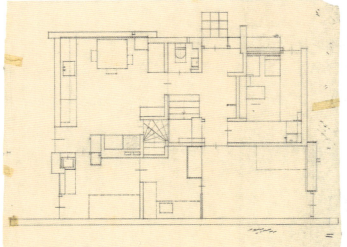

Plattegrond van de benedenverdieping, ca. 1950.

Ground floor plan, c. 1950.

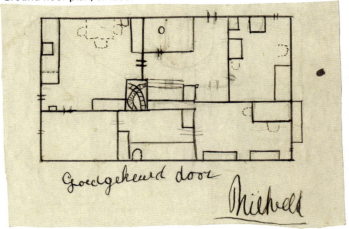

Tekening van de benedenverdieping, gemaakt door Han Schröder, als kind en "goedgekeurd door Rietveld", z.j.

Drawing of the ground floor, made by Han Schröder as a child and 'approved by Rietveld', n.d.

Like a stable or Dutch door, the front door could be opened as two separate parts. There was also such a door in the architect's office. The letter box (to the right of the door in the photo) was made of glass so that Truus Schröder could see if there was any post. Even further to the right, a small piece of the umbrella stand can be seen, an existing model that they had mounted upside-down to hide the decorations in the cast iron.

Als een 'boerendeur' kan de voordeur in twee afzonderlijke delen open. Zo'n deur zit ook in het architectenbureau. De brievenbus (rechts van de deur op de foto) is van glas zodat Truus Schröder kan zien of er post is. Nog verder naar rechts is een klein stukje van het paraplurek te zien: een bestaand model dat ze ondersteboven laten monteren om de decoraties in het gietijzer te verbergen.

Voordeur met rechts de glazen brievenbus, ca. 1925.

Front door with glass letter box on the right, c. 1925.

At the bottom of the stairs you reached the 'scaffold', as Truus Schröder called the platform. Here, there was a fixed bench with a strip of leather for a backrest – similar to Rietveld's sofa chair. The sliding door to the stairwell could be opened with a pulley and a weight, a system Rietveld had used earlier at the Katholiek Militair Tehuis [Catholic Military Home].

Schuifdeur onder het 'schavotje' met de wasmand, ca. 1925.

Sliding door under the 'scaffold' with laundry basket, c. 1925.

Trap met het 'schavotje' met de telefoons en de stoppenkast, ca. 1925.

Stairs with the 'scaffold' containing the telephones and fuse box, c. 1925.

Onderaan de trap kom je op het 'schavotje' terecht, zoals Truus Schröder het plateautje noemt. Hier is een vast bankje met een strook leer als rugleuning – zoals ook bij Rietvelds bankstoel. De schuifdeur naar het trapgat kan met een katrol en een gewichtje geopend worden, een systeem dat Rietveld eerder bij het Katholiek Militair Tehuis heeft gebruikt.

THE STUDY

Study with folding table, c. 1925.

DE STUDEERKAMER

Studeerkamer met opklaptafel, ca. 1925.

On the window side – under the windowsill and in front of the radiator – there was a folding table. A backrest was mounted against the wall on the left. With the separate seat against it, it was a chair, but the seat could also be moved. Above the window, in front of which hung a net curtain, was a storage space: that was the space under Binnert's balcony.

Aan de raamkant – onder de vensterbank en voor de verwarming – zit een opklapbaar tafeltje. Links tegen de muur is een rugleuning gemonteerd. Met de losse zitting ertegenaan is het een stoel, maar de zitting kan ook verschoven worden. Boven het raam, waar vitrage voor hangt, bevindt zich een opbergruimte: dat is de ruimte onder het balkon van Binnert.

Study with the armchair, c. 1925.

Studeerkamer met de stokkenstoel, ca. 1925.

— When I had to take my state exams, I worked a lot in the room downstairs, with the black ceiling. Those are very good memories.
— Binnert Schröder

— In het kamertje beneden, met het zwarte plafond, daar heb ik heel veel zitten werken toen ik mijn staatsexamen moest doen. Dat zijn hele goeie herinneringen.
— Binnert Schröder

There was also running water in the study, c. 1925.

Ook in de studeerkamer is water, ca. 1925.

— The ceiling is actually negative. It has to disappear, it's a hole, making the room much higher. I find that so clever, that room where you never feel confined, even though it is so small. That's mainly because of that ceiling.
— Truus Schröder on the study

— Het plafond is eigenlijk negatief. Het moet verdwijnen, het is een gat, waardoor de kamer veel hoger wordt. Dat vind ik zo knap, dat kamertje waar je je nooit opgesloten voelt, terwijl het zo klein is. Dat komt door dat plafond voornamelijk.
— Truus Schröder over de studeerkamer

Study, c. 1925.

Studeerkamer, ca. 1925.

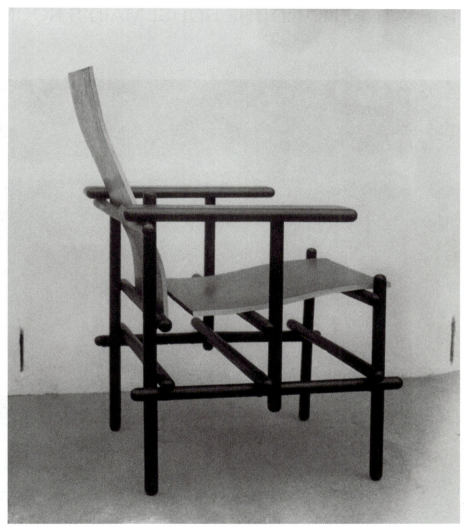

Gerrit Rietveld, armchair made from broomsticks, 1924–25.

Gerrit Rietveld, stokkenstoel gemaakt van bezemstelen, 1924–1925.

THE KITCHEN AND THE HOUSEMAID'S ROOM

Worktop in the kitchen downstairs, c. 1925.

DE KEUKEN EN DE KAMER VOOR DE HULP

Aanrecht in de keuken beneden, ca. 1925.

Like the other rooms, the kitchen was full of gadgets. For instance, a service hatch was integrated into the window. A speaking tube allowed contact with upstairs. And the glass display cabinet – where the everyday crockery could be seen – was new for the time. Originally, there was a dishwasher in the kitchen, a gift from a friend who ran an electricity company.

Net als de andere vertrekken zit ook de grote keuken vol vernuftigheden. Zo komt er bij het raam een boodschappenluik. Er is een spreekbuis waardoor je met de bovenverdieping contact kunt hebben. En de glazen vitrinekast – waar het doordeweekse servies in te zien is – is nieuw voor die tijd. In het begin staat er in de keuken een bordenwasmachine, een cadeau van een bevriende directeur van een elektriciteitsmaatschappij.

Gerrit Rietveld, military chair, c. 1924.

The baker and milkman could leave messages in the service hatch. The hatch could be opened either from the kitchen or from outside. To the right in the picture, the kitchen cupboard with black areas, where the white could easily become dirty from hands or shoes. Truus Schröder asked furniture maker Gerard van de Groenekan to make wooden shutters for the windows. During the day, the large windows were pleasant because of the abundance of light they let in, but at night, they not only let in the cold, but Schröder also felt unsafe and that she was being watched. Rietveld designed custom-made shutters so that they could be stored as inconspicuously as possible during the day. During the day, the wooden partitions for the kitchen were stored on top of the white cupboard. The edges of the shutters were white. The shutters were black on the outside (like the window frames), dark blue on the inside.

In het boodschappenluik kunnen de bakker en de melkboer boodschappen achterlaten. Het luik kan zowel via de keuken als van buiten worden geopend. Rechts op de foto de keukenkast met zwart geschilderde vlakken, daar waar het wit snel vies kan worden door handen of schoenen. Truus Schröder vraagt meubelmaker Gerard van de Groenekan houten luiken voor de ramen te maken. Overdag zijn de grote ramen prettig door het vele licht dat ze binnenlaten, maar 's avonds laten ze niet alleen veel kou door, Schröder voelt zich ook onveilig en bekeken. Rietveld tekent luiken op maat, zodat die overdag zo onopvallend mogelijk opgeborgen kunnen worden. De houten schotten voor de keuken liggen overdag boven op de witte kast. De randen van de luiken zijn wit. Aan de buitenkant zijn de luiken zwart (zoals de kozijnen), aan de binnenkant donkerblauw.

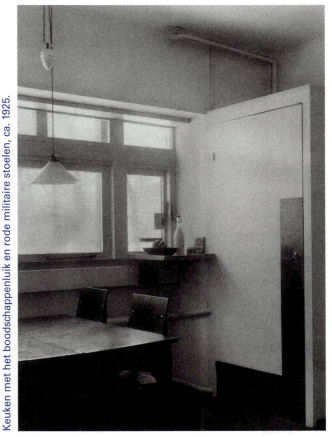

Keuken met het boodschappenluik en rode militaire stoelen, ca. 1925.

Kitchen with the service hatch and red military chairs, c. 1925.

From the start, Truus Schröder employed a housemaid, whom she called 'juffie' ['missy']. Her room was behind the kitchen, where she could take a break. She was only there during the day. She cooked, cleaned up and looked after the children.

Vanaf het begin heeft Truus Schröder een hulp in dienst, die ze 'juffie' noemt. De dienstbodekamer ligt achter de keuken, waar de hulp kan rusten. De dienstbode is er alleen overdag. Ze kookt, ruimt op en zorgt voor de kinderen.

—— We woke up one morning to find a cow banging its horns against the glass door of the kitchen.
— Binnert Schröder

—— Op een ochtend zijn we nog wel eens wakker geworden dat er een koe met zijn hoorns tegen de glazen deur van de keuken stond te bonzen.
— Binnert Schröder

Kitchen with the cooker and door to the housemaid's room, c. 1925.

Keuken met het fornuis en de deur naar de dienstbodekamer, ca. 1925.

Truus Schröder and Gerrit Rietveld opted for a factory heater with thick round horizontal pipes. The heating system, made to measure, eventually swallowed more than 10 per cent of the total cost: 2,000 guilders. The cost of building the house came to between 17,000 and 18,000 guilders – 5,400 of this went towards the purchase of the 225 m² plot.

—— Yes, we found them very ugly, those radiators with those vertical thingamajigs. Rietveld chose it. We didn't know then that it would be so terribly expensive. They spent a very long time working on it in that field to finish it. It was a real headache for the central heating man. But I really find it wonderful.
— Truus Schröder

Truus Schröder en Gerrit Rietveld kiezen voor een fabrieksverwarming met dikke ronde horizontale buizen. De verwarming, op maat gemaakt, neemt uiteindelijk ruim 10 procent van de totale kosten in beslag: 2.000 gulden. De bouw van het huis komt uit op 17.000 à 18.000 gulden. 5.400 gulden daarvan gaat naar de aankoop van het perceel van 225 m².

—— Ja, die vonden we erg lelijk, die centrale verwarmingen met die verticale gevalletjes. En dit heeft Rietveld gekozen. Toen wisten we niet dat dat zo verschrikkelijk duur zou worden. Daar hebben ze heel lang aan staan werken op dat weitje, om daar mee klaar te komen. Dat is voor die centrale verwarmings- man ook een strop geweest. Maar ik vind het erg heerlijk.
— Truus Schröder

Radiator in the housemaid's room, 2024.   Verwarming in de kamer voor de hulp, 2024.

THE ARCHITECT'S OFFICE
SCHRÖDER & RIETVELD ARCHITECT

HET ARCHITECTENBUREAU SCHRÖDER & RIETVELD ARCHITECT

Op de benedenverdieping aan de Prins Hendriklaan bevindt zich het architectenbureau van Schröder en Rietveld, ca. 1925.

— Dat Rietveld hier zou werken, dat heb ik tijdens het werk [ontwerp van het huis] al besloten.
— Truus Schröder

— That Rietveld would work here was something I had already decided during the work [the design of the house].
— Truus Schröder

On the ground floor on Prins Hendriklaan is the architect's office of Schröder and Rietveld, c. 1925.

This is the only known early photograph of the room where Truus Schröder and Gerrit Rietveld set up their architect's office. The cabinets, designed by Schröder, were against the wall on the left. In front of the desk was Rietveld's tube-framed chair. The room also had a large window with a display case. White letters were painted on the glass above the stable door: 'SCHRÖDER & RIETVELD ARCHITECT.'

In the display case by the window, Truus Schröder and Gerrit Rietveld displayed work they themselves or artist friends had made. Art hung in the office, meaning that the space also served as a gallery. In front of the window was a shutter that could be folded up like an awning above the display case.

Dit is de enige bekende vroege foto van de kamer waar Truus Schröder en Gerrit Rietveld hun architectenbureau vestigen. De kasten, een ontwerp van Schröder, staan links tegen de wand. Voor het bureau staat de beugelstoel van Rietveld. Verder heeft de kamer een groot raam met vitrine. Boven de boerendeur zijn witte letters op het glas geschilderd: "SCHRÖDER & RIETVELD ARCHITECT".

In de vitrine bij het raam exposeren Truus Schröder en Gerrit Rietveld werk van zichzelf en bevriende kunstenaars. In het atelier hangt kunst, waardoor de ruimte ook dienstdoet als galerie. Voor het raam zit een luik dat omhooggeklapt kan worden als een luifel boven de vitrine.

Workroom of the architect's office with worktable, tube-framed chair and cabinets designed by Schröder, c. 1927.

Werkkamer van het architectenbureau met werktafel, beugelstoel en door Schröder ontworpen kasten, ca. 1927.

Truus Schröder, four 'stacking cabinets', c. 1926.

Truus Schröder, vier stapelkasten, ca. 1926.

— It was possible to develop photos and films: a darkroom. Pretty soon, Rietveld had a workbench there, where he would make all kinds of chairs himself, a kind of workshop.
— Truus Schröder

— Er was gelegenheid tot het ontwikkelen van foto's en films: een donkere kamer. Daar heeft Rietveld al vrij gauw een werkbankje gehad waar hij dan allerlei stoelen zelf maakte, een soort werkplaatsje.
— Truus Schröder

Gerrit Rietveld, beugelstoel, ca. 1927.

Gerrit Rietveld, tube-framed chair, c. 1927.

THE HOUSE FROM THE OUTSIDE
HET HUIS VAN BUITENAF GEZIEN

— You should know that I sometimes said to that chair, 'You were here before me, you belong in the house and you are the house.'
— Truus Schröder

— Moet je weten dat ik tegen die stoel weleens gezegd heb: jij was er eerder, jij hoort in het huis en het huis ben jij.
— Truus Schröder

Gerrit Rietveld, red-blue slatted chair, c. 1925.

Gerrit Rietveld, rood-blauwe lattenstoel, ca. 1925.

This photo and the one with the two Berlin chairs on the balcony were used for publication in magazines. The pieces were not all actually in the house but appear to have been put there to promote the innovative design.

Deze foto en de foto met de twee Berlijnse stoelen op het balkon worden gebruikt voor publicatie in tijdschriften. De meubelen staan niet allemaal daadwerkelijk in het huis maar lijken te zijn neergezet ter promotie van het vernieuwende huis.

— Every room was given a balcony because only then could you experience the real inside–outside relationship.
— Truus Schröder

— Iedere kamer kreeg een balkon omdat je pas daardoor de echte relatie buiten-binnen kon ondergaan.
— Truus Schröder

On the balcony of Truus Schröder's bedroom are the 'divan table' and the red-and-blue slatted chair, c. 1925.

Op het balkon van de slaapkamer van Truus Schröder staan de divantafel en de rood-blauwe lattenstoel, ca. 1925.

Sign near the kitchen reading, 'Groceries: call first, if no answer use speaking tube'. The speaking tube is a hole in the wall; the sound travels through a tube in the wall and comes out of a horn in the living room upstairs.

Kitchen with the service hatch and the speaking tube, winter 1925.

Keuken met het boodschappenluik en de spreekbuis, winter 1925.

Bord bij de keuken met de tekst "boodschappen: eerst bellen, bij geen gehoor spreekbuis". De spreekbuis is een gaatje in de muur, via een pijp door de wand komt het geluid uit een hoorn in de woonkamer boven.

Front door with study to the left, 1925.   Voordeur met links de studeerkamer, 1925.

Two Berlin chairs by Gerrit Rietveld on the balcony to the right, c. 1925.

Twee Berlijnse stoelen van Gerrit Rietveld staan op het balkon rechts, ca. 1925.

Gerrit Rietveld, Berlin chair, 1923.

Gerrit Rietveld, Berlijnse stoel, 1923.

— Several children around here were not allowed to play with us. Their parents forbad them to join us. They thought we were crazy. We became very isolated. But that garden helped to dispel that.
— Marjan Schröder

— Verschillende kinderen hier uit de buurt mochten niet met ons spelen. Ze mochten niet bij ons komen van hun ouders. Ze dachten dat we gek waren. We werden heel geïsoleerd. Maar door die tuin werd dat toch wel een beetje ondergraven.
— Marjan Schröder

The house seen from the polder. In the garden are a bicycle rack and swings. Behind the swings is the red-and-blue slatted chair, c. 1925.

Het huis vanuit de polder gezien. In de tuin staan een fietsenrek en een schommel. Achter de schommel staat de rood-blauwe lattenstoel, ca. 1925.

—— At the time, people still considered machine-made forms cold and hard, and they had little appreciation of their austerity and purity. Steel profiles were here openly incorporated into the composition to show that building and beauty need not be opposites. This front is half open, half closed. The surfaces of balcony and walls are arranged in those three dimensions of space.
— Gerrit Rietveld

—— Men vond in die tijd machinaal ontstane vormen nog koud en hard en had nog weinig waardering voor hun strakheid en zuiverheid. Stalen profielen werden hier openlijk in de compositie opgenomen om aan te tonen dat constructie en schoonheid geen tegenstellingen behoeven te zijn. Deze voorzijde is half open, half dicht. De vlakken van balkon en muren zijn opgesteld in die drie dimensies van de ruimte.
— Gerrit Rietveld

Het Rietveld Schröderhuis, ca. 1925.

The Rietveld Schröder House, c. 1925.

Links beneden het architectenbureau van Schröder en Rietveld met de raamvitrine, ca. 1925.

Below left, the architect's office of Schröder and Rietveld with the window display, c. 1925.

—— The construction of this house is an attempt to break away from the *sleuroverschotten* [superfluous ornamentation] that still influenced architecture around 1920 after the honest style of Berlage and other innovators. We used only primary forms, spaces and colours, because they are so fundamental and because they are free of association.
— Gerrit Rietveld

—— De bouw van dit huis is een poging los te komen van de sleuroverschotten die rond 1920 na de eerlijke stijl van Berlage en andere vernieuwers, de architectuur nog beïnvloedden. We gebruikten uitsluitend primaire vormen, ruimten en kleuren, omdat deze zo elementair zijn en omdat ze vrij zijn van associaties.
— Gerrit Rietveld

The Rietveld Schröder House with a view of the architect's office (bottom left), 1925.

Het Rietveld Schröderhuis met links beneden het architectenbureau, 1925.

___ Rietveld says, 'The architect's material is space, and he can limit it.'

___ Rietveld zegt, het materiaal van de architect is de ruimte, en die kan hij beperken.
— Truus Schröder

___ I softened Rietveld's abstraction.

___ Ik heb het abstracte van Rietveld wat verzacht.
— Truus Schröder

The Rietveld Schröder House, 1925.

⎯ The respectable people of the respectable Prins Hendriklaan were outraged that they had to live near such a house. A house with such large windows. A house with no net curtains. A house where you could see right in. People didn't like that at all. It was a slap in the face for the Dutch bourgeoisie. Rietveld also wanted to provoke. He wanted to represent a different way of life.

⎯ De nette mensen van de nette Prins Hendriklaan waren verontwaardigd dat ze in de buurt van zo'n huis moesten wonen. Een huis met zulke grote ramen. Een huis zonder vitrages. Een huis waar je zo naar binnen kon kijken. Dat vonden mensen helemaal niets. Het was een klap in het gezicht van de Hollandse burgerlijkheid. Rietveld wilde ook provoceren. Hij wilde een andere manier van leven vertegenwoordigen.
— Binnert Schröder

As far as is known, no photographs were taken of the construction, and this is probably the earliest photo of the house, just after it was completed in the winter of 1924.

Voor zover bekend zijn er geen foto's van de bouw gemaakt en is dit waarschijnlijk de vroegste foto van het huis, vlak nadat de woning gereed is in de winter van 1924.

WHO DESIGNED WHAT?
WIE HEEFT WAT ONTWORPEN?

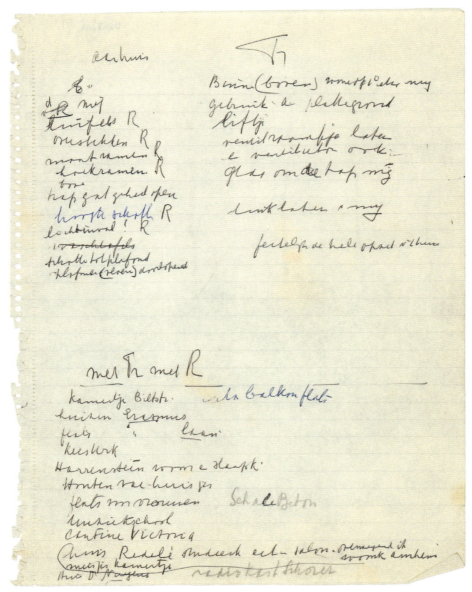

Extract from Truus Schröder's notebook in which she recorded who designed what, n.d.

Aantekeningen uit het schrift van Truus Schröder waarin ze noteert wie wat heeft ontworpen, z.j.

RIETVELD

canopies
projections
made-to-measure windows
corner windows
completely open stairwell
partition height
lighting
partitions to ceiling
continuous ceiling and floor

TRUUS

use of floor plan
dumb waiter
air vent window and fan (later)
glass around the stairs
shutters (later)
actually, the whole layout of the house

RIETVELD

luifels
overstekken
maat ramen
hoekramen
trapgat geheel open
hoogte schothoogte
lichtinval
schotten tot plafond
plafond en vloer doorlopend

TRUUS

gebruik van plattegrond
liftje
ventilatieraampje en ventilator (later)
glas om de trap
luiken (later)
feitelijk de hele opzet
van het huis

__ The idea of living in the house like this essentially came from me.

__ Het idee van het huis zo te bewonen kwam in principe van mij.
— Truus Schröder

THE HOUSE'S OCCUPANTS
DE BEWONERS VAN HET HUIS

__ Mother would organise festive parties and made sure it was also pleasant and beautiful to look at. In summer she watched us from the blue bench, playing in the garden with balloons and wearing pointed hats. She used pretty wrapping paper and we were not allowed to tear it open wildly. The birthday table was always a feast of colourful *dragées* and sweets, scattered randomly.
— Han Schröder

__ Moeder kon feestelijke feestjes organiseren en zorgde ervoor dat 't ook prettig en mooi was om te zien. Ze keek in de zomer naar ons met puntmutsen op in de tuin spelend met luchtballonnen, vanaf het blauwe bankje. Ze gebruikte mooi pakpapier en we mochten dat niet wild openscheuren. De verjaardagstafel was altijd een feest van kleurige dragees en snoepjes, zomaar neergestrooid.
— Han Schröder

Children's birthday party in the garden, 1920s. Sitting in the middle: Truus Schröder. On the left, at the back, is 'juffie' ['missy'] Chrisje Godschalk.

Kinderverjaardagsfeestje in de tuin, jaren 20. Zittend in het midden: Truus Schröder. Linksachter staat 'juffie' Chrisje Godschalk.

— The drawback to this house, if you live in it with school-aged children who do nothing for themselves, is that it takes too long to get your space in order in the morning.
— Truus Schröder

— Het bezwaar van dit huis, als je erin woont met schoolgaande kinderen die zelf niets doen, is dat het te lang duurt eer dat je je ruimte op orde hebt 's morgens.
— Truus Schröder

Pasfoto van Truus Schröder en haar zoon Binnert, eind jaren 20.

Passport photograph of Truus Schröder and her son Binnert, late 1920s.

Truus Schröder with her daughter Han at the dining table by the open corner window, 1925.

Truus Schröder met dochter Han aan de eettafel bij het open hoekraam, 1925.

On weekdays, there was a housemaid in the house who cleaned up, washed and cooked. Truus Schröder and the children called her 'juffie'. The room next to the kitchen was for her. To the left of the sink is the dishwasher: a gift from the director of Pegasus, the Utrecht electricity company. Schröder commented: 'The house was sophisticated and so it was a good advertisement to put such a machine here'.

Doordeweeks is er een hulp in huis – Truus Schröder en de kinderen noemen haar 'juffie' – die opruimt, wast en kookt. De dienstbodekamer naast de keuken is voor haar bestemd. In de keuken staat links naast het aanrecht een bordenwasmachine: een cadeau van de directeur van Pegasus, de Utrechtse elektriciteitsmaatschappij. Schröder zegt hierover: "Het huis was geavanceerd en daarom was het een goede reclame om juist hier zo'n machine te plaatsen."

— We washed dishes there together. I remember many occasions. There was a dishwasher, one of the first, but we didn't use it. It was too difficult. A big thing.
— Marjan Schröder

— Daar hebben we samen afgewassen. Dat herinner ik me vele malen. Er stond wel een vaatwasmachine, een van de eersten, maar die gebruikten we niet. Dat was te moeilijk. Een groot ding.
— Marjan Schröder

Kitchen with 'juffie', c. 1925.

Keuken met 'juffie', ca. 1925.

── Mother was very meticulous and 'thorough'. Careful. She did not like poor work, nor did she like a sloppy or superficial approach. The same applied to our upbringing, which was very deliberate.
— Han Schröder

── Moeder was zeer nauwgezet en 'thorough'. Zorgvuldig. Ze hield niet van half werk en ook niet van een slordige of oppervlakkige aanpak. Dat gold ook voor onze opvoeding, die zeer bewust gebeurde.
— Han Schröder

Binnert and Marjan Schröder, 1920s.

When they moved into the new house, Han started primary school, the Utrechtse Schoolvereniging in nearby Frans Halsstraat. Marjan Schröder went to secondary school, the Gemeentelijke Hogere Burgerschool [Municipal Higher Secondary School] on Catharijnesingel. Binnert attended the Stedelijk Gymnasium. Marjan also played piano in the red room and was a girl scout. Binnert had his folding canoe in the Minstroom, the stream at the end of the garden.

Als ze in het nieuwe huis gaan wonen, begint Han aan haar lagere school, de Utrechtse Schoolvereniging in de nabijgelegen Frans Halsstraat. Marjan Schröder gaat naar de middelbare school, de Gemeentelijke Hogere Burgerschool aan de Catharijnesingel en Binnert zit op het Stedelijk Gymnasium. Verder speelt Marjan piano op de vleugel in de rode kamer en zit ze bij de padvinderij. Binnert heeft zijn opvouwbare kano in de Minstroom liggen, het watertje aan het einde van de tuin.

— I thought it was really nice for the children to live in such an environment, where Rietveld was also present a lot. To experience that. To hear those conversations, even with people who didn't agree.
— Truus Schröder

— Ik dacht dat het wel erg fijn was voor de kinderen om in zo'n omgeving, waar Rietveld ook veel was, te leven. Om dat mee te maken. Om die gesprekken te horen, ook met mensen die het er niet mee eens waren.
— Truus Schröder

Han op de Berlijnse stoel bij het hoekraam, eind jaren 20.

Han on the Berlin chair by the corner window, late 1920s.

SCHRÖDER & RIETVELD ARCHITECT

1925–1933

FROM ARCHITECT'S OFFICE
TO A VIEW OF THEIR OWN DESIGN

VAN HET ARCHITECTENBUREAU
TOT HET ZELFGECREËERDE UITZICHT

The international press was enthusiastic about the Modernist De Stijl house, and photos of Truus Schröder and Gerrit Rietveld's work soon went around the world. The building featured four times in the monthly magazine *De Stijl*, the first time in issue 10/11 of 1925. One of the captions reads: 'Architects G. Rietveld and Schräder, (divisible) interior of the house'. Schröder was also listed as the joint designer of the house in other publications, often foreign ones.

While these mentions in magazines constituted an acknowledgement of Rietveld and Schröder's work, perhaps the most tangible appreciation of Schröder's role in modern (interior) architecture is to be found in the tenth anniversary issue of *De Stijl*, where she was named as a 'Principal collaborator' of the De Stijl movement, the only woman on the list.

In those early years, little was written about the house in the local press in Utrecht. However, it soon became a regular stop on Sunday strolls through the city: people went there to both admire the house and wonder at it. 'A house with such large windows. A house with no net curtains. A house where you could see right in. People didn't like that at all. It was a slap in the face for the Dutch bourgeoisie', Schröder's son Binnert would later say.

THREE BUSINESSES

Truus Schröder's move into the house with her three children coincided with the establishment of three businesses at Prins Hendriklaan 50. They were registered in the directory as 'Schröder and Rietveld Architects'. Truus Schröder was listed as an *architecte d'intérieur* [interior designer] and Gerrit as an architect on Bachstraat (where he had moved

De internationale pers is enthousiast over de modernistische De Stijlwoning en foto's van het werk van Truus Schröder en Gerrit Rietveld gaan de wereld over. De woning staat vier keer afgebeeld in het maandblad *De Stijl* – in het nummer 10/11 van 1925 voor het eerst. Een van de onderschriften luidt: "Architecten G. Rietveld en Schräder, interieur (indeelbaar) van het Woonhuis". Ook in de andere, vaak buitenlandse, publicaties staat Schröder als medeontwerper van het huis aangemerkt.

Zijn deze vermeldingen in tijdschriften een erkenning van het werk van Rietveld en Schröder, wellicht is het volgende de meest tastbare waardering voor specifiek Schröders rol in de moderne (binnenhuis-)architectuur: ze wordt in het tienjarige jubileumnummer van *De Stijl* als "Principiële Medewerker" van De Stijlbeweging genoemd – ze is de enige vrouw op de lijst.

In de Utrechtse pers wordt in die eerste jaren weinig over het huis geschreven. Wel wordt het algauw een vast punt voor de zondagse wandeling: om de woning te bewonderen én zich erover te verbazen. "Een huis met zulke grote ramen, een huis zonder vitrages, een huis waar je zo naar binnen kon kijken: dat vonden mensen helemaal niets. Het was een klap in het gezicht van de Hollandse burgerlijkheid", zou de zoon van Schröder, Binnert, zeggen.

DRIE BUREAUS

Als Truus Schröder met haar drie kinderen het huis intrekt, is dat tevens het begin van drie bedrijven aan de Prins Hendriklaan 50. Ze registreren zich in het adresboek als: "Schröder en Rietveld Architecten". Truus Schröder laat zich als "architecte d'intérieur" vermelden en Gerrit als architect aan de Bachstraat (waar hij dan inmiddels met zijn gezin naartoe is verhuisd) met de toevoeging "Bureau: Prins Hendriklaan 50".

Op de gevel van hun kantoor komt "Schröder & Rietveld Architect" te staan. Terwijl Binnert in het studeerkamertje beneden voor zijn toetsen voor de middelbare school blokt, Marjan en Han met de buurtkinderen croquet spelen op het grasveld voor hun huis, werken Schröder en Rietveld in het huis aan hun ontwerpen. Het is in deze periode dat je vaak hun beider namen op de ontwerptekeningen terugziet.

Een paar voorbeelden van hun samenwerking: in 1926–1927 maken ze het ontwerp voor de woonkamer en de slaapkamer voor de zus van Truus, An Harrenstein-Schräder, die met haar man Rein Harrenstein aan de Weteringschans in Amsterdam woont. Beide handtekeningen staan onder de ontwerpen voor een verbouwing voor Fraenkel in Utrecht, een interieur voor de woonkamer van de familie Birza in Amsterdam en de woning met kunsthandel en atelierruimte Van Urk in Blaricum. Bovendien gaan ze grotere samenwerkingen aan met Bredero's Bouw Bedrijf en het Amsterdamse warenhuis Metz & Co.

Ook staan hun handtekeningen onder verschillende niet-uitgevoerde maar wel gepubliceerde ontwerpen. De meubelexperimenten gaan eveneens door. Samen maken ze een bureau en Schröder ontwerpt meubelen, waaronder boekenkastjes die een plek krijgen in hun architectenbureau.

Ondertussen blijft Rietveld ook alleen ontwerpen en bouwen. Hij verbouwt winkels, zowel in Utrecht als Amsterdam. Aan de Waldeck Pyrmontkade zet hij een 'prefab'-chauffeurswoning neer, verder ontwerpt hij onder meer in Wenen vier woningen voor de architectuurtentoonstelling Werkbundsiedlung.

with his family), with the addition, 'Office: Prins Hendriklaan 50'.

'Schröder & Rietveld Architect' was put up on the façade of their office. While Binnert studied for his secondary school exams in the little study downstairs and Marjan and Han played croquet with the neighbourhood children on the lawn in front of the house, Schröder and Rietveld worked on their designs. It is during this period that both their names often appeared on the drawings.

Here are some examples of their collaboration. In 1926–27, they designed the living room and bedroom for Truus's sister, An Harrenstein-Schräder, who lived with her husband Rein Harrenstein on the Weteringschans in Amsterdam. Both signatures were also to be found under the drawings for a refurbishment for Fraenkel in Utrecht, a design for the Birza family's living room in Amsterdam, and the Van Urk house – with art gallery and studio space – in Blaricum. In addition, they entered into more large-scale collaborations with Bredero's Bouw Bedrijf and the Amsterdam department store Metz & Co.

Their signatures also appeared on a number of designs that were published but not executed. They continued to experiment with furniture. Together they created a desk, and Schröder designed furniture, including bookcases that were given a place in their architect's office.

Meanwhile, Rietveld continued to design and build on his own. He remodelled shops, in both Utrecht and Amsterdam. On the Waldeck Pyrmontkade he built a 'prefab' chauffeur's house, as well as designing, among other things, four houses for the Werkbundsiedlung architecture exhibition in Vienna.

'HALF ABANDONED'

Schröder and Rietveld gave lectures on (interior) architecture and wrote articles on the subject, for example for the magazine *De Werkende Vrouw*, the feminist monthly founded by Truus's sister An Harrenstein-Schräder in 1930. We could say that Schröder and Rietveld immersed themselves in the art world. As well as being members of the artist associations Voor de Kunst [For Art] and Kunstliefde [Love of Art], they joined the Toneelliga [Stage Association] and the Filmliga [Film Association]. Truus Schröder became a member of the Soroptimists, an association for working women. They regularly attended the renowned soirées at Wilhelminapark 12, the home of René Radermacher Schorer, an important patron of modern art, for whom they also produced a radio cabinet.

'Father half abandoned us', Bep Rietveld would later say about this period. Gerrit Rietveld's eldest daughter was 11 years old when the house was built, and she saw her father working there daily. During the day he was with 'Mrs Schröder', working on his own and their joint projects; in the evenings they would sometimes also go to an artists' gathering or exhibition; the rest of the time Rietveld was at home with his wife, Vrouwgien, and their, by now, six children. Wim, their last child, had been born in 1924.

THE HOUSES ON ERASMUSLAAN

After a few years, as Schröder and Rietveld looked out over the polder landscape from the living room, they sometimes fantasised about a 'little studio' at the Kromhout Barracks, a bit further away. A slightly larger workplace than their office, but close by. Schröder made enquiries with the

Schröder doet navraag bij de gemeente en dan blijkt de grond voor hun huis te koop. Er mag gebouwd worden en daar is ze per toeval achter gekomen.

Jarenlang was die grond onderdeel van het verdedigingsgebied de Nieuwe Hollandse Waterlinie: een militaire linie waarbij het landschap als natuurgebied is aangemerkt zodat het bij een eventuele aanval onder water kan worden gezet. Met de komst van vliegtuigen is die tijd voorbij en in 1930 wordt een deel van het gebied vrijgegeven om bebouwd te worden.

Rietveld is op dat moment in Wenen voor de opening van de Werkbundsiedlung waar hij een rij woonhuizen voor heeft ontworpen. Schröder besluit de grond aan de overkant te kopen. Niet voor een 'ateliertje', maar om er vier huizen neer te zetten: een mooie ontwerpopdracht voor Rietveld en haarzelf, zo redeneert ze. Als er tegenover haar woning gebouwd wordt, kan ze maar beter het heft in eigen hand nemen en zelf haar uitzicht creëren, vindt ze. Wanneer Rietveld terug is uit Wenen gaan ze bouwen: het worden de vier 'herenhuizen' aan de Erasmuslaan – later zullen er nog flats naast worden gezet.

Schröder en Rietveld maken in een van de Erasmuslaanwoningen een modelwoning zodat belangstellenden het huis van binnen ingericht kunnen ervaren. Maar pas wanneer de vier huizen te huur worden aangeboden, krijgen alle woningen bewoners. Schröder en Rietveld hebben nu hun zelfontworpen uitzicht, maar hun behoefte aan een groter atelier is er niet mee opgelost.

municipality and learnt that the land in front of their house was for sale. Building on it was allowed, something she found out by accident.

For years, that land had been part of the defence area known as the Nieuwe Hollandse Waterlinie [New Dutch Waterline], a military line of defences where the land was designated a nature reserve so that it could be flooded in the event of an attack. With the rise of aerial warfare, however, that defence strategy was a thing of the past, and in 1930 part of the area was released to be developed.

At the time, Rietveld was in Vienna for the opening of the Werkbundsiedlung for which he had designed a row of houses. Schröder decided to buy the land opposite. Not for a 'little studio', but to build four houses on it – a nice design assignment for Rietveld, she reasoned. If building was going to take place opposite her home, she might as well take matters into her own hands and create her own view. Construction began after Rietveld returned from Vienna. There would be the four 'town houses' on Erasmuslaan – flats would later be erected next to them.

Schröder and Rietveld turned one of the Erasmuslaan houses into a show home, so that potential buyers could experience the design from the inside. But only when the four houses were put up for rent would they all have occupants. Schröder and Rietveld now had a view they had designed themselves, but this, of course, had not solved their need for a larger studio.

THE ARCHITECTURAL FIRM
HET ARCHITECTENBUREAU

The Rietveld Schröder House as seen from Laan van Minsweerd, 1924–25.

Het Rietveld Schröderhuis vanaf de Laan van Minsweerd, 1924–1925.

Side of the Schröder House, with Marjan and Han's bedroom on the first floor and Truus Schröder and Gerrit Rietveld's architect's office on the ground floor.

Zijkant van het Schröderhuis met boven de slaapkamer van Marjan en Han en onder het architectenbureau van Truus Schröder en Gerrit Rietveld.

— The title of 'architect' is not protected by law. Consequently, anyone can call themselves an architect, whether a master carpenter in a village or a spatial artist. ... As I don't want to help perpetuate the general confusion, I prefer to describe my profession as follows: 'designer of modern homes and interiors', collaborator of the Rietveld architectural firm.
— Truus Schröder

SCHRÖDER & RIETVELD ARCHITECT

Detail of the photo on the left: the name of the firm painted on the window above the main door, with a light shutter behind it.

Detail van de vorige foto: de naam van het architectenbureau is op het raam boven de deur van de ingang geschilderd, met lichte luiken erachter.

— De architectentitel is niet beschermd en iedereen kan zich dientengevolge architect noemen, zowel een timmermansbaas op een dorp als een ruimtekunstenaar. [...] Omdat ik niet wil meehelpen de algemene verwarring te bestendigen wil ik mijn beroep het liefst zo aanduiden: 'ontwerpster van moderne woningen en interieurs', medewerkster van het architectenbureau Rietveld.
— Truus Schröder

In 1930 Truus Schröder was listed in the Utrecht telephone directory as 'architecte d'intérieur'.

In 1930 staat Truus Schröder in het Utrechtse telefoonboek vermeld als "architecte d'intérieur".

Home and work telephones on the 'scaffold', c. 1925.

Privé en zakelijke telefoon op het 'schavotje', ca. 1925.

REACTIONS TO THE HOUSE
REACTIES OP HET HUIS

The foreign avant-garde press reacted with spontaneous enthusiasm to the house, but this was not the case among local residents. 'People gathered before it to talk about it. On Saturdays and Sundays, a lot of people came to look at the house', Truus Schröder reflected. The 'crazy house' became a stop on the weekend stroll.

De buitenlandse avant-gardepers reageert meteen enthousiast op het huis, maar dat ligt anders bij de omwonenden. "De mensen kwamen bij elkaar erover staan praten. Op zondag en zaterdag kwamen een heleboel mensen naar het huis kijken", zegt Truus Schröder hierover. Het "gekke huis" wordt onderdeel van de weekendwandeling.

The photos Gerrit Rietveld and Truus Schröder sent to Theo van Doesburg were featured in the double issue 10/11 (1925) of *De Stijl*: 'Maison de Mme Schrader Utrecht' (not Schröder, but her maiden name without the umlaut), with 'G. Rietveld & Schrader' mentioned also as the creators of the house. The subsequent *De Stijl* issue included another photograph, this time of the interior, again with both their names: 'Architects G. Rietveld and Schrader'. According to Van Doesburg, the house met the principles of De Stijl.

The photo of the Schröder House appeared in the monthly magazine immediately after an opinion piece by Theo van Doesburg on the Dutch representation at the *Exposition des Arts décoratifs* in Paris. Van Doesburg regretted the refusal by the representatives to collaborate with De Stijl: 'Dutch architecture was therefore represented by a hideous brick mass, ornamented with the national arms and decorated with some expressionless ornaments on top of the Dutch peasant roof – the whole with the arrogant air of monumental, national, orchestral temple architecture.' This argument was immediately followed by a picture of the exterior of the Rietveld Schröder House. It seems Van Doesburg wanted to show what he would have liked to have seen in the Dutch pavilion.

Gerrit Rietveld en Truus Schröder sturen foto's naar Theo van Doesburg die in het dubbelnummer 10/11 van *De Stijl* van 1925 staan afgebeeld: "Maison de Mme Schrader Utrecht" (niet Schröder, maar haar meisjesnaam zonder umlaut). Met "G. Rietveld & Schrader" erbij vermeld als makers van het huis. In het daaropvolgende *De Stijl*-nummer is opnieuw een foto opgenomen, nu van het interieur, weer met hun beider namen: 'Architecten G. Rietveld en Schrader'. Van Doesburg schrijft dat het huis voldoet aan de principes van De Stijl.

In het maandblad staat de foto van het Schröderhuis direct na een opiniestuk van Theo van Doesburg over de Nederlandse vertegenwoordiging op de *Exposition des Arts décoratifs* in Parijs. Van Doesburg beklaagt zich over de weigering van de vertegenwoordigers om met De Stijl samen te werken. Hij stelt: "Zo werd de Hollandse architectuur vertegenwoordigd door een afgrijselijke baksteenmassa, geornamenteerd met de nationale wapens en versierd met enige uitdrukkingsloze baarpoppen boven op het hollandse boerendak – alles met arrogante allure van monumentale, nationale, orkestrale tempelarchitectuur." Onmiddellijk na dit betoog staat de foto van het exterieur van het Rietveld Schröderhuis afgebeeld. Het lijkt dat Van Doesburg wil laten zien wat hij dan wél graag in het Nederlandse paviljoen gezien zou hebben.

—It took years for the citizens of Utrecht to pass this contradiction without protest.

—Het heeft jaren geduurd eer de Utrechter deze tegenstelling zonder protest kon passeren.
— Gerrit Rietveld

_ G. Rietveld & Schrader
Maison de Mme Schrader à Utrecht

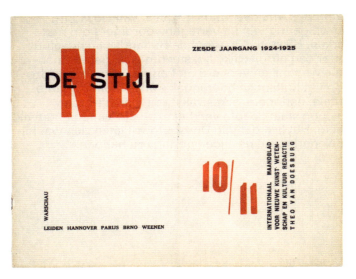

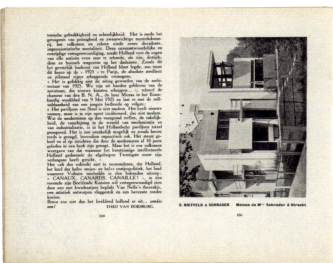

De Stijl, vol. 6, no. 10/11, 1925, p. 159–160.   De Stijl, jrg. 6, nr. 10/11, 1925, p. 159–160.

_(Divisible) Interior of the House

_Interieur (indeelbaar) van het Woonhuis

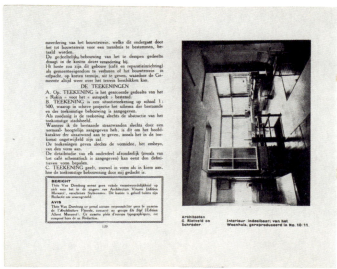

De Stijl, vol. 6, no. 12, 1925, p. 139.   *De Stijl*, jrg. 6, nr. 12, 1925, p. 139.

— Architects: RIETVELD-SCHRADER
interior rendered in colour and shape

— Architecten: RIETVELD-SCHRADER
in kleur en vorm doorgebeeld interieur

De Stijl, vol. 7, no. 73/74, 1926, p. 31–32.   *De Stijl*, jrg. 7, nr. 73/74, 1926, p. 31–32.

Moderne bouwtrant : op den hoek van de Prins Hendriklaan te Utrecht staat dit, in moderne architectuur opgetrokken woonhuis. Wie van strakke lijnen en vlakten houdt, kan hier zijn hart ophalen !

The house in Utrecht in *Woord en Beeld, het geïllustreerd familieweekblad voor stad en provincie*, vol. 1, no. 6, 1925–26.

Het huis in Utrecht in *Woord en Beeld, het geïllustreerd familieweekblad voor stad en provincie*, jrg. 1, nr. 6, 1925–1926.

__ Modern architectural style: this house, erected in a modern architectural style, stands on the corner of Prins Hendriklaan in Utrecht. Whoever loves clean lines and surface areas will adore it!

__ Moderne bouwtrant: op de hoek van de Prins Hendriklaan te Utrecht staat dit, in moderne architectuur opgetrokken woonhuis. Wie van strakke lijnen en vlakten houdt, kan hier zijn hart ophalen!

__ If you're going to spend money, people thought, how on earth can you spend it on something like this. It doesn't shine, does it?
— Truus Schröder

__ De mensen dachten als je dan toch geld uitgeeft, hoe kan je het dan in godsnaam aan zoiets uitgeven. Het straalt er toch niet af.
— Truus Schröder

Gerrit Rietveld with, left, architect and furniture designer Mart Stam and, right, Russian artist and architect El Lissitzky, 1925.

Gerrit Rietveld met links de architect en meubelontwerper Mart Stam en rechts de Russische kunstenaar en architect El Lissitzky, 1925.

El Lissitzky (1890–1941) was a Russian architect, painter, photographer and typographer. He was one of the leading artists of the Russian avant-garde and a founder of Russian constructivism in architecture. While working in Berlin, he met Theo van Doesburg and Mart Stam. That same year, in 1921, Lissitzky was among the visitors to the Dada soirée organised in Schröder's room with the lovely greys on Biltstraat. Gerrit Rietveld and Lissitzky became friends. Truus Schröder hung a work of his in her house. In 1926 Lissitzky married Sophie Küppers (1891–1978), born Sophie Schneider, an art historian and collector, and a leading advocate of avant-garde art. A year earlier, Stam had organised an architectural tour of the Netherlands for Lissitzky and Küppers. They are known to have visited the Rietveld Schröder House during that trip.

El Lissitzky (1890–1941) is een Russische architect, schilder, fotograaf en typograaf. Hij is een van de toonaangevende kunstenaars uit de Russische avant-garde en grondlegger van het Russische constructivisme in de architectuur. Als hij in Berlijn werkt, ontmoet hij Theo van Doesburg en Mart Stam. Datzelfde jaar, in 1921, is El Lissitzky een van de bezoekers van de dada-avond in de kamer met de mooie grijzen van Schröder in de Biltstraat. Gerrit Rietveld en El Lissitzky raken bevriend. Truus Schröder heeft een werk van hem in haar huis hangen. In 1926 trouwt El Lissitzky met Sophie Küppers (1891–1978), geboren Sophie Schneider: kunsthistoricus en -verzamelaar, en vooraanstaand pleitbezorger van de avant-gardekunst. Een jaar eerder organiseert Stam een architectuurreis door Nederland voor El Lissitzky en Küppers. Het is bekend dat ze tijdens die reis het Rietveld Schröderhuis bezoeken.

RIETVELD – – SCHRODER

The house in *Vouloir, Revue mensuelle d'esthétique néo-plastique*, nr. 25, 1925, p. 16.

Het huis in *Vouloir, Revue mensuelle d'esthétique néo-plastique*, nr. 25, 1925, p. 16.

Truus Schröder's response to a journalist's question as to why she allowed so many visitors into the house although she was so intent on privacy: 'At first because it was so hard for Rietveld to get work. It took a long time for him to get another commission. I wanted to convince people put off by the exterior by showing them the interior.'

Het antwoord van Truus Schröder op de vraag van een journalist waarom ze zoveel bezoekers toelaat in het huis, terwijl ze zo op privacy gesteld is: "In het begin omdat het voor Rietveld zo moeilijk was om aan de slag te komen. Het heeft lang geduurd voor hij weer een opdracht kreeg. Ik wilde mensen die afgeschrikt waren door het uiterlijk overtuigen door het tonen van het interieur."

▬ I thought the house was beautiful. Even though all the grown-ups said it was eccentric. I saw it as a counterpoint to my own environment, a proper, well-to-do Roman Catholic family. Aunt Truus was very left-wing; she hated bad taste.
— Jan Poelhekke, Truus Schröder's nephew

▬ Ik vond het huis prachtig. Hoewel alle grote mensen zeiden dat het excentriek was. Ik ervoer het als een tegenhanger van mijn eigen milieu, een brave, gezeten roomse familie. Tante Truus was zeer links, ze had een haat tegen wansmaak.
— Jan Poelhekke, de neef van Truus Schröder

Truus Schröder's stepmother, Aletta Grundemann, also visited the house. Truus's father had died in 1918. 'I thought she would be furious about this house', Schröder said. 'But she said yes to it, it appealed to her. That's that Calvinist thing.'

Ook de stiefmoeder van Truus Schröder, Aletta Grundemann, bezoekt het huis. Truus' vader is in 1918 overleden. "Ik dacht dat ze razend zou zijn om dit huis", vertelt Schröder. "Maar ze zei er ja tegen, het sprak haar aan. Dat is dat calvinistische."

— The house is a two-storey building, the usual type of residential house in the Netherlands, but then in revolutionary form. The entire upper floor is one large space in which the furniture, except for the chairs, has been permanently built in: the cupboards, divan beds and tables have been set out like houses in a city, leaving streets and squares around which to move, as it were.
— El Lissitzky

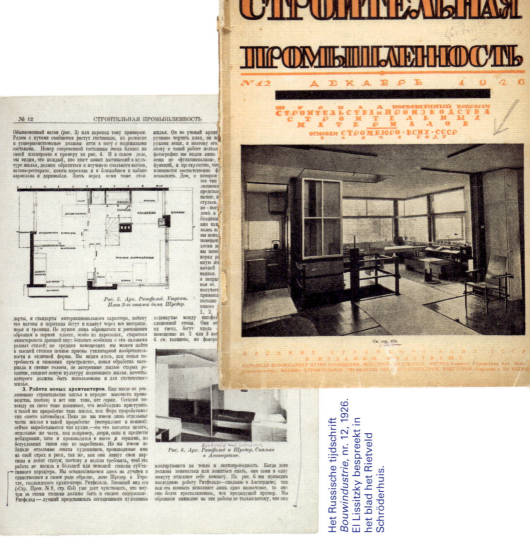

The Russian magazine *Stroitel'naya promyshlennost'* [Construction Industry], no. 12, 1926. El Lissitzky discussed the Rietveld Schröder House in the magazine.

Het Russische tijdschrift *Bouwindustrie*, nr. 12, 1926. El Lissitzky bespreekt in het blad het Rietveld Schröderhuis.

— Het huis is een huis van twee verdiepingen, het gebruikelijke type woonhuis in Nederland, maar dan in revolutionaire vorm. De hele bovenverdieping is één grote ruimte, waarin de meubelen, behalve de stoelen, vast zijn ingebouwd: de kasten, divanbedden en tafels zijn neergezet als huizen in een stad, zodat er als het ware straten en pleinen overblijven waarover men zich kan bewegen.
— El Lissitzky

— This expressiveness is further enhanced by the introduction of colour: red, yellow, blue and white, grey, black. The result is that we have homes with a certain character, with a clean face, without the grimaces of all kinds of frills. This internal clarity is the key to a new culture.
— El Lissitzky

— Deze expressiviteit wordt verder versterkt door de introductie van kleur: rood, geel, blauw en wit, grijs, zwart. Het resultaat is dat we woningen hebben met een bepaald karakter, met een schoon gezicht, zonder de grimassen van allerlei tierelantijntjes. Deze interne helderheid is de sleutel tot een nieuwe cultuur.
— El Lissitzky

— In the early days, a personal tax official paid me a visit and almost started crying with pity.
— Truus Schröder

— Er kwam in de begintijd een ambtenaar van de personele belasting op bezoek die bijna ging huilen van medelijden met mij.
— Truus Schröder

Unidentified visitors in the garden of the house, 1925.

Onbekende bezoekers in de tuin van het huis, 1925.

___ Even during the construction, people were coming in and standing there gesticulating and arguing. In a funny way, but quite fiercely. There must have been architects among them who saw it as an attack on their ideas. There weren't many people who thought like us.
— Truus Schröder

___ Tijdens de bouw kwamen de kijkers al naar binnen en stonden te gesticuleren en te bekvechten. Op een grappige manier, maar heftig. Er zullen wel architecten tussen hebben gezeten die het als een aanval op hun ideeën zagen. Er waren niet veel mensen die zoals wij dachten.
— Truus Schröder

___ I had many foreigners visit there during those years, Japanese, Czechs, Americans, English, French, Austrians, Swiss, Hungarians, but especially a lot of Germans.
— Gerrit Rietveld

___ Ik heb daar in die jaren veel vreemdelingen op bezoek gehad, Japanners, Tsjechen, Amerikanen, Engelsen, Fransen, Oostenrijkers, Zwitsers, Hongaren, maar vooral veel Duitsers.
— Gerrit Rietveld

The weekly *De Groene Amsterdammer* wrote of the house's interior: 'Even a meagre purse can be enough to be set up by these architects'.

Het weekblad *De Groene Amsterdammer* schrijft over het interieur van het huis: "Zelfs een schrale beurs kan nog toereikend zijn om zich door deze architecten te laten installeren."

Letter from Gerrit Rietveld
to Van Meurs, 1926.

Brief van Gerrit Rietveld
aan Van Meurs, 1926.

In 1926 Rietveld wrote to a young architect who had visited the house: 'The direct collaboration with the client/ Tr. Schräder made this even more possible'.

In 1926 schrijft Rietveld aan een jonge architect die het huis heeft bezocht: "De directe samenwerking met de opdrachtgeefster/ Tr. Schräder maakte dit nog meer mogelijk."

The reviewer of *Bouwkundig Weekblad* wrote in 1926: 'For Rietveld, architecture is in the first instance a question of aesthetics, and he completely neglects techniques. – I can anticipate that Rietveld himself and many with him will dispute this, but I can't see it any other way. – Anyone who has practised enjoying artworks suddenly experiences the aesthetics of the country house.' In the picture reproduced in the magazine, the house behind it has been omitted, making it seem as if the Schröder House were standing free in space.

_ Rietveld doesn't want to be modern, but he is.

_ Rietveld wil niet modern zijn, maar hij is het.
— *Bouwkundig Weekblad*

Bouwkundig Weekblad, no. 40, 2 October 1926, p. 406–407.

Bouwkundig Weekblad, nr. 40, 2 oktober 1926, p. 406–407.

De recensent van het *Bouwkundig Weekblad* schrijft in 1926: "Voor Rietveld is architectuur op de eerste plaats een kwestie van esthetiek, en hij verwaarloost de techniek geheel en al. – Ik voorzie wel, dat Rietveld zelf en velen met hem mij dit betwisten, maar ik kan het niet anders zien. – Wie zich heeft geoefend in het smaken van kunstwerken, ervaart plotseling de esthetiek van het landhuis." Op de foto in het tijdschrift is de woning erachter weggelaten en lijkt het Schröderhuis vrij in de ruimte te staan.

Wendingen, maandblad voor Bouwen en Sieren, Interieurs, no. 2, 1927.

Wendingen, maandblad voor Bouwen en Sieren, Interieurs, nr. 2, 1927.

—— Schröder and Rietveld, Arch. House floor Utrecht, 1922 [sic]. This floor can, insofar as necessary, be divided by sliding walls into one living area, three bedrooms, a hall and bathroom. As a whole, the space is kept light, with little colour: ceiling and walls sanded bare. The floor is covered with rubber strips (black and white) and felt (red and grey). The aim was more to delimit space than close it off. In the floor plan and on the photo, the walls have been pushed in.
— Wendingen

Wendingen, no. 2, 1927, p. 12–13. With pictures of the Schröder House, and above it the bedroom they had designed for An and Rein Harrenstein-Schräder.

— Schröder en Rietveld, Arch. Verdieping woonhuis Utrecht, 1922 [sic]. Deze verdieping kan, voor zover dit nodig is, door middel van schuifwanden ingedeeld worden in één woonruimte, drie slaapkamers, portaal en badkamer. De ruimte als geheel is licht gehouden, met weinig kleur: zoldering en wanden blank geschuurd. De vloer is bedekt met rubberbanen (zwart en wit) en vilt (rood en grijs). Er is meer gestreefd naar ruimtebegrenzing dan naar afsluiting. Op plattegrond en foto zijn de wanden weggeschoven.
— Wendingen

Wendingen, nr. 2., 1927, p. 12–13. Met afbeeldingen van het Schröderhuis en daarboven de slaapkamer die ze ontwerpen voor An en Rein Harrenstein-Schräder.

— Oud [Ko Oud, architect] came to see and he saw those partitions sliding and he had to laugh. Then he saw something else and he had to laugh. He laughed at everything.
— Truus Schröder

— Oud [architect Ko Oud] is komen kijken en die zag die schotten schuiven, en dan moest hij lachen. Dan zag hij weer wat anders en hij moest lachten. Hij moest om alles lachen.
— Truus Schröder

RIETVELD-SCHRADER *Intérieur* (1925)

Magazine *De Stijl*, vol. 8, no. 85/86, 1928, p. 119–120.
Tijdschrift *De Stijl*, jrg. 8, nr. 85/86, 1928, p. 119–120.

In 1928 Schröder and Rietveld participated in the A.S.B. architecture, painting & sculpture exhibition at the Stedelijk Museum Amsterdam. Rietveld gave a short opening speech. The newspaper *De Tijd* made mention of photographs, drawings of modern buildings by architects Oud, Staal, Duiker, Schröder, Rietveld and Van Ravesteyn. In the exhibition catalogue, the following designs were attributed to Schröder and Rietveld: show home (Utrecht), interior (Utrecht), sample interiors (Amsterdam), isometric drawing of a house (Utrecht) and various photographs.

In 1928 nemen Schröder en Rietveld deel aan de A.S.B., tentoonstelling van architectuur, schilderkunst & beeldhouwkunst in het Stedelijk Museum Amsterdam. Rietveld houdt een korte openingstoespraak. Het dagblad *De Tijd* maakt melding van foto's, tekeningen van moderne bouwwerken van architecten Oud, Staal, Duiker, Schröder, Rietveld en Van Ravesteyn. In de tentoonstellingscatalogus worden de volgende ontwerpen aan Schröder en Rietveld toegeschreven: modelwoning (Utrecht), interieur (Utrecht), modelinterieurs (Amsterdam), isometrische tekening van een woonhuis (Utrecht) en diverse foto's.

— It may be noted that Gerrit Rietveld, in collaboration with Truus Schröder, also began to raise his profile with designs for entire buildings, of which the Schröder House in Utrecht (1924) had been the start.

— Hierbij kan worden aangetekend dat ook Gerrit Rietveld zich in samenwerking met Truus Schröder meer begon te profileren met ontwerpen voor complete gebouwen, waarvan het Schröderhuis in Utrecht (1924) het begin was geweest.

A.S.B., architecture, painting and sculpture exhibition, Stedelijk Museum, 4 February–1 March 1928.

A.S.B., tentoonstelling van architectuur, schilderkunst & beeldhouwkunst, Stedelijk Museum, 4 febr–1 mrt 1928.

Opening of the A.S.B. exhibition in *Het Nieuws van den Dag*, 6 February 1928. Left to right: Peter Alma, Charley Toorop, John Raedecker, Jan Frederik Staal, Gerrit Rietveld, Sybold van Ravesteyn and Carel Willink.

Opening van de A.S.B.-tentoonstelling in *Het Nieuws van den Dag*, 6 februari 1928. V.l.n.r.: Peter Alma, Charley Toorop, John Raedecker, Jan Frederik Staal, Gerrit Rietveld, Sybold van Ravesteyn en Carel Willink.

The works by 'architectural firm Rietveld & Schröder', according to the magazine *De Kunst* of 18 February 1928, attracted 'a lot of attention'. 'Here, the Dutch homeyness of old has been sacrificed for something cool and practical – and one would therefore like to know what such "cold" rooms do in practice when occupied. To me, it seems to be only about light, air, hygiene. For the construction of hospitals, a few things seem to me to be very appropriate. But for domestic interiors? Experience will tell.'

De werken van "architectenfirma Rietveld & Schröder", zo staat in het tijdschrift *De Kunst* van 18 februari 1928, trekken "zeer de aandacht". "Hier is de oude Hollandse gezelligheid opgeofferd aan het koel-praktische, – en men zou dus willen weten wat zulke 'koude' kamers in de praktijk, bij bewoning, doen. Zo lijkt het mij ook uitsluitend licht, lucht, hygiëne, waar het om te doen is. En voor hospitaalbouw lijkt mij een en ander dan ook zeer aangewezen. Doch voor interieurs van huizen? De ondervinding zal het moeten leren."

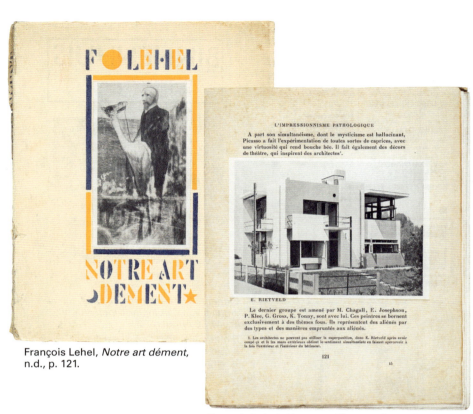

François Lehel, *Notre art dément*, n.d., p. 121.

François Lehel, *Notre art dément*, z.j., p. 121.

— Rietveld, after cutting through the outer walls here and there, achieves a sense of overlap, allowing both the exterior and interior of the building to be experienced simultaneously.

— Rietveld, die hier en daar de buitenmuren doorsnijdt, bereikt een gevoel van overlap door zowel de buitenkant als de binnenkant van het gebouw tegelijk te laten ervaren.

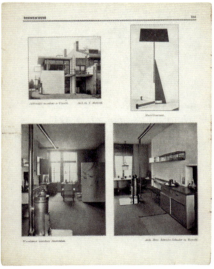

Binnenhuis, 14-daagsch vakblad, nieuwe uitgave van Woninginrichting, vol. 10, no. 17, 16 August 1928.

Binnenhuis, 14-daagsch vakblad, nieuwe uitgave van Woninginrichting, jrg. 10, nr. 17, 16 augustus 1928.

—— While Rietveld astonishes Utrecht, where he lives, and often, let us be complete, scandalises the city by building 'cubist' houses, garages, chairs and cabinets assembled from slats.

—— In Rietveld I see, let it be more or less justified, a connection between a Japanese sense of space with modern Western European industrial ingenuity and efficiency.

—— Terwijl Rietveld Utrecht, waar hij woont, verbaast, en vaak, laat ons volledig zijn, schandaliseert door 'kubistische' woningen te bouwen, garages, uit latten samengestelde stoelen en kasten.

—— In Rietveld zie ik, laat het dan meer of min terecht zijn, een verbinding van Japans ruimtegevoel met moderne West-Europese industriële vindingrijkheid en efficiency.

— The new style. The upper floor of a country house in Utrecht (the Netherlands). Architects Schröder and van [sic] Rietveld. The effect of the bright rooms is made livelier by the colours of the furniture.

— De nieuwe stijl. De bovenverdieping van een landhuis in Utrecht (Holland). Architecten Schröder en van [sic] Rietveld. De werking van de lichte ruimten worden levendiger door de kleuren van de meubelen.

Die Lesestunde, Zeitschrift der Deutschen Buch-Gemeinschaft, vol. 6, no. 9, 1 May 1929.

Die Lesestunde, Zeitschrift der Deutschen Buch-Gemeinschaft, jrg. 6, nr. 9, 1 mei 1929.

FATHER HAD ACTUALLY ALREADY GROWN AWAY FROM MOTHER AT THE TIME

TOEN IS VADER EIGENLIJK AL VAN MOEDER WEGGEGROEID

— BEP RIETVELD

In 1924, the year he and Truus Schröder built the house on Prins Hendriklaan, Gerrit Rietveld moved with his family from Adriaen van Ostadelaan to Bachstraat. The single-family house was located in the new housing estate Oog in Al, on the other side of town, behind the station. Rietveld had lived mostly in the east of Utrecht and for a while also in the city centre, but now he was moving west. Rietveld kept his furniture workshop on Adriaen van Ostadelaan, although he hardly ever went there. When he wanted to work on furniture, he did so in the studio at Schröder's house, where he had set up his workbench, with a vice, in the small room behind the studio. This is where he made furniture, and when Truus's daughter Han Schröder was a bit older, she would help him. His carpenter, Gerard van de Groenekan, now in his 20s, registered as an 'artistic furniture maker' and took over the old studio on Van Ostadelaan to produce Rietveld's designs.

In 1924, het jaar dat hij met Truus Schröder het huis aan de Prins Hendriklaan bouwt, verhuist Gerrit Rietveld met zijn gezin van de Adriaen van Ostadelaan naar de Bachstraat. De eengezinswoning ligt in de nieuwbouwwijk Oog in Al, aan de andere kant van de stad, achter het station. Rietveld had vooral in het oosten van Utrecht gewoond en ook een tijd in het centrum van de stad, maar nu trekt hij naar het westen. Zijn meubelwerkplaats aan de Adriaen van Ostadelaan behoudt Rietveld, al komt hij er nog nauwelijks. Als hij aan meubelen wil werken, doet hij dat in het atelier bij Schröder, waar hij zijn werkbank met bankschroef in de kleine kamer achter het atelier opstelt. Hier maakt hij meubelen, en wanneer Truus' dochter Han wat ouder is, zal ze hem daarbij helpen. Zijn timmerman Gerard van de Groenekan, een twintiger inmiddels, laat zich als 'artistiek meubelmaker' registeren en neemt het oude atelier in de Van Ostadelaan over om daar Rietvelds ontwerpen uit te voeren.

— I took over the furniture workshop from him back in 1925. Well, I took charge… There was actually never a so-called formal moment when he handed the business over to me. He just stayed away.
— Gerard van de Groenekan

— In 1925 heb ik de meubelmakerij al van hem overgenomen. Of overgenomen… Nou ja, eigenlijk is er nooit een zogenaamd plechtig moment geweest waarop hij me de zaak overdeed. Hij bleef gewoon weg.
— Gerard van de Groenekan

With the move to Bachstraat and the architectural firm at Truus Schröder's on Prins Hendriklaan, Gerrit Rietveld had to divide his days: during the daytime he was at work at Truus's, in the evenings he returned to his family on the other side of town.

Met de verhuizing naar de Bachstraat en het architectenbureau bij Truus Schröder aan de Prins Hendriklaan splitst Gerrit Rietveld zijn dagen op: overdag is hij bij Truus aan het werk, 's avonds gaat hij naar zijn gezin aan de andere kant van de stad.

—— Toen is vader eigenlijk al van moeder weggegroeid. Dat kon hij ook niet helpen, maar dat was wel zo. Hij heeft ons niet helemaal in de steek gelaten. Half in de steek gelaten. Schijnbaar niet in de steek gelaten, maar in de werkelijkheid wel. En dat maakte de grote verwarring bij ons. We voelden ons echt een beetje minderwaardig ten opzichte van de Schröder-familie, van de mensen waar hij mee omging. Je had toch het gevoel dat hij met zijn gedachten bij andere mensen was. Wij waren tweederangs geworden.
— Bep Rietveld

—— Father had actually already grown away from mother at the time. He couldn't help it, but that was how it was. We weren't completely abandoned. Half abandoned. Not abandoned in appearance, but in reality we were. And that was a source of great confusion for us. We really felt rather inferior to the Schröder family, to the people he hung out with. You got the feeling that his thoughts were with other people. We had become second-rate.
— Bep Rietveld

Vrouwgien with Tutti and Wim in the cart, c. 1925.

Vrouwgien met Tutti en Wim in de bolderkar, ca. 1925.

Jan and Wim with Gerrit Rietveld's cart in Bachstraat, c. 1925. Bachstraat 11 was designed by the architect Piet Klaarhamer, Rietveld's former teacher.

Jan en Wim met de bolderkar van Gerrit Rietveld in de Bachstraat, ca. 1925. De huizen aan de Bachstraat zijn ontworpen door architect Klaarhamer, de oude leermeester van Rietveld.

⎯ No stone laid without thinking and no measure chosen at random.
⎯ Gerrit Rietveld on the Klaarhamer house

⎯ Geen steentje ondoordacht gemetseld en geen maatje willekeurig gekozen.
⎯ Gerrit Rietveld over de Klaarhamerwoning

Gerrit and Vrouwgien Rietveld-Hadders had six children: two daughters (Bep and Vrouwgien, also called 'Tutti') and four sons (Egbert or 'Eggi', Jan, Gerrit and Wim). When the family moved to Bachstraat, Bep Rietveld was 11 years old, about the age of Binnert, Truus Schröder's eldest child. When Bep was older, she took painting lessons from Charley Toorop. She wanted to become a painter.

Gerrit en Vrouwgien Rietveld-Hadders hebben zes kinderen: twee dochters (Bep en Vrouwgien, ook wel 'Tutti' genoemd) en vier zonen (Egbert of 'Eggi', Jan, Gerrit en Wim). Als het gezin naar de Bachstraat verhuist, is Bep Rietveld 11 jaar oud, ongeveer de leeftijd van Binnert, het oudste kind van Truus Schröder. Als Bep wat ouder is, krijgt ze schilderles van Charley Toorop. Ze wil kunstschilder worden.

— He simply came home to his wife and his six children every night. Father was a family man.
— Bep Rietveld

— Hij kwam elke avond gewoon thuis naar zijn vrouw en zijn zes kinderen. Vader was een gezinsman.
— Bep Rietveld

Left to right: Gerrit Junior, Tutti, Eggi, Bep, Wim and Jan Rietveld, c. 1926.

Van links naar rechts: Gerrit jr., Tutti, Eggi, Bep, Wim en Jan Rietveld, ca. 1926.

SCHRÖDER AND RIETVELD WORK TOGETHER
SCHRÖDER EN RIETVELD WERKEN SAMEN

Truus Schröder and Gerrit Rietveld,
Muller nursery in Utrecht, c. 1924.

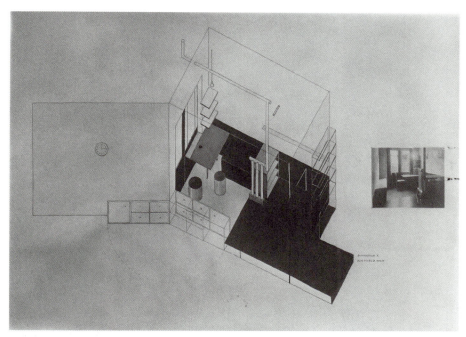

Truus Schröder and Gerrit Rietveld, design for M. Muller's nursery in Utrecht, c. 1924.

Truus Schröder en Gerrit Rietveld, ontwerp voor de kinderkamer van M. Muller in Utrecht, ca. 1924.

▁ Schräder & Rietveld arch.

Schröder appears as co-designer on the design. This time she signed with her maiden name, Schräder & Rietveld arch., c. 1924.

Schröder staat als medeontwerper op de tekening. Ditmaal ondertekent ze met haar meisjesnaam: Schräder & Rietveld arch., ca. 1924.

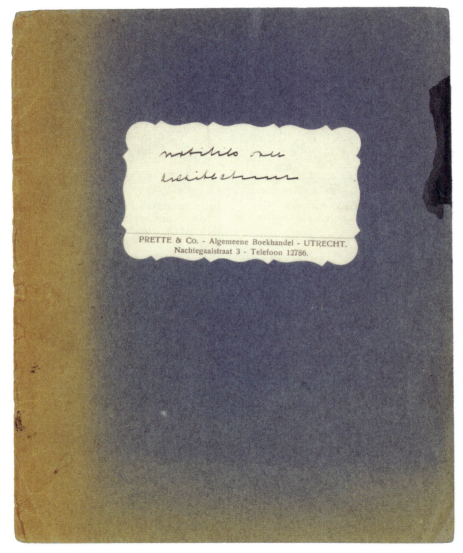

Handwritten note by Truus Schröder about architecture, n.d.

Schrift van Truus Schröder met aantekeningen over architectuur, z.j.

Estate agent Marie Lommen commissioned Rietveld to design the Lommen house in Wassenaar. It had corner windows on both the ground and first floors, with the corner pillar missing, as in the Rietveld Schröder House.

Huis Lommen in Wassenaar dat Rietveld in opdracht van makelaar Marie Lommen ontwerpt, heeft zowel op de begane grond als op de etage een hoekraam waarbij de stijl ontbreekt, zoals ook in het Rietveld Schröderhuis.

Gerrit Rietveld, the Lommen house, 1925.   Gerrit Rietveld, huis Lommen, 1925.

One of the first commissions for Schröder & Rietveld Architect was a radio cabinet for René Radermacher Schorer, the director of the insurance company Utrechtsche Algemeene Brandwaarborg Maatschappij. A patron of modern art, he was an important bibliophile. Radermacher Schorer was one of the first Dutchmen to own a radio receiver on which Hilversum radio broadcasts could be heard. The radio cabinet stood in the sitting room of his home in Wilhelminapark, where he would also hold cultural soirées that Truus Schröder and Gerrit Rietveld also attended.

Een van de eerste opdrachten voor Schröder & Rietveld Architect is een radiokast voor jonkheer René Radermacher Schorer. Hij is de directeur van het verzekeringsbedrijf de Utrechtsche Algemeene Brandwaarborg Maatschappij, evenals een mecenas van de moderne kunsten en een belangrijk bibliofiel. Radermacher Schorer is een van de eerste Nederlanders met een radio-ontvangsttoestel waarop de Hilversumse radio-uitzendingen te horen zijn. Het radiomeubel staat in de zitkamer van zijn woning aan het Wilhelminapark. Daar houdt hij culturele soirees die ook Truus Schröder en Gerrit Rietveld regelmatig bezoeken.

Truus Schröder and Gerrit Rietveld, radio cabinet for René Radermacher Schorer, 1925.

Truus Schröder en Gerrit Rietveld, radiokast voor René Radermacher Schorer, 1925.

The table lamp seen in the photo of the radio cabinet is also visible in the promotional photo of Truus Schröder's bookcases, and it stands by the stove in the Schröder House for years.

De tafellamp die op de foto van de radiokast staat, is ook te zien op de promotiefoto van Truus Schröders boekenkastjes en hij staat jarenlang bij de kachel in het Schröderhuis.

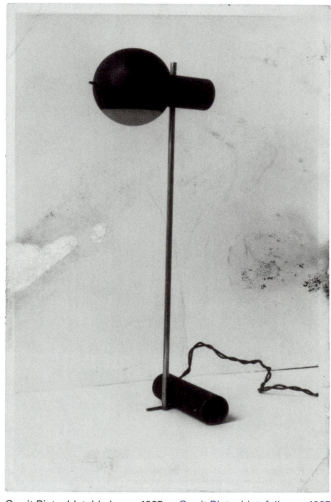

Gerrit Rietveld, table lamp, 1925.   Gerrit Rietveld, tafellamp, 1925.

Through her late husband's network, Truus Schröder was acquainted with wealthy Utrecht residents and thus potential clients. Bacteriologist Hendrik van der Vuurst de Vries, for instance, had been a close friend of Frits Schröder and was later a client of Gerrit Rietveld. After converting the doctor's house, Rietveld designed the 'chauffeur's house' on Waldeck Pyrmontkade: built the garage with living quarters for the driver behind Van der Vuurst de Vries's house.

Door het netwerk van haar overleden echtgenoot kent Truus Schröder welgestelde Utrechters en dus potentiële opdrachtgevers. Zo was bacterioloog Hendrik van der Vuurst de Vries een goede vriend van Frits Schröder en is hij later opdrachtgever van Gerrit Rietveld. Na de verbouwing van de woning van deze arts ontwerpt Rietveld aan de Waldeck Pyrmontkade de 'chauffeurswoning': hij bouwt een garage met woning voor de chauffeur achter de woning van Van der Vuurst de Vries.

Gerrit Rietveld, the chauffeur's house, 1928. The car was shown with the promotional photo to emphasise the modernity of the property.

Gerrit Rietveld, chauffeurswoning, 1928. De auto van de chauffeur is bij de promotiefoto afgebeeld om de moderniteit van de woning te benadrukken.

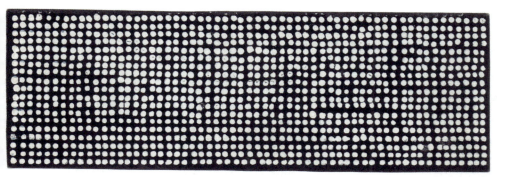

Gerrit Rietveld, sketch, detail of the façade painting of the chauffeur's house, c. 1927.

Gerrit Rietveld, schets, detail van de gevelbeschildering van de chauffeurswoning, ca. 1927.

The chauffeur's house was one of the first examples of 'prefabricated architecture' in the Netherlands. The structure consisted of a steel skeleton of I-beams – with a one-by-three-metre grid – against which ready-made concrete slabs were mounted. The slabs featured a studded pattern. Rietveld called the project 'a trial in the industrialisation of construction'. In the avant-garde magazine *Internationale Revue i10*, the caption for the chauffeur's house reads: 'This house is an attempt to get one step closer to the factory-made house.'

De chauffeurswoning is een van de eerste voorbeelden van 'prefab-architectuur' in Nederland. Het bouwwerk heeft een stalen skelet van I-balken – een raster van één bij drie meter – waartegen kant-en-klare betonplaten zijn gemonteerd. De platen zijn voorzien van een noppen-patroon. Rietveld noemt het project "een proeve voor industrialisering der bouw". In het avant-gardetijdschrift *Internationale Revue i10* staat bij de beschrijving van de chauffeurswoning: "Met deze bouw is getracht een stap nader te komen tot het fabriekmatig vervaardigde huis."

Truus Schröder, bookcases, 1926. The bookcases were photographed in the garden of her house. The table lamp is visible on top of the bookcases.

Truus Schröder, kasten, 1926. De kasten zijn gefotografeerd in de tuin van haar huis. Op de kasten staat de tafellamp.

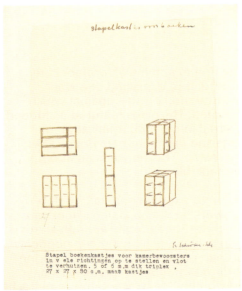

Truus Schröder, sketch for bookcases, 1926.

Truus Schröder, schets kasten, 1926.

Truus Schröder, bookcases, 1926.
The bookcases could be stacked on top of each other, placed side by side or assembled to form a block.

Truus Schröder, kasten, 1926.
De kasten kunnen op elkaar gestapeld worden, naast elkaar worden gezet of een blok vormen.

AN AND REIN HARRENSTEIN-SCHRÄDER
AN EN REIN HARRENSTEIN-SCHRÄDER

In 1925 Rietveld and Schröder designed the living room for the house of An and Rein Harrenstein-Schräder on the Weteringschans in Amsterdam. In 1926 they also furnished their bedroom and later also the patients' waiting room for Rein, who was a paediatrician.

In 1925 ontwerpen Rietveld en Schröder de woonkamer voor het huis van An en Rein Harrenstein-Schräder aan de Amsterdamse Weteringschans. In 1926 richten ze voor hen ook de slaapkamer in en later de wachtkamer voor de patiënten van Rein, die kinderarts is.

After attending the Pensionnat des Sœurs de Notre-Dame boarding school in Amersfoort, An Schräder (1887–1951) completed an accountancy course at the age of 19. Afterwards, Truus Schröder's sister, who was two years older than Truus, went to Munich for a few months to master German. Then, despite her father's protests, she took the state exam so that she could then study at the university in Amsterdam. An Schräder chose political science, a curriculum covering everything concerning the state and including history, state philosophy and state law. She also became a member of the Amsterdamsche Vrouwelijke Studenten Vereniging (AVSV) [Amsterdam Association of Female Students], where women's emancipation was an important topic of discussion. In 1915 Schräder married medical student Rein Harrenstein, and in 1920 they moved to Weteringschans 141 in Amsterdam, where (by then) An Harrenstein-Schräder was actively involved in art, culture and politics. Their house on the Weteringschans became a meeting place for artists such as Charley Toorop, Johan Raedecker, Peter Alma, Paul Citroen, Ro Mogendorff, El Lissitzky, Kurt Schwitters and the painter Jacob Bendien. The latter lived with the couple from 1924 until his death in 1933; he also had a studio in their house.

Na de kostschool in Amersfoort, het Pensionnat des Sœurs de Notre-Dame, voltooit An Schräder (1887–1951) op 19-jarige leeftijd een opleiding boekhouding. Daarna gaat de twee jaar oudere zus van Truus Schröder een paar maanden naar München om zich het Duits eigen te maken. Vervolgens legt ze, ondanks protest van haar vader, staatsexamen af om daarna in Amsterdam aan de universiteit te kunnen gaan studeren. An Schräder kiest voor staatswetenschap, een studie die betrekking heeft op alles rondom de staat en onder meer geschiedenis, staatsfilosofie en staatsrecht omvat. Ook wordt ze lid van de Amsterdamsche Vrouwelijke Studenten Vereniging (AVSV), waar de vrouwenemancipatie een belangrijk gespreksonderwerp is. In 1915 trouwt Schräder met de student medicijnen Rein Harrenstein en in 1920 verhuizen ze naar de Weteringschans 141 in Amsterdam, waar (dan inmiddels) An Harrenstein-Schräder zich actief bezighoudt met kunst, cultuur en politiek. Hun huis aan de Weteringschans wordt een ontmoetingsplaats voor kunstenaars als Charley Toorop, Johan Raedecker, Peter Alma, Paul Citroen, Ro Mogendorff, El Lissitzky, Kurt Schwitters en Jacob Bendien. Die laatste is kunstschilder en woont van 1924 tot aan zijn dood in 1933 bij het echtpaar in huis, waar hij ook een atelier heeft.

— Her sister always had a great influence on her. They were both gifted far above average, but her sister was far more emotional.
— Jan Poelhekke, Truus Schröder's nephew

— Haar zuster heeft altijd een grote invloed op haar gehad. Ze waren beiden ver boven de middelmaat begaafd, maar haar zuster was veel emotioneler.
— Jan Poelhekke, de neef van Truus Schröder

In her younger years, Truus Schröder looked up to her older sister. Truus thought An was more emancipated than she was, more radical. She said: 'Everywhere I went, my sister had already been. She had prepared my path. I just always had to be able to face that. And I thought my sister was perfect in many respects. I was just a failure. I said, "I don't want that anymore, I want to do things on my own, go my own way".'

In haar jonge jaren ziet Truus Schröder op tegen haar oudere zus. Truus vindt An meer geëmancipeerd dan zij zelf is, radicaler. Ze zegt hierover: "Overal waar ik gekomen ben, was mijn zuster al geweest. Ze had mijn pad klaargemaakt. Ik moest daar altijd maar tegenop kunnen. En ik vond mijn zus aan heel veel kanten volmaakt. Ik was gewoon een mislukking. Ik zei: Dat wil ik niet meer, ik wil mijn eigen houtje, mijn eigen weg gaan."

An Harrenstein-Schräder, c. 1925.

Rein Harrenstein, 1920s.

Rein Harrenstein (1888–1971) was An Schräder's husband. After studying medicine at the University of Amsterdam, he trained as a surgeon at the Emma Children's Hospital in Amsterdam. Harrenstein was the first Dutch paediatric surgeon. When Harrenstein and Schräder moved to Amsterdam's Weteringschans in 1920, he held surgery hours in a study in his house to accommodate his young patients and their parents.

Rein Harrenstein (1888–1971) is de echtgenoot van An Schräder. Na zijn studie medicijnen aan de universiteit van Amsterdam promoveert hij als chirurg bij het Emma Kinderziekenhuis in Amsterdam. Harrenstein is de eerste Nederlandse kinderchirurg. Als Harrenstein en Schräder in 1920 aan de Amsterdamse Weteringschans gaan wonen, houdt hij in een werkkamer in zijn huis spreekuur om zijn jonge patiënten en hun ouders te kunnen ontvangen.

Schröder & Rietveld Architect converted An and Rein Harrenstein-Schräder's bedroom on the Weteringschans in 1926. The room, on the third floor, was given low partitions, panels, medium-height cupboards and a suspended ceiling section. The way the furniture is part of the overall design is in line with the design of the Rietveld Schröder House. Here too, primary colours and grey, white and black were used for the walls, floors and furniture. The room had a double and a single bed.

Schröder & Rietveld Architect verbouwt in 1926 de slaapkamer van An en Rein Harrenstein-Schräder aan de Weteringschans. In de kamer, op de derde etage, komen lage schotten, panelen, halfhoge kasten en een verlaagd plafonddeel. De manier waarop het meubilair deel uitmaakt van de totale inrichting is in lijn met het ontwerp van het Rietveld Schröderhuis. Ook hier komen de primaire kleuren en grijs, wit en zwart op de muren, vloeren en meubelen. Er komt een tweepersoonsbed te staan en nog een eenpersoonsbed.

Truus Schröder and Gerrit Rietveld, the Harrenstein bedroom, view of the wall with the single bed. The double bed is on the left, 1926.

Truus Schröder en Gerrit Rietveld, slaapkamer van de Harrensteins met zicht op de wand met het eenpersoonsbed. Links staat een tweepersoonsbed, 1926.

Truus Schröder and Gerrit Rietveld, bedside table and sinks in the Harrenstein bedroom, 1926.

Truus Schröder en Gerrit Rietveld, nachtkastje en wastafels in de Harrensteinslaapkamer, 1926.

In Rein and An's living room, the stone wall was replaced by a sliding wall, allowing one large space to be created, like in the Rietveld Schröder House. A round iron stove was placed in the middle of the room, the long stove pipe along the ceiling emphasising the space. A worktop with a sink was also installed. And since there was also a bathroom and toilet on this second floor, the room could almost be used as an independent unit. The glass display cabinets were by Schröder and Rietveld, while the austere division of the surfaces was reminiscent of the house in Utrecht.

In de woonkamer van Rein en An wordt een stenen muur vervangen door een schuifwand waardoor er net als in het Rietveld Schröderhuis één grote ruimte kan worden gecreëerd. Midden in de kamer komt een potkachel te staan – de lange kachelpijp langs het plafond benadrukt de ruimte. Ook is er een aanrecht met gootsteen. En omdat er op deze tweede etage eveneens een badkamer en toilet zijn, kan de ruimte nagenoeg als zelfstandige eenheid gebruikt worden. De glazen vitrinekasten zijn van Schröder en Rietveld en de verdere strakke vlakverdeling doet denken aan het huis in Utrecht.

Truus Schröder and Gerrit Rietveld, the Harrenstein interior on the Weteringschans in Amsterdam, with easel (presumably that of painter Jacob Bendien), c. 1926.

Truus Schröder en Gerrit Rietveld, interieur Harrenstein aan de Weteringschans in Amsterdam, met ezel (vermoedelijk van kunstschilder Jacob Bendien), ca. 1926.

Truus Schröder and Gerrit Rietveld, display cabinet for the Harrenstein interior, 1925.

Truus Schröder en Gerrit Rietveld, vitrinekast voor het Harrensteininterieur, 1925.

The 'hanging display case' recalls both the display case in the architect's office and the American Sears cabinets on the wall of Marjan and Han's bedroom. It also refers to the kitchen cabinets with glass finishings in the Rietveld Schröder House. The dimensions were based on multiples of 30 centimetres. The cabinet went into production in 1932 for the Amsterdam department store Metz & Co.

De 'hangvitrine' doet denken aan zowel de vitrine van het architectenbureau als aan de Amerikaanse Searskastjes aan de muur van de slaapkamer van Marjan en Han. Ook de met glas afgewerkte keukenkastjes in het Rietveld Schröderhuis refereren eraan. De maatvoering is gebaseerd op een veelvoud van 30 centimeter. In 1932 wordt de kast door het Amsterdamse warenhuis Metz & Co in productie genomen.

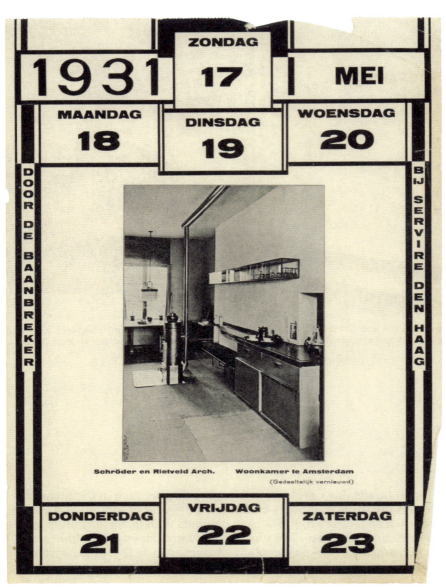

Page from the weekly calendar issued by publisher Servire-De Baanbreker in The Hague, showing the Harrenstein living room, 1931. The ceiling lamp (Amsterdam school) seems to be the same as the one that hung in the room with the lovely greys on Biltstraat.

Pagina van de weekkalender van uitgeverij Servire-De Baanbreker in Den Haag, met een afbeelding van de woonkamer van de Harrensteins, 1931. De plafondlamp (Amsterdamse school) lijkt dezelfde als deze die in de kamer met de mooie grijzen aan de Biltstraat hing.

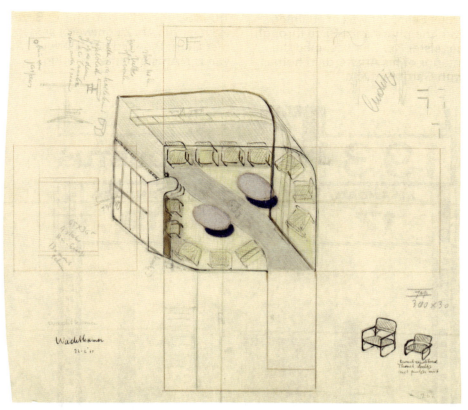

Truus Schröder and Gerrit Rietveld, design for Rein Harrenstein's waiting room, 1930.

Truus Schröder en Gerrit Rietveld, ontwerp voor de wachtkamer van Rein Harrenstein, 1930.

Truus Schröder was acquainted with the pharmacist Birza through her sister An. She designed the interior of his Amsterdam home with Gerrit Rietveld.

Truus Schröder kent apotheker Birza via haar zus An. Ze ontwerpt samen met Gerrit Rietveld het interieur van zijn Amsterdamse woning.

Page from the weekly calendar issued by publishing house Servire-De Baanbreker featuring the home of Jacobus Birza. The publication dates from 1931, the design from 1927/1928.

Pagina van de weekkalender van uitgeverij Servire-De Baanbreker met de woning van Jacobus Birza. De publicatie is van 1931, het ontwerp is uit 1927/1928.

The Birza house, Amsterdam, c. 1928.
Rietveld can be seen in the mirror.

Woning Birza, Amsterdam, ca. 1928.
Rietveld is in de spiegel te zien.

PRINCIPAL COLLABORATORS OF DE STIJL
PRINCIPIËLE MEDEWERKERS VAN DE STIJL

Truus Schröder was named a 'principal collaborator' of De Stijl by Theo van Doesburg. He did so in the anniversary issue of the avant-garde magazine when De Stijl celebrated its tenth anniversary. Like Rietveld, Schröder was on the list – for the period 1925–27. She was the only woman to be mentioned.

Although they worked together a lot, Rietveld and Schröder would sometimes miss each other. Rietveld would then leave her a note. Like this one: 'Dear Truusje, I was here at 1 o'clock and found that you weren't at home yet – so I headed for Lopik to meet you on the way. I reckoned that you should have been at this point by now if you had left at about 9 o'clock. So I turned back quickly, thinking you would have come home some other way. I hope you had a good time and no bad luck. See you tomorrow afternoon then I hope.
Bye! R.'

1	1917–18	A. Kok, O	J. J. P. Oud, O	B. v. d. Leck	P. Mondriaan O	V. Huszar O	Jan Wils
2	1918 19	A. Kok.	J. J. P. Oud.	G. Rietveld	P. Mondriaan	V. Huszar	Jan Wils
3	1919–20	A. Kok.	J. J. P. Oud.	G. Rietveld	P. Mondriaan	V. Huszar	I. K. Bo
4	1921	Aldo Camini	H. Richter	G. Rietveld	P. Mondriaan		I. K. Bo
5	1922	Aldo Camini	H. Richter	G. Rietveld	P. Mondriaan	V. Huszar	I. K. Bo
6	1923–24-25	Aldo Camini	H. Richter	G. Rietveld	P. Mondriaan	C. v. Eesteren	I. K. Bo
7	1925–26–27	Hugo Ball. †	Hans Arp.	G. Rietveld-Schröder	P. Mondriaan (tot 1925)	C. v. Eesteren	I. K. Bo

de namen met O betreffen hen die de oprichting door hun directe medewerking ondersteunden.

Truus Schröder wordt door Theo van Doesburg als "Principiële Medewerker" van De Stijl genoemd. Hij doet dat in het jubileumnummer van het avant-gardetijdschrift wanneer De Stijl tien jaar bestaat. Net als Rietveld staat Schröder op de lijst – voor de periode 1925–1927. Ze is de enige vrouw die wordt vermeld.

Hoewel ze veel samenwerken, lopen Rietveld en Schröder elkaar soms mis. Rietveld laat dan wel eens een briefje voor haar achter. Zoals dit bijvoorbeeld: "Lieve Truusje, ik was om 1 uur hier en vond je nog niet thuis – toen ben ik je tegemoet gereden tot Lopik. Ik berekende dat je op dit punt al had moeten zijn als je ongeveer om 9 uur uit was gegaan. Toen ben ik snel teruggegaan, omdat ik dacht dat je op een andere manier thuis zou zijn gekomen. Ik hoop dat je 't goed had en geen pech. Tot morgenmiddag dan maar hoop ik. Dag! R."

Truus Schröder in her house, 1920s.
Truus Schröder in haar huis, jaren 20.

Anniversary issue of *De Stijl*:
Tien jaren Stijl 1917–1927, 1928.

Jubileumnummer van *De Stijl*:
Tien jaren Stijl 1917–1927, 1928.

⎯ Every genuine creation [...] changes the understanding, demands and needs of the times and clashes with the demands and needs still prevailing from previous periods. A creation must therefore occupy its place rather than respond to current demands and necessity.

⎯ Elke ware schepping [...] verandert het inzicht, de eisen en de behoeften van de tijd en komt in botsing met nog heersende eisen en behoeften uit vorige perioden. Een schepping moet dus de plaats veroveren in plaats van te beantwoorden aan de geldende eisen en de noodzakelijkheid.

G. Rietveld

elke ware schepping (of ze in den vorm van uitvinding, gebouw, schilderij, dans of muziek verschijnt) verandert het inzicht, de eischen en de behoeften van den tijd en komt in botsing met nog heerschende eischen en behoeften uit vorige perioden.
een schepping moet dus de plaats **veroveren** in plaats van te beantwoorden aan de geldende eischen en de noodzakelijkheid.

rietveld.

De Stijl, vol. 10, no. 7, 1927.   Tijdschrift De Stijl, jrg. 10, nr. 7, 1927.

In June 1928 the Congrès Internationaux d'Architecture Moderne (CIAM) was founded by Swiss-French architect Le Corbusier and Czech-Swiss architectural historian Sigfried Giedion. The main objective of the association, besides strengthening international contacts between Modernist architects, was to promote mass production and standardisation to solve housing needs. Two subjects close to Gerrit Rietveld's heart. He attended the first congress at a Château in la Sarraz in Switzerland, at which H.P. Berlage and Mart Stam were also present. Later editions of the CIAM would also see Rietveld attend (and once also Schröder).

In juni 1928 wordt de CIAM (Congrès Internationaux d'Architecture Moderne) opgericht door de Zwitsers-Franse architect Le Corbusier en de Tsjechisch-Zwitserse architectuurhistoricus Sigfried Giedion. Het belangrijkste doel van de vereniging – naast het versterken van internationale contacten tussen modernistische architecten – is het bevorderen van massaproductie en standaardisatie om de woningnood op te lossen. Twee onderwerpen die Gerrit Rietveld na aan het hart liggen. Hij neemt deel aan het eerste congres in een kasteel in het Zwitserse La Sarraz, waar ook H.P. Berlage en Mart Stam aanwezig zijn. Ook latere edities van de CIAM zal Rietveld (en een enkele keer ook Schröder) bijwonen.

First CIAM congress of international architects, Switzerland, 1928. Rietveld is in the front row, fourth from left.

Eerste CIAM-congres van internationale architecten, Zwitserland, 1928. Rietveld staat op de voorste rij, vierde van links.

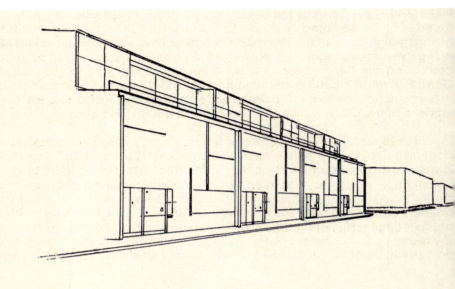

Truus Schröder and Gerrit Rietveld, design for the standard house (not built), 1927, *Internationale Revue i10*, vol. 1, no. 3, 1927.

Truus Schröder en Gerrit Rietveld, ontwerp normaalwoning (niet-uitgevoerd), 1927, *Internationale Revue i10*, jrg. 1, nr. 3, 1927.

Titled 'Use, Construction: (Beauty: Art)', Gerrit Rietveld's article in *i10* was accompanied by two unbuilt designs for standard (terraced) houses with sliding walls.

In 1927 Schröder and Rietveld contributed to an exhibition on modern housing layout at the Instituut voor Arbeidersontwikkeling (IvAO) [Institute for Workers' Development]. The IvAO in The Hague was founded in 1924 by the Social Democratic Workers' Party and the Dutch Confederation of Trade Unions with the aim of promoting the 'cultural education and spiritual development of the working class'. Schröder and Rietveld designed a small room for the exhibition. Their entry was highlighted as a good example of functionality and simplicity; it was praised for being affordable for workers.

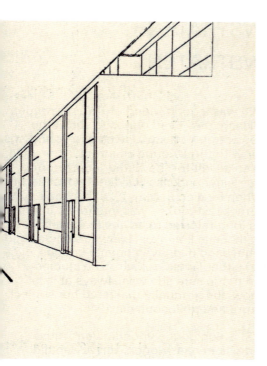

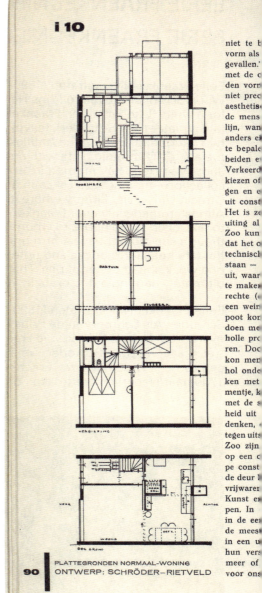

Bij het artikel van Gerrit Rietveld in *i10* met de titel 'Nut, constructie: (schoonheid: kunst)' staan twee niet-uitgevoerde ontwerpen van normaalwoningen (rijtjeswoningen) met schuifwanden.

In 1927 werken Schröder en Rietveld mee aan een tentoonstelling over moderne woninginrichting bij het Instituut voor Arbeidersontwikkeling (IvAO). Het IvAO in Den Haag is in 1924 opgericht door de Sociaal-Democratische Arbeiderspartij en het Nederlands Verbond van Vakverenigingen met als doel de "culturele vorming en geestelijke ontwikkeling van de arbeidersklasse" te bevorderen. Schröder en Rietveld richten voor de tentoonstelling een kleine kamer in. Hun inzending wordt uitgelicht als een goed voorbeeld van functionaliteit en eenvoud, en geprezen om de betaalbaarheid voor de arbeiders.

Truus Schröder and Gerrit Rietveld, design for the street with standard houses (not built), *Internationale Revue i10*, vol. 1, no. 3, 1927.

Truus Schröder en Gerrit Rietveld, ontwerp straat met normaalwoningen (niet-uitgevoerd), *Internationale Revue i10*, jrg. 1, nr. 3, 1927.

EEFJE FRAENKEL-NIEUWSTRATEN
EEFJE FRAENKEL-NIEUWSTRATEN

Eefje Fraenkel-Nieuwstraten (1890–1973) was a good friend of Truus Schröder. When Schröder moved to Prins Hendriklaan, they lived opposite each other for a while. Like Schröder, Fraenkel-Nieuwstraten was widowed at a young age (a year later than Schröder), leaving her with three young children: a son and two daughters. Born in the Antilles, Fraenkel left for the Netherlands around the age of 17 to build a life with antique dealer and classical languages teacher Joop Fraenkel. They married in 1911. When he died in May 1924, his book collection – mainly classical Latin and Greek textbooks – was integrated into the Utrecht University Library where it was long referred to as 'the Fraenkeliana'. Almost immediately after Fraenkel's death, Eefje Fraenkel-Nieuwstraten decided to take over all the pupils to whom her husband had given private lessons, even though she did not have a firm grasp of either Greek or Latin. She studied her late husband's books and notes and made sure she was always at least one week ahead of her pupils. This is how she gradually mastered her subject, ultimately earning a doctorate in literature and philosophy in 1946.

Eefje Fraenkel-Nieuwstraten (1890–1973) is een goede vriendin van Truus Schröder. Als Schröder in de Prins Hendriklaan gaat wonen, zijn ze een tijd overburen. Net als Schröder is Fraenkel-Nieuwstraten jong weduwe geworden – een jaar later dan Schröder – en blijft ze achter met drie jonge kinderen: een zoon en twee dochters. Fraenkel, geboren op de Antillen, is rond haar 17de naar Nederland vertrokken om een leven op te bouwen met antiquair

Wedding photograph of Eefje Fraenkel-Nieuwstraten and Joop Fraenkel, 1911.

Trouwfoto van Eefje Fraenkel-Nieuwstraten en Joop Fraenkel, 1911.

en docent klassieke talen Joop Fraenkel. Ze trouwen in 1911. Als hij in mei 1924 overlijdt, wordt zijn boekencollectie – voornamelijk klassieke Latijnse en Griekse studieboeken – opgenomen in de Utrechtse universiteitsbibliotheek, waar ze nog lang 'de Fraenkeliana' wordt genoemd. Eefje Fraenkel-Nieuwstraten besluit vrijwel meteen na Fraenkels dood alle leerlingen aan wie haar man privéles gaf over te nemen, hoewel ze het Grieks en Latijn niet machtig is. Ze bestudeert de boeken en aantekeningen van haar overleden echtgenoot en zorgt dat ze altijd ten minste één week op haar leerlingen voor loopt. Zo bouwt ze haar kennis op en uiteindelijk zal ze in 1946 promoveren tot doctor in de letteren en wijsbegeerte.

Schröder and Rietveld jointly designed the interior of the Fraenkel-Nieuwstraten attic room. For the house at Utrecht's Wilhelminapark, where Fraenkel lived in 1928, they designed a flexible interior with folding table, bed and bench. The walls were grey, blue and yellow.

Het interieurontwerp van de zolderkamer van Fraenkel-Nieuwstraten is van Schröder en Rietveld samen. Voor het huis aan het Utrechtse Wilhelminapark waar Fraenkel in 1928 woont, ontwerpen ze een flexibel interieur met een opklaptafel, opklapbed en opklapbankje. De wanden zijn grijs, blauw en geel.

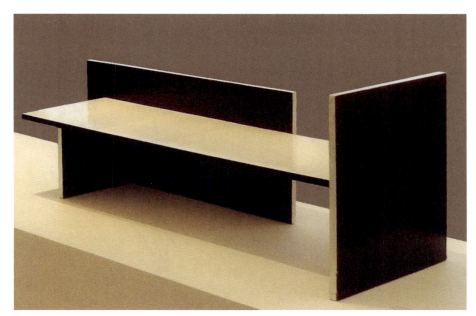

Gerrit Rietveld, asymmetrical bench for Eefje Fraenkel-Nieuwstraten, c. 1924.

Gerrit Rietveld, asymmetrisch bankje voor Eefje Fraenkel-Nieuwstraten, ca. 1924.

This low slatted armchair was specially adapted for Fraenkel-Nieuwstraten. Fraenkel found the high back of the original chair 'woman-unfriendly' because it failed to accommodate her hair knot. She complained about this to Gerrit Rietveld, who adapted the design for her.

Deze lage lattenstoel is speciaal aangepast voor Fraenkel-Nieuwstraten. Fraenkel vindt de hoge rugleuning van de originele stoel 'vrouwonvriendelijk' omdat die haar knot in de weg zit. Ze klaagt hierover bij Gerrit Rietveld, die de stoel voor haar aanpast.

Gerrit Rietveld, slatted armchair for Fraenkel- Nieuwstraten, c. 1924.

Gerrit Rietveld, lattenstoel voor Fraenkel-Nieuwstraten, ca. 1924.

THE FURNITURE EXPERIMENTS CONTINUE
DE MEUBELEXPERIMENTEN GAAN DOOR

Han, Truus Schröder's youngest daughter, was interested in Gerrit Rietveld's work and helped him make his furniture. For instance, she assisted Rietveld when he experimented with bending wood.

Han, de jongste dochter van Truus Schröder, is geïnteresseerd in het werk van Gerrit Rietveld en helpt hem bij het maken van zijn meubelen. Zo assisteert ze Rietveld wanneer hij experimenteert met het buigen van hout.

Gerrit Rietveld, tube-framed chair, c. 1926.

Gerrit Rietveld, beugelstoel, ca. 1926.

They tied ropes to lengths of fibreboard and soaked the boards in the Minstroom, the small stream running behind the house on Prins Hendriklaan. After a few days, they were 'as limp as a wet chamois leather rag'. They then used clamps to give the fibreboard the desired shape before letting it dry – moving the clamps so as not to leave impressions. Han said in a later interview that the job required patience, with endless waiting and smoothing, and that the result was never perfect. There was always a bump or curve somewhere.

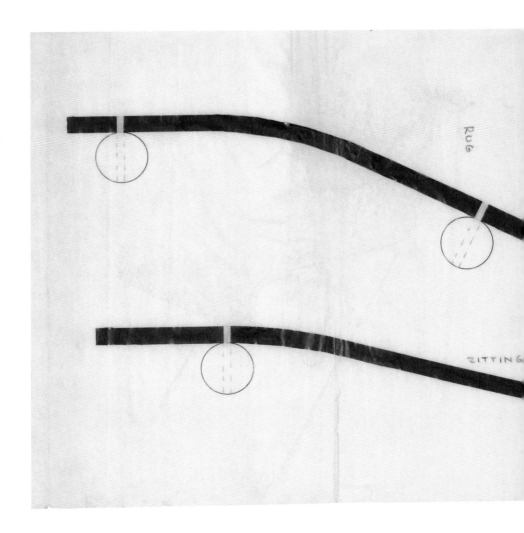

Ze binden touwen aan stukken fiber en laten de platen weken in de Minstroom, het watertje achter het huis aan de Prins Hendriklaan. Na een paar dagen is het "zo slap als een natte zeemleren lap" en dan bevestigen ze het fiber met klemmen in de gewenste vorm en laten het vervolgens drogen – telkens de klemmen verplaatsend om geen afdrukken na te laten. Han zegt in een later interview dat het een geduldig werk van eindeloos wachten en gladstrijken was en dat het resultaat nooit perfect was. Er zat altijd wel ergens een bobbel of kromming.

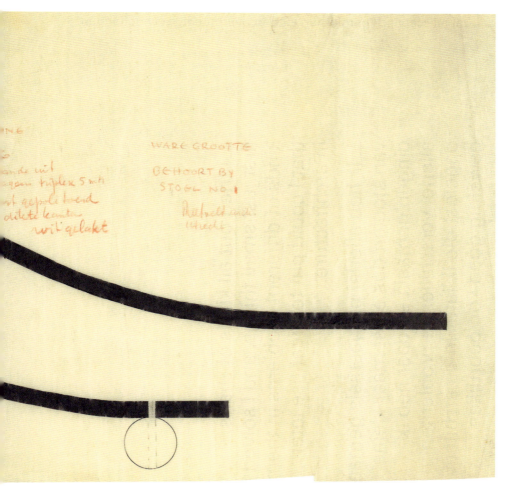

Gerrit Rietveld, back and seat of an armchair with curved seat, c. 1924.

Gerrit Rietveld, rug en zitting van een leunstoel met gebogen zitting, ca. 1924.

In a review of Rietveld's furniture, the *Utrechtsch Provinciaal en Stedelijk Dagblad* wrote in 1929: 'Give him a few slats and an old watering can, lock him in a cellar for a few hours, and I have no doubt that he will emerge delighted as ever with something wonderful – what, I cannot tell you, but it will be ingenious, and warm, alive, convincingly human. But don't tell him you like it, because then he will give you a sceptical smile like a reckless schoolboy.'

In een recensie van meubelen van Rietveld schrijft het *Utrechtsch Provinciaal en Stedelijk Dagblad* in 1929: "Geef hem een paar latten en een oude gieter, sluit hem enkele uren op in een kelder, en ik twijfel niet of hij zal opgetogen als altijd met iets wonderlijks tevoorschijn komen – wat, kan ik u niet zeggen, maar het zal vernuftig zijn, en warm, levend, overtuigend menselijk. Maar zeg hem niet dat je het mooi vindt, want dan zal hij sceptisch glimlachen als een overmoedige schooljongen."

— I tried out all kinds of chairs, first just small things, and I solved all kinds of different problems in them that I could put to great use later in architecture.

— Ik heb allerlei probeersels gemaakt van stoelen dus eerst maar kleine dingen gemaakt en daar heb ik allerlei verschillende problemen in opgelost die ik later in de architectuur geweldig goed kon gebruiken.
— Gerrit Rietveld

In the late 1920s, Rietveld experimented with one-piece chairs such as the Birza chair from 1927. Commissioned by the Birza family from Amsterdam, it consisted of a piece of fibreboard. On a sketch, Rietveld noted: 'Cut fibreboard, which is softened, bent and pressed in a mould and dried'. The chair was never put into production due to the complicated and time-consuming manufacturing process.

Eind jaren 20 experimenteert Rietveld met stoelen uit één stuk zoals de Birzastoel uit 1927. Het meubel, gemaakt in opdracht van de familie Birza uit Amsterdam, bestaat uit een stuk houtvezelplaat. Bij een ontwerptekening noteert Rietveld: "Ingesneden fiberplaat, die week gemaakt, gebogen en in een vorm geperst en gedroogd wordt." De stoel is vanwege het ingewikkelde en tijdrovende maakproces nooit in productie genomen.

Gerrit Rietveld, Birza chair, 1927.   Gerrit Rietveld, Birzastoel, 1927.

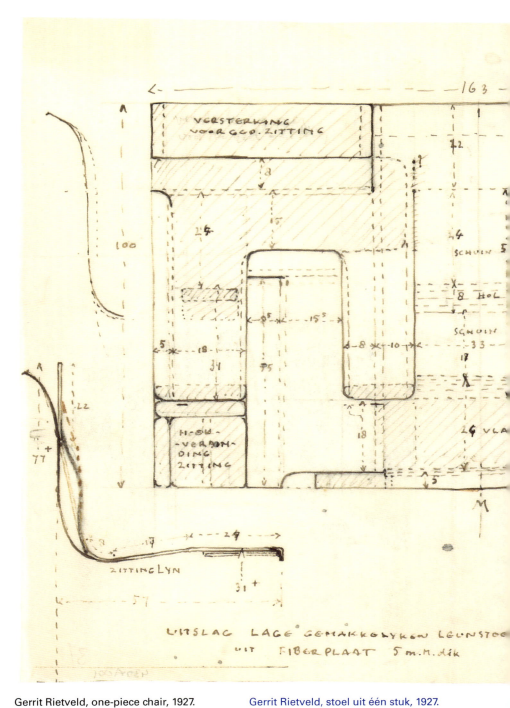

Gerrit Rietveld, one-piece chair, 1927.   Gerrit Rietveld, stoel uit één stuk, 1927.

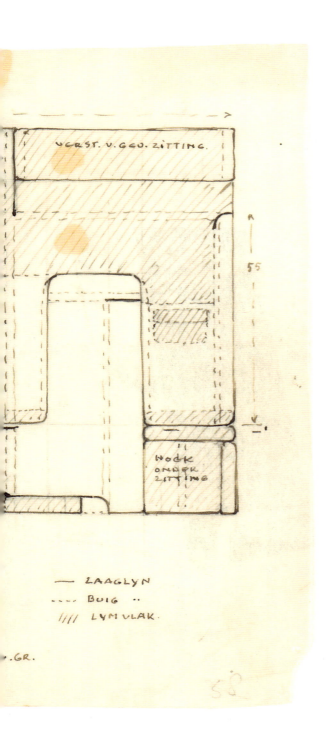

Gerrit Rietveld, armchair with bent tube, 1928–30.

Gerrit Rietveld, leunstoel met gebogen buis, 1928–1930.

Under some of his slatted chairs, Rietveld pasted an excerpt from the poem '*Der Ästhet*' [The Aesthete] by German poet Christian Morgenstern (1871–1914). Rietveld also used it in his article on his fascination with the piece of furniture in An Harrenstein's magazine *De Werkende Vrouw*.

Onder sommige van zijn lattenstoelen plakt Rietveld een fragment uit het gedicht 'Der Ästhet' (De estheet) van de Duitse dichter Christian Morgenstern (1871–1914). Rietveld gebruikt het ook in zijn artikel over zijn fascinatie voor het meubel in het tijdschrift van An Harrenstein *De Werkende Vrouw*.

— When I sit, I sitting, tend to sit a seat with sense so fine that I can feel my sit-soul blend insensibly with seat's design.

— Als ik zit wil ik niet zitten zoals mijn zitvlees zou verlangen maar zoals mijn zitgeest zo hij zat een stoel zou vlechten.

Gerrit Rietveld,
label, c. 1930.

Gerrit Rietveld,
etiket, ca. 1930.

YOU SPRINKLE IDEAS AROUND YOU
JIJ STROOIT IDEEËN OM JE HEEN
— GERRIT RIETVELD

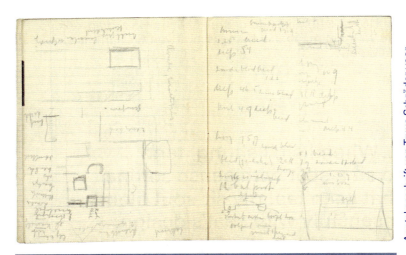

Aantekenschrift van Truus Schröder voor een onbekend interieur met plattegrondtekeningen, z.j.

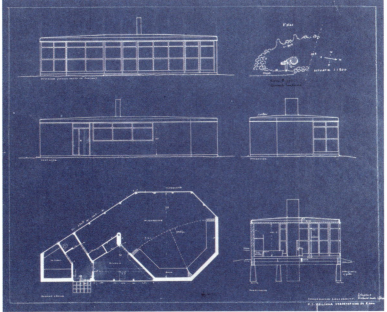

Truus Schröder en Gerrit Rietveld, ontwerp voor zomerhuis Zeilinga, Loosdrecht (niet-uitgevoerd), 1931.

Top: notebook belonging to Truus Schröder with notes for an unknown interior with floor plan drawings, n.d.

Bottom: Truus Schröder and Gerrit Rietveld, design for the Zeilinga summer house, Loosdrecht (not built), 1931.

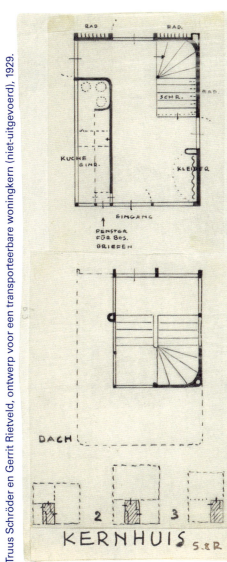
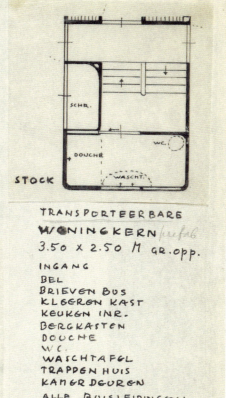

_S.&R Truus Schröder and Gerrit Rietveld, design for a transportable house core (not built), 1929.

Truus Schröder, model of an unknown building, late 1920s. The back of the photo reads 'design Truus Schröder'.

— Rietveld once said to me: 'I stand with my hands full but nobody wants anything.'

— Rietveld had eens tegen mij gezegd: ik sta met mijn handen vol maar niemand wil het hebben.
— Truus Schröder

The same model, photographed from a different angle, late 1920s.

Dezelfde maquette, vanuit een andere hoek gefotografeerd, eind jaren 20.

Truus Schröder and Gerrit Rietveld designed the house with an art gallery and studio for painter Kees van Urk. In a 1930 letter from Rietveld to the building aesthetics committee in Blaricum, he mentions the architectural firm Schröder & Rietveld Arch. as the sender. We can therefore assume, with some caution, that Truus Schröder was involved in this design.

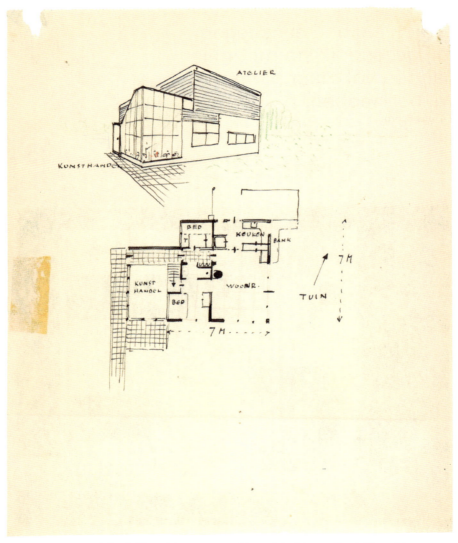

Truus Schröder and Gerrit Rietveld, Van Urk house, 1928–30.

Truus Schröder en Gerrit Rietveld, huis Van Urk, 1928–1930.

Truus Schröder en Gerrit Rietveld ontwerpen het huis met kunsthandel en atelier voor kunstschilder Kees van Urk. In een brief van Rietveld aan de welstandscommissie in Blaricum uit 1930 vermeldt hij als afzender het architectenbureau Schröder & Rietveld Arch. We kunnen dus – met enige slag om de arm – aannemen dat Truus Schröder bij dit ontwerp betrokken is.

── PS: I published the Van Urk plan, because it is precisely the extension that makes the whole so lively, and the solution is, in my opinion, very successful, as Mr Van Urk can reach the art gallery directly from his studio and his wife can reach it directly from the hallway; and in case other occupants move into this house later, the extension can serve as a conservatory-like frontal extension, so that the design is not too shop-like.
— Gerrit Rietveld in a letter to the building aesthetics committee

── P.S. Ik publiceerde het plan Van Urk, daar juist de uitbouw het geheel zo levendig maakt, en de oplossing mijns inziens zeer geslaagd is, daar de heer Van Urk uit zijn atelier en zijn vrouw vanuit de gang direct de kunsthandel bereiken kunnen; en in geval dat er later andere bewoners in dit huis komen, de uitbouw goed als serreachtige voorbouw gebruikt worden kan, dus vooral niet te winkelachtig is opgevat.
— Gerrit Rietveld in een brief aan de welstandscommissie

Truus Schröder and Gerrit Rietveld, Van Urk house, Blaricum, c. 1930.

Truus Schröder en Gerrit Rietveld, huis Van Urk, Blaricum, ca. 1930.

Truus Schröder and Gerrit Rietveld designed a house and music school in Zeist. The client was the Utrecht ophthalmologist Ten Doesschate, from whom Rietveld received more commissions. For Ten Doesschate and fellow client F. van der Meijden, the commission was an investment property and an opportunity to help Schröder and Rietveld get an architectural commission.

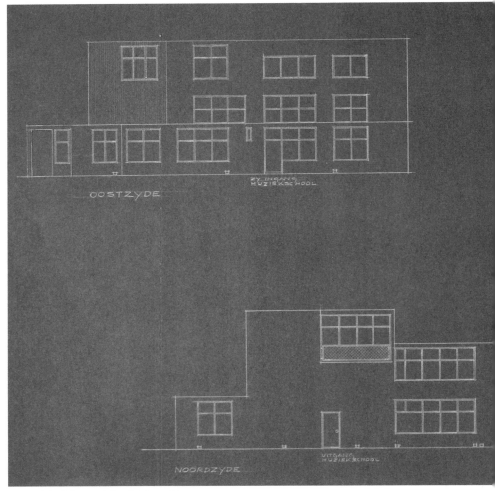

Truus Schröder and Gerrit Rietveld,
music school and two houses, Zeist, 1931.

Truus Schröder en Gerrit Rietveld ontwerpen een woonhuis en muziekschool in Zeist. De opdrachtgever is de Utrechtse oogarts Ten Doesschate, van wie Rietveld meer opdrachten krijgt. Voor Ten Doesschate en mede-opdrachtgever Fr. van der Meijden is de opdracht een beleggingsobject en een mogelijkheid om Schröder en Rietveld aan een architectuuropdracht te helpen.

Truus Schröder en Gerrit Rietveld, muziekschool met twee woningen, Zeist, 1931.

When the Utrecht branch of the Soroptimist Society was founded in 1929, Truus Schröder immediately joined. The international association – whose name comes from *'sorores optimae'*, Latin for 'best sisters' – originated in the United States in 1921 as a counterpart to the Rotary, which women were not allowed to join at the time. The objective of the Soroptimists – the 'Sorren', as Schröder called them – was to improve the social position of working women. They thus sought as many female representatives as possible in each field. Truus Schröder was registered with the Utrecht branch of the Soroptimist Society as an 'interior designer'. In 1939 she was listed as a 'designer of modern home interiors'.

Als in 1929 de Utrechtse afdeling van de Soroptimistenvereniging wordt opgericht, meldt Truus Schröder zich direct aan. De internationale vereniging – met een verwijzing naar het Latijn 'sorores optimae', beste onder de zusters – is in 1921 in de Verenigde Staten ontstaan als tegenhanger van de Rotary, waar vrouwen op dat moment geen lid van mogen worden. De doelstelling van de Soroptimisten – de 'Sorren' zoals Schröder ze noemt – is de maatschappelijke positie van de werkende vrouw te verbeteren, waarbij er zoveel mogelijk vrouwelijke vertegenwoordigers in elk vakgebied worden gezocht. Truus Schröder wordt bij de Soroptimisten-afdeling Utrecht als 'binnenhuisarchitect' geregistreerd. In 1939 staat ze als 'ontwerpster van moderne woninginterieurs' vermeld.

Truus Schröder and Gerrit Rietveld, music school, Zeist, 1931.

Truus Schröder en Gerrit Rietveld, muziekschool, Zeist, 1931.

dagen later dan oorspronkelijk de bedoeling was en blijft tot en met Zondag 8 Januari geopend. Het weefwerk van Mevr. Van Seventer is daar in groote verscheidenheid aanwezig. De tentoonstelling vindt plaats in de Nieuwe Muziekschool (park Kersbergen), gebouwd door het architectenbureau Rietveld en Schröder. Wij hebben de maquette gezien op de lezing gehouden door Mevrouw Schröder.

Piece in the magazine *Nederlandsche Soroptimist*, no. 1, 1933, p. 2.

Bericht in het tijdschrift *Nederlandsche Soroptimist*, nr. 1, 1933, p. 2.

—— The exhibition will take place in the New Music School (Kersbergen park) built by the architectural firm Rietveld and Schröder. We saw the model at the lecture delivered by Ms Schröder.

—— De tentoonstelling vindt plaats in de Nieuwe Muziekschool (park Kersbergen), gebouwd door het architectenbureau Rietveld en Schröder. Wij hebben de maquette gezien op de lezing gehouden door Mevrouw Schröder.

Truus Schröder and Gerrit Rietveld, music school, Zeist, 1931.

Truus Schröder en Gerrit Rietveld, muziekschool, Zeist, 1931.

In the early 1930s, Truus Schröder and Gerrit Rietveld designed a house in the Mastbos in Breda for the industrialist A. Klep, owner of the iron foundry Etna, where mainly household appliances were produced. Rietveld later made a note about this house: 'The Klep house in Breda is intended as a new type of housing. It has to be considered as a place for the daily restoration of a young sporty industrialist.'

Begin jaren 30 ontwerpen Truus Schröder en Gerrit Rietveld een woning in het Mastbos in Breda voor de industrieel A. Klep, eigenaar van de ijzergieterij Etna, waar vooral huishoudelijke apparatuur wordt geproduceerd. Rietveld maakt later een aantekening over dit huis: "Woonhuis Klep te Breda is als nieuw woontype bedoeld. Men moet het beschouwen als een plaats voor dagelijkse herstelling van een jong sportief industrieel."

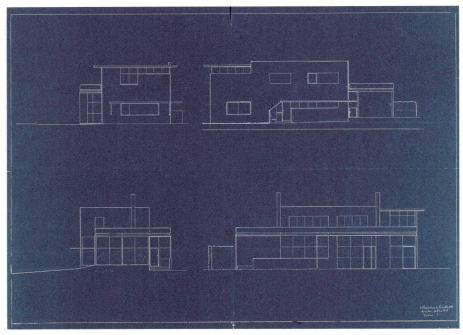

Truus Schröder and Gerrit Rietveld, the Klep house, Breda, 1931.

Truus Schröder en Gerrit Rietveld, huis Klep, Breda, 1931.

Truus Schröder and Gerrit Rietveld,
the Klep house, Breda, 1931.

Truus Schröder en Gerrit Rietveld,
huis Klep, Breda, 1931.

The back of the Klep house,
with a slide into the pool.

Achterzijde huis Klep, met
glijbaan naar het zwembad.

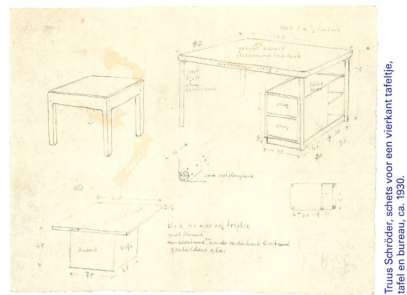

Truus Schröder, sketch for a small square table, as well as a square table and desk, c. 1930.

Truus Schröder, schets voor een vierkant tafeltje, tafel en bureau, ca. 1930.

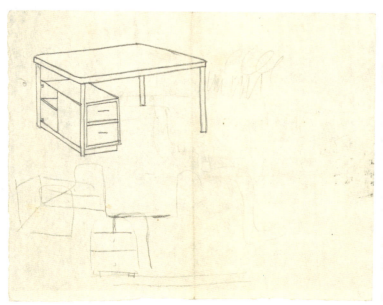

Truus Schröder, sketch for a desk, c. 1930.

Truus Schröder, schets voor een bureau, ca. 1930.

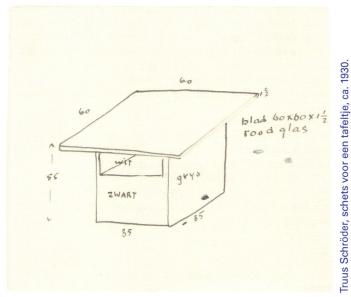

Truus Schröder, sketch for a small table, c. 1930.

Truus Schröder, small table, c. 1930.

Artibus Sacrum, the Dutch association of visual artists and art lovers, was founded in 1869. Its aim was 'the fraternisation of artists and the promotion of fraternisation and the development of a feeling for art in general'. Apart from lectures and concerts, Artibus Sacrum also organised art exhibitions in Arnhem, where the society was based. In 1931, works by Jacob Bendien, Paul Citroen, Truus Schröder and Gerrit Rietveld were shown. Schröder and Rietveld contributed the foreword to the exhibition catalogue, outlining their vision of architecture.

De Nederlandse vereniging van beeldende kunstenaars en kunstliefhebbers Artibus Sacrum is in 1869 opgericht met als doel: "de verbroedering der kunstenaren en het bevorderen van verbroederen en ontwikkelen van kunstzin in het algemeen". Behalve lezingen en concerten organiseert Artibus Sacrum ook kunsttentoonstellingen in Arnhem, waar de vereniging gevestigd is. In 1931 worden werken getoond van Jacob Bendien, Paul Citroen, Truus Schröder en Gerrit Rietveld. Schröder en Rietveld dragen in deze tentoonstellingscatalogus bij aan het voorwoord met hun visie op architectuur.

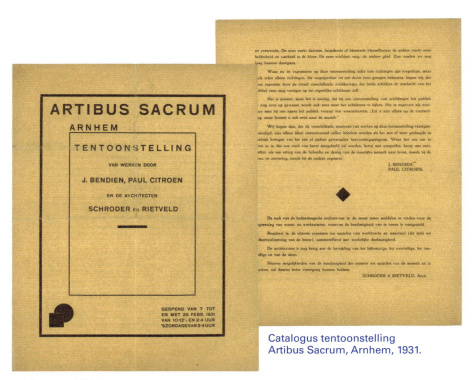

Catalogus tentoonstelling
Artibus Sacrum, Arnhem, 1931.

Catalogue exhibition
Artibus Sacrum, Arnhem, 1931.

_The task of contemporary architecture is to find the most appropriate means of delimiting living and working spaces, whose capacity is predetermined. Architecture is still in the process of freeing itself from the secondary, the superfluous, the accidental, and from routine.

_De taak van de hedendaagse architectuur is de meest juiste middelen te vinden voor de begrenzing van woon- en werkruimten, waarvan de hoedanigheid van te voren is vastgesteld. De architectuur is nog bezig met de bevrijding van het bijkomstige, het overtollige, het toevallige en van de sleur.
— Schröder & Rietveld Arch.

— R said: 'You sprinkle ideas around you. They say I have many ideas, you many more. I catch them from you. Not just trivial ideas, you know what direction to go in. You don't care at all about how it's done, you shouldn't care. Keep working together. You create little models for yourself, use colour and layout.'
— note by Truus Schröder

— R zei: 'Jij strooit ideeën om je heen. Ze zeggen dat ik veel ideeën heb, jij veel meer. Ik vang ze bij jou op. Niet zomaar ideetjes, je weet waar het heen moet. Je interesseert je helemaal niet voor hoe het gedaan wordt, moet je je ook niet op toeleggen. Samen blijven werken. Jij voor jezelf modelletjes maken, kleur en indeling.'
— aantekening van Truus Schröder

In the 1930s, Truus Schröder took correspondence architecture courses at the PBNA institute. Her daughter Han Schröder explained: 'Mother had never learnt to draw and couldn't draw the way it was supposed to be done. She knew little about materials and construction. But she had a pure sense of proportion, measures and form. She suffered from her technical ignorance, and for a time took correspondence courses from the PBNA Arnhem under the pseudonym T. Cox.'

In de jaren 30 volgt Truus Schröder schriftelijke architectuurcursussen aan het instituut PBNA. Haar dochter Han Schröder zegt hierover: "Moeder had nooit leren tekenen en kon het niet op de manier zoals het hoorde. Ze wist weinig van materialen en van bouwconstructie. Maar ze had een zuiver gevoel voor proporties, maten en vorm. Ze leed onder haar technische onwetendheid en nam een tijd lang schriftelijke cursussen van het PBNA Arnhem onder het pseudoniem T. Cox."

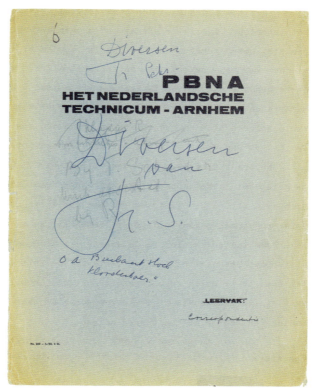

Folder of the Polytechnisch Bureau Nederland Arnhem (PBNA), the institute for technical (correspondence) education, n.d.

Map van het Polytechnisch Bureau Nederland Arnhem (PBNA), instituut voor technisch (schriftelijk) onderwijs, z.j.

Met buitengewoon pleizier heb ik uw uitnoodiging aangenomen om vanavond het moderne interieur en die interieurkunst met u te bekijken, ... en dat is tenminste een goed begin. Het is een zoo uitgebreid onderwerp, dat ik maar een bepaald d.w.z. mijn eigen veelzijdige financieel gedeelte en dan nog maar op een bepaalde manier met u kan behandel

Ik zou het willen hebben over de richtlijnen vooral, en hier enkele praktische wenken aan willen toevoegen.

U heeft uit den aard der zaak zooveel belangstelling voor het interieur, dat ik me afvraag of u over verschillende onderwerpen niet beter georienteerd is dan ik. Dat is bijv. naast de speciale eischen van een doktershuis, de wel niet alles, maar zeer veel beheerschende vraag, met er te krijgen is, en wat u krijgen kunt aan materialen, vloerbedekking, gordijnen, meubels enz. Ook heeft ieder van u wel een meening hoe de keuken praktisch zou zijn en den zou ik willen hooren van u, wat u eigenlijk nog van een interieur verwacht?

Het traditioneele gevoel van veiligheid?.. Dat is haast niet te gelooven! Is het voor u iets waar je je juist niet te veel aan moet hechten, wilt u het na de oorlog het zoeken in het sobere of heeft u juist nu gevoel gekregen voor en behoefte aan wat luxe? Hierom Daar zal ik he aniet in de eerste plaats over hebben, vooral ook niet omdat het niet he t essentieele van de interieurkunst is. bijna anders Wel meen ik te mogen veronderstellen dat u allemaal in uw interieur zult willen vinden wat ...levensvreugde. En daar hoop ik u op mijn manier een beetje mee te kunnen helpen.

Ik ben overtuigd, dat vreugde geven het hoogste doel van ieder kunstwerk is, omdat vreugde opgewekt door een kunstwerk tonicum is

Notes by Schröder for a lecture on interior design. Whether she delivered the lecture and where is unknown, n.d.

Aantekeningen van Schröder voor een lezing over interieurarchitectuur. Het is onbekend waar en of ze de lezing heeft gehouden, z.j.

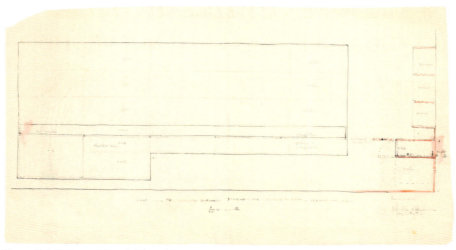

Truus Schröder and Gerrit Rietveld, drawing for a wall cabinet for the house of Louise van Leer, Hilversum, c. 1930.

Truus Schröder en Gerrit Rietveld, tekening wandkast voor de woning van Louise van Leer, Hilversum, ca. 1930.

— Schröder & Rietveld architects

— Schröder & Rietveld architecten

— It is with extraordinary pleasure that I accepted your invitation to explore modern interior design and interior art with you this evening.

— Met buitengewoon plezier heb ik uw uitnodiging aangenomen om vanavond het moderne interieur en de interieurkunst met u te bekijken.
— Truus Schröder

THE MAGAZINE *DE WERKENDE VROUW*
HET TIJDSCHRIFT *DE WERKENDE VROUW*

De Werkende Vrouw, vol. 1, no. 3, 1930. With a portrait of Charley Toorop, interviewed by An Harrenstein-Schräder.

In January 1930, An Harrenstein-Schräder founded the feminist monthly magazine *De Werkende Vrouw, in huis en maatschappij*. It featured articles on women's emancipation, housekeeping and fashion, as well as interviews with women artists. It also discussed literature, the visual arts, theatre, film and architecture. Schröder and Rietveld wrote a few articles for it. The July–August 1930 issue reports that Harrenstein-Schräder was stepping down as editor-in-chief. The last issue of *De Werkende Vrouw*, a thick summer issue, appeared in July 1931.

In januari 1930 richt An Harrenstein-Schräder het feministische maandblad *De Werkende Vrouw, in huis en maatschappij* op. In het tijdschrift staan artikelen over vrouwenemancipatie, huishouden en mode, net als interviews met vrouwelijke kunstenaars. Ook wordt er literatuur besproken, beeldende kunst, theater, film en architectuur. Schröder en Rietveld schrijven een paar teksten voor dit tijdschrift. In het juli–augustusnummer van 1930 wordt gemeld dat Harrenstein-Schräder zich terugtrekt als hoofdredacteur. Het laatste nummer van *De Werkende Vrouw*, een dik zomernummer, verschijnt in juli 1931.

__ Her appearance is that of a real woman of the world, but of a very particular mundanity, stern and professionally cosmopolitan.
— An Harrenstein-Schräder on Charley Toorop

__ Haar verschijning is die van een echte vrouw van de wereld, maar dan van een heel bijzondere mondainiteit, strak en zakelijk kosmopolitisch.
— An Harrenstein-Schräder over Charley Toorop

— What matters in architecture is what is between, in or beside the work. Whether it is good to live there.
— Gerrit Rietveld in
  De Werkende Vrouw

— The 'Kleinstwohnung' [minimum dwelling], among other things, was designed in order to be able to build solid housing for a low rent in these post-war years. The floor plan of this 'Kleinstwohnung' is such that in better times, two of these houses can be made into one.
— Truus Schröder in
  De Werkende Vrouw

— Het komt in de architectuur aan op dat wat tussen, in of naast het werk is. Of het daar goed is om te leven.
— Gerrit Rietveld in
  De Werkende Vrouw

— Om in deze naoorlogse tijd voor lage huurprijs toch solide te kunnen bouwen, werd o.a. de Kleinstwohnung ontworpen. De plattegrond van deze 'Kleinstwohnung' is zó dat in betere tijden twee van deze woningen tot één gemaakt kunnen worden.
— Truus Schröder in
  De Werkende Vrouw

An Harrenstein-Schräder in a slatted armchair by Gerrit Rietveld with cushion, late 1920s.

An Harrenstein-Schräder in een lattenstoel van Gerrit Rietveld met kussen, eind jaren 20.

— A WORD OF INTRODUCTION TO INTERIOR DESIGN

An interior that feels purely spatial automatically acquires the individual characteristics of the occupant, however, only through and after use.

If someone manages to make an interior in such a way that he does not become passive in it, does not doze off, but is stimulated to activity then, I think, he is on a better path rather than by trying to achieve a so-called artistic interior or a – as it is called – warm, homey, cheerful, festive interior, etc.

Architecture demands activity, it arouses the inhabitant's sense of space: that is its first and foremost task. Like all art, architecture helps to raise awareness.
— Truus Schröder in *De Werkende Vrouw*

— EEN INLEIDEND WOORD TOT BINNENARCHITECTUUR

Een zuiver ruimtelijk aangevoeld interieur krijgt vanzelf het individuele kenmerk van de bewoner, echter pas door en na het gebruik.

Als het iemand gelukt is een interieur zo te maken dat hij daarin niet passief wordt, niet wegdoezelt, maar geprikkeld wordt tot activiteit, dan is hij, meen ik, op een betere weg dan door een zogenaamd artistiek interieur te willen bereiken of een, zoals men het noemt, warm, gezellig, vrolijk, feestelijk enz. interieur.

Architectuur eist activiteit, ze wekt de ruimtezin van de bewoner op: dat is haar eerste en voornaamste taak. Architectuur, evenals alle kunst, helpt mee aan bewustwording.
— Truus Schröder in *De Werkende Vrouw*

Article by Truus Schröder in *De Werkende Vrouw*, vol. 1, no. 3, 1930, p. 93–94.

THE CHAIR

The chair is well known yet little understood.

The chair is, as it were, the base of the seated individual – the extension of his flexible spine: that is why one is not done with it just so easily. More than a sofa, a chair should be mobile and free in space.

Slowly, the chair too is freeing itself from its complicated past: as with mechanical manufacturing, new materials and new structural inventions are becoming more important than differences in form.
— Gerrit Rietveld in *De Werkende Vrouw*

DE STOEL

De stoel is bekend doch weinig begrepen.

De stoel is als het ware het onderstuk van de zittende mens – het verlengstuk van zijn lenige ruggengraat: daarom is men er zo maar niet mee klaar. Een stoel moet meer dan een bank mobiel en vrij in de ruimte zijn.

Langzaam bevrijdt ook de stoel zich van zijn ingewikkeld verleden, doordat bij de machinale werkwijze, nieuwe materialen en nieuwe constructieve vindingen belangrijker worden dan vormverschillen.
— Gerrit Rietveld in *De Werkende Vrouw*

Article by Gerrit Rietveld in *De Werkende Vrouw*, vol. 1, no. 9, 1930, p. 244.

In one of his notebooks, Schröder made notes on architecture and the role of women in it. She added, 'For women too'. This article on interior design was not published.

In een schrift maakt Schröder aantekeningen over architectuur en de rol van vrouwen hierin. 'Ook voor de vrouw' schrijft ze erbij. Dit artikel over binnenhuisarchitectuur is niet gepubliceerd.

Notebook belonging to Schröder, 1930.

___ Is a profession in which women are urgently needed, not for the talent of fitting a nice little curtain or a cute little table lamp on a desk or teatable things that should not even be counted as details of the interior, but are additions that often have to cover up what is wrong with the interior. No, women are needed because they obviously love this subject, have great interest in the details, and usually know the practical requirements from experience.

In general, architects more or less neglect the details, while women lose themselves in details, as they are quick to get tangled up in too many practical demands and the playful bonus of life, and the essentials of the craft are then easily pushed aside. That is why the collaboration of men and women is absolutely necessary here. Usually the man is then the architect, the woman the interior designer. Certainly not just a matter of talent, but the man is more likely to choose the architectural profession that offers more opportunities.
— Truus Schröder

___ Is een vak waarin de vrouw dringend nodig is, niet om de gave van het aanbrengen van een lief gordijntje of een schattig schemerlampje op bureau of theetafeldingen die nog niet eens tot de details van het interieur gerekend mogen worden, maar toevoegsels zijn die vaak moeten verdoezelen wat er niet goed is aan het interieur. Nee, de vrouw is nodig omdat zij uiteraard liefde heeft voor dit onderwerp, grote belangstelling voor de details, en de praktische eisen uit ervaring meestal kent.

In het algemeen verwaarloost de architect min of meer de details, terwijl de vrouw de grote lijnen uit het oog verliest, omdat ze gauw verward raakt in te veel praktische eisen en de speelse toegift van het leven en het essentiële van het vak dan lichtelijk in het gedrang komt. Vandaar dat de samenwerking van mannen en vrouwen hier absoluut nodig is. Meestal is dan de man architect, de vrouw de interieur-architect. Zeker niet alleen een kwestie van aanleg, maar de man kiest eerder het architectenberoep dat meer kansen biedt.
— Truus Schröder

BEP RIETVELD
BEP RIETVELD

Not long after Bep Rietveld resumed her drawing lessons with Charley Toorop, she fell in love with pianist Guus Seijler, Toorop's partner. Bep was 18 when she became pregnant by him, Guus was 31. They married in April 1932; Fons was born in October.

Niet lang nadat Bep Rietveld weer tekenlessen bij Charley Toorop gaat volgen, krijgt ze een verhouding met de pianist Guus Seijler, Toorops partner. Bep is 18 jaar oud als ze van hem zwanger raakt, Guus is 31. In april 1932 trouwen ze, in oktober wordt Fons geboren.

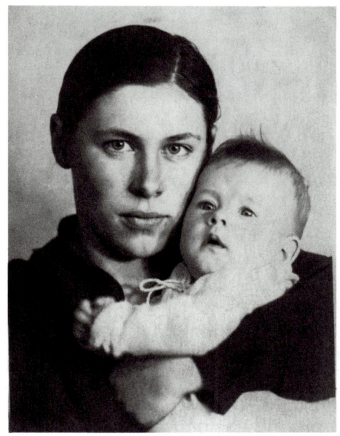

Bep Rietveld with her son Fons, 1933.

Artist Charley Toorop (1891–1955) was friends with An and Rein Harrenstein-Schräder as well as with Gerrit Rietveld and Truus Schröder. Toorop, the daughter of the Symbolist painter Jan Toorop and the Irish illustrator Annie Hall, lived briefly, in 1916, in Utrecht's Adriaen van Ostadelaan with her husband Hendrik Fernhout and her two sons, near Rietveld's then furniture workshop. She later lived in the De Vlerken house in the North Holland art village of Bergen, and in 1926 she moved to Leidsegracht in Amsterdam with her (new) partner, the pianist and music critic Guus Seijler. Like Rietveld, Schröder and Harrenstein-Schräder, Toorop was a member of the Filmliga. As a 15-year-old, Bep, Gerrit Rietveld's eldest daughter, took painting lessons from Toorop; in the 1930s, Bep Rietveld again took lessons from her.

Kunstschilder Charley Toorop (1891–1955) is bevriend met An en Rein Harrenstein-Schräder en ook met Gerrit Rietveld en Truus Schröder. Toorop, dochter van de symbolistische schilder Jan Toorop en de Ierse tekenaar Annie Hall, woont in 1916 korte tijd in de Adriaen van Ostadelaan in Utrecht met haar echtgenoot Hendrik Fernhout en haar twee zonen, vlak bij de toenmalige meubelwerkplaats van Rietveld. Later woont ze in het huis De Vlerken in het Noord-Hollandse kunstenaarsdorp Bergen en in 1926 verhuist ze met haar (nieuwe) partner, de pianist en muziekcriticus Guus Seijler, naar de Leidsegracht in Amsterdam. Toorop is net als Rietveld, Schröder en Harrenstein-Schräder lid van de Filmliga. Als 15-jarige krijgt Bep, de oudste dochter van Gerrit Rietveld, schilderles van Toorop, in de jaren 30 volgt Bep Rietveld opnieuw les bij haar.

＿ Well, she must have seen something in me, then.
— Bep Rietveld on Charley Toorop

＿ Tja, dan moet ze toch wel wat in me gezien hebben.
— Bep Rietveld over Charley Toorop

Bep Rietveld, *Self-portrait*, 1932.

ROBERT SCHUMANNSTRAAT
ROBERT SCHUMANNSTRAAT

If, in the early days of their architectural firm, Rietveld and Schröder mainly designed interiors and carried out commissions for wealthy private clients, by the early 1930s Rietveld and Schröder were taking a different approach, partly because the number of assignments was declining due to the economic crisis. In 1931 they designed the music school in Zeist and the Klep house in Breda, after which they worked more frequently with larger external partners, such as Bredero's Bouw Bedrijf and later the department store Metz & Co. In the early 1930s, they realised three important commissions on Robert Schumannstraat in Utrecht's Oog in Al district, a block of houses in Vienna (Rietveld) and the Erasmuslaan houses, directly opposite Schröder's house. All three projects are blocks of four houses with white plastered façades and plenty of glass.

Zie je in de begindagen van het architectenbureau dat ze vooral interieurs ontwerpen en opdrachten van vermogende particulieren uitvoeren, begin jaren 30 gaan Rietveld en Schröder het anders aanpakken – mede doordat het aantal opdrachten door de economische crisis terugloopt. In 1931 ontwerpen ze nog de muziekschool in Zeist en huis Klep in Breda, daarna werken ze vaker met grotere externe partijen samen, zoals Bredero's Bouw Bedrijf en later het warenhuis Metz & Co. In de vroege jaren 30 voeren ze drie belangrijke opdrachten uit: in de Robert Schumannstraat in de Utrechtse wijk Oog en Al, een huizenblok in Wenen (Rietveld) en de Erasmuslaanwoningen, pal tegenover het huis van Schröder. Alle drie de projecten zijn blokken van vier huizen met wit gepleisterde gevels en veel glas.

Schröder and Rietveld, houses on Robert Schumannstraat, Utrecht, 1932.

Schröder en Rietveld, woningen aan de Robert Schumannstraat, Utrecht, 1932.

Until now, the design of the four houses on Robert Schumannstraat had not been co-attributed to Truus Schröder, and yet her name clearly appears at the bottom of the first sketch. Her name does not appear on the other drawings of the Robert Schumannstraat project, but that was not unusual: in several joint projects by Rietveld and Schröder, her name doesn't appear at all or only on a number of drawings.

Niet eerder is het ontwerp van vier woningen aan de Robert Schumannstraat mede aan Truus Schröder toegeschreven, toch staat haar naam duidelijk onder de eerste schets. Op de overige tekeningen van het Robert Schumannstraat-project is haar naam niet terug te vinden, al is dat niet ongebruikelijk: bij meerdere samenwerkingsprojecten van Rietveld en Schröder staat haar naam niet of slechts op een deel van de tekeningen vermeld.

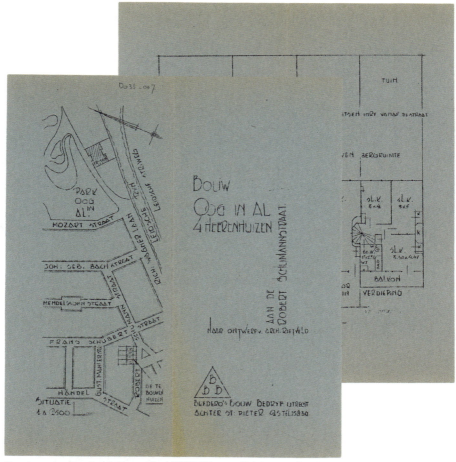

Brochure by Bredero's Bouw Bedrijf (BBB) for the houses on Robert Schumannstraat in Oog in Al, the Utrecht neighbourhood where Gerrit Rietveld lived.

Folder van Bredero's Bouw Bedrijf (BBB) voor de woningen aan de Robert Schumannstraat in Oog in Al, de Utrechtse wijk waar Gerrit Rietveld woont.

Schröder & Rietveld / Architects Utr.

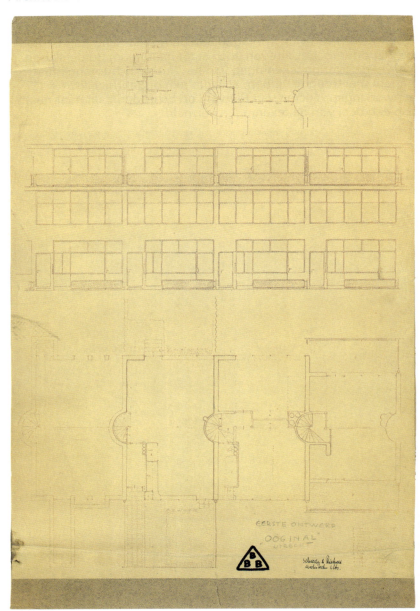

Rietveld and Schröder, first draft for Robert Schumannstraat, c. 1931.

WERKBUNDSIEDLUNG, VIENNA
WERKBUNDSIEDLUNG, WENEN

Between 1929 and 1932, Gerrit Rietveld designed four houses for the Werkbundsiedlung architecture exhibition in Vienna. He travelled there several times and wrote letters to Schröder from Vienna. In 1932 he attended the official opening of the show homes.

Tussen 1929 en 1932 ontwerpt Gerrit Rietveld vier woningen voor de architectuurtentoonstelling Werkbundsiedlung in Wenen. Hij reist er meerdere keren heen en schrijft vanuit Wenen brieven naar Schröder. In 1932 is hij bij de officiële opening van de modelwoningen aanwezig.

— I don't know what else to write other than that I love you very much in my own way and find you very sweet and good.
— Gerrit Rietveld to Truus Schröder

— Ik weet niets anders te schrijven, als dat ik op mijn manier veel van je houd en je erg lief en goed vind.
— Gerrit Rietveld aan Truus Schröder

Werkbundsiedlung, Wenen, ca. 1932.

— Dear Mr Architect! As you probably know, the Austrian Werkbund is erecting a model building district on the occasion of the German Werkbund congress in Vienna. It is mainly Austrian architects who are involved in the construction, with the exception of three gentlemen, including yourself. There is very little time available to build the district, as it has to be ready by mid-June. We wish to enquire whether you are willing to work on this and ask you to inform us of your decision as soon as possible.

— Geachte heer architect! Zoals u waarschijnlijk bekend is, bouwt de Oostenrijkse Werkbund een modelbouwwijk ter gelegenheid van het congres van de Duitse Werkbund in Wenen. Bij de bouw zijn voornamelijk Oostenrijkse architecten betrokken, met uitzondering van drie heren, waaronder uzelf. Er is zeer weinig tijd beschikbaar om de wijk te bouwen, omdat deze half juni klaar moet zijn. Wij informeren of u bereid bent om hieraan te werken en vragen u om ons zo snel mogelijk van uw beslissing op de hoogte te stellen.

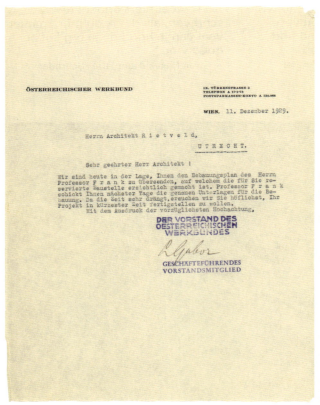

Letter from the board of the Austrian Werkbund to Gerrit Rietveld, 11 December 1929.

Brief van het bestuur van de Oostenrijkse Werkbund aan Gerrit Rietveld, 11 december 1929.

Gerrit Rietveld wrote to Truus Schröder from the Carlton Hotel in Vienna, and although Schröder later covered parts of a sentence with tape and cut out a section, the text is still legible.

Gerrit Rietveld schrijft Truus Schröder vanuit het Carlton Hotel in Wenen en hoewel Schröder later delen van een zin afplakt en een stuk eruit knipt, is de tekst nog te lezen.

— Dear Truus,
I have rented a large room and I am counting on you. It would be nice if you were here. We have already achieved so much, but we need to fan the fire some more, don't you think? I will be happy to see your sweet face again.
— Gerrit Rietveld

— Lieve Truus, ik heb een grote kamer gehuurd en er is op je gerekend. Het zou fijn zijn als je hier was. We hebben al zoveel bereikt, maar we moeten nog eens wat vonkjes aanblazen vind je niet? Ik zal blij zijn je lieve gezicht weer te zien.
— Gerrit Rietveld

Letter from Gerrit Rietveld to Truus Schröder, 1932.

Rietveld's houses (indicated by the arrow), Werkbundsiedlung, Vienna, c. 1932.

De huizen van Rietveld (aangeduid door de pijl), Werkbundsiedlung, Wenen, ca. 1932.

Gerrit Rietveld, four houses for the Werkbundsiedlung, Vienna, 1932.

Gerrit Rietveld, vier woningen van de Werkbundsiedlung, Wenen, 1932.

ERASMUSLAAN: SCHRÖDER CHOOSES HER OWN VIEW

ERASMUSLAAN: SCHRÖDER KIEST HAAR EIGEN UITZICHT

It was more or less by chance that Truus learnt that the land opposite her house – her beautiful view – may be built on and was put up for sale by the municipality. She immediately decided to buy the land: a place for her and Rietveld to build houses. Besides, it would allow her to determine what her new view would be.

Min of meer per toeval ontdekt Truus dat de grond tegenover haar huis – haar mooie uitzicht – bebouwd mag worden en door de gemeente te koop wordt aangeboden. Onmiddellijk besluit ze de grond te kopen: plek voor haar en Rietveld om er huizen neer te zetten. Bovendien kan zij zo zelf bepalen wat haar nieuwe uitzicht wordt.

Blueprint of the expansion plan of the city of Utrecht, 1929. Truus Schröder bought plots A and B.

Blauwdruk van het uitbreidingsplan van de stad Utrecht, 1929. Truus Schröder koopt perceel A en B.

Rietveld was not immediately enthusiastic. Schröder said about this later: 'He said, "I haven't actually reached that stage yet". That was quite a surprise for me. I didn't expect that. I thought it would be great fun if he could build again. And that it would be a bit more in this style here too.'

Rietveld is niet meteen enthousiast. Schröder stelt hier later over: "Hij zei, daar ben ik eigenlijk nog niet aan toe. Dat was een hele verbazing voor mij. Dat had ik niet verwacht. Ik dacht dat het geweldig leuk was als hij weer bouwen kon. En dat het ook hier dus wat meer in deze stijl kwam."

Advertisement for the sale of the houses on Erasmuslaan, c. 1931.

Advertentie voor de verkoop van de huizen aan de Erasmuslaan, ca. 1931.

Construction of houses on
Erasmuslaan, Utrecht, c. 1931.

Bouw woningen
Erasmuslaan, Utrecht, 1931.

Construction on Erasmuslaan, Utrecht, 1931.

Bouwplaats Erasmuslaan, Utrecht, 1931.

Construction of houses on Erasmuslaan, Utrecht, 1931.

Bouw woningen Erasmuslaan, Utrecht, ca. 1931.

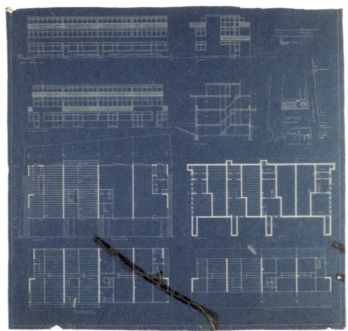

Truus Schröder and Gerrit Rietveld, blueprint of Erasmuslaan, house numbers 5 to 11, February 1931.

Truus Schröder en Gerrit Rietveld, blauwdruk van de Erasmuslaan, huisnummers 5 t/m 11, februari 1931.

The magazine *Het Landhuis* wrote in its February 1932 issue about Schröder's contribution to the Erasmuslaan houses. 'So far I have spoken exclusively about the architect Rietveld, but this is not entirely correct, for his helper Schröder-Schräder also exerted her influence on these houses. To what extent we cannot say, and it is also less important, but I do find it remarkable that this is a woman, as a result of which, certainly in my opinion, the problems were viewed in the most efficient way possible.'

Het tijdschrift *Het Landhuis* schrijft in het februarinummer van 1932 over de bijdrage van Schröder aan de Erasmuslaanwoningen. "Tot nu toe heb ik uitsluitend gesproken over architect Rietveld, maar dit is niet geheel juist, want z'n helpster Schröder-Schräder heeft ook haar invloed doen gelden op deze woonhuizen. In hoeverre kunnen we niet bepalen en is ook minder belangrijk, wel vind ik het opmerkelijk dat dit een vrouw is, waardoor zeker naar mijn inzicht de problemen op een zo efficiënt mogelijke wijze bezien zijn."

— Have you ever seen such a beautiful and simple floor plan? No space is cut up here.
— Het Landhuis

— Heeft u wel eens zo'n prachtige en eenvoudige plattegrond gezien? Hier is geen ruimte versnipperd.
— Het Landhuis

Truus Schröder and Gerrit Rietveld, houses on Erasmuslaan with unidentified people, c. 1931.

Truus Schröder en Gerrit Rietveld, Erasmuslaanwoningen met onbekende mensen, ca. 1931.

The designs for the four houses – 'mansions', Gerrit called them – were approved in 1931. Bredero's Bouw Bedrijf started building almost immediately. In October of that year, the houses on Erasmuslaan were ready: a sleek block of houses with white-plastered walls and concealed downpipes to keep the façades completely smooth. Furthermore, a flat roof, deep balconies and large windows in narrow steel frames.

De ontwerpen voor de vier woonhuizen – 'herenhuizen' noemt Gerrit ze – worden in 1931 goedgekeurd. Bredero's Bouw Bedrijf begint vrijwel direct met de bouw. In oktober van dat jaar zijn de woningen aan de Erasmuslaan klaar: het is een strak huizenblok met witgepleisterde wanden en weggewerkte regenpijpen om de muren volledig glad te houden. Verder: een plat dak, diepe balkons en grote ramen in smalle stalen kozijnen.

Truus Schröder and Gerrit Rietveld, Erasmuslaan, Utrecht, c. 1931.

Truus Schröder en Gerrit Rietveld, Erasmuslaan, Utrecht, ca. 1931.

Postcard showing the four 'mansions' on Erasmuslaan, Utrecht, c. 1932.

Ansichtkaart met de vier 'herenhuizen' aan de Erasmuslaan, Utrecht, ca. 1932.

View of the polder landscape from the balconies of the row of houses on Erasmuslaan, Utrecht, c. 1932.

Uitzicht op het polderlandschap vanaf de balkons van de huizenrij aan de Erasmuslaan, Utrecht, ca. 1932.

SHOW HOME ON ERASMUSLAAN IN UTRECHT
MODELWONING AAN DE ERASMUSLAAN IN UTRECHT

Invitation to the exhibition at Erasmuslaan 9 sent to Truus Schröder's stepmother.

Uitnodiging aan de stiefmoeder van Truus Schröder voor de tentoonstelling in de Erasmuslaan 9.

— INVITATION

4–25 October 1931. To the exhibition in one of the houses of the new construction by Bredero's Bouw Bedrijf designed by architect G. Rietveld collab. T. Schröder-Schräder. Continuation Laan van Minsweerd (Erasmuslaan), end Prins Hendriklaan.

This exhibition aims to demonstrate the new building style that has so far found more application elsewhere than at home, not through new details, but by replacing the heavy stone mass with space, light and air.

With the cooperation of Bredero's Bouw Bedrijf Utrecht, Metz & Co in Amsterdam, Hosman Utrecht, Berkovich Amsterdam, Van der Zweep Utrecht and others.

Truus Schröder kept one of the houses on Erasmuslaan: the second building from the left, bearing house no. 9. Along with Rietveld, she set up a showroom here which interested parties could visit. It contained furniture from the Metz & Co department store, with designs by Rietveld and by the two of them together, including a display cabinet, a desk, a modular bookcase and tube-framed chairs.

Truus Schröder behoudt een van de woningen aan de Erasmuslaan: het tweede pand van links met huisnummer 9. Samen met Rietveld richt ze hier een modelkamer in die geïnteresseerden kunnen bezichtigen. Er staan meubelen in van het warenhuis Metz & Co, met ontwerpen van Rietveld en van hen samen, waaronder een vitrinekast, bureau, modulaire boekenkast en beugelstoelen.

_s. &
g. rietveld arch.

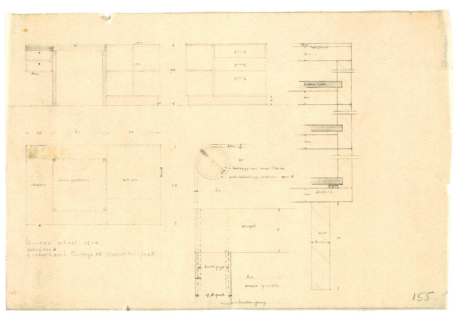

Gerrit Rietveld and Truus Schröder, sketch for a desk, c. 1932.

Gerrit Rietveld en Truus Schröder, ontwerpschets voor een bureau, ca. 1932.

Top and bottom: interior of the show home at Erasmuslaan 9, Utrecht, 1931.

Boven en onder: interieur van de modelwoning aan de Erasmuslaan 9, Utrecht, 1931.

Truus Schröder and Gerrit Rietveld, interior of the show home at Erasmuslaan 9, Utrecht, 1931.

Truus Schröder en Gerrit Rietveld, interieur
van de modelwoning aan de Erasmuslaan 9, Utrecht, 1931.

—Ruimte – Licht – Lucht

—Space – Light – Air

___ ultra-modern housing in utrecht

In order to limit as much as possible the risk that the self-builder runs with this construction, the aforementioned company has quite rightly had two of these houses, now completed, furnished to a certain extent by Mr Rietveld and Mrs Schröder-Schräder, in order to give the public the opportunity to get a rough idea of how these houses could be lived in and to show them to their best advantage.

We have to say that it takes courage for a construction company to carry out such a plan, if we keep in mind how tenacious the Dutch are in clinging to old and existing notions and the suspicion we instinctively have for that which does not fit directly into the framework of our daily existence. However, Fortuna has not abandoned the above enterprise, as two of the four houses have already been sold.

___ hypermoderne woningbouw te utrecht

Teneinde het risico dat de eigenbouwer met deze bouw loopt zoveel mogelijk te beperken, heeft genoemde onderneming zeer terecht, twee van deze nu gereed zijnde woningen, enigszins laten meubileren door de heer Rietveld en mevrouw Schröder-Schräder, teneinde het publiek in de gelegenheid te stellen zich ongeveer een idee te vormen, hoe men deze woningen zou kunnen bewonen en deze tot hun recht kunnen laten komen.

Het moet ons van het hart af, dat er moed toe nodig is voor een bouwonderneming om een dergelijk plan te volvoeren, als men voor ogen houdt de taaie Hollandse vasthoudendheid aan oude en bestaande begrippen en de achterdocht, die wij instinctmatig hebben voor datgene, dat zich niet direct in het kader van ons dagelijks bestaan inlast. Vrouwe Fortuna heeft echter bovengenoemde onderneming niet in de steek gelaten, want reeds nu zijn er twee van de vier huizen verkocht.

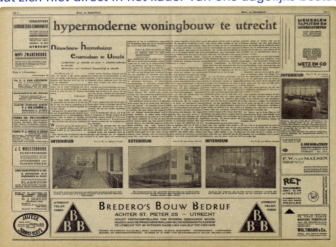

Article from the Belgian newspaper
De Standaard, 16 October 1931.

Artikel uit de Belgische krant
De Standaard, 16 oktober 1931.

AN EMPTY HOUSE
EEN LEEG HUIS

FROM ALONE IN THE HOUSE TO THE 'TOWER ROOM'
VAN ALLEEN IN HET HUIS TOT HET 'TORENKAMERTJE'

1933–1940

After a period full of life, Truus Schröder's children left home one by one. First, Binnert moved into rooms in The Hague, then Marjan left for Amsterdam, and in 1936 Han moved to Zurich to study architecture. In 1933 Gerrit Rietveld gave up his workplace in the house and established his office at Oudegracht 55 in the centre of Utrecht.

SCHRÖDER & RIETVELD ARCHITECTS

Rietveld took on more solo architectural commissions during this period, although he still made some designs with Schröder.

This is how they designed the four flats on Erasmuslaan (officially, Erasmuslaan 1–3 and Prins Hendriklaan 64 and 64bis), right next to the row of houses they had built earlier on the plot purchased by Schröder. They drew in the office on the ground floor of the Schröder House, but increasingly also at the table upstairs, by the corner window, from where they could enjoy a view of their recently completed houses on Erasmuslaan and also the undeveloped field where the new flats were to be built. These flats were to be white, like the Erasmuslaan houses that were already there. The primary De Stijl colours of red, yellow and blue were reserved for the Schröder House.

The signatures of both Rietveld and Schröder appeared, for instance, on the design drawings of the summer house for Dora van Ravesteyn-Hintzen in Breukelen.

The home of architect Sybold van Ravesteyn's ex-wife gave Rietveld and Schröder an idea for another special project, a turnkey wooden summer house, or Houten Zomer Huis – a DIY kit available in an octagonal variant and a larger dodecagonal variant.

Een ander gezamenlijk project is de EKAWO. De EenKAmerWOning die ze in opdracht van de Flatstichting voor Vrouwen door Vrouwen uitvoeren. Het zijn appartementen voor alleenstaande werkende vrouwen met ruimtebesparende snufjes, zoals een bed dat overdag als bank gebruikt kan worden en een deur waarachter een strijkplank verstopt zit.

'Schröder & Rietveld Architect'. Terwijl hun relatie nog altijd een publiek geheim is, prijken beide namen op de gevel van het Rietveld Schröderhuis, ontvangen ze alle twee post voor hun architectenbureau en zijn ze in het telefoonboek terug te vinden.

OUDEGRACHT 55

Het aantal ontwerpopdrachten voor Rietveld neemt toe in deze jaren. Het zijn opdrachten van vaak bevriende, welgestelde particulieren die hem vragen een ontwerp te maken voor hun vrijstaande, landelijke (zomer)huizen. Hij ontwerpt onder meer woningen in Den Haag, Den Dolder en Lieshout. Ook verbouwt hij de oude meubelwerkplaats van zijn vader tot woonruimte en het atelier van schilder Pyke Koch.

Rietveld mag dan met name voor vermogende privépersonen ontwerpen, zijn interesse gaat vooral uit naar kleine, flexibele betaalbare huizen. In deze periode maakt hij veel schetsen voor kleine woningen, arbeidersflats en zomerhuisjes. In Doorn bouwt hij een zomerhuis voor Murk Lels en in Petten een voor Brandt Corstius. Veel andere ontwerpen worden niet uitgevoerd, maar wel zorgvuldig bewaard – in het Rietveld Schröderhuis door Truus Schröder.

Terwijl ondertussen zijn meubelmaker Gerard van de Groenekan de meubelen uitvoert die Rietveld ontwerpt, komt er in de jaren 30 tevens

Another joint project was EKAWO, for EenKAmerWOning [one-room flat], which the Flatstichting voor Vrouwen door Vrouwen [Flat Foundation for Women by Women] had commissioned. These were flats for single working women that featured space-saving gadgets, such as a bed that could be turned into a sofa during the day, and a door concealing an ironing board.

'Schröder & Rietveld Architects'. While their relationship was still an open secret – both their names adorned the façade of the Rietveld Schröder House – they both received mail for their architectural firm, and they both could be found in the telephone directory.

OUDEGRACHT 55

The number of design commissions Rietveld received during these years rose substantially. They often came from wealthy private individuals he was friends with who wanted him to design their detached rural (summer) houses. His designs included residences in The Hague, Den Dolder and Lieshout. He also converted the studio of painter Pyke Koch, as well as his own father's old furniture workshop, into living quarters.

Although Rietveld designed for well-off private individuals, he was mainly interested in small, flexible affordable houses. During this period, he made many sketches for small buildings, workers' flats and small summer houses. He built a summer house for Murk Lels in Doorn, and one for Brandt Corstius in Petten. Many other designs, which were not executed, were carefully preserved – in the Rietveld Schröder House, by Truus Schröder.

While his carpenter Gerard van de Groenekan built the furniture Rietveld designed, in the 1930s Rietveld also entered into a collaboration with Amsterdam department store Metz & Co. Cupboards, tables, 'zigzag' chairs, crate furniture and an upholstered armchair were made by the department store and sold under the glass dome designed by Rietveld. The desk he and Schröder designed jointly was also put into production and included in Metz's brochure.

His furniture found a place in various interiors, including of course the Schröder House. His zigzag chairs, for instance, appeared around the dining table in several variants. Schröder especially liked to sit in the zigzag with the armrests. The desk they designed together was also in the house.

Rietveld also moved his private residence. In 1936 he and his family left the home on Bachstraat, built by his teacher Piet Klaarhamer, to live in the city centre, at Vredenburg 8bis, the floor on top of the Vreeburg cinema he and Schröder had designed, from where they enjoyed a fine view of the large square in which markets and fairs were held.

This new home shared similarities with the Rietveld Schröder House. Here too, life took place on the top floor, which was bathed in light thanks to the 11-metre-wide windows. The flat had no sliding walls, however – the five sleeping areas were screened off from the living area with nothing more than a curtain. His designs were also to be found here. Indeed, the living room was full of them, including a slatted chair, a tube chair, the Berlin chair and the sober wooden furniture he had made for his wedding in 1911. The piano that once stood in the Schröder House was also moved to his new home.

Rietveld's work was shown at exhibitions in Rotterdam, The Hague and Amsterdam. He had become a een samenwerking met het Amsterdamse warenhuis Metz & Co. Kasten, tafels, zigzagstoelen, kratmeubelen en een gestoffeerde leunstoel worden door het warenhuis verkocht onder de door Rietveld ontworpen glazen koepel. Ook het bureau dat hij en Schröder samen ontwerpen, wordt in productie genomen en opgenomen in de folder van Metz.

Zijn meubelen vinden een plek in de diverse interieurs – waaronder zeker ook in het Schröderhuis. Zo komen zijn zigzagstoelen in verschillende varianten aan de eettafel te staan. Schröder zou vooral graag in de zigzag met de armleuningen zitten. Het bureau dat ze samen ontwerpen, staat eveneens in het huis.

Ook privé verhuist Rietveld. In 1936 verlaat hij met zijn gezin de door zijn leermeester Piet Klaarhamer gebouwde gezinswoning aan de Bachstraat en gaat hij in het centrum van de stad wonen: op het Vredenburg 8bis. Dat is de etage boven op de door hem en Schröder ontworpen bioscoop Vreeburg, met uitzicht op het grote plein met markten en jaarbeurzen.

Deze nieuwe wooneenheid heeft overeenkomsten met het Rietveld Schröderhuis. Het leven speelt zich ook hier op de bovenste verdieping af, vol in het licht door de elf meter brede raampartij. Maar anders dan het huis van Schröder heeft het appartement geen schuifwanden. Hier worden de vijf slaapruimten met niet meer dan een gordijn van de leefruimte afgeschermd. Zijn ontwerpen zijn overigens ook hier terug te vinden, de woonkamer staat er vol mee. Zo zijn er een lattenstoel, een beugelstoel, de Berlijnse stoel en de sobere houten meubelen die hij voor zijn huwelijk in 1911 maakte. De piano die ooit in het Schröderhuis stond, wordt hier neergezet.

Het werk van Rietveld wordt op tentoonstellingen in Rotterdam, Den Haag en Amsterdam getoond. Hij is een bekende en toonaangevende architect geworden en je ziet de naam Schröder eind jaren 30 van de tekeningen verdwijnen.

MONTESSORISCHOOL

Truus Schröder blijft zonder Rietveld in het huis achter, maar niet voor lang. Als Binnert en Marjan uit het huis zijn vertrokken, gaat ze met haar jongste dochter Han op de begane grond wonen. De verdieping verhuurt ze aan een kleuterklas van een montessorischool. Het moet een hele stap zijn geweest niet meer op de bovenetage te wonen met de vele ramen en het weidse uitzicht want dat was juist wat ze met het huis had beoogd: hoog leven, dicht bij de boomtoppen.

Het wonen beneden bevalt haar niet en na korte tijd vertrekt Schröder met Han naar een van de door haar en Rietveld ontworpen flats. Haar nieuwe (tijdelijke) adres: Prins Hendriklaan 64bis, op de bovenverdieping, waar wel weer licht en ruimte is. Door de grote raampartijen met de ranke metalen kozijnen heeft ze uitzicht op haar Schröderhuis en kan ze de kleuters in de zandbak in haar tuin zien spelen.

DAKKAMER

Als het contract met de montessorischool in de zomer van 1936 afloopt, keert Schröder terug naar haar huis. Maar voordat ze dat doet, laat ze de woning grondig verbouwen.

Wat ze wil is: boven wonen en de begane grond aan studenten verhuren, of in ieder geval zo hebben ingericht dat de kinderen er kunnen verblijven als ze thuiskomen. Han gaat ook het

leading architect with a solid reputation, and by the late 1930s, Schröder's name was no longer appearing on the designs.

MONTESSORI SCHOOL

Truus Schröder remained in the house without Rietveld, but not for long. After Binnert and Marjan had moved out, she moved down to the ground floor with her younger daughter, Han. She rented out the upper floor to a kindergarten class of a Montessori school. It must have been quite a change, not living on the upper floor with its many windows and wide view, as that was exactly what she had wanted with the house: to live up high, near the treetops.

She did not like living downstairs and after a while, Schröder left with Han for one of the flats she and Rietveld had designed. Her new (temporary) address was Prins Hendriklaan 64bis, on the top floor, which was both bright and spacious. Through the large windows with the slender metal frames, she had a view of her Schröder House and could see the toddlers playing in the sandpit in her garden.

ATTIC

When the contract with the Montessori school expired in the summer of 1936, Schröder returned to her house. But before doing so, she had the house completely remodelled.

What she wanted was to live upstairs and rent out the ground floor to students, or at least have it arranged so that the children could stay there when they came home. Han was also moving out now. Besides, some extra income was welcome in these crisis years. The students she wanted to rent to preferably had to be studying architecture or art history, people who could appreciate her house.

First, she had an L-shaped 'attic' built on top of the house that was accessible by means of an aluminium staircase. This gave Truus Schröder the 'tower room' she could retreat to.

Schröder's bedroom became the kitchen. She kept the sink, but her yellow bed gave way to a worktop with hobs and shelves lined with pots and pans. Binnert's room became her study; it featured a desk she had designed with Rietveld. The bath was replaced by a smaller one and a sink.

The family home was entering a new phase. When the children returned home (for short periods), they slept downstairs. Marjan, for instance, moved back in with her mother for a while in the late 1930s. As did Binnert, his wife Els Schröder-Kolkman, and the house's youngest resident, their son Maarten, who was born there in 1937.

huis uit. Bovendien zijn wat extra inkomsten in deze crisisjaren welkom. De studenten aan wie ze wil verhuren, moeten bij voorkeur een opleiding architectuur- of kunstgeschiedenis volgen; mensen die haar huis op waarde kunnen schatten.

Als eerste laat ze boven op het huis een L-vormig 'dakkamertje' bouwen met een metalen trap. Zo heeft Truus Schröder haar 'torenkamertje' waar ze zich kan terugtrekken.

De slaapkamer van Schröder wordt de keuken, de wasbak behoudt ze, maar haar gele bed maakt plaats voor een aanrecht met kookpitten en planken vol pannen en kannen. De ruimte van Binnert wordt haar werkkamer met een bureau dat ze samen met Rietveld heeft ontworpen. Het bad wordt vervangen door een kleiner exemplaar met een wastafel ernaast.

Het gezinshuis gaat een nieuwe fase in. Als de kinderen (tijdelijk) thuis-komen, slapen ze beneden. Marjan bijvoorbeeld, die eind jaren 30 weer een tijd bij haar moeder intrekt. Net als Binnert, zijn vrouw Els Schröder-Kolkman, en de allerjongste bewoner van het huis: hun zoon Maarten wordt er in 1937 geboren.

GERRIT RIETVELD MOVES OUT
GERRIT RIETVELD VERTREKT

From 1933, Gerrit Rietveld rented a space on Oudegracht in Utrecht city centre where he set up his architectural firm. It was originally a residential house from the fourteenth century.

Vanaf 1933 huurt Gerrit Rietveld in de binnenstad van Utrecht een ruimte aan de Oudegracht waar hij zijn architectenbureau vestigt. Het is oorspronkelijk een woonhuis uit de veertiende eeuw.

Gerrit Rietveld's architectural firm at Oudegracht 55 (the house in the middle), Utrecht, n.d.

Architectenbureau van Gerrit Rietveld aan de Oudegracht 55 (middelste huis), Utrecht, z.j.

Correspondence shows that Truus Schröder was not altogether enthusiastic about Rietveld's move to Oudegracht. In one letter, she writes that he brings her nothing but 'anxiety, poverty, sorrow' and 'the deterioration of her pleasures'. By all appearances, the quarrel was not only about the relocation of the firm, but also about their relationship. Gerrit Rietveld would remain with his wife Vrouwgien until her death. Angry, Schröder wrote: 'I would find it unpleasant if you had to have everything from me alone. The responsibility is too big. If you have to choose, you ignore me anyway. Just you wait and see what remains of my love then.'

Rietveld wrote back to her, ending with the words, 'Bye-bye, wrangler! You aren't always proved right after all.'

Uit brieven blijkt dat Truus Schröder niet onverdeeld enthousiast is over het vertrek van Rietveld naar de Oudegracht. In een brief schrijft ze dat hij haar niets dan "zorg, armoede, verdriet" brengt en "bederf van haar genoegens". Het lijkt erop dat de ruzie niet alleen over de verhuizing van het atelier gaat, maar ook over hun relatie. Gerrit Rietveld blijft tot haar overlijden bij zijn vrouw Vrouwgien. Boos schrijft Schröder: "Ik zou het akelig vinden als je alles alleen van mij moest hebben. De verantwoordelijkheid is te groot. Als je moet kiezen, laat je me toch liggen. Je moet dan maar zien wat er van mijn liefde overblijft."

Rietveld schrijft haar terug en eindigt met de woorden: "Dag ruziemakert! Je krijgt lekker toch niet altijd gelijk."

Letterhead of Rietveld's architectural firm, n.d.

Briefhoofd van Rietvelds architectenbureau, z.j.

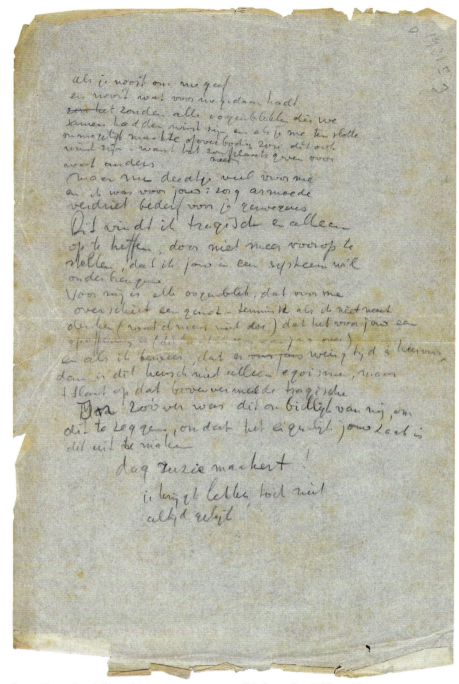

Letter from Gerrit Rietveld to Truus Schröder, 1933.

Brief van Gerrit Rietveld aan Truus Schröder, 1933.

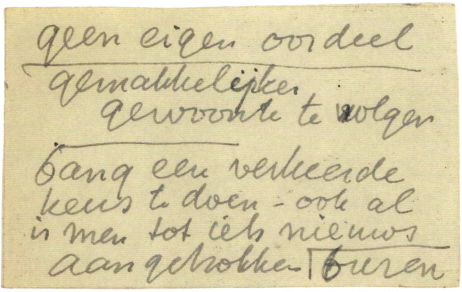

Note by Gerrit Rietveld, n.d.   Aantekening van Gerrit Rietveld, z.j.

__ Afraid of making a wrong choice – even if one is attracted to something new.

__ Bang een verkeerde keus te doen – ook al is men tot iets nieuws aangetrokken.
— Gerrit Rietveld

Rietveld's reputation as an architect kept growing. When he was interviewed by the newspaper *Utrechtsch Nieuwsblad* in his studio on Oudegracht, he said about the Schröder House: 'My first attempt to build a truly modern house was with the house on Prins Hendriklaan...; at the time, "angry" words were bandied about with regard to this building, which was a bone of contention for some. Nevertheless, the fact that this was the first time a purely rational construction was erected makes me grateful to this day to Mrs Schröder, through whose initiative and invaluable collaboration this house... could come about.'

Rietveld krijgt steeds meer bekendheid als architect. Als hij in zijn atelier aan de Oudegracht door de krant geïnterviewd wordt, vertelt hij over het Schröderhuis: "De eerste poging, die door mij gewaagd is om een waarlijk modern woonhuis neer te zetten vond haar verwezenlijking in het huis aan de Prins Hendriklaan [...]; er zijn destijds nogal woorden 'gevallen' over dit gebouw, dat voor sommigen een steen des aanstoots was. Niettemin, het feit, dat hier voor de eerste maal zuiver rationeel gebouwd is, stemt mij nog heden ten dage dankbaar jegens mevr. Schröder, door wier initiatief en onwaardeerbare samenwerking dit huis [...] tot stand is kunnen komen."

Interview in the *Utrechtsch Nieuwsblad*, 14 December 1935.

Interview in het *Utrechtsch Nieuwsblad*, 14 december 1935.

__ You should not be the
victim of our relationship.
— Gerrit Rietveld to Truus Schröder

__ Je mag niet de dupe zijn
van onze verhouding.
— Gerrit Rietveld aan Truus Schröder

Passport photos of Truus Schröder, 1930s.

Pasfoto's van Truus Schröder, jaren 30.

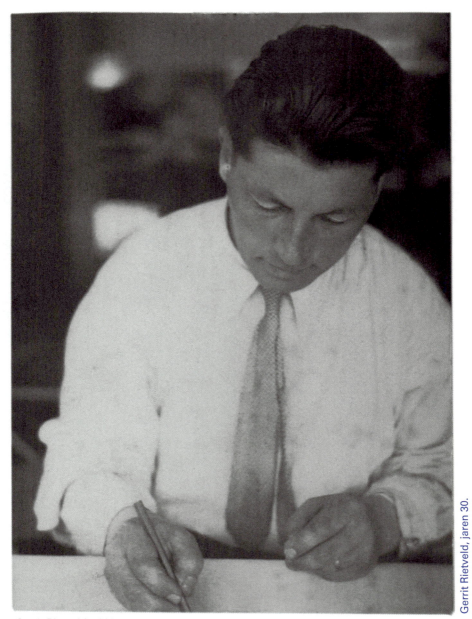

Gerrit Rietveld, 1930s.

_Love is not rational.

_De liefde is niet rationeel.

Note by Truus Schröder, n.d.

Aantekening van Truus Schröder, z.j.

Truus Schröder in a garden, 1930s.

Despite Rietveld's move, Truus Schröder and Gerrit Rietveld continued to work together. Rietveld also later designated her as one of the collaborators of his new architectural firm.

Ondanks de verhuizing van Rietveld blijven Truus Schröder en Gerrit Rietveld samenwerken. Rietveld noemt haar later ook een van de medewerkers van zijn nieuwe architectenbureau.

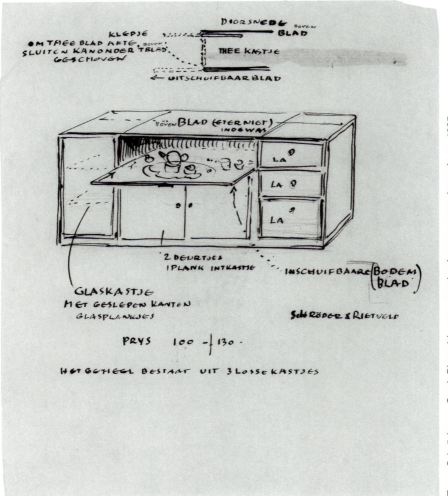

Truus Schröder en Gerrit Rietveld, ontwerptekening voor een dressoir, ca. 1935.

Truus Schröder and Gerrit Rietveld, sketch for a sideboard, c. 1935.

TRUUS SCHRÖDER DESIGNS
TRUUS SCHRÖDER ONTWERPT

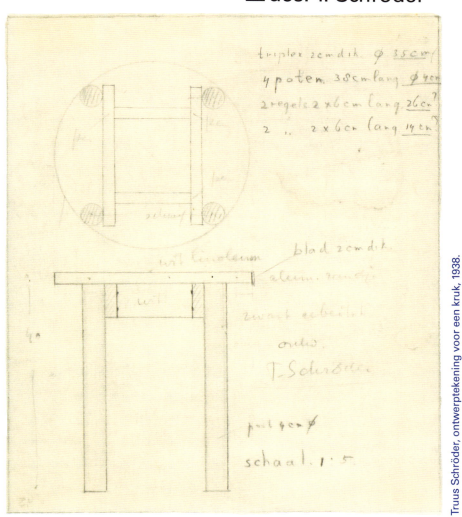

Truus Schröder, sketch for a stool, 1938.

— I understand very well that you too want to do creative work yourself. This will certainly not make you nervous either or overload you, on the contrary. This is necessary. We will now deal with this seriously and systematically.
— Gerrit Rietveld

— Ik begrijp heel goed dat je ook zelf creatief werk wilt doen. Dit zal je ook zeker niet zenuwachtig maken of overbelasten, in tegendeel. Dit is nodig. Dit zullen we nu eens ernstig en systematisch aanpakken.
— Gerrit Rietveld

Brief van Gerrit Rietveld aan Truus Schröder, z.j.

Letter from Gerrit Rietveld to Truus Schröder, n.d.

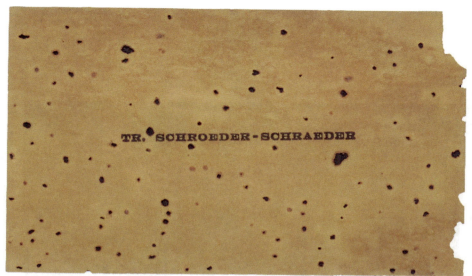

Business card
'Tr. Schroeder-Schraeder', n.d.

Visitekaartje
"Tr. Schroeder-Schraeder", z.j.

Truus Schröder, n.d.

Truus Schröder, z.j.

SZÉKELY-EVERTS HOUSE
HUIS SZÉKELY-EVERTS

In the early 1930s, Gerrit Rietveld mainly designed for private individuals. In 1933–34, for instance, he designed a house for Hungarian musician and violinist Zoltán Székely and his wife Mientje Everts in Bloemendaal. In his design, Rietveld took into account the fact that Székely – first violinist of the Hungarian String Quartet, among others – wanted to give performances at home too. *Rapsodie*, as they called the house, was thus given a generous hall and a spacious living room that could be connected to the adjoining music room. A hatch in the ceiling and a hoist system also meant that chairs could easily be lowered from the attic to the hall.

Begin jaren 30 ontwerpt Gerrit Rietveld vooral voor particulieren. Zo tekent hij in 1933–1934 het huis voor de Hongaarse musicus en violist Zoltán Székely en zijn vrouw Mientje Everts in Bloemendaal. Bij het ontwerp houdt Rietveld er rekening mee dat Székely – onder meer eerste violist bij The Hungarian String Quartet – ook thuis muziekuitvoeringen wil houden. Hiertoe krijgt Rapsodie, zoals ze het huis noemen, een royale hal en een ruime woonkamer die met de aangrenzende muziekkamer samengevoegd kunnen worden. Via een luik in het plafond en een takelinstallatie kunnen bovendien eenvoudig stoelen van de zolder naar de hal worden verplaatst.

Gerrit Rietveld (right) and Mientje Everts, wife of violinist Zoltán Székely, in front of the Schröder House, end 1930s.

Gerrit Rietveld (rechts) en Mientje Everts, de echtgenote van violist Zoltán Székely, voor het Schröderhuis, eind jaren 30.

As in the Rietveld Schröder House, the Székely house had a hatch for groceries, c. 1934.

Net als het Rietveld Schröderhuis heeft het huis Székely een boodschappenluik, ca. 1934.

Model of the Székely house, c. 1934.
Maquette van het huis Székely, ca. 1934.

Rietveld in the Székely house. With him are Zoltán Székely and Mientje Everts, c. 1934.

Rietveld in huis Székely. Naast hem Zoltán Székely en Mientje Everts, ca. 1934.

METZ & CO DEPARTMENT STORE
WARENHUIS METZ & CO

In 1933 Rietveld created a glass dome with slender steel frames for the roof of the Metz & Co department store in Amsterdam. Initially, he was reportedly asked to design the company letters, but then the idea arose to add a glass dome to the steel structure supporting the lettering, in which sale exhibitions could be held. Metz & Co was a leading department store at the time for modern furniture and design, selling, besides Rietveld and Schröder, Mart Stam, Bart van der Leck, Ida Falkenberg-Liefrinck, Le Corbusier and Alvar Aalto, among others. The store's director approved the plan. When the dome was ready, an exhibition was held: 'On the roof' featured a sleeping, dining and sitting area as well as Rietveld's latest furniture designs.

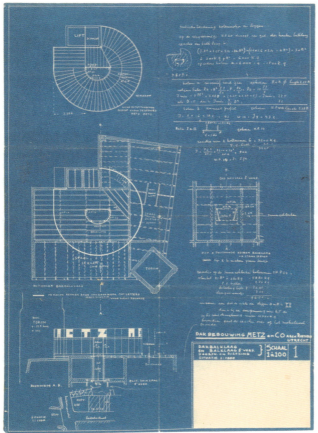

Gerrit Rietveld, blueprint of the dome for Metz & Co in Amsterdam, 1933.

Rietveld maakt in 1933 een glazen koepel met dunne stalen frames voor op het dak van het warenhuis Metz & Co in Amsterdam. Aanvankelijk zou hij zijn gevraagd om de firmaletters te ontwerpen, waarna het idee ontstaat om de stalen draagconstructie van de belettering te voorzien van een glazen koepel waarin verkooptentoonstellingen kunnen worden gehouden. Metz & Co is in die jaren een toonaangevend warenhuis voor moderne meubelen en vormgeving, van behalve Rietveld en Schröder onder meer ook van Mart Stam, Bart van der Leck, Ida Falkenberg-Liefrinck, Le Corbusier en Alvar Aalto. De directeur stemt in met dit plan. Als de koepel klaar is, wordt de tentoonstelling *Op het dak* gehouden met een slaap-, eet- en zithoek, evenals met de recentste meubelontwerpen van Rietveld.

Gerrit Rietveld, blauwdruk met de reclameletters voor de koepel van Metz & Co, 1933.

Gerrit Rietveld, blueprint with the advertising letters for the dome of Metz & Co, 1933.

His 'zigzag' emerged after a number of experiments with various materials. Attempts to make the design out of fibre, and sheet steel failed. In the end, the design with four wooden Bruynzeel cabinet shelves – from the kitchens – proved to be the easiest and strongest.

Zijn 'zigzagje' ontstaat na een aantal experimenten met diverse materialen. Pogingen om het ontwerp uit fiber en plaatstaal te maken mislukken. Uiteindelijk blijkt de uitvoering met vier houten Bruynzeelkastplanken – van de keukens – het makkelijkst en sterkst.

Advertisement by Metz & Co showing a drawing of the zigzag chair, 1935.

Reclame van Metz & Co met een tekening van de zigzagstoel, 1935.

Gerrit Rietveld, zigzag chair, c. 1932.

Gerrit Rietveld, zigzagstoel, ca. 1932.

Rietveld's first crate pieces date from 1934. He initially produced them himself and delivered them either assembled or as DIY kits. In 1935, a series of crate furniture was marketed by Metz & Co as 'Weekend Furniture'. The series consisted of a high and a low chair, a desk, a bookcase and a side table. This was affordable furniture made of cheap pine.

De eerste kratmeubelen van Rietveld dateren uit 1934. Hij produceert ze aanvankelijk zelf en levert ze gemonteerd of als doe-het-zelfpakket. In 1935 wordt een serie kratmeubilair door Metz & Co als 'Weekend Meubilair' op de markt gebracht. De reeks bestaat uit een hoge en een lage stoel, een bureau, een boekenkast en een bijzettafel. Het is betaalbaar meubilair van goedkoop vurenhout.

Gerrit Rietveld, crate chair, 1934.

Gerrit Rietveld, kratstoel, 1934.

— For weekend homes, greenhouses, student rooms and children's rooms.

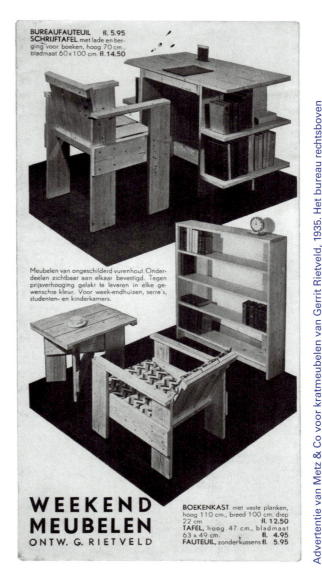

Metz & Co advertisement for crate furniture by Gerrit Rietveld, 1935. The desk (top right) was priced at 27.50 guilders (approx. 280 euros in today's money).

_ Desktop white canvas
_ Bureaublad wit zeildoek

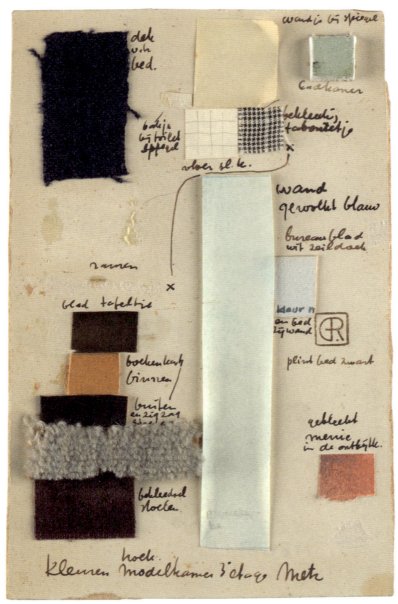

Gerrit Rietveld, sheet with fabric samples to choose the colours for the Metz & Co showroom, 1937.

Gerrit Rietveld, vel met stalen stof om de kleuren van de modelkamer van Metz & Co te bepalen, 1937.

Two years later, in 1938, a Metz & Co furniture branch opened at Keizersgracht 449 in Amsterdam. Rietveld designed both the shop and the shop front.

Een paar jaar later, in 1938, krijgt ook de Keizersgracht 449 in Amsterdam een Metz & Co-meubelafdeling. Rietveld ontwerpt de winkel en de pui.

Advertisement announcing the expansion of Metz & Co in Amsterdam, 1938.

Aankondiging van de uitbreiding van Metz & Co in Amsterdam, 1938.

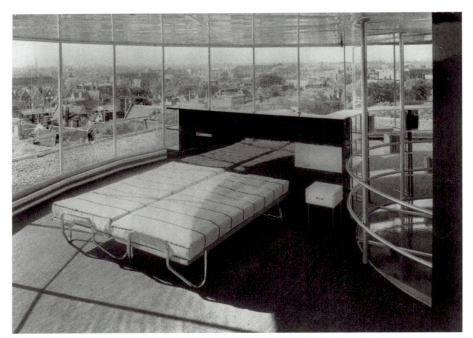

Metz & Co furniture department with a bed designed by Gerrit Rietveld, 1930s.

Meubelafdeling Metz & Co met een bed ontworpen door Gerrit Rietveld, jaren 30.

CHARLEY TOOROP
CHARLEY TOOROP

Artist Charley Toorop had her studio-cum-home De Vlerken, in Bergen, North Holland, remodelled by Gerrit Rietveld. She had furniture by him there – as well as the slatted chair (to which she added a thick cushion), she also had zigzag, crate and tube-framed chairs.

Kunstschilder Charley Toorop laat haar atelierwoning De Vlerken in Bergen, Noord-Holland, door Gerrit Rietveld opnieuw inrichten. Ze heeft er meubelen van hem staan – behalve de lattenstoel waar ze een dik kussen in legt, ook zigzag-, krat- en beugelstoelen.

Charley Toorop at home in Bergen, 1940.

Charley Toorop in haar woning in Bergen, 1940.

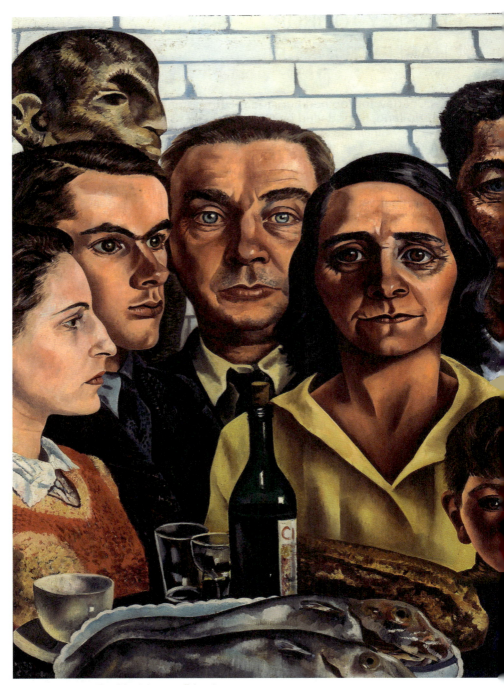

Charley Toorop, *The Meal Among Friends*, 1932–33, with Gerrit Rietveld in the middle.

Charley Toorop, *Maaltijd der vrienden*, 1932–1933, met in het midden Gerrit Rietveld.

TRUUS SCHRÖDER'S CHILDREN
DE KINDEREN VAN TRUUS SCHRÖDER

— I was in and out of the Rietveld Schröder House. Sometime in 1933, 1934, I went to Amsterdam. I attended the school for social work there. I did some work in the country. I returned home in 1939. Then the war started.
— Marjan Schröder

— Ik ben in en uit geweest in het Rietveld Schröderhuis. In ergens 1933, 1934 ben ik naar Amsterdam gegaan. Toen heb ik daar op de school voor maatschappelijk werk gezeten. Ik heb wat gewerkt in het land. Ik ben in 1939 weer thuis gekomen. Toen begon de oorlog.
— Marjan Schröder

Marjan Schröder, 1930s.

Marjan Schröder, jaren 30.

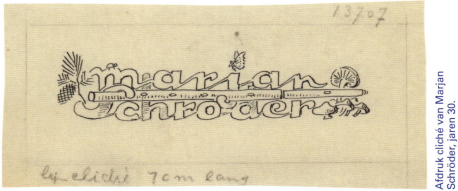

Print of a stereotype by Marjan Schröder, 1930s.

Afdruk cliché van Marjan Schröder, jaren 30.

Ex libris Marjan Schröder, 1930s.

Ex libris van Marjan Schröder, jaren 30.

Han Schröder, 1930s.

— The spatial imagination is good and a rather artistic vein is not lacking from the drawing. She has a considerable understanding of the division of surfaces.

— Het ruimtelijk voorstellingsvermogen is goed en een enigszins artistieke ader ontbreekt in het tekenen niet. Zij heeft een behoorlijke kijk op vlakverdeling.

Career selection test by Han Schröder at the Nederlandsche Stichting voor Psychotechniek in Utrecht, 1936.

Marjan Schröder on a motorbike in front of the Schröder House, with a friend on the back, 1932.

Marjan Schröder op de motor voor het Schröderhuis, met een vriendin achterop, 1932.

When 18-year-old Binnert finished secondary school in 1930 he started studying mechanical engineering at Delft University of Technology. He lived in The Hague, on Rijswijkseplein, and his mother designed the interior of his student room, with Rietveld. Marjan took her final exams for secondary school (HBS) in early 1933, after which she trained as a Montessori teacher without much enthusiasm, before studying at the School for Social Work in Amsterdam. Truus's youngest child, Han, still lived at home at the time, obtaining her HBS diploma in 1936.

Als de 18-jarige Binnert in 1930 klaar is met het gymnasium gaat hij werktuigbouwkunde studeren aan de Technische Hogeschool in Delft. Wonen doet hij in Den Haag, aan het Rijswijkseplein, en zijn moeder ontwerpt samen met Rietveld de inrichting van zijn studentenkamer. Marjan doet begin 1933 haar eindexamen voor de hbs, daarna volgt ze zonder veel enthousiasme een opleiding tot montessorionderwijzeres om vervolgens te gaan studeren aan de School voor Maatschappelijk Werk in Amsterdam. De jongste, Han, woont nog thuis en behaalt in 1936 haar hbs-diploma.

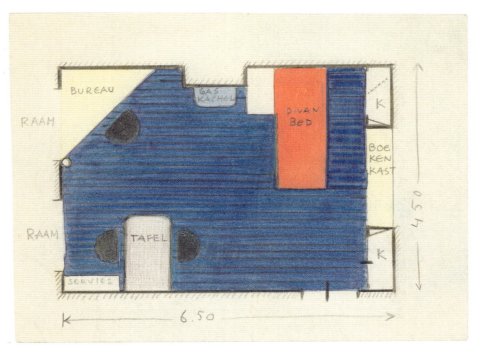

Truus Schröder and Gerrit Rietveld, design for Binnert's room, The Hague, 1930.

Truus Schröder en Gerrit Rietveld, ontwerp voor de kamer van Binnert, Den Haag, 1930.

±	1930	Binnert Delft and The Hague
	1932	R to Oudegracht
	1932	Eefje Fraenkel here after Amersfoort
	33	Marjan Huishoudschool [domestic science school] Utrecht
	34	Marjan to Amsterdam study
± 35		attic with stairs?

±	1930	Binnert Delft en Den Haag
	1932	R naar Oudegracht
	1932	Eefje Fraenkel hier na Amersfoort
	33	Marjan Huishoudschool Utrecht
	34	Marjan naar Amsterdam werkkamer
± 35		dakkamertje met trapje?

Notes by Truus Schröder, n.d.

Passport photos of Truus Schröder, 1930s.

FLATS ON ERASMUSLAAN AND PRINS HENDRIKLAAN
FLATS AAN DE ERASMUSLAAN EN DE PRINS HENDRIKLAAN

After the four 'mansions' were built at Erasmuslaan 5–11 in 1931, Truus and Gerrit made a design for a second block of houses to their right: these would become the 'flats' at Prins Hendriklaan 64 and Erasmuslaan 1–3. This second block of houses was only completed four years later, in 1935. These were again four owner-occupied flats: one-and-a-half-storeys, but with a similar exterior of white-plastered walls and large windows in slender steel frames. Despite the interest shown during the 'exhibition' and the positive reactions in the press, Bredero's Bouw Bedrijf struggled to sell both the flats built previously and these ones.

Nadat de vier 'herenhuizen' aan de Erasmuslaan 5–11 in 1931 zijn gebouwd, maken Truus en Gerrit een ontwerp voor een tweede huizenblok rechts daarvan: dat worden de 'flats' van de Prins Hendriklaan 64 en de Erasmuslaan 1–3. Dit tweede huizenblok wordt pas vier jaar later, in 1935, opgeleverd. Het zijn wederom vier koopappartementen: flats van anderhalve verdieping, maar met een vergelijkbaar exterieur van witgepleisterde muren en grote ramen in dunne stalen kozijnen. Ondanks de belangstelling tijdens de 'tentoonstelling' en de positieve reacties in de pers raakt Bredero's Bouw Bedrijf zowel de eerder gebouwde woningen als deze flats maar moeilijk kwijt.

— I was sitting here eating a sandwich and then I saw all these empty houses there and all possible weather conditions.

— Zat ik hier een boterhammetje te eten en dan zag ik daar al die lege huizen en alle mogelijke weersomstandigheden.
— Truus Schröder

Erasmuslaan just after the construction of the flats (right), c. 1931.

De Erasmuslaan vlak na de bouw van de flats (rechts), ca. 1931.

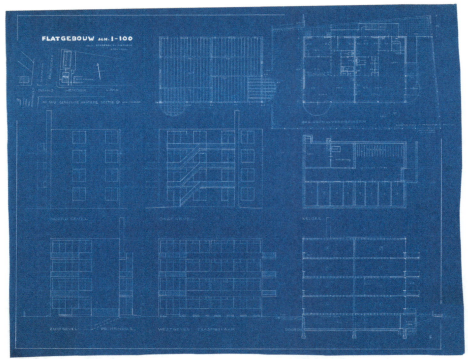

Blueprint of the Erasmuslaan flats with Schröder's name given first: 'Arch. Schröder and Rietveld', 1931.

Blauwdruk van de Erasmuslaanflats waarbij Schröders naam als eerste wordt vermeld: "Arch. Schröder en Rietveld", 1931.

___ Arch. Schröder and Rietveld

___ Arch. Schröder en Rietveld

___ Rietveld the outside, and me essentially inside. Floor plan, you proceed from that, that is what you start with. It is the beginning of trouble, if there is trouble they come to me anyway. But they are really good houses, well I don't know if they are well built, also cheaply built, very cheaply built.
— Truus Schröder

___ Rietveld de buitenkant, en ik eigenlijk binnen. Plattegrond daar ga je van uit, daar begin je mee. Het is het begin van de narigheid, als er narigheid is dan komen ze toch bij mij. Maar het zijn echt goeie huizen, nou ja ik weet niet of ze goed gebouwd zijn, ook goedkoop gebouwd, heel goedkoop gebouwd.
— Truus Schröder

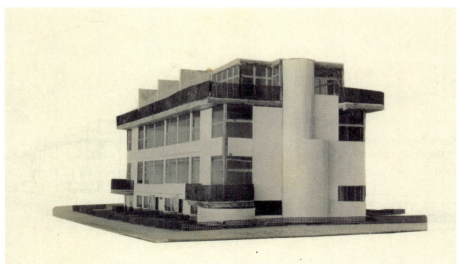

Truus Schröder and Gerrit Rietveld, models for the Erasmuslaan flats, c. 1931.

Truus Schröder en Gerrit Rietveld, maquettes van de Erasmuslaanflats, ca. 1931.

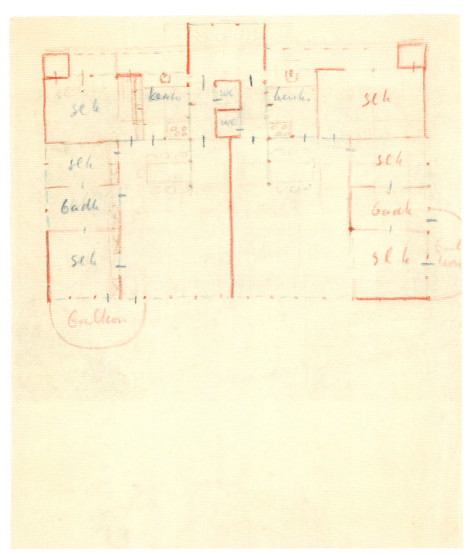

Gerrit Rietveld, pencil sketch of the Erasmuslaan flats, 1930s.

Gerrit Rietveld, potloodschets van de Erasmuslaanflats, jaren 30.

Truus Schröder and Gerrit Rietveld, flats on Erasmuslaan, c. 1935.

Truus Schröder en Gerrit Rietveld, flats aan de Erasmuslaan, ca. 1935.

—— It was a beautiful square with a stretch of grass. It was really nice. But it was not valued at all, because those houses pretty soon started looking rather untidy because those windows all got different curtains from those people.
— Truus Schröder

—— Het is een prachtig plein geweest met een grasveld. Het was echt mooi. Maar het werd helemaal niet gewaardeerd, want die huizen gingen er vrij gauw een beetje slordig uitzien omdat die ramen allemaal verschillende gordijnen kregen van die mensen.
— Truus Schröder

Erasmuslaan seen from the garden of the Schröder House, 1930s. The child in the foreground has not been identified.

Erasmuslaan gezien vanuit de tuin van het Schröderhuis, jaren 30. Het is niet bekend wie het kind op de voorgrond is.

View from Binnert Schröder's bedroom of the newly built flats on Erasmuslaan, n.d. Right, the tower of the Kromhout barracks.

Uitzicht vanuit de slaapkamer van Binnert Schröder op de net gebouwde flats aan de Erasmuslaan, z.j. Rechts de toren van de Kromhoutkazerne.

Page from Schröder's photo album showing
Erasmuslaan and the surrounding area, 1930s.

Pagina uit het fotoboek van Schröder met de Erasmuslaan en omgeving, jaren 30.

MONTESSORI SCHOOL
MONTESSORISCHOOL

From 1 September 1933, Truus Schröder rented out her upper floor at Prins Hendriklaan 50 to the Montessori association; two teachers and twenty-five children temporarily took over the house. Children's tables and chairs were installed, drawings were stuck on the ceiling and garlands lined the long windows. Schröder received the annual sum of 480 guilders in rent (approx. 4,500 euros in today's money), a welcome financial supplement in those years of economic crisis. Now that she was alone in the house with Han, Truus Schröder initially thought they might just as well live downstairs and rent out the upper floor. They didn't last long on the ground floor, however, and soon moved to one of the new Erasmuslaan flats: Prins Hendriklaan 64bis. They lived there until 1936, when the Montessori class left the house. Schröder then returned to her 'living machine'.

Per 1 september 1933 verhuurt Truus Schröder haar bovenverdieping van de Prins Hendriklaan 50 aan de montessorivereniging en nemen twee juffen en 25 kinderen haar huis tijdelijk over. Er worden kindertafels en -stoelen neergezet, tekeningen hangen aan het plafond en slingers langs de lange ramen. Jaarlijks ontvangt Schröder 480 gulden huur (omgerekend nu zo'n 4.500 euro), een welkome financiële aanvulling in deze jaren van economische crisis. Nu ze alleen met Han in het huis is, denkt Truus Schröder in eerste instantie, kunnen ze net zo goed beneden wonen en de bovenverdieping verhuren. Toch houden ze het daar niet lang vol en al snel verhuizen ze naar een van de nieuwe Erasmuslaanflats Prins Hendriklaan 64bis. Daar wonen ze tot 1936. De montessoriklas vertrekt dat jaar uit het huis, waarna Schröder naar haar 'woonmachine' terugkeert.

Montessori class in the Schröder House, c. 1933.

Montessoriklas in het Schröderhuis, ca. 1933.

Lease agreement with the Montessori school, 8 September 1933.

Huurcontract met de montessorischool, 8 september 1933.

Before the children could move in, the first floor of the house had to be adapted. According to the *Vereeniging De Utrechtsche Montessorischool* [Utrecht Montessori School association], the following changes were made: netting on the balconies and around the stairwell, a handrail, lettering on the façade, coat hooks, and a sandpit and climbing frame in the garden. Some items were also removed: the partitions, cupboards, rails and sink. In other words, the house's major architectural innovation, the sliding walls, were removed. Truus Schröder approved the changes. Once the children moved out, the lease agreement stated that everything was to be returned to its original state.

Voordat de kinderen erin kunnen, moet de eerste etage van het huis worden aangepast. Volgens de Vereeniging De Utrechtsche Montessorischool worden de volgende wijzigingen aangebracht: een gaasafscheiding bij de balkons en het trapgat, een trapleuning, een belettering op de gevel, kapstokjes en een zandbak en een klimrek in de tuin. Ook worden sommige zaken verwijderd: de tussenschotten, de kasten, de rails en de wasbak. De grote architectonische vernieuwing van het huis, de schuifwanden, worden dus weggehaald. Truus Schröder keurt het goed. Na het vertrek van de kinderen wordt alles weer in de oorspronkelijke staat hersteld, zo staat in het contract vermeld.

'Montessori school' on the façade of the house, 1933–36.

The classroom on the upper floor, 1933–36.

Children in the Montessori classroom at the Rietveld Schröder House, 1935.

Kinderen in de montessoriklas in het Rietveld Schröderhuis, 1935.

Storage chest (top) and step stool (bottom)
for the Montessori classroom, n.d.

Opbergmeubel (boven) en opstapje (onder)
voor de montessoriklas, z.j.

TRUUS SCHRÖDER MOVES TEMPORARILY TO PRINS HENDRIKLAAN
TRUUS SCHRÖDER VERHUIST TIJDELIJK NAAR DE PRINS HENDRIKLAAN

Truus Schröder moved with her daughter Han to one of the upstairs flats of the newly built Erasmuslaan flats: a spacious three-bedroom property with the entrance on Prins Hendriklaan. House number: 64bis. There was a large balcony offering a view of her own house where she could see the Montessori children. She was officially registered at this address – Prins Hendriklaan 64bis – from 9 September 1935. She later bought this property, so that, in addition to Erasmuslaan 9, she owned two houses across the street, opposite the Rietveld Schröder House.

Truus Schröder verhuist met haar dochter Han naar een van de bovenwoningen van de pas gebouwde Erasmuslaanflats: een ruime woning met drie slaapkamers en de ingang aan de Prins Hendriklaan. Huisnummer: 64bis. Er is een groot balkon met uitzicht op haar eigen huis waar ze de montessorikinderen kan zien. Vanaf 9 september 1935 staat ze officieel op dit adres ingeschreven. Later koopt ze dit pand, waardoor ze, naast de Erasmuslaan 9, twee huizen aan de overkant bezit.

Erasmuslaan 1–11 and (in the foreground) Prins Hendriklaan 64, c. 1935.

Erasmuslaan 1–11 en (op de voorgrond) Prins Hendriklaan 64, ca. 1935.

— I loved it there. The top flat was also the nicest one. I was alone there with one child and it was wonderful. It was a large space and not complicated. Not as many of those practical considerations as here.
— Truus Schröder on living in the flat

— Ik vond het er heerlijk. De bovenste, dat was ook de mooiste flat. Ik was er alleen met één kind en dat ging heerlijk. Het was een grote ruimte en niet ingewikkeld. Niet zoveel van die praktische overwegingen als hier.
— Truus Schröder over het wonen in de flat

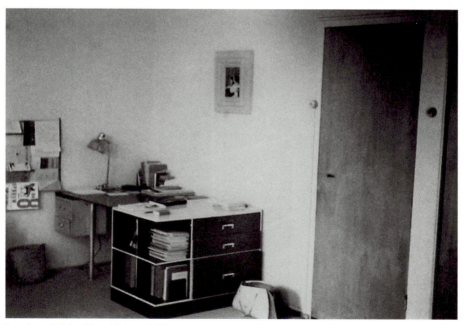

Interior of Prins Hendriklaan 64bis, c. 1933–36.

Interieur Prins Hendriklaan 64bis, ca. 1933–1936.

Truus Schröder and
Gerrit Rietveld, desk, 1931.

Truus Schröder en
Gerrit Rietveld, bureau, 1931.

Truus Schröder with her friend Eefje Fraenkel-Nieuwstraten on the balcony of her temporary flat. After Schröder had moved out of the ground floor of her house (below the Montessori classroom), Fraenkel lived there for a while.

Truus Schröder met haar vriendin Eefje Fraenkel-Nieuwstraten op het balkon van haar tijdelijke flat. Nadat Schröder uit de benedenverdieping van haar huis (onder de kleuterklas) vertrekt, woont Fraenkel daar een tijd.

Eefje Fraenkel-Nieuwstraten (left) and Truus Schröder, 1936.

Eefje Fraenkel-Nieuwstraten (links) en Truus Schröder, 1936.

While Truus Schröder tried to live frugally, that did not mean her children did too. Binnert bought a Bugatti with his sister Han. Much later, after Han's death, her friend Cora de Castro wrote: 'Did she ever tell you that she had this car when she was just 16 and drove around Utrecht without a driving licence? The traffic policemen all knew her and cleared the way for her. It must have been fun to watch her drive. And her sister Marjan drove a big motorbike! It was a strange family for those times!'

DAG-DERDE-MEISJE

933

Gevraagd **MEISJE** niet boven 16 jr., werkdagen van 9—2 u. Aanmelden Zaterdagav. half 8 tot half 9, Mevr. Wilma, Prins Hendriklaan 64bis (deur Erasmuslaan). 877

Advertisement for a domestic help in her temporary home, 1936. Schröder mentions Erasmuslaan, but officially it was Prins Hendriklaan.

Advertentie voor een huishoudelijke hulp in haar tijdelijke woning, 1936. Schröder heeft het over de Erasmuslaan, maar officieel is het de Prins Hendriklaan.

Probeert Truus Schröder sober te leven, dat wil niet zeggen dat haar kinderen dat ook doen. Binnert koopt samen met zijn zus Han een Bugatti. Veel later – na het overlijden van Han – zal haar vriendin Cora de Castro schrijven: "Heeft ze je ooit verteld dat ze deze auto had toen ze nog maar 16 was en zonder rijbewijs door Utrecht reed? De verkeersagenten kenden haar allemaal en maakten de weg vrij voor haar. Het moet leuk geweest zijn om haar te zien rijden. En zus Marjan reed een zware motor! Het was een vreemde familie voor die tijd!"

Binnert and Han Schröder's Bugatti with Erasmuslaan in the background, c. 1935.

De Bugatti van Binnert en Han Schröder met de Erasmuslaan op de achtergrond, ca. 1935.

Left to right: Els Schröder-Kolkman, Truus Schröder, Han Schröder and Gerrit Rietveld, Prins Hendriklaan 64bis, 1930s.

V.l.n.r.: Els Schröder-Kolkman, Truus Schröder, Han Schröder en Gerrit Rietveld, Prins Hendriklaan 64bis, jaren 30.

The sketch for a low table in the crate furniture series reads: 'Table des. Rietveld. Orders: H. Schröder, Prins Hendriklaan 64bis, Utrecht'. Potential buyers could order the furniture from Han Schröder.

Op de ontwerptekening voor een laag tafeltje van de serie kratmeubelen staat: "Tafel ontw. Rietveld. Bestellen: H. Schröder, Prins Hendriklaan 64bis, Utrecht." Geïnteresseerden kunnen de meubelen bij Han Schröder bestellen.

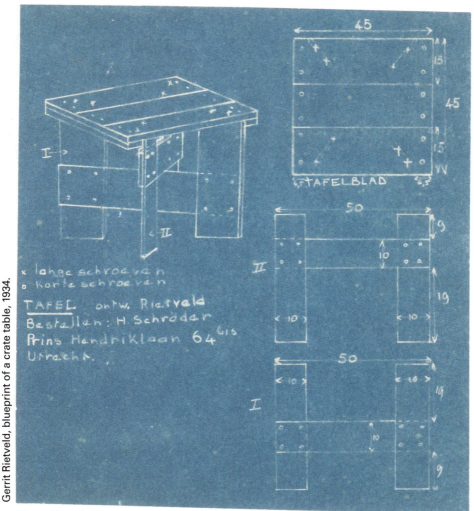

Gerrit Rietveld, blauwdruk krattafel, 1934.

Interior of the flat at Prins Hendriklaan 64bis, 1930s.

Interieur flat Prins Hendriklaan 64bis, jaren 30.

THE TOWER ROOM
DE DAKKAMER

Summer 1936. After three school years, the Montessori class moved out of the house. As stated in the contract, everything was put back to its original state. So the sliding partitions were put back, the netting and letters on the balconies were removed, and the staircase received a new coat of paint. The most obvious change? An 'attic' added on top of the house.

Zomer 1936. Na drie schooljaren vertrekt de kleuterklas uit het huis. De montessorivereniging brengt, zoals in het contract staat, alles in de oorspronkelijke staat terug. Dus worden de schuifdeuren teruggeplaatst, het gaas en de letters aan de balkons verdwijnen en de trap krijgt een nieuwe verflaag. De meest in het oog springende verandering? Een 'dakkamertje' boven op het huis.

The Schröder House with the white attic, late 1930s.

Het Schröderhuis met de witte dakkamer, eind jaren 30.

Schröder's 'tower room'. A small L-shaped floor, accessible via metal stairs in the living room. We know that she had the extra room built to escape the growing interest in the house. Beyond that, hardly anything is known about it. A letter from Binnert to his sister reveals that Han also sometimes studied there. Bep Rietveld painted a portrait of Schröder in this period. On the background of the painting the wide polder landscape is depicted, even better visible from the room in the attic.

Schröders 'torenkamertje'. Een kleine L-vormige verdieping, bereikbaar via een metalen trap in de woonkamer. We weten dat ze het extra vertrek heeft laten optrekken om er zich te kunnen onttrekken aan de toenemende belangstelling voor het huis. Verder is er nauwelijks iets over bekend. Uit een brief van Binnert aan zijn zus blijkt dat Han er ook wel eens studeert. Bep Rietveld schildert in deze periode een portret van Schröder: op de achtergrond van het schilderij het weidse polderlandschap, dat vanuit de dakkamer nog beter te zien is.

The Schröder House with the black attic, n.d.

Het Schröderhuis met de zwarte dakkamer, z.j.

Presumably, the attic was first painted white and then Rietveld had it painted black to make the room less conspicuous. There are no drawings or photos of the interior of the attic. Our knowledge of the roof construction comes mainly from photos that others took from the street.

Vermoedelijk is het dakkamertje eerst wit geschilderd en laat Rietveld het daarna zwart verven om het vertrek minder te laten opvallen. Er zijn geen tekeningen en foto's van het interieur van de dakkamer. We kennen de dakopbouw vooral door foto's die anderen vanaf de straat maken.

Bep Rietveld, *Portrait of Truus Schröder*, c. 1936.

Bep Rietveld, *Portret van Truus Schröder*, ca. 1936.

The stairs to the roof, 1974. The attic room was removed in the early 1950s, making way again for the skylight. The metal stairs remained in place until 1974.

De trap naar het dak, 1974. De dakkamer wordt begin jaren 50 weggehaald en maakt weer plaats voor de lichtkoepel. De metalen trap blijft tot 1974.

View of the Rietveld Schröder House – with the 'tower room' – from Erasmuslaan, n.d.

Gezicht op het Rietveld Schröderhuis – met het 'torenkamertje' – vanaf de Erasmuslaan, z.j.

__ Rietveld didn't like the temporary room on the roof, and deliberately made sure it wasn't such a fine construction. You had to see clearly that it didn't belong. The iron stairs leading to it were nice from the inside, but I didn't mind when they were removed [in 1974], because then the glass partitions [of the stairwell] could move back in place.
— Truus Schröder

__ Het tijdelijke kamertje op het dak vond Rietveld niet zo prettig, en heeft-ie met opzet niet zo mooi laten maken. Je moest goed kunnen zien dat het er niet bij hoorde. De ijzeren trap er naartoe was van binnen uit gezien wel mooi, maar ik vond het niet erg dat-ie weer weg ging [in 1974] want toen konden de glazen schotten [van het trappenhuis] weer rijden.
— Truus Schröder

REFURBISHING THE HOUSE
DE VERBOUWING VAN HET HUIS

Truus Schröder (sitting on Rietveld's tube-framed chair) with Marjan in the garden of the house, c. 1937.

Truus Schröder (op Rietvelds beugelstoel) met Marjan in de tuin van het huis, ca. 1937.

The refurbishment in 1936 involved more than the construction of the attic. Schröder wanted to make both floors habitable separately, and this required some modifications: a kitchen had to be installed upstairs and a bathroom downstairs. The kitchen would be fitted in Truus Schröder's old bedroom. The dumb waiter would be blocked on the upper floor and converted into a storage cupboard.

Met de bouw van de dakkamer is de verbouwing van 1936 nog niet klaar. Schröder wil beide verdiepingen afzonderlijk bewoonbaar maken en daarvoor zijn aanpassingen nodig: er moet een keuken boven komen en een badkamer beneden. De keuken komt in de oude slaapkamer van Truus. De keukenlift wordt op de eerste etage vastgezet en tot opbergkast omgebouwd.

The kitchen upstairs in the Schröder House, 1930s. The woman in the picture has not been identified.

Keuken boven in het Schröderhuis, jaren 30. Onbekend wie de vrouw op de foto is.

The enamelled bath upstairs was to be replaced by a self-designed granite sitting bath and sink. The old kitchen downstairs was to become a guest room. And in the smallest room downstairs, Schröder would have a shower and kitchenette installed: that was the dark room between the former architect's office and the housemaid's room.

De geëmailleerde badkuip boven wordt vervangen door een zelfontworpen granito zitbad en wastafel. De oude keuken beneden wordt logeerkamer. En in de kleinste ruimte beneden laat Schröder een douche en een keukentje installeren: dat is de oude donkere kamer tussen het voormalige architectenbureau en de kamer van de hulp.

Kitchen in Truus Schröder's former bedroom, n.d.

Keuken in de voormalige slaapkamer van Truus Schröder, z.j.

Granite bath with washbasin, 1974. There are no older photos of the converted bathroom.

Granito bad met wastafel, 1974. Er zijn geen oudere foto's van de verbouwde badkamer.

The house was fitted with new furniture, mainly designs by Gerrit Rietveld, such as the zigzag chair with and without armrests also sold at the Metz & Co department store. Rietveld said of the 'zigzag': 'The chair is like a line demarcating space, as it were.'

Er komen nieuwe meubelen in het huis. Vooral ontwerpen van Gerrit Rietveld, zoals de zigzagstoel met en zonder armleggers die ook bij warenhuis Metz & Co verkocht wordt. Rietveld zegt over het 'zigzagje': "De stoel is als het ware een schotje in de ruimte."

Zigzag chair from the Rietveld Schröder House, c. 1936.

Zigzagstoel afkomstig uit het Rietveld Schröderhuis, ca. 1936.

— It is not a chair,
but a structural joke.

— Het is geen stoel, maar
een constructief grapje.
— Gerrit Rietveld

Zigzag chair with armrests, c. 1936. In photographs, Truus Schröder can often be seen sitting on this chair in the living room.

Zigzagstoel met armleggers, ca. 1936. Op foto's zit Truus Schröder vaak op deze stoel in de woonkamer.

Truus Schröder, c. 1938.

AN HARRENSTEIN-SCHRÄDER
AN HARRENSTEIN-SCHRÄDER

Jacob Bendien, *Portrait of An Harrenstein-Schräder*, 1928–29.

— She was quite confused when I came, so much so that I called the nurse after 15 minutes. Tonight that big nurse will be with her again (the kind one, I believe). She laughed a couple of times in an old-fashioned way with me, but when I said 'old lady' to her, she said I was utterly forbidden to say that. That was the only real moment with her.
— Truus Schröder on her sister

— Ze was nogal erg in de war toen ik kwam, zo dat ik na een kwartier de zuster belde. Vanavond komt die grote zuster weer bij haar (die aardige geloof ik). Ze heeft een paar keer ouderwets gelachen met me, maar toen ik oudje tegen haar zei, zei ze dat ik dat volstrekt niet mocht zeggen. Dat was het enige echte ogenblik met haar.
— Truus Schröder over haar zus

An Harrenstein-Schräder in the Schröder House, 1930s. At the table, the zigzag chair with armrests, the one Truus liked to sit in.

An Harrenstein-Schräder in het Schröderhuis, jaren 30. Bij de tafel staat de zigzag met armleuningen: de stoel waar Truus graag in zit.

An Harrenstein-Schräder, who was two years older than her sister Truus, stepped down as editor-in-chief of the feminist magazine *De Werkende Vrouw* in 1931 for health reasons. Her condition did not improve after that either. In 1933, An underwent a 'sleeping cure', a then 'innovative' treatment for 'anxious and tense people in a serious mental state'. Rietveld wrote to Marjan about it: she was kept asleep 'for maybe ten days, as long as her body [could] stand it. I have great expectations from it.'

An Harrenstein-Schräder, de twee jaar oudere zus van Truus, is in 1931 om gezondheidsredenen gestopt als hoofdredacteur van het feministische tijdschrift *De Werkende Vrouw*. Ook daarna gaat het niet beter. In 1933 ondergaat An een "slaapkuur": een destijds "vernieuwende" behandeling voor "angstige en gespannen mensen in een ernstige psychische toestand". Rietveld schrijft erover aan Marjan: ze wordt in slaap gehouden "misschien wel tien dagen, zo lang als haar lichaam het uithoudt. Ik heb er alle goede verwachtingen van."

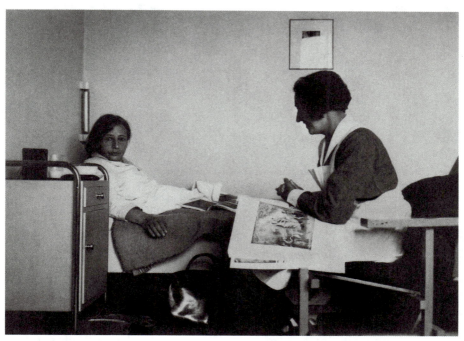

An Harrenstein-Schräder in bed, with a nurse next to her seated in Rietveld's slatted armchair, n.d.

An Harrenstein-Schräder in bed, met naast haar een verpleegster in de lattenstoel van Rietveld, z.j.

The days when An felt well, she continued to work with her friend, artist Jacob Bendien, on the comprehensive work *Richtingen in de hedendaagsche schilderkunst* [Directions in Contemporary Painting]. Bendien died of tuberculosis in 1933. Two years later, An was admitted to the Gemelli psychiatric institution in Blaricum. She would stay there until her death.

De dagen dat An zich goed voelt, werkt ze met haar vriend, kunstenaar Jacob Bendien, verder aan het overzichtswerk *Richtingen in de hedendaagsche schilderkunst*. Bendien overlijdt in 1933 aan tuberculose. Twee jaar later wordt An in de psychiatrische inrichting Gemelli in Blaricum opgenomen. Ze zal er tot aan haar overlijden blijven.

Jacob Bendien in Rietveld's slatted armchair in the Harrenstein house where he lived. On the easel, his painting *Mask*, n.d.

Jacob Bendien in de lattenstoel van Rietveld in het huis van de Harrensteins waar hij woonde. Op de ezel zijn schilderij *Masker*, z.j.

Richtingen in de hedendaagsche schilderkunst appeared in 1935, a hefty book on the art movements of their time: from Neo-Classicism, Impressionism and Cubism to Dadaism and Surrealism. The book was published with the help of Rein Harrenstein, An's husband.

In 1935 verschijnt *Richtingen in de hedendaagsche schilderkunst*, een vuistdik boek over de kunststromingen van hun tijd: van het neoclassicisme, impressionisme, kubisme, dadaïsme tot het surrealisme. Het boek wordt uitgegeven met hulp van Rein Harrenstein, de echtgenoot van An.

Cover of *Richtingen in de hedendaagsche schilderkunst*, 1935.

Omslag *Richtingen in de hedendaagsche schilderkunst*, 1935.

— He is like my spine, the marrow of my leg, my conscience – you understand what I mean by that. Even though you may not understand Jaap [Jacob Bendien] and me enough to understand such feelings I have for him. I didn't know I would be so desperate about it. I asked Jaap at the time also: if you knew now that you were definitely going to die – of all the people you know, which one would you want to see one last time? He first shed a tear, then immediately said: 'preferably Truus'.
— An Harrenstein-Schräder

— Ik voel hem als mijn ruggengraat, het merg van mijn been, m'n geweten – je begrijpt het wel wat ik ermee bedoel. Al begrijp je Jaap [Jacob Bendien] en mij misschien niet genoeg om zo'n gevoel van mij voor hem te begrijpen. Ik heb niet geweten dat ik zo wanhopig erover zou zijn. Ik vroeg Jaap toen ook: als je nu wist dat je zeker sterven zou – wie van alle mensen die je kent, zou je dan nog voor het laatst eens willen zien? Toen kwam er eerst een traantje en daarna zei hij meteen: 'het liefst van allen Truus'.
— An Harrenstein-Schräder

Letter from An Harrenstein-Schräder to Truus Schröder about Jacob Bendien, 1933.

Brief van An Harrenstein-Schräder over Jacob Bendien aan Truus Schröder, 1933.

THE VREEBURG CINEMA IN UTRECHT
BIOSCOOP VREEBURG IN UTRECHT

In 1936, working in collaboration with Truus Schröder, Gerrit Rietveld remodelled the Vreeburg cinema for cinema owner Jan Nijland. They knew each other from the board of the Filmliga, of which Nijland, like Rietveld, was a member. The cinema, located on Vredenburgplein in the centre of Utrecht with the Jaarbeurs buildings and the market, had a flat façade with milk-glass panels into which light frames were mounted. It was one of the first illuminated façade advertisements in Utrecht. They also created a new entrance for Nijland, which he had painted on the outside with grey aluminium paint. From then on, the narrow street on which the entrance was located was called 'silver alley'.

In 1936 verbouwt Gerrit Rietveld met medewerking van Truus Schröder bioscoop Vreeburg voor bioscoopeigenaar Jan Nijland. Ze kennen elkaar van het bestuur van de Filmliga, waar Nijland net als Rietveld deel van uitmaakt. De bioscoop, gelegen aan het Vredenburgplein in het centrum van Utrecht met de jaarbeursgebouwen en de markt, heeft een vlakke gevel met melkglazen panelen waar lichtbakken in zijn gemonteerd. Het is een van de eerste verlichte gevelreclames in Utrecht. Ze maken voor Nijland ook een nieuwe ingang die hij aan de buitenkant met grijze aluminiumverf laat schilderen. Het smalle straatje waar de ingang zit, wordt vanaf dat moment 'zilversteeg' genoemd.

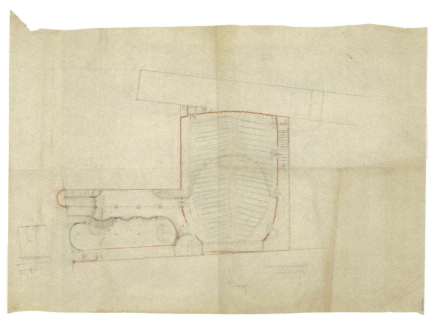

Gerrit Rietveld, sketch of the Vreeburg cinema, 1936.

Gerrit Rietveld, schets van bioscoop Vreeburg, 1936.

Bioscoop Vreeburg was a modern cinema in a corporate style. The auditorium had light purple seats and the halls were hung with 'Genemuider' [rush] mats painted pink. As soon as the auditorium was completed, the son of owner Jan Nijland later recounted, Rietveld had his children play the recorder there to check whether the acoustics were good.

Bioscoop Vreeburg is een modern filmtheater in zakelijke stijl. De zaal heeft lichtpaarse stoelen en tegen de wanden zijn roze geschilderde Genemuider (biezen) matten opgehangen. Als de zaal net klaar is – zo vertelt de zoon van bioscoopeigenaar Jan Nijland later – laat Rietveld er zijn kinderen blokfluit spelen om te horen of de akoestiek goed is.

Gerrit Rietveld and Truus Schröder, façade of the cinema, c. 1936.

Gerrit Rietveld en Truus Schröder, gevel van de bioscoop, ca. 1936.

The cinema under construction, 1935–36. Bouw van de bioscoop, 1935–1936.

Opening of the Vreeburg cinema, 1936. Opening bioscoop Vreeburg, 1936.

A newspaper called the opening a 'gala performance'. The patron René Radermacher Schorer praised Rietveld in his opening speech.

Een krant noemt de opening een "galavoorstelling". Mecenas jonkheer René Radermacher Schorer roemt Rietveld in zijn openingstoespraak.

— A pioneer of modern architecture, whose fame reaches far beyond our national borders.
— René Radermacher Schorer

— Pionier van de moderne architectuur, wiens roem tot ver over onze landsgrenzen reikt.
— René Radermacher Schorer

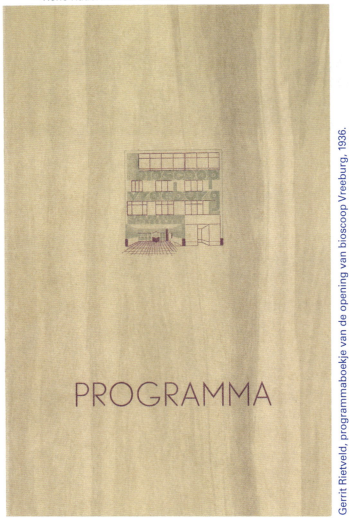

Gerrit Rietveld, programmaboekje van de opening van bioscoop Vreeburg, 1936.

Gerrit Rietveld, programme leaflet for the opening of the Vreeburg cinema, 1936.

GERRIT RIETVELD MOVES TO VREDENBURG

GERRIT RIETVELD VERHUIST NAAR HET VREDENBURG

In the initial designs the Vreeburg cinema had two floors, but because the adjacent buildings were taller, the municipality wanted to add a floor on top. Gerrit Rietveld turned this into a flat about 13 metres wide and 8 metres deep. When cinema owner Jan Nijland saw the drawings with the extra floor, he asked Rietveld what he should do with that residential unit. Rietveld replied that he would like to live there himself. And so in 1936 he left Bachstraat in the Oog in Al area with his wife Vrouwgien and their children, who were still living at home, for Vredenburg 8bis. The flat was the home Rietveld designed for himself – twelve years after he had designed the house for Schröder – and in a sense it reflected his housing ideal. Like the Schröder House, it had a spacious living area with many large, wide windows. The sleeping areas consisted of alcoves that could be curtained off, with light curtains from ceiling to floor. Vrouwgien and Gerrit Rietveld lived above the cinema for more than twenty years. When Vrouwgien died in 1957, Rietveld moved in with Truus Schröder on Prins Hendriklaan.

In de eerste ontwerpen krijgt bioscoop Vreeburg twee verdiepingen, maar omdat de gebouwen ernaast hoger zijn, wil de gemeente er een etage bovenop. Daarvan maakt Gerrit Rietveld een appartement van zo'n 13 meter breed en 8 meter diep. Als bioscoopeigenaar Jan Nijland de tekeningen met de extra verdieping ziet, vraagt hij Rietveld wat hij met die wooneenheid aan moet. Rietveld antwoordt dat hij daar zelf wel wil wonen en zo vertrekt hij in 1936 met zijn echtgenote Vrouwgien en hun nog thuiswonende kinderen uit de Bachstraat in de wijk Oog in Al naar het Vredenburg 8bis.

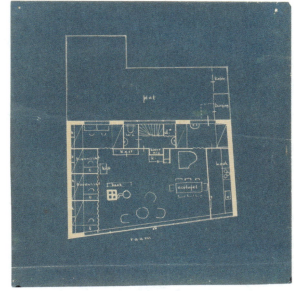

Gerrit Rietveld, residential floor of the Rietveld-Hadders household at Vredenburg, 1936.

Gerrit Rietveld, woonverdieping van het gezin Rietveld-Hadders aan het Vredenburg, 1936.

Het appartement is de woning die Rietveld voor zichzelf ontwerpt – twaalf jaar nadat hij het huis voor Schröder ontwierp – en het weerspiegelt in zekere zin zijn woonideaal. Het heeft net als het Schröderhuis een spatieuze woonruimte met veel grote, brede ramen. De slaapvertrekken zijn nissen met een gordijn ervoor, lichte gordijnen van het plafond tot aan de grond. Vrouwgien en Gerrit Rietveld wonen meer dan twintig jaar boven de bioscoop. Als Vrouwgien in 1957 overlijdt, verhuist Rietveld naar Truus Schröder, naar de Prins Hendriklaan.

— My home will not primarily be a place of rest, but a place where I restore myself, a place where the flood of impressions is barred and where I first become truly active, because I only do there those things that are entirely of my own free will and that have or can get my full attention.
— Gerrit Rietveld

— Mijn huis zal niet in de eerste plaats een rustplaats zijn, maar een plaats waar ik mezelf hervind, waar de stroom van indrukken niet binnenkomt en waar ik eerst recht actief word, doordat ik er alleen die dingen doe, die geheel uit vrije wil zijn en m'n volle aandacht hebben of krijgen kunnen.
— Gerrit Rietveld

Interieur van het Vredenburg 8bis, met achter de gordijnen vier van de vijf slaapruimten, 1936.

Interior of Vredenburg 8bis, with four of the five sleeping alcoves behind the curtains, 1936.

— He had created a few cubicles behind a curtain. And there were beds in them and a cupboard above them. It was very primitive. Mother didn't like that. But she would do anything for this, yes, beloved and special man, because that's what she thought of him herself.
— Bep Rietveld

— Achter een gordijn had hij een paar hokjes gemaakt. En daar stonden bedden in en een kastje daarboven. Dat was zeer primitief. Moeder vond dat niet prettig. Maar ze heeft dat allemaal overgehad voor deze ja, toch wel geliefde bijzondere man, want dat vond ze zelf ook.
— Bep Rietveld

The interior of Vredenburg, 1936. The baby grand piano came from the Schröder House.

Interieur Vredenburg, 1936. De vleugel komt uit het Schröderhuis.

Vrouwgien Rietveld-Hadders (fourth from left) with family, c. 1938.

Vrouwgien Rietveld-Hadders (vierde van links) met familie, ca. 1938.

Gerrit Rietveld on the balcony of his home at Vredenburg, 1930s.

Gerrit Rietveld op het balkon van zijn woning aan het Vredenburg, jaren 30.

A major disaster drill was held in Utrecht in 1936. Men in protective suits cleared the area around the Schröder House of 'dangerous substances after a mustard gas attack', as a newspaper wrote.

In 1936 is er in Utrecht een grote rampenoefening. Mannen in beschermende pakken ontdoen de omgeving van het Schröderhuis van "gevaarlijke stoffen na een mosterdgasaanval", zoals een krant schrijft.

Disaster drill at the junction of Laan van Minsweerd and Prins Hendriklaan, 1936. The attic (painted black) is visible on the house.

Rampenoefening op de kruising van de Laan van Minsweerd en de Prins Hendriklaan, 1936. Op het huis is de zwart geschilderde dakkamer te zien.

HAN SCHRÖDER MOVES TO ZURICH TO STUDY
HAN SCHRÖDER GAAT IN ZÜRICH STUDEREN

In mid-July 1936, Han obtained her HBS diploma; a month later, 'Fräulein J.E.E. Schröder' [Han] received the application form for the ETH (Eidgenössische Technische Hochschule) in Zurich. She had good grades and did not have to take any additional tests. Just before her mother returned to the Schröder House, Han left the flat for Switzerland, eight hundred kilometres from home.

Half juli 1936 ontvangt Han haar hbs-diploma, een maand later krijgt "Fräulein J.E.E. Schröder" [Han] het aanmeldingsformulier voor de ETH (Eidgenössische Technische Hochschule) in Zürich. Ze heeft goede cijfers en hoeft geen extra test af te leggen. Vlak voordat haar moeder terugkeert naar het Schröderhuis, vertrekt Han uit de flat naar Zwitserland, achthonderd kilometer van huis.

Han's admission letter to ETH, Zurich, 1936.

Toelatingsbrief van Han, ETH, Zürich, 1936.

When Han Schröder began her studies in architecture at ETH in Zurich in the summer of 1936, she moved into rooms with Florence Maly, a 40-year-old divorced Swiss woman living near the university. Florence Maly (née Schlätter) was an art historian. We do not know if she was an acquaintance of Truus Schröder, but we do know that Han got into a relationship with her landlady a year later. In their later correspondence, they celebrated the date of 17 May 1937 as their anniversary date.

Wanneer Han Schröder in de zomer van 1936 aan de ETH in Zürich aan haar studie architectuur begint, gaat ze op kamers bij de Zwitserse Florence Maly, een 40-jarige gescheiden vrouw die in de buurt van de universiteit woont. Florence Maly (Schlätter is haar meisjesnaam) is kunsthistoricus. We weten niet of ze een bekende van Truus Schröder is, wel weten we dat Han een jaar later een relatie met haar hospita krijgt. De datum 17 mei 1937 wordt door hen in latere correspondentie als hun verkeringsdatum gevierd.

Han Schröder and Florence Maly in Zurich, 1937.

Han Schröder en Florence Maly in Zürich, 1937.

Photo of Han for Florence. The back of the photo reads: 'I love you, my Flokkie. 12 Feb. 39.'

Foto van Han voor Florence. Op de achterkant van de foto staat: "I love you mein Flokkie. 12 febr. '39."

Han Schröder with Florence Maly, c. 1937.

Han Schröder met Florence Maly, ca. 1937.

—— My dear Han, here is a flower for your room, because I can't send you real flowers at the moment. I wonder how you are doing in the flat? Will you write soon? This card is sort of for you both, because I wanted to send Florence one too, but the others are so ugly I didn't dare. Bye, dear Han and Florence, lots of greetings from everyone, but especially from mother Truus.

—— Dag lieve Han, hier is een bloempje voor je kamer, omdat ik je nu geen echte bloemen sturen kan. Ik ben benieuwd hoe het jullie gaat in de flat? Je schrijft wel gauw? Deze kaart is een beetje voor jullie samen, want ik wilde Florence ook een sturen maar de andere zijn zo lelijk dat ik 't niet durf. Dag lieve Han en Florence veel groeten van allemaal, maar vooral van moeder Truus.

Front and back of a postcard from Schröder to Han and Florence, 1937.

445

While Han was studying architecture in Zurich, she returned to Utrecht during the summer months. In the summers of 1937 and 1938, she worked at Gerrit Rietveld's architectural firm.

Wanneer Han in Zürich architectuur studeert, komt ze in de zomermaanden terug naar Utrecht. In de zomers van 1937 en 1938 werkt ze op het architectenbureau van Gerrit Rietveld.

Truus Schröder visiting Han in Zurich, July 1937.

Christmas card from Gerrit Rietveld to Han Schröder, 1939.

Kerstkaart van Gerrit Rietveld aan Han Schröder, 1939.

—— Miss J.E.E. Schröder [Han] of Utrecht (the Netherlands) was employed in my office to my complete satisfaction from 20 July 1937–19 October 1937 and from 20 July 1938–19 October 1938.
G. Rietveld Architect.

—— Mejuffrouw J.E.E. Schröder [Han] uit Utrecht (Holland) was naar mijn volle tevredenheid werkzaam op mijn kantoor van 20 juli 1937–19 oktober 1937 en van 20 juli 1938–19 oktober 1938.
G. Rietveld Architect.

THE WOODEN SUMMER HOUSE
HET HOUTEN ZOMER HUIS

— Movable,
4 or 6 sleeping places,
kitchen washbasin,
shower WC,
bright living room,
architect Rietveld
Schröder

— Verplaatsb[aar],
4 of 6 sl[aap]pl[aatsen],
keuken wastafel,
douche w.c.,
lichte woonr[uimte],
arch[itect] Rietveld
Schröder

Houten reclameplaatje van het Houten Zomer Huis, een ontwerp van Truus Schröder en Gerrit Rietveld, 1937.

Wooden advertising board for the Wooden Summer House, a design by Truus Schröder and Gerrit Rietveld, 1937.

A striking joint project by Schröder and Rietveld was the Houten Zomer Huis (HZH) [Wooden Summer House]. A 'movable wooden little summer house' with a diameter of 5 or 7.4 metres that could be delivered ready-to-assemble, octagonal or dodecagonal. The larger model with the twelve sides had a living room, kitchen, shower cabin and six places to sleep. 'Delivery throughout the Netherlands and assembly and finishing included in the price', said a leaflet for the HZH. Promotional material was prepared, including stationery with Schröder's name; a presentation was made and there was the necessary interest. But the wooden summer houses were not built. It proved too difficult to get the permits for the temporary occupancy.

Een opvallend gezamenlijk project van Schröder en Rietveld is het HZH: het Houten Zomer Huis. Een "verplaatsbaar houten zomerhuisje" met een diameter van 5 of 7,4 meter dat kant-en-klaar geleverd kan worden, acht- of twaalfhoekig. Het grootste model met de twaalf zijden heeft een woonkamer, keuken, douchecabine en zes slaapplaatsen. "Levering door geheel Nederland en montage en afwerking bij de prijs inbegrepen", vermeldt een folder van het HZH. Er wordt promotiemateriaal gemaakt, briefpapier met de naam van Schröder, er is een presentatie én de nodige interesse, maar de houten zomerhuizen worden niet gebouwd. Het blijkt te lastig om de vergunningen voor de tijdelijke bewoning rond te krijgen.

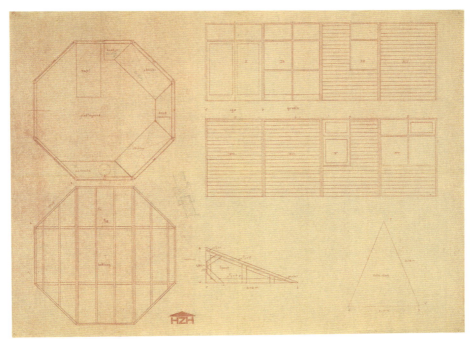

Truus Schröder and Gerrit Rietveld, design of the Wooden Summer House (octagonal), c. 1937–40.

Truus Schröder en Gerrit Rietveld, ontwerp van het Houten Zomer Huis (achthoekig), ca. 1937–1940.

―― A little weekend house can simultaneously bring: a correction to our lives, a starting-over again. Much of what we have so far held to be important are things we can do without or can cut back on. Lots of light, lots of sun, an interior that is sensitive to colour, large open windows, so that the scent of nature wafts through our home and the sounds of nature make us listen. The possibility of placing the bed so that we fall asleep looking at the moving trees, at the sky with the beautiful stars.
― Truus Schröder

―― Een weekendhuisje kan tegelijkertijd meebrengen: een correctie van ons leven, een nog eens opnieuw beginnen. Veel van wat we tot nu toe voor belangrijk hielden, kunnen we missen of versoberen. Veel licht, veel zon, een interieur dat kleurgevoelig is, grote openstaande ramen, zodat de geur van de natuur door ons huis trekt en de geluiden in de natuur ons aan 't luisteren brengen. De mogelijkheid het bed zo te plaatsen dat we inslapen kijkend naar de bewegende bomen, naar de lucht met mooie sterren.
― Truus Schröder

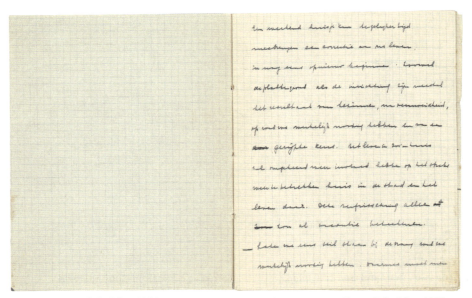

Notes by Truus Schröder, 1936.   Aantekeningen van Truus Schröder, 1936.

The HZH was inspired by a design Gerrit Rietveld made for Dora van Ravesteyn-Hintzen in 1934: a simple dodecagonal summer house that partly hung over the water of the Loosdrechtse Plassen (Breukelen). Rietveld made several designs for the ex-wife of architect Sybold van Ravesteyn.

Inspiratie voor het HZH is een ontwerp dat Gerrit Rietveld in 1934 voor Dora van Ravesteyn-Hintzen maakt: een eenvoudig twaalfhoekig zomerhuis dat deels boven het water van de Loosdrechtse Plassen (Breukelen) hangt. Rietveld maakt verschillende ontwerpen voor de ex-vrouw van architect Sybold van Ravesteyn.

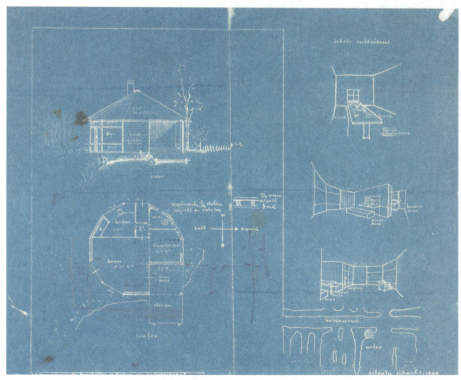

Gerrit Rietveld, blueprint for the Van Ravesteyn-Hintzen summer house, 1934.

Gerrit Rietveld, blauwdruk van het zomerhuis Van Ravesteyn-Hintzen, 1934.

— My mother couldn't draw. She couldn't trace a line on paper, but she was very critical and could read drawings very well. So when a design emerged, my mother was on top of it to make sure Rietveld didn't make too many concessions to the client's wishes. That he would not, because that's what the client wanted all of a sudden, make things less beautiful or not as good. She had a very keen eye for what was beautiful and what was not. She was a critical inspiration.
— Binnert Schröder

— Mijn moeder kon niet tekenen. Ze kon geen lijn op papier zetten, maar ze was heel kritisch en kon heel goed tekeningen lezen. Als er dus een ontwerpje ontstond, zat mijn moeder erbovenop dat Rietveld niet te veel concessies deed aan de wensen van de opdrachtgever. Dat hij niet, omdat de opdrachtgever dat nu zo graag wilde, de dingen minder mooi of minder goed zou maken. Ze had een heel scherp oog voor wat mooi was en wat niet. Ze was een kritische inspiratie.
— Binnert Schröder

Truus Schröder, 1939.

Stationery for the Wooden Summer Houses with Prins Hendriklaan 50 as its address and Truus Schröder's bank account number, 1937.

The newspaper *Het Vaderland* wrote about the Wooden Summer House on 8 September 1937: 'The cosy thing is dismountable, can be put on a freight cart and put down anywhere on 7.10 m². It only costs 1,000 guilders, contains a large living area with sofas that can also be turned into a bed, a kitchenette and a shower, etc. It stands in the middle of Vreeburg, and H. Copyn and Zn. have conjured a nice little garden around it.'

Het nieuwsblad *Het Vaderland* schrijft op 8 september 1937 over het Houten Zomer Huis: "Het knusse ding is uitneembaar, kan op een vrachtkar meegenomen en op 7,10 m² overal neergezet worden. Het kost maar 1.000 gulden, bevat een groot woonvertrek met banken die ook in een bed kunnen worden veranderd, een keukentje en een douche, enz. Het staat midden op het Vreeburg en H. Copyn en Zn. hebben er een aardig tuintje omheen getoverd."

— Rietveld was indeed too obliging, too friendly. The purity suffered as a result. Especially when, during the design or construction, people wanted to change all kinds of things. Then she had to hit the brakes quite often.
— Binnert Schröder

— Rietveld was inderdaad te voorkomend, te vriendelijk. De zuiverheid ging eraan verloren. Vooral als tijdens een ontwerp of tijdens een bouw de mensen nog allerlei dingen wilden veranderen. Dan moest ze nogal eens op de rem trappen.
— Binnert Schröder

Interior of the demonstration model of the Wooden Summer House at the autumn fair in Utrecht, 1937.

Interieur in het demonstratiemodel van het Houten Zomer Huis op de najaarsbeurs in Utrecht, 1937.

__Riet starts from the experiment.
And I stay with the theory.

__Riet gaat uit van het experiment.
En ik blijf bij de theorie.

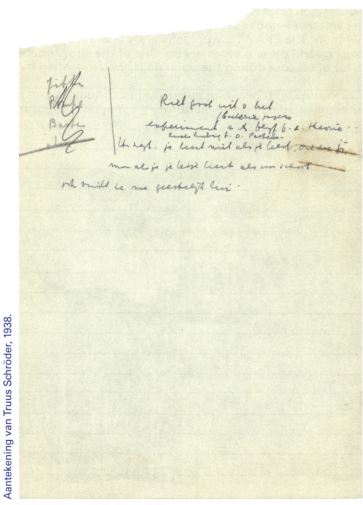

Aantekening van Truus Schröder, 1938.

Note by Truus Schröder, 1938.

EKAWO: EenKAmerWOningen in Haarlem
EKAWO: EenKAmerWOningen in Haarlem

Inspired by Women's Pioneer Housing in Britain, textile artist Emilie van Waveren-Resink (1877–1946) campaigned for affordable housing for single women. Van Waveren-Resink bought a villa in Haarlem in 1937 and founded the Flatstichting voor Vrouwen door Vrouwen [Flat Foundation for Women by Women]. She commissioned Rietveld and Schröder to refurbish this nineteenth-century villa (Kenaupark 6). Twelve EenKAmerWOningen (EKAWO), [One-Room Flats], three two-room residences and a caretaker's house were built: fully equipped flats for working, single women. The EKAWOs were efficiently laid out and full of smart storage spaces and other conveniences. One of the show homes, which drew a lot of visitors during the open days, was furnished by Truus Schröder.

__ Rooms with beautiful views that make quietly sitting at home a pleasure.

__ Kamers met prachtig uitzicht, die het rustig thuis zitten tot een genot maken.

Article on the EKAWO in *Libelle*, 'illustrated weekly for women', 18 November 1938.

Artikel over de EKAWO in de *Libelle*, 'geïllustreerd weekblad voor de vrouw', 18 november 1938.

Geïnspireerd door Women's Pioneer Housing uit Groot-Brittannië zet textielkunstenaar Emilie van Waveren-Resink (1877–1946) zich in voor betaalbare woningen voor alleenstaande vrouwen. Van Waveren-Resink koopt in 1937 een villa in Haarlem en richt de Flatstichting voor Vrouwen door Vrouwen op. Rietveld en Schröder geeft ze de opdracht deze negentiende-eeuwse villa (Kenaupark 6) te verbouwen. Er worden twaalf EenKAmerWOningen (EKAWO's), drie tweekamerwoningen en een conciërgewoning gerealiseerd: woningen voor werkende, alleenstaande vrouwen die van alle gemakken zijn voorzien. De EKAWO's zijn efficiënt ingedeeld en zitten vol slimme bergruimten en andere handigheden. Een van de modelwoningen, die tijdens de open dagen goed worden bezocht, is ingericht door Truus Schröder.

The *Utrechtsch Nieuwsblad* wrote about the EKAWO on 27 September 1937: 'Cosy flats for single women. Mrs Van Waveren-Resink has grand plans. And one can expect these to be music to the ears of working women in our country. Men in the flats? Never!'

Het *Utrechtsch Nieuwsblad* schrijft over de EKAWO, 27 september 1937: "Gezellige flats voor alleenstaande vrouwen. Mevrouw Van Waveren-Resink heeft grootse plannen. En men mag verwachten dat deze de werkende vrouwen in ons land als muziek in de oren zullen klinken. Mannen op de flats? Nooit!"

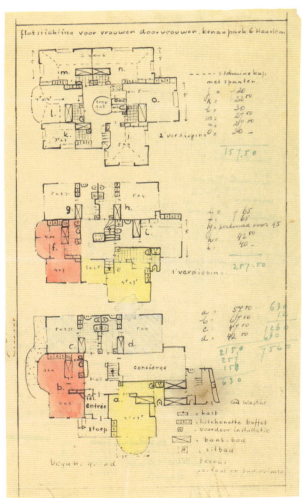

Truus Schröder and Gerrit Rietveld, drawing of an EKAWO, 1938.

Truus Schröder en Gerrit Rietveld, tekening EKAWO, 1938.

Truus Schröder wrote a letter to 'Miss Tellegen' in 1937 about the EKAWO of the Flatstichting voor Vrouwen door Vrouwen, 'whose intention [is] to convert large empty houses... into small comfortable flats for single women. The chairwoman and director [is] Mrs Van Waveren-Resink, while architect Rietveld (with whom I am working) has been tasked with the supervision of the renovation.'

Truus Schröder schrijft in 1937 een brief aan 'Juffrouw Tellegen' over de EKAWO van de Flatstichting voor Vrouwen door Vrouwen, "waarvan de bedoeling is grote leegstaande huizen [...] te verbouwen tot kleine gerieflijke appartementen voor op zichzelf staande vrouwen. Voorzitster en leidster is Mevrouw Van Waveren-Resink, terwijl aan architect Rietveld (met wie ik samenwerk) de supervisie der verbouwing is opgedragen."

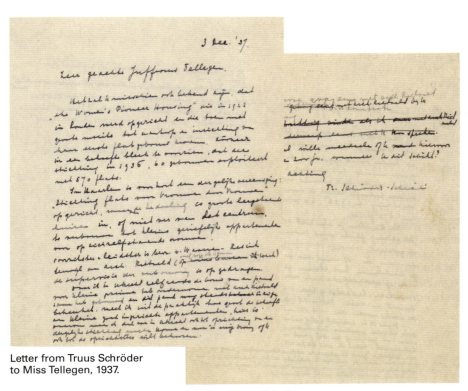

Letter from Truus Schröder to Miss Tellegen, 1937.

Brief van Truus Schröder aan juffrouw Tellegen, 1937.

— Since I have already undertaken the construction of a property for small families in Utrecht myself with architect Rietveld, and still own this property, I know from practical experience how great the need is for small well-equipped flats here.
— Truus Schröder to Miss Tellegen

— Daar ik in Utrecht zelf reeds de bouw van een pand voor kleine gezinnen heb ondernomen, met architect Rietveld samen heb gebouwd, en dit pand nog steeds in eigen beheer heb, weet ik uit de praktijk hoe groot de behoefte aan kleine goed ingerichte appartementen hier is.
— Truus Schröder aan juffrouw Tellegen

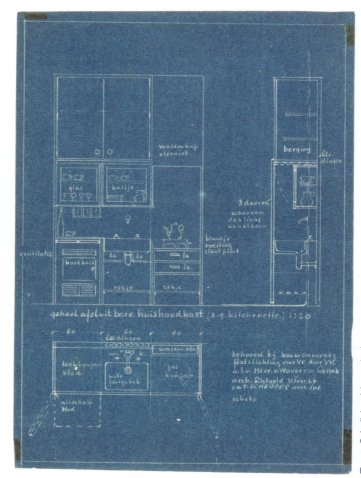

— Arch. Rietveld Utrecht and T. SCHRÖDER int. arch.
— Arch. Rietveld Utrecht en T. SCHRÖDER arch.int.

Truus Schröder, blueprint of an EKAWO kitchen, 1937.

Truus Schröder, blauwdruk van een EKAWO-keuken, 1937.

Schröder and Rietveld's one-room flat was full of contrivances. For example, the wall behind the sofa, against which the cushions leaned, could be moved forward so that it became a bed and stood in the bedroom.

Vrouw en Gemeenschap, the monthly magazine of the Nederlandsche Vereeniging voor Vrouwen belangen, Vrouwenarbeid en Gelijk Staatsburgerschap [Dutch Association for Women's Interests, Women's Labour and Equal Citizenship], reported on the opening of the flats in 1938: 'The EKAWO apartment building, Kenaupark 6, Haarlem, which was built under the direction of Mrs E.J. van Waveren-Resink, and Architect G. Rietveld, is nearing completion. It will be occupied by 1 November and open for viewing from 20 to 30 October. On this occasion, some six flats will be decorated by the interior designers: Ms I. Falkenberg-Liefrinck, Miss J.Q. van Regteren Altena and Ms T. Schröder-Schräder.'

De eenkamerwoning van Schröder en Rietveld zit vol vernuftigheden. Zo kan de wand achter de bank, waar de kussens tegenaan leunen, naar voren worden verschoven, zodat het een bed wordt en in de slaapkamer staat.

Vrouw en Gemeenschap, het maandblad van de Nederlandsche Vereeniging voor Vrouwen belangen, Vrouwenarbeid en Gelijk Staatsburgerschap, bericht in 1938 over de openstelling van de woningen: "Het flatgebouw EKAWO, Kenaupark 6, Haarlem, dat tot stand kwam onder leiding van Mevr. E. J. van Waveren-Resink, en Architect G. Rietveld, nadert zijn voltooiing. Het zal met 1 november betrokken worden en van 20 tot 30 oktober voor bezichtiging worden opengesteld. Voor deze gelegenheid zullen een 6-tal flats worden ingericht door de binnenhuisarchitecten: mevrouw I. Falkenberg-Liefrinck, mejuffrouw J.Q. van Regteren Altena en mevrouw T. Schröder-Schräder."

Deur met daarachter een strijkplank 'verstopt', een van de handigheden om ruimte te besparen in de EKAWO's, 1937–1938.

Door with an ironing board 'concealed' behind it, one of the conveniences to save space in the EKAWOs, 1937–38.

▃ Built-in safe
Foldable ironing board
Telephone box in hallway (insert 2½ ct.)
The resident caretaker can do housework
for the residents at f. 0.30 per hour.

▃ Ingebouwd kluisje
Opklapbare strijkplank
Telefooncel in de hal (2½ ct. inwerpen)
De inwonende conciërge kan huishoudelijk
werk voor de flatbewoonsters verrichten
tegen f. 0,30 per uur.

Advertisement for the
EenKAmerWOningen
(EKAWOs), c. 1937.

Advertentie voor de
EenKAmerWOningen
(EKAWO's), ca. 1937.

461

GRANDSON BORN IN THE HOUSE
KLEINZOON GEBOREN IN HET HUIS

In March 1937, Binnert Schröder married Els Kolkman, a nurse from The Hague whom he met through Marjan – they were fellow students. Like Marjan, Els, after working in Paris for a while, attended the Amsterdam School for Social Work. Binnert was 24 when he married her and was still studying. Els had just turned 25 and was two-and-a-half months pregnant.

The year Binnert got married, Bep Rietveld signed the divorce papers with her pianist Guus Seijler. She left for Indonesia with her son Fons to start a new life with Dennis Coolwijk, a childhood friend already living there. Binnert, Els and Maarten took the boat for the then Dutch colony in April 1940. Binnert had by now graduated and found a job there as a mechanical engineer with the Hollandsche Beton Maatschappij. His wife Els was pregnant as they were on the boat heading for Indonesia; they were expecting their second child by mid-June.

— Maarten born, all well = Binnert +.

— Maarten geboren alles wel = Binnert +.

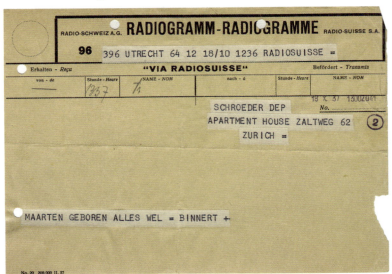

Telegram to Han about the birth of Maarten, the first son of Binnert Schröder and Els Schröder-Kolkman, 18 October 1937.

Telegram aan Han over de geboorte van Maarten, de eerste zoon van Binnert Schröder en Els Schröder-Kolkman, 18 oktober 1937.

Binnert Schröder trouwt in maart 1937 met Els Kolkman, een verpleegkundige uit Den Haag die hij via Marjan ontmoet – ze zijn studiegenoten. Els volgt, nadat ze een tijd in Parijs heeft gewerkt, net als Marjan de Amsterdamse School voor Maatschappelijk Werk. Binnert is 24 als hij met haar trouwt en studeert nog. Els is net 25 geworden en tweeënhalve maand zwanger.

Het jaar dat Binnert trouwt, tekent Bep Rietveld de echtscheidingspapieren met haar pianist Guus Seijler. Ze vertrekt met haar zoon Fons naar Indonesië, om een nieuw leven te beginnen met Dennis Coolwijk, een jeugdvriend die daar al woont. Binnert, Els en Maarten nemen in april 1940 de boot richting de toenmalige Nederlandse kolonie. Binnert is inmiddels afgestudeerd en vindt er een baan als werktuigbouwkundige bij de Hollandsche Beton Maatschappij. Zijn vrouw Els is zwanger wanneer ze op de boot richting Indonesië zitten, half juni verwachten ze hun tweede kind.

— In 1937–38 I still lived here, then I was married and then my eldest son was born here. At the time we lived downstairs in the kitchen.
— Binnert Schröder

— In 1937–1938 heb ik hier nog gewoond toen was ik getrouwd en toen was mijn oudste zoon hier geboren. Toen woonden we beneden in de keuken.
— Binnert Schröder

Binnert Schröder met Maarten in het Rietveld Schröderhuis, 1938.

Binnert Schröder with Maarten in the Rietveld Schröder House, 1938.

Binnert and Maarten Schröder at the corner window. View of Erasmuslaan, 1938.

Binnert en Maarten Schröder bij het hoekraam. Uitzicht op de Erasmuslaan, 1938.

Truus Schröder with her first grandson on her arm. A bookcase stands where the yellow stacking cabinet stood, c. 1938.

Maarten in his playpen, c. 1938.

Marjan Schröder and Maarten in the
garden of the Schröder House, 1939.

Marjan Schröder, c. 1939.

Truus Schröder with her grandson Maarten in the house, c. 1939.

Schröder (standing), Els Schröder-Kolkman seated (front) and an unidentified woman, summer 1938. Maarten's cradle is resting on the armrests of the red and blue slatted armchair. This is the earliest photo where this chair can be seen in the interior.

Schröder (staand), Els Schröder-Kolkman zittend vooraan en een onbekende vrouw, zomer 1938. De wieg van Maarten staat op de leuningen van de rood-blauwe lattenstoel. Dit is de vroegste foto waar deze stoel in het interieur te zien is.

—— Have you noticed much of the war? We personally have noticed rather little of it. Except for the distribution coupons, the trains full of soldiers on leave and other external things. ... But for a lot of people in the Netherlands the mobilisation is dreadful. A section has indeed been inundated and the farmers who lived there have lost their land of course. And there are always these shipping disasters with ships running into mines. Anyway. You probably also read about all those awful things in the Swiss newspapers.
— Binnert Schröder

—— Merken jullie veel van de oorlog? Wij merken er persoonlijk vrij weinig van. Behalve dan de distributiebonnen, de treinen vol soldaten die met verlof gaan en andere uiterlijke dingen. [...] Maar voor een heleboel mensen in Holland is de mobilisatie ontzettend. Er is namelijk een gedeelte geïnundeerd [onder water gezet] en de boeren die daar woonden zijn natuurlijk hun land kwijt. En telkens zijn er scheepsrampen van schepen die op een mijn lopen. Enfin. Al die beroerde dingen zul je ook wel in de Zwitserse kranten lezen.
— Binnert Schröder

Letter from Binnert to 'dear old sock' Han in Zurich, 28 November 1939. Binnert was then still living temporarily at his mother's house on Prins Hendriklaan with his wife Els Schröder-Kolkman and their first son Maarten.

Brief van Binnert aan "lieve ouwe sok" Han in Zürich, 28 november 1939. Binnert woont dan nog altijd tijdelijk met zijn vrouw Els Schröder-Kolkman en hun eerste zoon Maarten bij zijn moeder in de Prins Hendriklaan.

Rietveld (left) with Schröder beside him, late 1930s. On the right, Marjan (partly cut off). The man between them has not been identified.

Rietveld (links) met naast hem Schröder, eind jaren 30. Rechts (deels) Marjan. Onbekend wie de man tussen hen in is.

On 24 June 1938, Rietveld (middle) turned 50. The box in the photo contained his birthday cake.

Op 24 juni 1938 wordt Rietveld (in het midden) 50 jaar. In de kist op de foto zit zijn verjaardagstaart.

WE'LL CARRY ON LIVING QUIETLY AND WAIT AND SEE
WE LEVEN RUSTIG VERDER EN WACHTEN AF
— TRUUS SCHRÖDER

Han Schröder graduated as an architect in March 1940. Bep Rietveld, Gerrit's eldest daughter, had meanwhile reached Indonesia. Together with her son, she joined her second husband, Dennis. Binnert also boarded a steamship for Indonesia with his wife and child. Truus Schröder and Gerrit Rietveld tried to keep working as much as possible – as war loomed.

Han Schröder studeert in maart 1940 af als architect. Bep Rietveld, de oudste dochter van Gerrit, is inmiddels in Indonesië aangekomen. Samen met haar zoon voegt ze zich bij haar tweede echtgenoot Dennis. Binnert vertrekt met vrouw en kind op een stoomschip ook richting Indonesië. Ondertussen proberen Truus Schröder en Gerrit Rietveld zoveel mogelijk te blijven werken – terwijl de oorlog dreigt.

Troop inspection at the Kromhout Barracks on Schröder's street: Prins Hendriklaan 89 in Utrecht, July 1939.

Inspectie van de troepen op de Kromhoutkazerne in de straat van Schröder: Prins Hendriklaan 89 in Utrecht, juli 1939.

— We still live away from the living room because of the expensive heating costs and eat in Sis's [Marjan's] room. There is no news at all to mention. Life is a bit dull, and cold and difficult because of the snow.
— Truus Schröder

— Wij leven nog altijd buiten de woonkamer, vanwege de dure stokerij en eten op Zus' [Marjans] kamer. Er is zo helemaal niets nieuws te vermelden. Het leven is een beetje saai, en koud en moeizaam vanwege de sneeuw.
— Truus Schröder

Letter from Truus Schröder to Han, early 1940.

Brief van Truus Schröder aan Han, begin 1940.

— Wonderful that you passed and heartfelt congratulations. Hooray! Hooray!
— Truus Schröder

— Heerlijk dat je er door bent en vreselijk gefeliciteerd. Hoera! Hoera!
— Truus Schröder

Letter from Schröder to Han, March 1940. Because of the war, Han had to wait another six months before she received her diploma.

Brief van Schröder aan Han, maart 1940. Vanwege de oorlog moet Han nog een half jaar wachten voor ze haar diploma krijgt.

Gerrit Rietveld and Truus Schröder in the Rietveld Schröder House, spring 1940. Her grandson Maarten can be seen in the background.

Gerrit Rietveld en Truus Schröder in het Rietveld Schröderhuis, voorjaar 1940. Op de achtergrond staat kleinzoon Maarten.

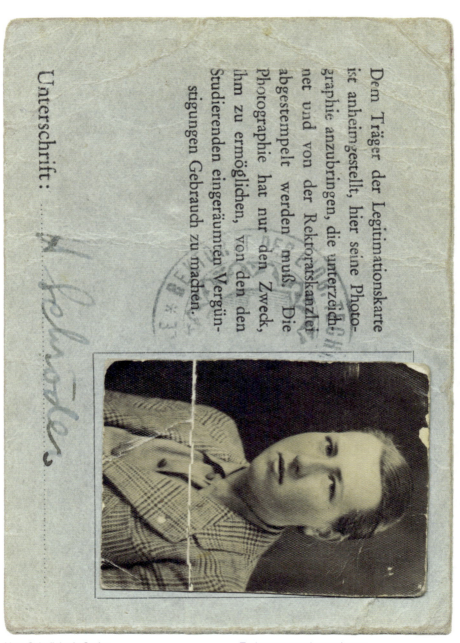

Han Schröder's Swiss student card, 1940.

Zwitserse studentenkaart van Han Schröder, 1940.

Rietveld wrote to Han about the ups and downs of his children and asked her to pass this on to the family in Indonesia too, as contact from the Netherlands with the former colony was becoming increasingly difficult. 'Will you tell Brother [Binnert] and Els and Bep that here, as always, we are working on many things at the same time? Wim is working at Smit in Bilthoven, Gerrit still in Amsterdam, Jan at Van Tijen in Rotterdam. Tuttie's child, Peter, is growing well and smiles, and Egbert is a real family man and is currently drawing portraits. They are all in good health.'

Rietveld schrijft Han over het wel en wee van zijn kinderen en vraagt haar dit ook aan de familie in Indonesië door te geven, omdat contact vanuit Nederland met de voormalige kolonie steeds moeilijker wordt. "Wil je aan Broer [Binnert] en Els en Bep vertellen dat er hier als altijd nog aan veel tegelijk gewerkt wordt? Wim werkt bij Smit in Bilthoven, Gerrit nog in Amsterdam, Jan bij Van Tijen in Rotterdam. Tutties kind, Peter, groeit goed en lacht, en Egbert is een echte huisvader en tekent tegenwoordig portretten. Zij zijn allemaal goed gezond."

Letter from Gerrit Rietveld to Han Schröder, early 1940.

Brief van Gerrit Rietveld aan Han Schröder, begin 1940.

Before his departure, Binnert wrote to Marjan in Prins Hendriklaan. He travelled with his family via Genoa to Indonesia. On the back of the card, he wrote: 'Here is a picture of the harbour. At the moment, the Rex is at the same place as in the photo. The middle boat is missing, the one on the right is the Huygens [the boat they were travelling on]. Lots of love and give mother a goodnight kiss from each of us. Mia [unidentified] says America is a country for Rietje [Rietveld].'

Binnert schrijft voor zijn vertrek aan Marjan in de Prins Hendriklaan. Hij reist met zijn gezin via Genua naar Indonesië. Op de achterkant van de kaart schrijft hij: "Hier een foto van de haven. Op het ogenblik ligt de Rex op dezelfde plaats als op de foto. De middelste boot ontbreekt, de rechtse is de Huygens [de boot waarmee zij reizen]. Veel liefs en geef moeder van ons ieder een nachtkus. Mia [onbekend] zegt dat Amerika een land voor Rietje [Rietveld] is."

Postcard from Binnert Schröder to his sister Marjan from Genoa, Italy, April 1940.

Briefkaart van Binnert Schröder aan zijn zus Marjan uit Genua, Italië, april 1940.

— Dear Han, do you see a serious future in Switzerland? I hope not! I read of the early mobilisation of troops. I don't read many newspapers any more. You can't change anything anyway and I'm very busy: I'm happy with that. You stay much calmer and most of the news tells you almost nothing anyway. You can't understand the actual context anyway.
— Truus Schröder, April 1940

— Lieve Han, zien jullie de toekomst ernstiger in Zwitserland? Ik hoop het niet! Ik las van de vervroegde opkomst van militairen. Ik lees verder maar niet meer zoveel kranten. Je kunt er toch niets aan veranderen en ik heb het erg druk: 't bevalt me wel goed. Je blijft veel rustiger en het meeste nieuws zegt je toch bijna niets. Je kunt de werkelijke samenhang toch niet begrijpen.
— Truus Schröder, april 1940

Truus Schröder (left) in Prins Hendriklaan, Utrecht. The woman next to her has not been identified, c. 1940.

Truus Schröder (links) in de Prins Hendriklaan in Utrecht. Het is niet bekend wie de vrouw naast haar is, ca. 1940.

— The international situation seems to be getting very tense again. That is hard for postal connections and hard and sad for all those mobilised so close to Whitsun. We'll carry on living quietly and wait and see.

— We otherwise don't worry about it much because it doesn't help anyway.
— Truus Schröder

— Het schijnt internationaal weer erg te spannen. Dat is lastig met de postverbindingen en lastig en verdrietig voor alle gemobiliseerden zo vlak voor de pinksterdagen. We leven rustig verder en wachten af.

— Veel zorgen maken we ons er verder niet over, omdat het toch niets helpt.
— Truus Schröder

Letter from Truus Schröder to Han just before the outbreak of World War II, May 1940.

Brief van Truus Schröder aan Han vlak voor het uitbreken van de Tweede Wereldoorlog, mei 1940.

HIDING PEOPLE IN THE STUDY
ONDERDUIKERS IN DE STUDEERKAMER

1940–1947

FROM THE EVACUATION OF THE HOUSE TO THE RETURN OF THE CHILDREN
VAN DE EVACUATIE UIT HET HUIS TOT DE TERUGKOMST VAN DE KINDEREN

As Truus Schröder tried to keep calm – 'we'll carry on living quietly and wait and see' – war broke out on 10 May 1940, when Nazi Germany invaded the Netherlands. Hostilities did not last long. On the fifth day of war, Rotterdam was bombed and that same afternoon German planes dropped leaflets over Utrecht and other cities threatening to destroy more areas.

The Netherlands capitulated and from 15 May 1940 was a country occupied by Nazi Germany. The German army marched into Utrecht from the east, via Biltstraat.

Like the other residents of Utrecht-Oost, Truus Schröder and Marjan were briefly evacuated. The elder daughter helped to shelter Dutch soldiers returning from military combat at the Grebbelinie [Grebbe Line]. For weeks, Schröder wrote letters in the hope of them reaching her daughter Han in Zurich, and her son Binnert. The latter was at sea when war broke out in the Netherlands: together with his pregnant wife Els Schröder-Kolkman and their son Maarten, he had been on his way to the former colony of the Dutch East Indies. He had found a job there as a civil engineer with the Hollandsche Beton Maatschappij [Dutch Concrete Company], which specialised in building structures made of reinforced concrete.

It was not until June 1940 that Schröder heard that her daughter was doing well. A month after that, through Han, she was put in touch with Binnert. At the same time, Rietveld learnt that his daughter Bep was faring well, given the circumstances. At that point his eldest daughter had been living in Indonesia for almost two years.

Terwijl Truus Schröder de kalmte probeert te bewaren – "we leven rustig verder en wachten af" – breekt op 10 mei 1940 de oorlog uit als nazi-Duitsland Nederland binnenvalt. De gevechtshandelingen duren kort. Op de vijfde oorlogsdag wordt Rotterdam gebombardeerd en nog dezelfde middag verspreiden Duitse vliegtuigen boven Utrecht en andere steden pamfletten met dreigementen dat nog meer gebieden zullen worden verwoest.

Nederland capituleert en vanaf 15 mei 1940 is het een door nazi-Duitsland bezet land. Vanuit oostelijke richting, via de Biltstraat, marcheert het Duitse leger Utrecht binnen.

Truus Schröder en Marjan worden net als de andere bewoners van Utrecht-Oost korte tijd geëvacueerd. De oudste dochter helpt bij de opvang van Nederlandse militairen die terugkeren van de strijd aan de Grebbelinie. Wekenlang schrijft Schröder brieven in de hoop contact te krijgen met Han en Binnert. Die laatste vaart op zee wanneer de oorlog in Nederland uitbreekt: met zijn zwangere vrouw Els Schröder-Kolkman en hun zoon Maarten is hij op weg naar de voormalige kolonie Nederlands-Indië. Hij heeft er een baan gevonden als civiel ingenieur bij de Hollandsche Beton Maatschappij die gespecialiseerd is in bouwconstructies van gewapend beton.

Pas in juni 1940 horen Schröder en Rietveld dat het goed gaat met Han. En weer een maand later pas krijgen ze contact met Binnert, die inmiddels in Indonesië is aangekomen, en met Bep, die daar al twee jaar woont.

TIMES OF WAR

The large horizontal windows – one of the special architectural features of the Rietveld Schröder House – had to be blacked out in wartime, as did the 11-metre-wide windows of the home of Gerrit and Vrouwgien Rietveld-Hadders. Rietveld drew a Dutch water landscape in charcoal on his windows in Vredenburg. 'For years it expanded our room most wonderfully', he wrote.

In the early war years, Rietveld and Schröder had 'a bit of work still'. They designed furniture, while Rietveld was invited to take part in an interior design exhibition, made designs for Utrecht's working-class housing estate, Tolsteeg, and published on working-class houses in the *Bouwkundig Weekblad*. His most striking commission during this time was the summer house on the Loosdrechtse Plassen for Gerard Marius Verrijn Stuart, the director of the Amsterdamsche Bank, for whom he also designed furniture for the staff room.

ARBEITSEINSATZ

Han Schröder left Switzerland for Lisbon in 1941. Or rather, she was stranded there on her way to her brother in Indonesia. Her cousin, Jan Poelhekke, who worked at the embassy in the Portuguese capital, arranged a job for her at the Red Cross. Han was put in charge of shipping food parcels to the Netherlands; this allowed her to steer pieces of cloth and sardines to her family.

Commissions for Truus Schröder and Gerrit Rietveld dwindled rapidly in 1942 when Rietveld refused to register with the Nederlandsche Kultuurkamer [Netherlands Chamber of Culture], the Nazi institute with which artists, among others, had to register in order to work. The situation became even more critical when the Nazis began to round up an ever-increasing number of Dutch men for *Arbeitseinsatz* [labour deployment] in Germany.

Rietveld's sons suffered under these new circumstances. Jan Rietveld (aged 21 when war broke out) went into hiding, as did Gerrit junior (18) and the youngest, Wim (15). However, all three were arrested. Gerrit junior was sent to work in Germany. In 1942 Wim was arrested and spent a year in Kamp Amersfoort. Jan was arrested in France in 1943 while trying to make his way to England. Egbert Rietveld, the eldest son, aged 24 at the start of the war, was not called up for forced labour – as a technician at a weighing machine factory, he was probably considered indispensable.

RESISTANCE

Through her diplomatic contacts, Han Schröder managed to get the girl next door, at Prins Hendriklaan 48, out to Portugal: Miek van Lier was in fact in the Resistance. Her younger sister, Truus van Lier, went even further and joined an armed Resistance group. After a pivotal act of resistance, her fate was sealed.

Truus Schröder's house was also a place of resistance – although we have to be cautious, as this information has only been passed down orally and there is no hard evidence (as yet), and further research is needed. Nevertheless, we can say with some certainty that Schröder sheltered a number of people in hiding in her downstairs study. It is also virtually certain that Rietveld forged identity cards and made stamps. His experience as a draughtsman at Begeer's jewellery shop would certainly have helped.

bij de Nederlandsche Kultuurkamer aan te melden, het nazi-instituut waar onder meer kunstenaars ingeschreven moeten staan om te mogen werken. De situatie wordt nog nijpender als de nazi's voor de *Arbeitseinsatz* (dwangarbeid) meer en meer Nederlandse mannen oppakken om in Duitsland tewerk te stellen.

Hier lijden de zonen van Rietveld onder. Jan Rietveld (21 jaar als de oorlog uitbreekt) duikt onder, net als Gerrit junior (18) en de jongste Wim (15). Alle drie worden ze echter opgepakt. Gerrit junior wordt in Duitsland tewerkgesteld. In 1942 volgt de arrestatie van Wim, die daarna een jaar in Kamp Amersfoort gevangen zit. Jan wordt in 1943 in Frankrijk aangehouden als hij richting Engeland probeert te vluchten. Egbert Rietveld, de oudste zoon en 24 jaar oud aan het begin van de oorlog, wordt niet voor de gedwongen tewerkstelling opgeroepen – waarschijnlijk is hij als technicus bij een weegapparatenfabriek als onmisbaar aangemerkt.

VERZET

Han Schröder weet met haar diplomatieke contacten het buurmeisje van de Prins Hendriklaan 48 naar Portugal te laten vluchten: Miek van Lier zit namelijk in het verzet. Haar jongere zus Truus van Lier gaat nog verder en sluit zich aan bij een gewapende verzetsgroep. Na een cruciale verzetsdaad wacht haar een noodlottig einde.

Ook in het huis van Truus wordt verzet gepleegd – al moeten we een slag om de arm houden: de informatie is verkregen via overlevering, er is (nog) geen hard bewijs. Verder onderzoek is nodig, maar met enige zekerheid kunnen we stellen dat Schröder in haar studeerkamer beneden een aantal onderduikers onderdak biedt. Ook staat zo goed als vast dat Rietveld persoonsbewijzen vervalst en stempels maakt. Zijn ervaring als tekenaar bij juwelier Begeer zal zeker hebben geholpen.

ONTPLOFFING

In de zomer van 1943 trekt Rietveld al tekenend door Limburg en ook Truus Schröder gaat, ondanks de bezetting, wel eens op pad. De laatste maanden van de oorlog duikt Rietveld korte tijd onder bij zijn vriend, de huisarts en fotograaf Nico Jesse, voor wie hij ook meubelen maakt.

De grootste materiële oorlogsschade voor Schröder komt in augustus 1944. Pal voor het huis van Truus aan de Prins Hendriklaan vatten twee munitieauto's vlam en exploderen. Alle ruiten slaan uit het huis, ook de huizen aan de Erasmuslaan hebben veel schade. Schröder en Rietveld, op tijd gealarmeerd, zijn naar buiten gegaan en kijken vanaf een afstand naar de woning. Met hun esthetische blik – die altijd aanstaat – constateren ze dat de ramen nu eindelijk de gewenste 'gaten' zijn geworden. Letterlijk. Rietveld kijkt Schröder aan en zegt: "Eigenlijk is het veel mooier zo."

STRALEND

Op 5 mei 1945, na vijf jaar bezetting, capituleert nazi-Duitsland en enkele dagen later wordt de vrede getekend. Utrecht wordt twee dagen later bevrijd. Langzaam keert iedereen van de Schröder- en Rietveldfamilie terug. Jan Rietveld, die in Frankrijk gevangenzat, wordt in 1944 vrijgelaten. Han – via Lissabon in Londen terechtgekomen – is in 1946 opnieuw in Utrecht. Dan Indonesië, waar het lot van het gezin van Binnert Schröder

EXPLOSION

In the summer of 1943, Rietveld travelled through Limburg, where he continued to draw. Despite the Occupation, Truus Schröder also ventured out occasionally. During the last months of the war, Rietveld briefly went into hiding with his friend, the doctor and photographer Nico Jesse, for whom he made furniture.

The greatest material war damage happened in August 1944. Two ammunition lorries caught fire and exploded right in front of Truus's house on Prins Hendriklaan. All the windows were blown out; the houses on Erasmuslaan also suffered considerable damage. Schröder and Rietveld, having been alerted in time, had left the house and watched from a distance. With their aesthetic gaze (which was always present), they noted that the windows had finally become the 'holes' they had always wanted, literally. Rietveld turned to Schröder and said, 'It's actually much nicer like that.'

RADIANT

On 5 May 1945, after five years of occupation, Nazi Germany capitulated and a few days later a peace treaty was signed. Utrecht was liberated two days later. Gradually, everyone from the Schröder and Rietveld households returned. Jan Rietveld, who had been imprisoned in France, had been released in 1944. Han – who had ended up in London via Lisbon – would make her way back to Utrecht in 1946. In Indonesia, the fate of Binnert Schröder's family and that of Bep Rietveld involved some additional drama. Both families were kept in Japanese internment camps there. When the Japanese occupation ended in August 1945, they endured the violence of the Indonesian War of Independence. In 1947, Binnert and his family, like Bep and her children, returned to the Netherlands. At last.

While the war had begun with letters asking for signs of life, the war – or wars, if we include the armed struggle in the former Dutch East Indies – concluded with photographs on which everyone can be seen beaming with joy at the emotional reunion.

en dat van Bep Rietveld dramatischer afloopt. Beide families zitten er in Japanse interneringskampen. Als de Japanse bezetting in augustus 1945 ten einde komt, ondergaan ze het geweld tijdens de Indonesische onafhankelijkheidsstrijd. In 1947 keert Binnert met zijn gezin naar Nederland terug. Eerder is Bep al met haar kinderen teruggekeerd. Eindelijk.

Begon de oorlog met vele brieven hopend op een teken van leven, dan eindigt de oorlog (oorlogen, als we de wapenstrijd in Indonesië meerekenen) met talrijke foto's, waarop iedereen straalt van blijdschap door het emotionele weerzien.

WIR MACHEN ES GUT
WIR MACHEN ES GUT
– TRUUS SCHRÖDER

On 10 May 1940, Nazi Germany invaded the Netherlands. After a few days of warfare, German bombers destroyed the city of Rotterdam and the Dutch government capitulated. From 15 May, the country was occupied by the Nazis.

Op 10 mei 1940 valt nazi-Duitsland Nederland binnen. Na een paar dagen oorlogsvoering verwoesten Duitse bommenwerpers de stad Rotterdam en tekent de Nederlandse regering de capitulatie. Vanaf 15 mei is het land bezet door de nazi's.

— Utrecht was not bombed. We had a narrow escape. It must have been a close thing.
— Truus Schröder to Han

— Utrecht is niet gebombardeerd. We zijn door het oog van de naald gekropen. Het moet op het nippertje geweest zijn.
— Truus Schröder aan Han

Drawing by Gerrit Rietveld for Truus Schröder, n.d. On the back of the drawing, she later wrote: 'This little plant gave me a lot during the war; Rietveld drew it for me in 1940–45.'

Tekening van Gerrit Rietveld voor Truus Schröder, z.j. Op de achterkant van de tekening schrijft ze later: "Dit plantje dat mij in de oorlog veel gaf, tekende Rietveld in 1940–1945 voor me na."

— Return to sender, Postal connections with Foreign countries temporarily interrupted.

— Terug afzender, Postverbindingen met het Buitenland tijdelijk verbroken.

Envelope of a letter from Truus Schröder to Binnert in Batavia, May 1940.

Envelop van een brief van Truus Schröder aan Binnert in Batavia (Jakarta), mei 1940.

―― Dear, dear Han, I am glad you are in Switzerland. Don't come back for us. We are calm and very peaceful. Will have much comfort from your good care last year right now. Brother [Binnert] etc. is doing well. Don't worry or fret! We are prepared. And all will pass too. I'm so happy you're far away.
— Truus Schröder

―― Lieve, lieve Han, ben blij dat je in Zwitserland bent. Kom voor ons niet terug. We zijn kalm en zeer rustig. Zullen van jouw goede zorgen van vorig jaar nu veel gemak hebben. Broer [Binnert] enzovoort maakt het best. Maak je geen zorgen of verdriet! We zijn bereid. En alles gaat ook voorbij. Ik ben zo gelukkig dat je ver weg bent.
— Truus Schröder

Postcard from Truus and Marjan Schröder to Han, two days after the invasion by Nazi Germany, 12 May 1940. The text was written in three languages in the hope of escaping censorship.

⎯ Oh Oh dear Hanneke, what a blessing that we can write again. That we can assume with human certainty that it will reach its destination too. I have tried not to think about you! Because when I did think of you, I got so anxious I almost collapsed. [...] We are all doing very well here at home, in the neighbourhood and also R [Rietveld] and family etc. We haven't suffered anything privately.
— Truus Schröder to Han

⎯ O O lieve Hanneke, wat een geluk dat we weer schrijven kunnen. Dat we met menselijke zekerheid kunnen aannemen dat het ook overkomt. Ik heb getracht niet aan je te denken! Want als ik aan je dacht, kreeg ik het zo benauwd dat ik haast plofte. [...] We maken het allen hier in huis, in de buurt en ook R [Rietveld] en familie enzovoort allemaal heel goed. We hebben privé niets te lijden gehad.
— Truus Schröder aan Han

Letter from Truus Schröder to Han, 6 June 1940. After weeks of silence, she could communicate with her daughter in Zurich again. She still had no contact with Binnert in Indonesia.

— Now that the world is getting so scary, hadn't you better come home?
— Truus Schröder to Han

— Nu dat de wereld zo eng wordt zou je toch maar niet naar huis komen?
— Truus Schröder aan Han

Brief van Truus Schröder aan Han, 6 juni 1940. Na weken stilte kan ze weer met haar dochter in Zürich communiceren. Met Binnert in Indonesië heeft ze nog altijd geen contact.

— Yes, we're healthy, not injured, haven't suffered any scary financial blows. The houses are still there intact, inhabited and well, and we still get everything to eat as before, except for some very important restrictions. The buses run less so we cycle a lot, which is perfect for our figure.
— Truus Schröder to Han

— Jan R. [Gerrit Rietveld's second son] has been discharged already and in the whole neighbourhood everyone is alright and nothing has been damaged.
— Truus Schröder to Han

Letter from Schröder to Han about the evacuation after the invasion by the German army, 18 June 1940.

— Ja hoor we zijn gezond, niet gewond, hebben geen enge financiële klappen gehad. De huizen staan er nog ongeschonden bewoond en wel en we hebben nog alles te eten als vroeger op enkele zeer belangrijke beperkingen na. De bussen rijden minder en we fietsen dus veel, hetgeen perfect is voor de lijn.
— Truus Schröder aan Han

Brief van Schröder aan Han over de evacuatie na de inval van het Duitse leger, 18 juni 1940.

— Jan R. [de tweede zoon van Gerrit Rietveld] is al weer uit dienst en in de hele buurt is iedereen terecht en niets beschadigd.
— Truus Schröder aan Han

While Binnert was on his way to Indonesia and Truus's youngest daughter Han was staying in Switzerland, Marjan was living with her mother again in Utrecht – after completing her studies as a social worker, she moved in with her mother. In letters to Han, Truus wrote about her eldest daughter.

Terwijl Binnert op weg is naar Indonesië en haar jongste dochter Han in Zwitserland verblijft, woont Marjan weer bij Schröder in Utrecht. Na het afronden van haar studie als arbeidsdeskundige is ze bij haar moeder ingetrokken. In brieven aan Han schrijft Truus over haar oudste dochter.

⎯ I did see a few things of the war, not much. Sis. [Marjan] helped a lot of people, refugees and so on, and that actually does give you a picture of reality. Among other things, Sis. was away for three days looking for a fallen sergeant for an acquaintance of hers. They succeeded, but of course it left an impression on her. She is very energetic and worked day and night at the beginning.
— Truus Schröder to Han

⎯ Ik heb wel een en ander gezien van de oorlog, niet veel. Zus [Marjan] heeft veel mensen, vluchtelingen en zo, geholpen en zodoende krijg je toch een beeld van de realiteit. Zus was onder andere drie dagen weg om een gesneuvelde sergeant te zoeken voor een kennis van haar. Dat is hun gelukt, maar natuurlijk heeft het haar aangepakt. Ze is erg flink en heeft dag en nacht gewerkt in het begin.
— Truus Schröder aan Han

⎯ This is how the entrance to our garden looked
— text on the back of the photo

⎯ Zo was de entrée van onze tuin
— tekst op de achterzijde van de foto

Marjan Schröder walking into the garden of the Rietveld Schröder House, c. 1941.

Marjan Schröder die de tuin van het Rietveld Schröderhuis inloopt, ca. 1941.

— Dear Hanneke, we have been in Indonesia for more than a week now, but have had no opportunity to write so far. You are the only one to whom we can report our good arrival. I really hope that you will be able to get in touch with Mother and then you will just have to inform us of everything just as you will hopefully be able to pass on the news from this letter. You understand that we long to hear from all the family terribly.
— Binnert Schröder

Letter from Binnert sent from his hotel in Surabaya, Indonesia, to Han, 27 May 1940.

Brief van Binnert vanuit zijn hotel in Soerabaja, Indonesië, aan Han, 27 mei 1940.

— Lieve Hanneke, we zijn nu ruim een week in Indië, maar hebben tot nu toe geen gelegenheid gehad om te schrijven. Je bent de enige die we onze goede aankomst kunnen berichten. Ik hoop erg dat jij met moeder contact kunt krijgen en dan moet jij ons maar alles berichten zoals je ook de nieuwtjes uit deze brief hopelijk kunt doorgeven. Je begrijpt dat we verschrikkelijk verlangend zijn iets van alle familie te horen.
— Binnert Schröder

Around 20 May 1940, the Schröder-Kolkman family arrived in Indonesia, where Binnert was initially only able to get in touch with his sister in Zurich – because of the Occupation the postal services in the Netherlands had been temporarily shut down.

Rond 20 mei 1940 komt het gezin Schröder-Kolkman in Indonesië aan, waar Binnert in eerste instantie enkel met zijn zus in Zürich contact kan krijgen – door de bezetting liggen de posterijen in Nederland tijdelijk stil.

—— Born 24 June evening Reynier.
All very happy with telegram.

—— Geboren 24 juni avond Reynier.
Allemaal heel blij met telegram.

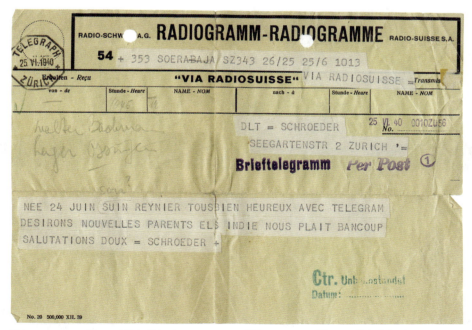

Telegram from Binnert Schröder in Surabaya 'via radiosuisse' to his sister Han. Binnert and Els's son, Rein, was born on 24 June 1940.

Telegram van Binnert Schröder in Soerabaja 'via radiosuisse' aan zijn zus Han. Op 24 juni 1940 is de zoon van Binnert en Els geboren: Rein.

Bep Rietveld had by now been living for almost two years in Indonesia. She travelled there after her divorce, and married pianist Dennis Coolwijk. Their two daughters were born in 1939 and 1941. Bep later said about her move to Indonesia: 'When my first marriage was over, I received a message from Indonesia from a man who wrote that he wanted to marry me. And since I also had feelings for him, I then went there by myself.' Bep continued to paint and draw in Indonesia. In 1941 she participated in an exhibition in Batavia, present-day Jakarta.

―― I'm not going to write anything to Beppie Coolwijk-Rietveld about it. I think it'll be really nice to suddenly pop up in front of her.
— Binnert Schröder to Han

―― Ik ga er Beppie Coolwijk-Rietveld niks over schrijven. Het lijkt me erg leuk om opeens voor haar neus te staan.
— Binnert Schröder aan Han

Binnert and Els Schröder-Kolkman and their children Maarten and Rein in Indonesia, 1941.

Inmiddels woont Bep Rietveld bijna twee jaar in Indonesië. Ze is er na haar scheiding naartoe gereisd en trouwt er met pianist Dennis Coolwijk. In 1939 en in 1941 worden hun twee dochters geboren. Bep zegt later over haar vertrek naar Indonesië: "Toen mijn eerste huwelijk voorbij was, kreeg ik uit Indië bericht van een man die schreef dat hij wel met me wilde trouwen. En aangezien ik daar ook wel voor voelde, ben ik toen op eigen houtje gegaan." Bep blijft ook in Indonesië schilderen en tekenen. In 1941 neemt ze deel aan een expositie in Batavia, het huidige Jakarta.

Bep Rietveld in Batavia (het huidige Jakarta, Indonesië) met haar zoon Fons, vlak na aankomst, ca. 1938.

Bep Rietveld in Batavia (present-day Jakarta, Indonesia) with her son Fons, shortly after their arrival, c. 1938.

__ We can't telephone or telegraph abroad here. We have no news of each other and of the second child [Binnert and Els's Rein]. It must be there already, no? This is a cry for help from a distressed mother's heart.
— Binnert Schröder to Han

__ Wij kunnen hier niet telefoneren of telegraferen met het buitenland. We weten niets van elkaar en van het tweede kindje [Rein van Binnert en Els]. Het zal er al wel zijn, hè? Dit is een noodkreet uit een benauwd moederhart.
— Binnert Schröder aan Han

Letter from Truus Schröder to Han, 22 July 1940. A month after the birth of her second grandchild Rein, Truus still hadn't heard the news.

Brief van Truus Schröder aan Han, 22 juli 1940. Een maand na de geboorte van haar tweede kleinkind Rein, is Truus nog altijd niet van het nieuws op de hoogte.

Han Schröder had already graduated in March 1940, but this was not formalised until August. Rietveld wrote to her: 'Dear Han, heartfelt congratulations on the splendid success of your exam. We are now colleagues, at least if they recognise me, you understand. I wish you a well-deserved happy holiday.'

Al in maart 1940 is Han Schröder afgestudeerd, maar pas in augustus wordt dit geformaliseerd. Rietveld schrijft haar dan: "Beste Han, hartelijk gelukgewenst met het schitterend welslagen van je examen. We zijn nu collega's, tenminste als ze mij erkennen, begrijp je. Ik wens je een welverdiende prettige vakantie."

Han in Evolène, Switzerland, 1940. Han in Evolène, Zwitserland, 1940.

— Dear Hanneke, thank you very much for letting Beppie [Rietveld] know. How are you feeling after that tense exam? I have heard this and that about your walks, really wonderful to become yourself. If you have done enough statics (simple beam calculations, the rest is done by specialists everywhere) then you can manage on your own here and you can hold your own, as a woman that will be even more necessary than for a man.
— Gerrit Rietveld to Han

— Beste Hanneke, heel erg bedankt dat je Beppie [Rietveld] iets hebt laten weten. Hoe voel je jezelf na dat spannende examen? Ik heb al zo het een en ander gehoord over je wandelingen, erg heerlijk om jezelf te worden. Als je genoeg statica gedaan hebt (eenvoudige balkberekeningen, de rest wordt overal door specialisten gedaan) dan kun je je hier alleen redden en kun je je handhaven; als vrouw zal dat nog meer nodig zijn dan voor een man.
— Gerrit Rietveld aan Han

— There is such a big pond in front of the houses on Erasmuslaan now that the peat has been dug out — a river.

— Zo'n grote waterplas is het voor de huizen in de Erasmuslaan nu het veen uitgegraven is — een rivier.

Letter from Gerrit Rietveld to Han, 5 October 1940. With a drawing of the houses on Erasmuslaan with water in front.

Brief van Gerrit Rietveld aan Han, 5 oktober 1940. Met een tekening van de huizen aan de Erasmuslaan met water ervoor.

I STILL HAVE A LITTLE WORK
IK HEB ALTIJD NOG EEN BEETJE WERK
— GERRIT RIETVELD

Truus Schröder and Gerrit Rietveld managed to carry out a number of commissions during the first years of the war. Schröder was listed as an interior designer in the 'Register for the long-distance telephone service' in 1941.

Het lukt Truus Schröder en Gerrit Rietveld de eerste oorlogsjaren een aantal opdrachten uit te voeren. Schröder staat in de "Naamlijst voor den interlocalen telefoondienst" in 1941 vermeld als Interieur-ontwerpster.

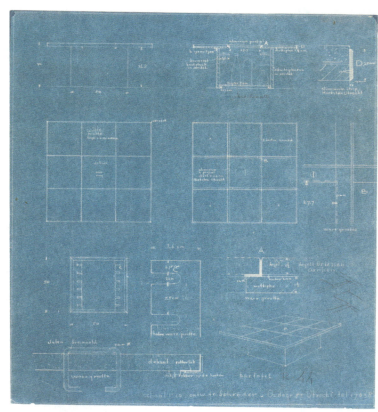

— des tr. Schröder Oudegr 55 Utrecht tel 17638
— ontw tr. Schröder Oudegr 55 Utrecht tel 17638

Truus Schröder designed this table for Mrs Fesevur-van Bart, an ophthalmologist, between 1939 and 1945. The tabletop is made up of nine tiles.

Tussen 1939–1945 ontwerpt Truus Schröder deze tafel met een blad van 9 tegels voor de oogarts, mevrouw Fesevur-van Bart.

__ Riet has been invited to the exhibition of interiors for this summer in Amsterdam. First you have to design, and for that you get 150 guilders. Then you have to make another choice. He chose a living room, kitchen, or a little weekend house by the lakes (I believe).
— Truus Schröder to Han, 1940

__ Riet is uitgenodigd voor de tentoonstelling van interieurs voor deze zomer in Amsterdam. Eerst moet je ontwerpen, daarvoor krijg je 150 gulden. Dan wordt er weer een keus gedaan. Hij koos een woonkamer, keuken of een weekendhuisje aan de plassen (geloof ik).
— Truus Schröder aan Han, 1940

Truus Schröder, probably photographed in Rietveld's studio on Oudegracht, 1940s.

Truus Schröder, waarschijnlijk gefotografeerd in Rietvelds atelier aan de Oudegracht, jaren 40.

— I still have a little work. Last week I was already delighted with a little job for after the peace, for which I am already preparing the entire plan. If more like that come my way, I too won't have to worry.
— Gerrit Rietveld to a friend,
  29 May 1942

— Ik heb altijd nog een beetje werk. Verleden week werd ik al verblijd met een werkje voor na de vrede, waarvoor ik vast het plan geheel klaarmaak. Komen er zo meer, dan is er ook voor mij geen nood.
— Gerrit Rietveld aan een vriend,
  29 mei 1942

Gerrit Rietveld on a bench, 1942.

Throughout the mobilisation and much of the Occupation, the windows of houses had to be blacked out – by order, first from the Dutch government, then from the German occupier. The windows were covered to prevent aircraft getting their bearings.

After the Allies had carried out a successful propaganda campaign with the letter V for victory, Nazi Germany organised a similar campaign, but with the V standing for the opposite in an attempt to negate the Allied success. This Nazi banner reads: 'V = Germany wins for Europe on all fronts'.

Tijdens de mobilisatie en een groot deel van de bezetting moeten de ramen van de huizen verduisterd worden – eerst is het een opdracht van de Nederlandse overheid, daarna van de Duitse bezetter. Met afgeplakte ramen moet voorkomen worden dat vliegtuigen zich kunnen oriënteren.

De geallieerden hebben een succesvolle propaganda-actie met de letter V van victory. Met een vergelijkbare actie – maar tegenovergesteld uitgelegd – probeert nazi-Duitsland dit succes te ontzenuwen. Op dit nazispandoek staat: 'V = Duitsland wint voor Europa op alle fronten'.

Banner with V campaign on Vredenburg, Utrecht, c. 1941–42. In the background, the Vreeburg cinema and Rietveld's top-floor flat, Vredenburg 8bis.

Spandoek met V-actie op het Vredenburg, Utrecht, ca. 1941–1942. Op de achtergrond: bioscoop Vreeburg en de bovenwoning van Rietveld, Vredenburg 8bis.

▁ When we all had to black out, we did so with black paper. But Rietveld bought a huge piece of Lancaster [fabric], off-white, and steel tubes, the width of the room, to roll it up on. In the evening he let it down. I helped him draw a horizon on it and a few mooring posts in front and some seagulls. And while everyone looked at their black curtains, at his place you could see England.
— a neighbour of Rietveld about the war

▁ Toen we allemaal moesten verduisteren deden we dat met zwart papier. Maar Rietveld kocht een enorme lap Lancaster, gebroken wit, en stalen buizen, kamerbreed, om het op te rollen. 's Avonds liet hij het zakken. Ik heb hem nog geholpen om er een horizon op te tekenen en een paar meerpalen vooraan en wat meeuwen. En als iedereen tegen zijn zwarte gordijnen zat te kijken, zag je bij hem zo Engeland.
— buurtgenoot van Rietveld over de oorlog

Erasmuslaan with windows partly blacked out with dark paper, c. 1941–42.

Erasmuslaan met deels met donker papier verduisterde ramen, ca. 1941–1942.

—— Yesterday, I was admitted as a BNA member. You were the only influential one who actively wanted to help me; for which I thank you warmly once again.

—— Gisteren ben ik als BNA-lid toegelaten. Je was de enige invloedrijke die me met de daad hebt willen helpen; waarvoor ik je nogmaals hartelijk dank.

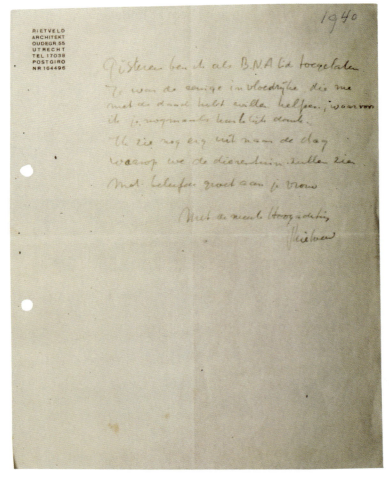

Letter from Gerrit Rietveld to architect Sybold van Ravesteyn on his admission to the BNA, the trade association for architects, 1940.

Brief van Gerrit Rietveld aan architect Sybold van Ravesteyn over de toelating tot de BNA, de branchevereniging voor architecten, 1940.

Around 1940, Gerrit Rietveld and Truus Schröder refurbished the study of Hester Jeanne Pino, the wife of banker Gerard Marius Verrijn Stuart. The walls were a soft grey-green, the sofa white with grey-pink upholstery, and the floor was covered with rush mats. Shortly afterwards, they built a summer house at the Loosdrechte Plassen for the Verrijn Stuart family.

Rond 1940 verbouwen Gerrit Rietveld en Truus Schröder de studeerkamer van Hester Jeanne Pino, de echtgenote van bankier Gerard Marius Verrijn Stuart. De kleur van de wand is zacht grijsgroen, de bank wit met grijs roze bekleding en biezen matten op de vloer. Kort daarna bouwen ze een zomerhuis aan de Loosdrechtse Plassen voor het gezin Verrijn Stuart.

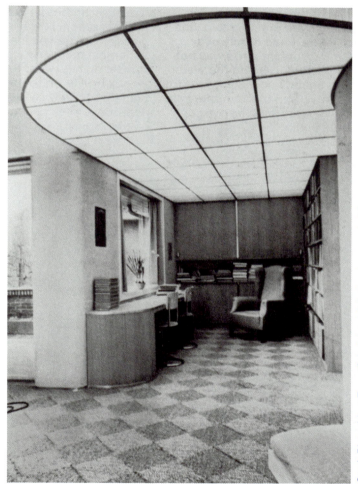

Gerrit Rietveld en Truus Schröder, bibliotheek en werkplek van mevrouw Verrijn Stuart-Pino in Utrecht, ca. 1940.

Gerrit Rietveld en Truus Schröder, library and workspace of Mrs Pino-Verrijn Stuart in Utrecht, c. 1940.

__ Het huisje in Loosdrecht wordt iets geweldigs! Het moet vóór Hemelvaart klaar zijn.
— Truus Schröder aan Han

__ The little house in Loosdrecht is going to be beautiful! It has to be ready before Ascension Day.
— Truus Schröder to Han

__ Yet it has always struck me in my life that much more happens than you think possible. For instance, this week I drifted around on the lakes near Loosdrecht the whole day long, because we are erecting two little houses there. I had hardly ever been to Loosdrecht and I was not at all expecting to be on the water so much again. I now also want to learn to row, and this summer I am going take swimming lessons at the Ozebi again.
— Truus Schröder to Han

__ Toch is me in mijn leven altijd opgevallen dat er veel meer gebeurt als je voor mogelijk houdt. Zo dreef ik van de week een hele dag op de plassen rond bij Loosdrecht, omdat we daar twee huisjes zetten. Ik was bijna nooit in Loosdrecht geweest en had nu helemaal niet verwacht nog eens zoveel op het water te zijn. Nu wil ik ook nog leren roeien en ik ga van de zomer toch weer in de Ozebi zwemles nemen.
— Truus Schröder aan Han

The Verrijn Stuart summer house at the Loosdrechtse Plassen under construction, 1940.

Zomerhuis Verrijn Stuart aan de Loosdrechtse Plassen in aanbouw, 1940.

The second house Truus Schröder was referring to in her letter of April 1941 was the extension of the house on the waterfront that Rietveld had designed for Prof. Dr Joseph Lanjouw in 1938, probably with the collaboration of Schröder. Located on a quiet lake near Breukelen, the house was used by Lanjouw as a weekend retreat. An acquaintance of Schröder and Rietveld, he lived near the Schröder House. In 1936 Rietveld furnished his Utrecht home.

Het tweede huis waar Truus Schröder in haar brief van april 1941 naar verwijst, is de uitbreiding van de woning aan het water die Rietveld in 1938 voor prof. dr. Joseph Lanjouw ontwerpt, waarschijnlijk met de medewerking van Schröder. Het huis ligt aan een stille plas in de buurt van Breukelen en wordt door Lanjouw als weekendhuis gebruikt. Hij is een bekende van Schröder en Rietveld, en woont in de buurt van het Schröderhuis. In 1936 richtte Rietveld zijn Utrechtse woning in.

Gerrit Rietveld (in collaboration with Truus Schröder), the summer house De Braamakkers for Verrijn Stuart, 1941.

Gerrit Rietveld (met medewerking van Truus Schröder), zomerhuis De Braamakkers voor Verrijn Stuart, 1941.

── Geertruida Antonia Schräder – Interior designer

── Geertruida Antonia Schräder – Binnenhuisarchitecte

Truus Schröder's identity card, 1941.

Persoonsbewijs van Truus Schröder, 1941.

— Gerrit Thomas Rietveld – Architect
— Gerrit Thomas Rietveld – Architect

Gerrit Rietveld's identity card, 1941.

Persoonsbewijs van Gerrit Rietveld, 1941.

— Dear Truus, will you put these little flowers on this saucer and then put water on the saucer? Then you will be able to see what those little flowers do before they disappear. There is a tragic side to all such things, but also something comforting. I hope they are not disturbed in their pursuit.

— Lieve Truus, wil je deze bloemetjes op dit schoteltje leggen en dan water op het schoteltje doen? Dan kun je zien, wat die bloemetjes, voor ze verdwijnen, doen. Aan al zulke dingen zit een tragische kant, maar ook wel iets opbeurends. Ik hoop dat ze niet gestoord worden in hun streven.

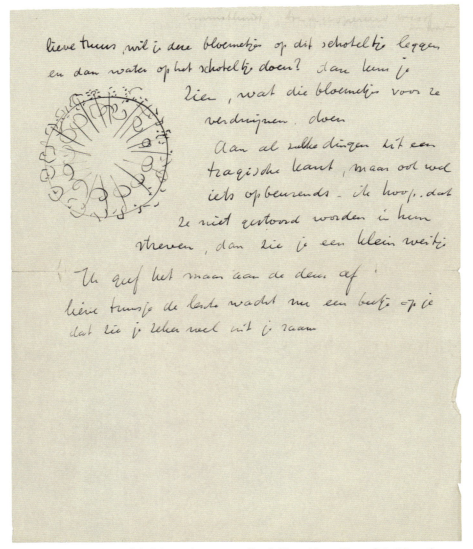

Gerrit Rietveld to Truus Schröder, n.d.   Gerrit Rietveld aan Truus Schröder, z.j.

A new roadway was built between the Rietveld Schröder House and Erasmuslaan. Truus Schröder wrote about it in a letter to Han.

Tussen het Rietveld Schröderhuis en de Erasmuslaan wordt de nieuwe rijksweg aangelegd. Truus Schröder schrijft erover in een brief aan Han.

—— Oh Han, I too am enjoying nature so much this year. The table is still perpendicular to the back window and then we sit in front of the very large open hole. Which you can never quite have at the other windows. You see nothing but greenery (from my spot) and during the week 'working' on the new street, with little engines. The rails and points have already been laid across the stretch of grass on Erasmuslaan.
— Truus Schröder

—— O Han, ik geniet toch ook zo van de natuur dit jaar. De tafel staat nog steeds dwars op het achterraam en dan zitten we voor het heel grote open gat. Wat je zo toch nooit hebben kan bij de andere ramen. Je ziet niets als groen (van mijn plaatsje af) en door de week 'werken' aan de nieuwe straat, met kleine locomotiefjes. De rails en een wissel liggen zelfs al over het grasveld van de Erasmuslaan.
— Truus Schröder

View from the balcony of Binnert's former bedroom, the red room, c. 1942. In the background, the roadway – Rijksweg 22.

Uitzicht vanaf het balkon van de voormalige slaapkamer van Binnert, de rode kamer, ca. 1942. Op de achtergrond: Rijksweg 22.

— We just hope there will be a good wide patch of greenery in the middle of the road. This is very important for the light reflection in the houses and also for the outlook. Imagine looking out on sunny asphalt only. I would then have to wear a green veil!
— Truus Schröder to Han

Letter from Truus Schröder to Han, 11 May 1941.

Brief van Truus Schröder aan Han, 11 mei 1941.

— We hopen maar dat er een flink breed stuk groen midden op de weg komt. Voor de lichtweerkaatsing in de huizen is dit erg belangrijk en ook voor de uitkijk. Stel je voor dat je op allemaal zonnig asfalt keek. Dan ga ik een groene sluier dragen!
— Truus Schröder aan Han

— All the trees have now been cut down between us for the new roads. We have now become, so to speak, real neighbours opposite each other [with the residents of the houses on Erasmuslaan]. ... I was really curious to see what the houses would look like from that side. Now, our little house was simply beautiful. So small and fascinating. You could say too individualistic and idiosyncratic, but if you look at it as the beginning of something new that will always start its very first beginning as something personal anyway, I think that's acceptable.

— Alle bomen zijn nu tussen ons omgehakt voor de nieuwe wegen. We zijn nu zo te zeggen echte overburen geworden [met de bewoners van de huizen aan de Erasmuslaan]. [...] Ik was erg benieuwd hoe de huizen eruit zouden zien van die kant. Nu, ons huisje was eenvoudig prachtig. Zo klein en boeiend. Je zou kunnen zeggen te individualistisch en eigenzinnig, maar als je het ziet als het begin van iets nieuws dat toch wel altijd als iets eigens zijn allereerste begin zal beginnen, vind ik dat toch te accepteren.

HAN SCHRÖDER LEAVES FOR LISBON
HAN SCHRÖDER VERTREKT NAAR LISSABON

After graduating as an architect from ETH in Zurich, Han Schröder considered going to the United States, where her partner Florence Maly had settled. When that failed, she tried to make the crossing to her brother in Indonesia, but she got stranded in the Portuguese capital. Her cousin Jan Poelhekke was working at the embassy there and got her a position with the Red Cross. Han worked there until 1944.

Na haar afstuderen als architect aan de ETH in Zürich overweegt Han Schröder naar de Verenigde Staten te gaan, waar haar partner Florence Maly dan inmiddels is. Als dat niet lukt, probeert ze de oversteek richting haar broer in Indonesië te maken, maar ze strandt in de Portugese hoofdstad. Haar neef Jan Poelhekke werkt daar op de ambassade en zorgt dat ze een functie bij het Rode Kruis krijgt. Daar werkt Han tot 1944.

Han Schröder in Lisbon. The back of the photo reads: '19 September 1942, Lisbon. With many sweet thoughts to the distance. Hanneke.'

Han Schröder in Lissabon. Op de achterkant van de foto staat: "19 september 1942, Lisboa. Met veel lieve gedachten naar de verte. Hanneke."

Truus Schröder (standing left) and Gerrit Rietveld (seated right) with, between them, an unidentified woman, c. 1942. The opened window gives onto Rijksweg 22.

Truus Schröder (staand links) en Gerrit Rietveld (zittend rechts) met tussen hen in een onbekende vrouw, ca. 1942. Door het geopende raam kijk je uit op de Rijksweg 22.

Neef Jan Poelhekke (1913–1985) is de zoon van de oudste zus van Frits Schröder – de overleden echtgenoot van Truus. Als een van de weinigen uit de Schröder-familie reageert hij enthousiast als hij in de jaren 20 het huis van Schröder en Rietveld bezoekt. Na de afronding van zijn studie geschiedenis in Leiden wordt Jan Poelhekke – hij is dan eind 20 – perschef van het Nederlandse Gezantschap in Lissabon. In die functie helpt hij Han naar Lissabon te komen. En later, in 1944, om de overstap naar Londen te maken. Poelhekke werkt daar inmiddels bij de Rijksvoorlichtingsdienst. Na de diplomatieke dienst promoveert hij aan de Katholieke Universiteit Nijmegen, waar hij hoogleraar Vaderlandse en Algemene Geschiedenis der Nieuwere Tijden wordt. Hij houdt altijd contact met Han Schröder, die hem consequent 'Janpoes' noemt.

Cousin Jan Poelhekke (1913–85) was the son of the eldest sister of Frits Schröder, Truus's late husband. He was one of the few from the Schröder family who reacted enthusiastically when he visited Schröder and Rietveld's house in the 1920s. After completing his history studies in Leiden, Jan Poelhekke – he was then in his late 20s – worked as the press officer for the Dutch diplomatic service in Lisbon. It is in that capacity that he helped Han get to Lisbon and later, in 1944, make the move to London. By then, Poelhekke was working in the Netherlands Government Information Service. After the diplomatic service, he received his doctorate from the Catholic University Nijmegen, where he became a professor of National and General History of the Modern Era. He always kept in touch with Han Schröder, who consistently called him 'Janpoes'.

Han at the Dutch diplomatic service in Lisbon, June 1941.

Han op het kantoor van het Nederlandse Gezantschap in Lissabon, juni 1941.

Jan Poelhekke in front of cacti in Lisbon, 1942.

Jan Poelhekke in Lissabon tussen de cactussen, 1942.

Cora Henriques de Castro (1914–2009) was one of Han Schröder's colleagues at the Dutch diplomatic service. A scion of a Jewish family of diamond merchants, she had fled to Portugal in 1938, working as a secretary in the diplomatic service. Shortly after they met, Cora de Castro became Han's second lover. She later also became friends with Truus Schröder, visiting her regularly in the house.

Cora Henriques de Castro (1914–2009) is een collega van Han Schröder op het Nederlandse Gezantschap. Cora, een telg uit een Joods geslacht van diamantairs, is in 1938 naar Portugal gevlucht en werkt sindsdien als secretaresse bij de diplomatieke dienst. Kort na hun ontmoeting wordt Cora de Castro de tweede geliefde van Han. Later raakt ze ook bevriend met Truus Schröder. Ze zal haar regelmatig in het huis bezoeken.

Han (rechts) met Cora de Castro in Lissabon, ca. 1942.

Han (right) with Cora de Castro in Lisbon, c. 1942.

— Dear Hanneke Schröder. How nice to receive such an enthusiastic letter from a young person. And nice to find for once that your work is appreciated, something you have worked hard at, sometimes for years. It is also wonderful that it can help people! I've had a lot of difficulties to deal with myself, I think that's where it comes from. So that's nice. [...] So if you come back to the Netherlands again, let me know and come and visit me, that would be nice, so you can see what I'm working on.
— Charley Toorop to Han

— Beste Hanneke Schröder. Het is aardig zo'n enthousiaste brief te ontvangen van een jong iemand. En prettig als je eens merkt dat je werk gewaardeerd wordt, waar je op hebt zitten zwoegen, soms jaren. Ook heerlijk dat het mensen helpen kan! Ik heb zelf ook erg veel moeilijks te verwerken gehad, ik denk dat het daardoor komt. Dat is dus fijn. [...] Als je dus weer eens terug mocht komen naar Holland, laat het dan eens weten en kom me dan opzoeken, dat zou aardig zijn, dan kan je zien waar ik dan weer mee bezig ben.
— Charley Toorop aan Han

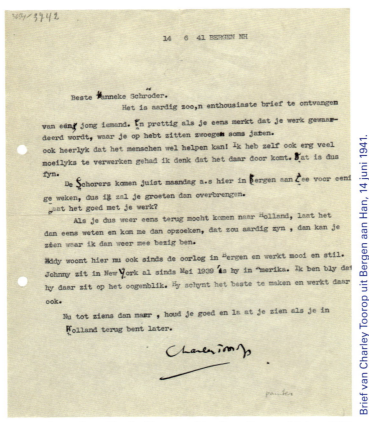

Letter from Charley Toorop to Han from Bergen, 14 June 1941.

— The undersigned hereby gladly declares that Miss J.E.E. Schröder, an architect, was employed by him as a student for ± six months and that she shone thanks to her diligence, professional knowledge and keen eye for what is most important in architecture.
Rietveld.

— Ondergetekende verklaart bij deze gaarne, dat mejuffrouw J.E.E. Schröder architecte, als studente bij hem ± een half jaar werkzaam was; en hierbij uitblonk door ijver, vakkennis en een scherpe kijk op wat het belangrijkste in de architectuur is.
Rietveld.

Certificate by Gerrit Rietveld for Han, July 1941.

CHAMBER OF CULTURE AND PEOPLE IN HIDING

KULTUURKAMER EN ONDERDUIKERS

_You are my conscience.
— Gerrit Rietveld to Truus Schröder

_Je bent mijn geweten.
— Gerrit Rietveld aan Truus Schröder

Truus Schröder's photo album. The cover reads: '16 July 1942. Views, members of the family and neighbours. For Truus.'

Fotoboek van Truus Schröder. Op het omslag staat: "16 juli 1942. Uitzicht, huisgenoten en buren. Voor Truus."

This photo album, measuring approx. 10 by 10 centimetres, was presumably made by Gerrit Rietveld as a gift for (among others) Truus Schröder on Han's birthday. Han turned 24 on 16 July 1942. The album contained photos of Truus Schröder, Gerrit Rietveld, Marjan, the girl next door Truus van Lier, the garden and a few unidentified people. Han, Binnert and Marjan probably also received a copy.

Dit fotoboekje, ca. 10 bij 10 centimeter groot, is vermoedelijk door Gerrit Rietveld gemaakt als cadeau voor (onder anderen) Truus Schröder op de verjaardag van Han. Op 16 juli 1942 wordt Han 24 jaar. In het boekje zitten foto's van Truus Schröder, Gerrit Rietveld, Marjan, buurmeisje Truus van Lier, de tuin en een paar onbekende mensen. Waarschijnlijk krijgen Han, Binnert en Marjan ook een exemplaar.

Gerrit Rietveld, c. 1941.

Gerrit Rietveld, ca. 1941.

— It has come to our attention that you have been commissioned by the management of the Amsterdamsche Bank to build a recreation hall. However, as you have not registered with the Nederlandsche Kultuurkamer, you are not permitted to carry out the assignment and, in general, to be employed in the area covered by the Nederlandsche Kultuurkamer. Any non-compliance with this instruction will result in police measures.

— Naar mij ter ore komt, hebt u van de directie van de Amsterdamsche Bank opdracht gekregen tot het maken van een recreatiezaal. Aangezien u zich echter niet bij de Nederlandsche Kultuurkamer hebt gemeld, is het u niet geoorloofd de opdracht uit te voeren en, in het algemeen, werkzaam te zijn op het door de Nederlandsche Kultuurkamer bestreken gebied. Eventuele nietopvolging van deze aanwijzing zou politionele maatregelen ten gevolge hebben.

Letter from the Nederlandsche Kultuurkamer [Netherlands Chamber of Culture], with envelope, November 1942.

Brief van de Nederlandsche Kultuurkamer met envelop, november 1942.

Gerrit Rietveld was commissioned by the Amsterdamsche Bank to design the staff room. In the end, he was not allowed to carry out the commission because he was not registered with the Kultuurkamer. The design was never executed, therefore, although prototypes and drawings of the furniture exist.

Gerrit Rietveld krijgt van de Amsterdamsche Bank de opdracht de personeelsruimte in te richten. Uiteindelijk mag hij de opdracht niet uitvoeren omdat hij niet bij de Kultuurkamer geregistreerd staat. Het ontwerp is dus nooit gerealiseerd, er zijn wel prototypen en tekeningen van de meubelen.

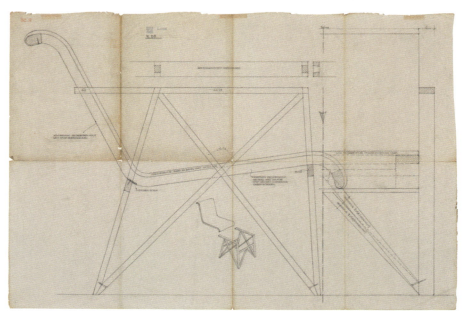

Gerrit Rietveld for Matz & Co, 1942. Variant of the 'Amsterda' armchair for the Amsterdamsche Bank. Nico Jesse had a variant of the chair.

Gerrit Rietveld voor Metz & Co, 1942. Variant op de 'Amsterda' leunstoel voor de Amsterdamsche Bank. Nico Jesse bezat een variant van de stoel.

— In the evenings, when it was curfew, so he would be sure that no one was coming, he would get busy altering identity cards and making stamps to put on *Ausweisen* [identity cards] so that people did not have to go to Germany. He made those stamps from pieces of linoleum. He sat there cutting them out. He often wore two pairs of glasses and sometimes used a magnifying glass. He spent hours at it.
— Nel Bol, later to become the wife of Rietveld's youngest son Wim

— 's Avonds als het spertijd was, dat hij dus zeker wist dat er niemand meer kwam, dan was hij bezig met het veranderen van persoonsbewijzen en stempels maken om op *Ausweisen* te zetten dat mensen niet naar Duitsland hoefden. Die stempels maakte hij van stukjes linoleum. Die zat hij uit te snijden. En dan had hij vaak twee brillen op en soms nog een loep erbij. Daar was hij uren mee bezig.
— Nel Bol, de latere vrouw van Rietvelds jongste zoon Wim

—— He told me the story twice: during the war, everyone was checked for papers and searched on trains. And he made and delivered an awful lot of falsified papers. Several times he was sitting in a compartment and they always passed him over.
— Marjan Schröder on Gerrit Rietveld

—— Twee keer heeft hij het me verteld: in de oorlog werd iedereen gecontroleerd op papieren en gefouilleerd in de trein. En hij heeft ontzettend veel valse papieren gemaakt en weggebracht. Enige malen heeft hij in een coupé gezeten en ze hebben hem altijd overgeslagen.
— Marjan Schröder over Gerrit Rietveld

Market on Utrecht's Vredenburg with a sign attached to the tree reading 'Prohibited for Jews', 1942. Part of Rietveld's flat can be seen in the background.

Markt op het Utrechtse Vredenburg met aan de boom een bord "Voor Joden verboden", 1942. Op de achtergrond (rechts) is een deel van het appartement van Rietveld te zien.

Rietveld and Schröder probably carried out resistance activities. Binnert Schröder related that his mother hid people in the house. Schröder herself said in this regard: 'There was room for people in hiding during wartime. There was a refuge space under the stairs.' The rooms downstairs were unoccupied in any case: in the summer of 1942, Marjan moved to Dordrecht, where she started work as a social worker at the Victoria biscuit and chocolate factory.

In the 1980s, Schröder recounted the following about Rietveld's illegal work:

Interviewer	You once mentioned that Rietveld's eyes were somewhat damaged during the war by making those stamps.
Schröder	He said so himself.
Interviewer	Did you ever see him at work?
Schröder	Oh yes, he did it here, always. And then he would leave the scraps. If someone had come then he would have been caught. He made fake stamps from fibre, I believe.
Interviewer	Who did he get the assignment from?
Schröder	I don't know. It was a secret assignment. I don't know exactly where it came from.

Truus Schröder (left) with Marjan beside her and two unidentified women in the living room of the Schröder House, c. 1942.

Truus Schröder (links) en Marjan (rechts naast haar) met twee onbekende vrouwen in de woonkamer van het Schröderhuis, ca. 1942.

Vermoedelijk verrichten Rietveld en Schröder verzetsactiviteiten. Binnert Schröder vertelt dat zijn moeder onderduikers in huis heeft. Schröder zegt hier zelf over: "Er was ruimte voor onderduikers in de oorlogstijd. Onder de trap was een vluchtplek." De kamers beneden heeft ze in ieder geval vrij: in de zomer van 1942 verhuist Marjan naar Dordrecht, waar ze als maatschappelijk fabriekswerker bij de Biscuit- en Chocoladefabriek Victoria aan de slag gaat.

In de jaren 80 vertelt Schröder het volgende over Rietvelds illegale werk:

Interviewer	U heeft wel eens verteld dat Rietveld zijn ogen een beetje bedorven heeft tijdens de oorlog door het maken van die stempels.
Schröder	Dat zei hij zelf.
Interviewer	Heeft u hem wel eens bezig gezien?
Schröder	O ja, hij deed het hier altijd. En dan liet hij de snippers liggen. Als er dan een kerel gekomen was dan was hij erbij geweest. Hij maakte valse stempels van fiber, geloof ik.
Interviewer	Van wie kreeg hij de opdracht?
Schröder	Dat weet ik niet. Het was een geheimzinnige opdracht. Ik weet niet precies uit welke hoek dat kwam.

SCHRÖDER'S AND RIETVELD'S CHILDREN
DE KINDEREN VAN SCHRÖDER EN RIETVELD

Three of the four sons of Gerrit Rietveld and Vrouwgien Rietveld- Hadders were rounded up for *Arbeitseinsatz*. The youngest, Wim, was arrested in 1942 and spent a year in the Amersfoort concentration camp. Gerrit junior was put to work in Germany, as was the husband of Tutti [Vrouwgien]. Jan Rietveld – an architecture student – fled to France in 1943 with his friend, the architect Jaap Bakema, hoping to reach England via Belgium, France and Spain. They were caught on the border with Spain, in the southern French Pyrenees, and imprisoned in a camp in Compiègne. The eldest son, Egbert, was not arrested, probably because he was considered indispensable as a technician at a weighing machine factory in The Hague. Meanwhile, Bep Rietveld and Binnert Schröder were working in Indonesia, while Han was employed by the Red Cross in Portugal.

Drie van de vier zonen van Gerrit Rietveld en Vrouwgien Rietveld-Hadders worden opgepakt voor de *Arbeitseinsatz*. De jongste Wim wordt in 1942 gearresteerd en zit een jaar in het concentratiekamp van Amersfoort. Gerrit jr. wordt tewerkgesteld in Duitsland, net als de echtgenoot van Tutti [Vrouwgien jr.]. Jan Rietveld – student architectuur – vlucht in 1943 samen met zijn vriend de architect Jaap Bakema richting Frankrijk in de hoop via België, Frankrijk en Spanje in Engeland te kunnen komen. Op de grens met Spanje, in de Zuid-Franse Pyreneeën, worden ze opgepakt en in een kamp in Compiègne gevangengezet. De oudste zoon Egbert wordt niet opgepakt, waarschijnlijk omdat hij als technicus bij een weegapparatenfabriek in Den Haag als onmisbaar is aangemerkt. Ondertussen werken Bep Rietveld en Binnert Schröder in Indonesië en Han bij het Rode Kruis in Portugal.

Tutti Rietveld with her son Peter, 1943. The youngest daughter of Gerrit and Vrouwgien Rietveld-Hadders, she studied singing and piano (before the war) at the Utrecht Conservatoire.

Tutti Rietveld met haar zoon Peter, 1943. De jongste dochter van Gerrit en Vrouwgien Rietveld-Hadders studeerde (voor de oorlog) zang en piano aan het conservatorium in Utrecht.

— Dear all, yesterday I received the first letter from home. You can understand how happy this makes me, especially now that I read from you yourselves that everything is going well at home. ... I keep rereading the letter I received. It is so nice also to see familiar handwriting again after five months. We hope to be back home as soon as possible.
— Jan Rietveld

— Beste allen, gisteren ontving ik de eerste brief van thuis. Jullie begrijpen hoe blij ik hiermee ben, vooral nu ik van jullie zelf lees dat alles goed gaat thuis. […] Steeds lees ik de brief die ik kreeg weer door. Het is ook zo leuk na vijf maanden een bekend handschrift terug te zien. We hopen zo gauw mogelijk weer thuis te zijn.
— Jan Rietveld

Brief van Jan Rietveld aan zijn ouders uit het interneringskamp in Compiègne, 27 augustus 1943.

Letter from Jan Rietveld from the internment camp in Compiègne, 27 August 1943.

— Dearest Jan, tonight Lucie [an acquaintance of Jan's friend Jaap, with whom he fled] came to us with a letter from Jaap. A wonderful letter that brought us great joy and immediately gave a very clear picture of the environment you are currently living in. It brought us great relief. ... Gerrit is in Germany, we have no news. And Wim writes a little letter every month, which is not allowed to contain much.
— Gerrit Rietveld to Jan

— Lieve beste Jan, vanavond kwam Lucie [bekende van Jans vriend Jaap met wie hij gevlucht is] bij ons met een brief van Jaap. Een prachtige brief die ons erg veel plezier deed en meteen een zeer duidelijk beeld gaf van de omgeving waarin jullie momenteel leven. Het heeft ons erg opgelucht. [...] Gerrit is in Duitsland, horen we niets van. En Wim schrijft iedere maand een briefje, waar niet veel in mag staan.
— Gerrit Rietveld aan Jan

— Dear Jan, how long you made us wait for news. If we didn't have Lucie bringing all Jaap's letters to us, we would have heard nothing about you. I'm so glad you're doing well. If only it was the same with Gerrit and Wim, but we hope it won't really be long now.
— Vrouwgien Rietveld-Hadders to Jan

— Lieve Jan, wat heb je lang op bericht laten wachten. Als we Lucie niet hadden die al de brieven van Jaap bij ons brengt, hadden we niets van je geweten. Ik ben zo blij dat het jullie goed gaat. Was het ook maar zo met Gerrit en Wim, maar we hopen dat het niet echt lang meer duurt.
— Vrouwgien Rietveld-Hadders aan Jan

Letter from Gerrit and Vrouwgien to their son Jan, who was interned in Compiègne, December 1943.

Brief van Gerrit en Vrouwgien aan hun zoon Jan, die in Compiègne geïnterneerd was, december 1943.

— Just this afternoon your pack of sardines arrived in perfect order. Thank you very much, dear Hanneke, for your care and for thinking of us. Only the feeling that you may be imposing hardships on yourself for this plagues me, and I just hope you can get through.
— Rein Harrenstein to his niece Han

— Vanmiddag arriveerde juist jouw pak met sardines in beste orde. Hartelijk dank lieve Hanneke, voor je zorg en je denken aan ons. Alleen plaagt me het gevoel, dat jij je er misschien ontberingen voor oplegt, en ik hoop maar dat je je er doorslaan kunt.
— Rein Harrenstein aan zijn nicht Han

Jan Poelhekke and Han Schröder in Lisbon, c. 1942.

— Dear Hanneke, I've been meaning to write to you for so long after the amount I read from you. Your mother writes so much that I find it almost superfluous to add to it. First of all, thank you very much for everything you send and of which I also get my share. You are keeping us on our feet with all these delicious things. It is so wonderful to taste something from another country. It always gives new life. It's great that you also sent something to Compiègne; it mustn't be easy for Jan and his friend. [...] We have no news from Wim yet, but we can't yet either. And Gerrit is with a farmer in Münster, he is doing relatively well.
— Gerrit Rietveld to Han Schröder

— Beste Hanneke, ik wil je al zolang schrijven na het vele dat ik van jou te lezen krijg. Je moeder schrijft zoveel dat ik het haast overbodig vind er nog iets aan toe te voegen. Allereerst erg bedankt voor alles wat je stuurt en waarvan ik ook mijn deel krijg. Je houdt ons er bovenop met al die heerlijke dingen. Het is zo heerlijk iets uit een ander land te proeven. Het geeft altijd nieuw leven. Het is reusachtig dat je ook iets naar Compiègne stuurde; het zal niet meevallen voor Jan en zijn vriend. [...] Van Wim weten we nog niets, maar dit kan ook nog niet. En Gerrit is bij een boer in Münster, die heeft het betrekkelijk goed.
— Gerrit Rietveld aan Han Schröder

Han Schröder next to Red Cross food parcels in Lisbon, c. 1942.

Han Schröder bij de voedselpakketten van het Rode Kruis in Lissabon, ca. 1942.

Letter from Gerrit Rietveld to Han in Lisbon, 20 September 1943.

Utrecht 20 Sept. '43

Beste Hanneke, ik wil je al zoolang schrijven na het vele, dat ik van jou te lezen krijg; U moeder schrijft zooveel, dat ik het haast overbodig vind er nog iets aan toe te voegen. Allereerst erg bedankt, voor alles wat je stuurt, en waarvan ik ook m'n deel krijg. Je houdt ons er bovenop, met al die heerlijke dingen. Het is zoo heerlijk iets uit een ander land te proeven — 't geeft altijd nieuw leven. 't Is reusachtig dat je ook iets naar Compiègne stuurde; het zal niet meevallen voor Jan en z'n vriend. Hij woont: Frontstalag 122 Compiègne (oise) France gefangenenn. 14103.

Van Wim weten we nog niets; maar dit kan ook nog niet. En Gerrit is bij een Boer in Munster. die heeft het betrekkelijk goed. Je schreef laatst over Pijke koch — 't is natuurlijk treurig zoo'n couranten cliché. 't werk is er niet naar te beoordeelen; ik ben het heelemaal niet met hem eens, maar 't is een heel speciale uiting: Empire in onze tijd; iets moderns, haast internationaals met sterk klassieke inslag. 't lijkt een heldere foto, waar alle toevalligheden en niet bedoelde deelen uit weg bleven. Een kunstuiting, die niet te verwaarloozen is.

Z'n postzegels vind ik minder gelukkig, vooral de techniek — het steendrukachtige vind ik voor zegels minder geschikt dan de andere staalgravures waar kleur en wit strak gescheiden blijven en op eenige afstand frisscher kleur geven dan die soort steendruk — kijk ook eens met een loupe het is dan zoo poezelig. Verder vind ik die Booy niet erg geslaagd voor zoo'n klein zegeltje. Er worden hier heel wat plannen gemaakt voor kleine woningen — 't is jammer dat je er niet aan mee kunt doen. dit komt echter zeker, daar twijfel ik niet aan en jouw ijver zullen we niet kunnen

dag beste Hanneke, enegel je ook niet en ha ckijk je goed van Piethuld

Brief van Gerrit Rietveld aan Han in Lissabon, 20 september 1943.

TRUUS VAN LIER, THE GIRL NEXT DOOR WITH THE FORGET-ME-NOT EYES

TRUUS VAN LIER, HET BUURMEISJE MET DE VERGEET-ME-NIETOGEN

Truus van Lier (1921–43) was the youngest daughter of Willem van Lier, who was Jewish, and Derkje van Lier-Wensink, who was not. The family lived at Prins Hendriklaan 48, in the house against which the Rietveld Schröder House was built. When World War II broke out, Truus van Lier was 19 years old, her sister Miek 23, one year older than Han. Both Truus and Miek were involved in the Resistance: they circulated messages and illegal magazines. Truus van Lier then joined the Amsterdam armed resistance group CS-6. On 3 September 1943 she killed the Utrecht chief of police Kerlen, an NSB [Dutch Nazi Party] member who was about to round up a group of people in hiding and Resistance members.

Truus van Lier (1921–1943) is de jongste dochter van (de Joodse) Willem van Lier en (de niet-Joodse) Derkje van Lier-Wensink die op de Prins Hendriklaan 48 wonen, in het huis waartegen het Rietveld Schröderhuis is aangebouwd. Als de Tweede Wereldoorlog uitbreekt, is Truus van Lier 19 jaar oud, haar zus Miek 23 – één jaar ouder dan Han. Zowel Truus als Miek zitten in het verzet: ze brengen berichten en illegale bladen rond. Truus van Lier sluit zich vervolgens bij de Amsterdamse gewapende verzetsgroep CS-6 aan. Op 3 september 1943 liquideert ze de Utrechtse hoofdcommissaris van politie Kerlen, een NSB'er die op het punt staat een groep onderduikers en verzetslieden op te pakken.

— A very sweet little girl with a pair of forget-me-not eyes. Was a beautiful little child.
— Truus Schröder on Truus van Lier

— Een heel lief meisje met een paar vergeet-me-nietoogjes. Was een prachtig kindje.
— Truus Schröder over Truus van Lier

Buurmeisje Truus van Lier, 1941. Foto uit het archief van Truus Schröder.

The girl next door, Truus van Lier, 1941. Photo from Truus Schröder's archive.

While her younger sister Truus entered the armed resistance, Miek van Lier fled the country with her friend Nicolaas [Niek] Zegers de Beyl in early 1943. They made their way to Portugal via Belgium, France and Spain. Han Schröder helped them get there. Using her contacts at the Portuguese embassy, she ensured that Miek and Niek were then able to make the crossing to England.

Terwijl haar jongere zus Truus het gewapende verzet ingaat, vlucht Miek van Lier begin 1943 met haar vriend Nicolaas [Niek] Zegers de Beyl het land uit. Via België, Frankrijk en Spanje trekken ze naar Portugal. Han Schröder helpt hen daarbij. Met haar contacten op de Portugese ambassade zorgt Han dat Miek en 'Niek' vervolgens de oversteek naar Engeland kunnen maken.

Han Schröder (right) in Lisbon with the other girl next door from Prins Hendriklaan, Miek van Lier, and her friend Nicolaas Zegers de Beyl, October 1943.

Han Schröder (rechts) in Lissabon met het andere buurmeisje van de Prins Hendriklaan, Miek van Lier, en haar vriend Nicolaas Zegers de Beyl, oktober 1943.

— 10,000 guilder reward.
On 3 September 1943, in Utrecht, as reported, police chief Kerlen was overtaken on his return home from his office, in the immediate vicinity of his home, by a roughly 20-year-old cyclist who fired two shots at him. The offender escaped unrecognised. According to an available description, she had dark hair and was wearing a grey check coat. The public is invited to take part in the search. A reward of 10,000 guilders will be offered for any relevant information that may lead to the arrest of the perpetrator.

— 10.000 gulden beloning.
De politiepresident Kerlen is op 3 september 1943, zoals gemeld, te Utrecht, op de terugweg van zijn bureau naar zijn woning, in de onmiddellijke nabijheid van zijn woning ingehaald door een ongeveer 20-jarige wielrijdster, die twee schoten op hem loste. De daderes is onherkend ontkomen. Volgens een beschikbaar signalement had zij donker haar en droeg zij een grijs geruite mantel. De bevolking wordt uitgenodigd aan de opsporing deel te nemen. Voor ter zake dienende inlichtingen, die kunnen leiden tot de aanhouding van de daderes, wordt een beloning van 10.000 gulden uitgeloofd.

10.000 gulden belooning

De politiepresident Kerlen is op 3 September 1943, zooals gemeld, te Utrecht, op den terugweg van zijn bureau naar zijn woning, in de onmiddellijke nabijheid van zijn woning ingehaald door een ongeveer 20-jarige wielrijdster, die twee schoten op hem loste. De daderes is onherkend ontkomen. Volgens een beschikbaar signalement had zij donker haar en droeg zij een grijsgeruiten mantel. De bevolking wordt uitgenoodigd aan de opsporing deel te nemen.

Voor ter zake dienende inlichtingen, die kunnen leiden tot de aanhouding van de daderes, wordt een belooning van *f* 10.000.- uitgeloofd.

Der Leiter der Sicherheitspolizei und des S.D. Amsterdam,
LAGES,
SS-Sturmbannführer.

Krantenbericht in het *Utrechtsch Nieuwsblad*, 9 september 1943.

Newspaper item in the *Utrechtsch Nieuwsblad*, 9 September 1943.

After her attack on NSB police chief Kerlen, Truus van Lier was betrayed and arrested. She was shot in the Sachsenhausen concentration camp on 27 October 1943. She was 22 years old. Her father, Willem van Lier, learnt only three years after her death, in June 1946, that his younger daughter had been shot. His wife, the mother of Truus and Miek, Derkje van Lier-Wensink, was killed in Ravensbrück, the German concentration camp for women, in January 1945. Miek and Niek survived the war.

Na haar aanslag op de NSB-hoofdcommissaris van politie Kerlen wordt Truus van Lier verraden en gearresteerd. Op 27 oktober 1943 wordt ze in het concentratiekamp van Sachsenhausen gefusilleerd. Ze is dan 22 jaar oud. Pas drie jaar na haar dood, in juni 1946, krijgt vader Willem van Lier te horen dat zijn jongste dochter is gefusilleerd. Zijn echtgenote, de moeder van Truus en Miek, Derkje van Lier-Wensink, wordt in januari 1945 in het Duitse vrouwenkamp Ravensbrück vermoord. Miek en Niek overleven de oorlog.

Arrest photo of Truus van Lier, September 1943.

Arrestatiefoto van Truus van Lier, september 1943.

— Dear Janpoes, I went to the office to do a bit of work in peace and quiet, but as bad luck would have it, I flicked through the Seculo [Portuguese newspaper O Século] and saw the news that Truusje van Lier, Mientje's sister, was caught by the Jerries for killing Kerlen and someone else. You can imagine my agitation, because in every way this is terrible. Indirectly even for mother, because I took care of the correspondence anyway, but even apart from personal things, it's terrible enough. Mien doesn't know yet, she can't be reached.
— Han Schröder

— Lieve Janpoes, ik ben naar het bureau gegaan om rustig wat te werken, maar het ongeluk wilde dat ik even in de *Seculo* [Portugese krant *O Século*] bladerde en het bericht zag dat Truusje van Lier, het zusje van Mientje, door de moffen gepakt is wegens het vermoorden van Kerlen en nog iemand. Je kunt je wel voorstellen dat ik erg opgewonden ben, want in elk opzicht is dit beroerd. Indirect zelfs voor moeder omdat ik toch voor de correspondentie zorgde, maar afgezien van persoonlijke dingen is het al beroerd genoeg. Mien weet het nog niet, ze is niet te bereiken.
— Han Schröder

Letter from Han Schröder to cousin Poelhekke, 3 October 1943. Han had read in the newspaper that Truus van Lier had been arrested for the murder of Kerlen. Miek had heard nothing at the time.

Brief van Han Schröder aan neef Poelhekke, 3 oktober 1943. Han leest in de krant dat Truus van Lier is opgepakt voor de moord op Kerlen. Miek weet dan nog van niets.

TWO AMMUNITION LORRIES EXPLODE
EXPLOSIE VAN TWEE MUNITIEWAGENS

In late August 1944, two lorries carrying a load of ammunition exploded in Prins Hendriklaan, smashing all the windows of the Rietveld Schröder House and the houses on Erasmuslaan. Schröder wrote: 'In August 1944, two ammunition lorries caught fire in front of the house here, exploded and burnt out completely. There is at least 8,000 guilders' worth of damage to the house and flats. Fortunately, I saw it coming and was able to get away and no one else was seriously hurt either.'

Eind augustus 1944 ontploffen in de Prins Hendriklaan twee vrachtwagens met een lading munitie, waardoor alle ruiten van het Rietveld Schröderhuis en de woningen aan de Erasmuslaan sneuvelen. Schröder schrijft hierover: "In augustus 1944 zijn hier twee munitieauto's voor de deur in brand gevlogen, ontploft en totaal leeg gebrand. Ik heb minstens 8.000 gulden schade aan huis en flats. Gelukkig zag ik het aankomen en kon ik wegkomen en is er verder ook niemand ernstig gewond."

Photo from a house on Erasmuslaan after the ammunition lorries exploded. People can be seen looking at the damage, 1944.

Foto vanuit een woning aan de Erasmuslaan na de explosie van de munitieauto's. Mensen kijken naar de schade, 1944.

— Pieces of glowing iron flew through my house, right through the saucepans.
— Truus Schröder

— Door mijn huis vlogen de stukken gloeiend ijzer rond, dwars door de kookpannen heen.
— Truus Schröder

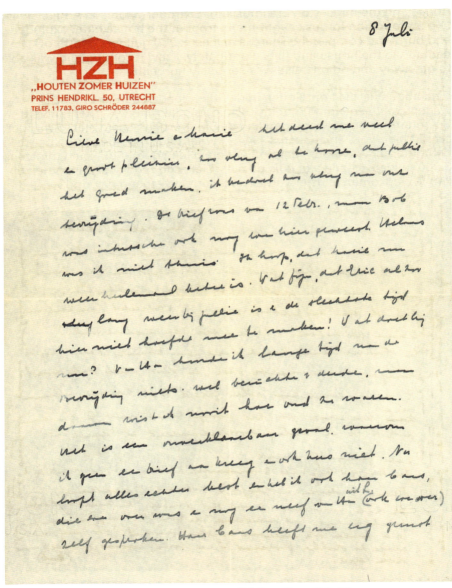

Letter from Truus Schröder to friends, 1946.

Brief van Truus Schröder aan vrienden, 8 juli 1946.

Houses on Erasmuslaan
after the explosion, 1944.

Woningen aan de Erasmuslaan
na de explosie, 1944.

Door de explosie van twee militaire vrachtwagens springt al het glas uit het Rietveld Schröderhuis, ook het dikke glas van de brievenbus dat naast de voordeur zit. Van scherven van dit glas maakt Rietveld plankjes voor in de badkamer.

The explosion of the two military lorries shattered all the glass in the Rietveld Schröder House, including the thick glass of the letterbox next to the front door. Rietveld used these shards of glass to make shelves for the bathroom.

Washbasin with glass shelves, bathroom of the Rietveld Schröder House, 2024.

Wasbak met glazen plankjes, badkamer van het Rietveld Schröderhuis, 2024.

RIETVELD GOES INTO HIDING AT NICO JESSE'S HOUSE

RIETVELD DUIKT ONDER BIJ NICO JESSE

Towards the end of the war, Gerrit Rietveld spent some time in Central and South Limburg. He continued to draw in his sketchbook, mainly castles and farms. Truus Schröder, too, sometimes went away during the war. For instance, in a letter to Han in July 1941, she wrote: 'I am very possibly going next Friday evening with Eefje [Fraenkel-Nieuwstraten] for a few days to Bilthoven to stay in a little hotel near the woods. I long so much for the scent of pine.'

Aan het einde van de oorlog is Gerrit Rietveld enige tijd in Midden- en Zuid-Limburg. Hij tekent in zijn schetsboek, vooral kastelen en boerderijen. Truus Schröder gaat ook wel eens weg tijdens de oorlog. Zo schrijft ze in een brief aan Han in juli 1941: "Ik ga heel misschien aanstaande vrijdagavond met Eefje [Fraenkel-Nieuwstraten] voor een paar dagen naar Bilthoven in een hotelletje bij de bossen. Ik verlang zo erg naar wat dennengeur."

Gerrit Rietveld, house near Wijlre, n.d.

Gerrit Rietveld, huisje bij Wijlre, z.j.

Gerrit Rietveld, kasteel Puth bij Voerendaal, z.j.

Gerrit Rietveld, Castle Puth at Voerendaal, n.d.

Nico Jesse (1911–76) was a photographer, doctor and friend of Gerrit Rietveld. They met in Utrecht's cultural scene, among others, through the artist society Kunstliefde [Love of Art]. Jesse was also friends with photographer Paul Citroen, who in turn was friends with Rein and An Harrenstein-Schräder. In 1937 Nico Jesse went to live with his first wife in one of the houses opposite Truus Schröder at Erasmuslaan 3. In 1941 Rietveld opened an exhibition of Jesse's work in Utrecht. The following year, the municipal archivist asked him to photograph daily life in the city, upon which Jesse took more than four hundred photos and more than a hundred colour slides of Utrecht. When Jesse moved to Ameide (in the province of Utrecht) in early 1945 to take over a GP's surgery there, Rietveld went into hiding at his house for a few months. After the war, Rietveld made chairs for Jesse's children. When Bep Rietveld returned from Indonesia in 1947, Nico Jesse photographed the Rietveld family in their flat on Vredenburg.

Nico Jesse (1911–1976) is fotograaf, arts en vriend van Gerrit Rietveld. Ze ontmoeten elkaar via het culturele leven in Utrecht, onder andere via het kunstenaarsgenootschap Kunstliefde. Jesse is ook bevriend met fotograaf Paul Citroen, die weer bevriend is met Rein en An Harrenstein-Schräder. In 1937 gaat Nico Jesse met zijn eerste vrouw in een van de huizen tegenover Truus Schröder wonen aan de Erasmuslaan 3. In 1941 opent Rietveld een expositie van Jesse in Utrecht. Het jaar daarna vraagt de gemeentearchivaris hem het dagelijks leven in de stad te fotograferen, waarop Jesse meer dan vierhonderd foto's en ruim honderd kleurendia's van Utrecht neemt. En wanneer Jesse begin 1945 naar Ameide (provincie Utrecht) verhuist, duikt Rietveld een paar maanden bij hem onder.
Na de oorlog maakt Rietveld stoelen voor de kinderen van Jesse.
En nadat in 1946 ook Bep Rietveld terug is uit Indonesië, fotografeert Nico Jesse het gezin Rietveld in het appartement aan het Vredenburg.

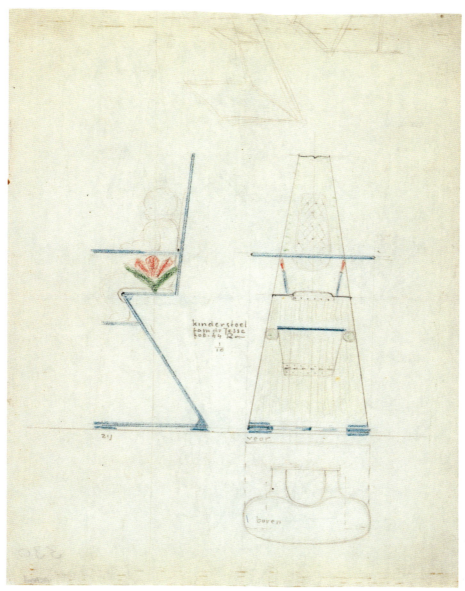

Gerrit Rietveld, high chair for
Nico Jesse, November 1944.

Gerrit Rietveld, kinderstoel
voor Nico Jesse, november 1944.

Truus Schröder, high chair for Nico Jesse, n.d.

Truus Schröder, kinderstoel voor Nico Jesse, z.j.

Both Rietveld and Schröder drew a high chair for the Jesse family. They probably designed the piece together.

Zowel van Rietveld als van Schröder is er een tekening van de kinderstoel voor de familie Jesse. Wellicht ontwerpen ze het meubel samen.

— Chair f. Jesse   Tr Schr.
— Stoel v. Jesse   Tr Schr.

UTRECHT LIBERATED
DE BEVRIJDING VAN UTRECHT

On 5 May 1945, the German supreme army command agreed to surrender, bringing World War II to an end for the Netherlands. Two days later, on 7 May, Canadian and British troops entered Utrecht.

Op 5 mei 1945 tekent het Duitse opperbevel de capitulatie. Zo komt er voor Nederland een einde aan de Tweede Wereldoorlog. Twee dagen later, op 7 mei, rijden de Canadese en Britse troepen Utrecht binnen.

— Today, a letter from mother dated 12 May suddenly rained down on my table. She is doing well, as are Riet and Sis [Marjan]. Our house and the one across the street were badly damaged by the explosion of ammunition lorries, but mother saw it coming and ran up the street. Which presumably saved her, at least from cuts. On 10 May, they received the first food from the air. She received more food from all sorts of acquaintances, including her family from Deventer. Riet is okay, his family too, except one son who is in Germany, about whom no news yet.
— Han Schröder to Jan Poehekke

Local residents celebrating the Liberation as the Allies entered Utrecht on Rijksweg 22, Laan van Minsweerd, 7 May 1945.

Buurtbewoners vieren de bevrijding met de intocht van de geallieerden op de Rijksweg 22, Laan van Minsweerd, 7 mei 1945.

—— Vandaag kwam zomaar ineens een brief van moeder van 12 mei op mijn tafel geregend. Ze maakt het goed, ook Riet en Zus [Marjan]. Ons huis en die aan de overkant zijn flink beschadigd door ontploffing van munitieauto's, maar moeder zag het aankomen en is de straat opgehold. Wat haar vermoedelijk, althans voor snijwonden, heeft bespaard. Op 10 mei ontvingen ze het eerste eten uit de lucht. Van allerlei kennissen, onder anderen haar familie uit Deventer, ontving ze nog levensmiddelen. Riet is oké, ook familie behalve één zoon die in Duitsland is, over wie nog geen bericht.
— Han Schröder aan Jan Poelhekke

Brief van Han aan Jan Poelhekke, 22 mei 1945.

Letter from Han to Jan Poelhekke, 22 May 1945.

In May 1944, Han Schröder left Portugal for England, where she worked for the Dutch government in London until after the Liberation. Her friend Cora de Castro had been there since 1942, working as an embassy secretary. Cousin Poelhekke was also employed in London at the Netherlands Government Information Service.

In mei 1944 vertrekt Han Schröder van Portugal naar Engeland, waar ze tot na de bevrijding voor de Nederlandse regering in Londen werkt. Haar vriendin Cora de Castro is daar al sinds 1942 en werkt er als ambassadesecretaresse. Ook neef Poelhekke is in Londen in dienst bij de Rijksvoorlichtingsdienst.

While the Allied liberators marched into the city on 7 May, Truus Schröder suffered war damage one last time, namely to two houses across the street from the Rietveld Schröder House: Erasmuslaan 3 (where photographer friend and doctor Nico Jesse previously lived) and Prins Hendriklaan 64 (64bis was owned by Schröder). In the early morning, ten members of the Binnenlandse Strijdkrachten [Forces of the Interior] were killed during a shooting, with shots being fired at the houses. At the end of June 1945, Truus received a letter about this incident from the district commander of the Forces of the Interior.

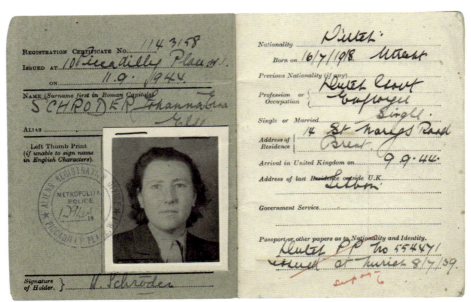

Han Schröder's English identity card, September 1944.

Engelse identiteitskaart van Han Schröder, september 1944.

Terwijl de geallieerde bevrijders op 7 mei de stad binnentrekken, krijgt Truus Schröder nog een laatste keer met oorlogsschade te maken en wel aan twee huizen aan de overkant van het Rietveld Schröderhuis: Erasmuslaan 3 (waar eerder de bevriende fotograaf en arts Nico Jesse woonde) en Prins Hendriklaan 64 (64bis is in het bezit van Schröder). In de vroege ochtend is er een schietpartij waarbij tien leden van de Binnenlandse Strijdkrachten om het leven komen – bij dat incident worden de huizen beschoten. Eind juni 1945 ontvangt Truus hierover een brief van de districtscommandant van de Binnenlandse Strijdkrachten.

—— Ondergetekende verklaart, dat op 7 mei 1945, te 11.00 uur door leden van de Binnenlandse Strijdkrachten geschoten is, waardoor schade is ontstaan in de panden Erasmuslaan 3 en Prins Hendriklaan 64.

—— The undersigned declares that on 7 May 1945, at 11.00 a.m., members of the Forces of the Interior fired shots, causing damage to the buildings on Erasmuslaan 3 and Prins Hendriklaan 64.

After the Liberation, Gerrit Rietveld made a necklace for Truus Schröder that she kept all her life. He threaded silver wire through three stones which he glued together. Minerals in the colours of the Dutch flag: fragments of red, colourless and light blue quartz.

Na de bevrijding maakt Gerrit Rietveld voor Truus Schröder een ketting die ze haar hele leven bewaart. Hij rijgt zilverdraad door drie stenen die hij aan elkaar plakt. Mineralen in de kleuren van de Nederlandse vlag: brokken rode, ongekleurde en lichtblauwe kwarts.

Gerrit Rietveld, ketting voor Truus Schröder, na 1945.

Gerrit Rietveld, necklace for Truus Schröder, after 1945.

Wim Rietveld, just after the Liberation, 1945.
Wim Rietveld, vlak na de bevrijding, 1945.

— Dear birthday girl Hanneke, what a party it will be in London today! Well, here too, of course – we are cutting a big bonbon in half. And here comes another elongated dish with big loose biscuits. Rich and sugary. ... Meanwhile, Canadian motorbikes and lorries regularly whizz by. Your mother and I get along extremely well. Have you already heard that I have to organise a big exhibition in Amsterdam? I'm not very sure what it is going to be yet, 'illegality'.
— Gerrit Rietveld to Han

— Beste jarige Hanneke, wat een feest zal het vandaag in Londen zijn! Nou, hier ook hoor – we zitten een grote bonbon in tweeën te snijden. Nu komt er weer een langwerpige schaal binnen waarop grote losse koeken. Er komt vet op en suiker. [...] Intussen razen de Canadese motoren en vrachtauto's geregeld voorbij. Je moeder en ik kunnen het uitstekend samen vinden. Weet je al dat ik een grote tentoonstelling moet inrichten in Amsterdam? Ik weet nog niet erg goed wat het moet worden, 'illegaliteit'.
— Gerrit Rietveld aan Han

Letter from Gerrit Rietveld to Han, May 1945.

— Dear all, we are now <u>free</u>. We don't yet know where we can go but have been walking around the perimeter of [illegible] for a few days now. There are beautiful forests and farms here. Until further notice.
Jan, Jaap.

— Beste allen, we zijn nu <u>vrij</u>. We weten nog niet waar we terecht kunnen, maar lopen nu al een paar dagen in de omtrek van [onleesbaar] te wandelen. Hier zijn prachtige bossen en boerderijen. Tot nader bericht.
Jan, Jaap.

Postcard from Jan Rietveld and his friend Jaap Bakema announcing their release, 15 November 1944.

Briefkaart van Jan Rietveld en zijn vriend Jaap Bakema met het bericht dat ze vrij zijn, 15 november 1944.

After his release from the internment camp in Compiègne, where he was held for a year, Jan Rietveld returned to the Netherlands. Schröder wrote to Han: 'Jan has come out of the war in one piece and has changed a lot, I find. He has lost his swagger. I like him this way.'

Nadat de geallieerden in september 1944 het interneringskamp in Compiègne hebben bevrijd, keert Jan Rietveld, die er een jaar heeft vastgezeten, naar Nederland terug. Schröder schrijft hierover aan Han: "Jan is heelhuids uit de oorlog gekomen en wel veel veranderd vind ik. Zijn branie is hij kwijt. Ik mag hem zo wel graag."

___ I hardly come to the studio anymore. There is always work here with the tenants [on Erasmuslaan].
— Truus Schröder to Han

___ Ik kom haast niet meer op het atelier. Er is hier steeds werk met de huurders [van de Erasmuslaan].
— Truus Schröder aan Han

Letter from Truus Schröder to Han, 1944.

BACK TO WORK
WEER AAN HET WERK

Commissions for Schröder and Rietveld picked up after the war. In late October 1945, for instance, they took part in the Utrechtse Kunstraad [Utrecht Art Council]: part of the Nederlands Volksherstel foundation, whose aim was to make post-war Utrecht 'a centre of active and flourishing artistic life'. One of the council's first actions was the exhibition *Herwonnen Kunstbezit* [Recovered Art Collection] in the Centraal Museum, which showed a selection of Dutch art reclaimed from Germany. Rietveld also worked on various designs, although most of them were not executed in the first years after the war.

Schröder was commissioned, in part with Rietveld, for two refurbishments. The first was for Mr and Mrs Breebaart-Bruseker from Arnhem, for whom Schröder fitted out a room. The second was for the Redelé family from Dordrecht, for whom she modernised the living room, the study and the attic. Mr Redelé was the director of the Victoria biscuit and chocolate factory. After a successful refurbishment of their private quarters, Redelé asked Schröder to make the factory canteen more pleasant. It was mainly Truus who corresponded about the designs; Rietveld was absent much of the time, travelling to Stockholm, Paris, New York and Chicago.

De opdrachten voor Schröder en Rietveld komen na de oorlog weer op gang. Zo nemen ze eind oktober 1945 deel aan de Utrechtse Kunstraad: een onderdeel van de Stichting Nederlands Volksherstel met als doel het naoorlogse Utrecht "tot een centrum van actief en bloeiend kunstleven" te maken. Een van de eerste acties van de raad is de tentoonstelling *Herwonnen Kunstbezit* in het Centraal Museum, waar een keuze uit de uit Duitsland teruggevorderde Nederlandse kunst wordt getoond. Verder werkt Rietveld aan verschillende ontwerpen, hoewel de meeste ervan in de eerste jaren na de oorlog niet worden uitgevoerd.

Schröder krijgt, deels met Rietveld samen, de opdracht voor twee verbouwingen. De eerste is voor de heer en mevrouw Breebaart-Bruseker uit Arnhem, waarvoor Schröder een kamer inricht. Voor de familie Redelé uit Dordrecht moderniseert ze de woonkamer, de studeerkamer en de zolder. De heer Redelé is directeur van de Biscuit- en Chocoladefabriek Victoria. Na de geslaagde inrichting van hun privévertrekken vraagt Redelé Schröder de fabriekskantine gezelliger te maken. Het is vooral Truus die over de ontwerpen correspondeert – Rietveld is veel afwezig. Hij is op reis: naar Stockholm, Parijs, New York en Chicago.

__ I received an invitation to give architectural lectures in Doorn, have become a member of the Nederlandse Federatie van Beroepsverenigingen van Kunstenaars [Dutch Federation of Professional Artist Associations] (I come under Applied Arts as an interior designer), have joined a committee for the promotion of artistic life, receive regular invitations for art matinees and occasionally to visit a studio. You know I really need this.
— Truus Schröder to Han

__ Ik kreeg een invitatie voor architectuurvoordrachten in Doorn, word lid van de Nederlandse Federatie van Beroepsverenigingen van Kunstenaars (val onder Toegepaste Kunsten als binnenhuisarchitect), kom in een commissie voor bevordering van het kunstleven, krijg geregeld invitaties voor kunstmatinees en ook weleens voor bezoek aan een atelier. Je weet dat ik hieraan veel behoefte heb.
— Truus Schröder aan Han

__ If you don't write much more I can understand that you are busy. I'll come soon anyway.
— Gerrit Rietveld to Truus Schröder

__ Als je niet veel meer schrijft begrijp ik wel dat je het druk hebt hoor. Ik kom nu toch gauw.
— Gerrit Rietveld aan Truus Schröder

Letter from Gerrit Rietveld in Stockholm to Truus Schröder, 29 August 1946.

Brief van Gerrit Rietveld aan Truus Schröder vanuit Stockholm, 29 augustus 1946.

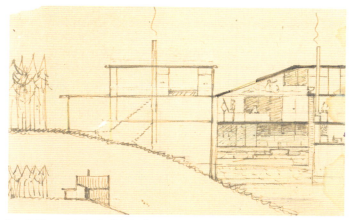

Gerrit Rietveld, (unbuilt) design for an architect's house, 1946.

Gerrit Rietveld, ontwerp (niet-uitgevoerd) voor een woning van een architect, 1946.

—— I hope you are fully aware that I love you and that it is not a chore: first me gone, then you, then me, and so on. I still always long for our little house.
— Gerrit Rietveld to Truus Schröder from Stockholm

—— Ik hoop dat je er goed van doordrongen bent dat ik van je houd en dat het geen werk is: eerst ik weg, dan jij, dan ik, enzovoorts. Ik verlang altijd nog naar ons huisje.
— Gerrit Rietveld aan Truus Schröder uit Stockholm

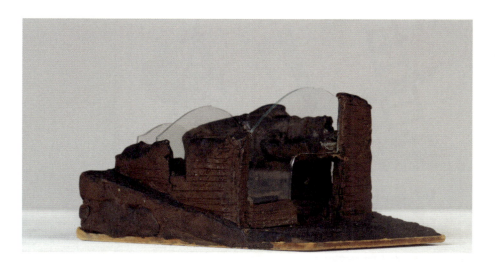

Gerrit Rietveld, (unbuilt) model for an architect's house, 1946.

Gerrit Rietveld, maquette (niet-uitgevoerd) van een architectenwoning, 1946.

After the war, Rietveld joined the preparatory committee for the exhibition *Weerbare Democratie* [Resilient Democracy], which was shown in the Nieuwe Kerk in Amsterdam in March 1946. He was invited by Willem Sandberg, who had just been appointed director of the Stedelijk Museum Amsterdam. Sandberg and Rietveld knew each other from previous exhibitions.

Na de oorlog maakt Rietveld deel uit van de voorbereidingscommissie van de tentoonstelling *Weerbare Democratie* die in maart 1946 in de Nieuwe Kerk in Amsterdam te zien is. Hij is hiervoor gevraagd door Willem Sandberg, die net directeur van het Stedelijk Museum Amsterdam is geworden. Sandberg en Rietveld kennen elkaar van eerdere tentoonstellingen.

Cover van de publicatie bij de expositie *Weerbare Democratie. Tentoonstelling van het verzet*, maart 1946.

Cover of the publication accompanying the exhibition *Weerbare Democratie: Tentoonstelling van het verzet* [Resilient Democracy: Exhibition of the Resistance], March 1946.

—— We hereby confirm that Messrs G.T. Rietveld, Oudegracht 55, Utrecht, W.H.J.B. Sandberg, Maasstraat 80, Amsterdam and J. van Hulst (engineer), Amsterdamseweg 511, Amstelveen, have, at the request of the Groote Advies-Commissie der Illegaliteit [Grand Advisory Committee on Illegality], taken charge of the organisation of an exhibition which will give a picture of the Resistance work carried out in the Netherlands during the years of Occupation.

—— Hierbij bevestigen wij, dat de heren G.T. Rietveld, Oudegracht 55, Utrecht, Jonkheer W.H.J.B. Sandberg, Maasstraat 80, Amsterdam en ingenieur J. van Hulst, Amsterdamseweg 511, Amstelveen, zich op verzoek van de Groote Advies-Commissie der Illegaliteit belast hebben met de organisatie van een tentoonstelling, die een beeld zal geven van het verzetswerk, dat in de loop der bezettingsjaren in Nederland is verricht.

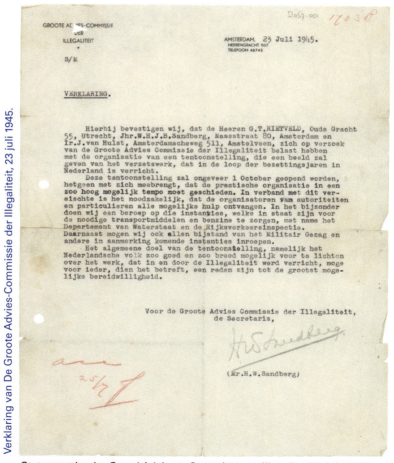

Verklaring van De Groote Advies-Commissie der Illegaliteit, 23 juli 1945.

Statement by the Grand Advisory Committee on Illegality, 23 July 1945.

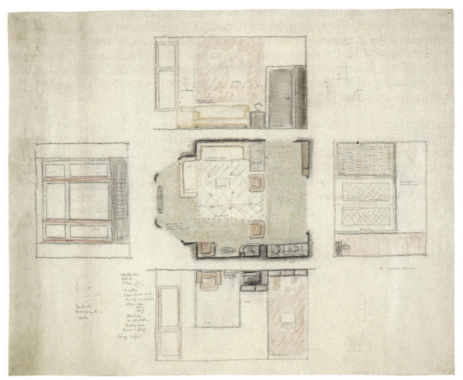

Truus Schröder, design for the interior of Mrs Breebaart-Bruseker's living room, Arnhem, 1947.

Truus Schröder, ontwerp voor het interieur van de kamer van mevrouw Breebaart-Bruseker, Arnhem, 1947.

▬ We hope you will agree with us that the cream colour of the ceiling does not go well with the white of the paint.

With polite greetings, also from Mrs Schr.
— Gerrit Rietveld

▬ We hopen dat u het met ons eens zult zijn dat de kleur crème van het plafond niet goed kan bij het wit van de verf.

Met beleefde groet, ook van mevr. Schr.
— Gerrit Rietveld

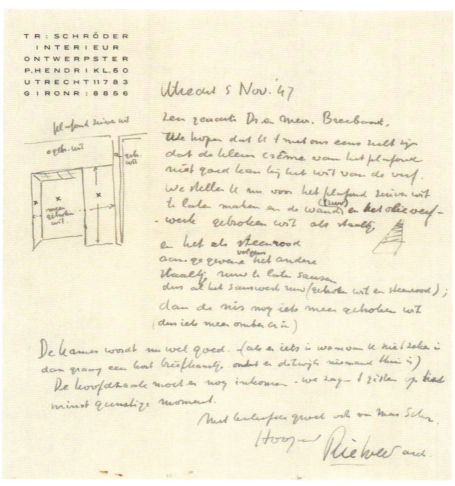

Letter from Rietveld to Mr and Mrs Breebaart-Bruseker, 5 November 1947. The letter was written on Schröder stationery.

Brief van Rietveld aan meneer en mevrouw Breebaart-Bruseker, 5 november 1947. De brief is geschreven op briefpapier van Schröder.

Truus Schröder, design for the
Breebaart-Bruseker interior, 1947.

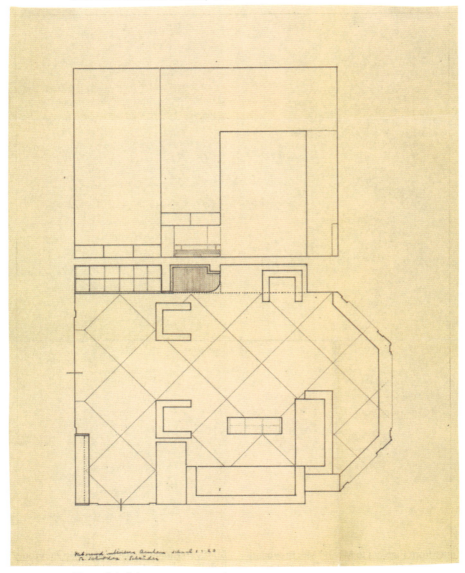

Truus Schröder, ontwerp voor het
interieur Breebaart-Bruseker, 1947.

— Shortly after the war, you and architect Rietveld furnished a room in our house in Arnhem. Having read your name in newspaper articles lately, my thoughts suddenly leapt back in time! To those days when we met at the Soroptimists. I was president of the association of doctors' wives and asked whether you would be willing to come and give a lecture on interior design. You agreed, very modestly and hesitantly. And it turned out to be a very successful evening!
— Mrs Breebaart-Bruseker
  to Truus Schröder, 1980

— Kort na de oorlog hebt u samen met architect Rietveld een kamer ingericht in ons huis in Arnhem. Doordat ik uw naam de laatste tijd nog al eens gelezen heb in krantenartikelen, sprongen mijn gedachten ineens terug in de tijd! In die tijd, dat ik u ontmoette bij de soroptimisten. Ik was voorzitter van de vereniging van doktersvrouwen en vroeg of u bereid was een lezing voor ons te komen houden over binnenhuisarchitectuur. Heel bescheiden en aarzelend hebt u hierin toegestemd. En het is een heel geslaagde avond geworden!
— mevrouw Breebaart-Bruseker
  aan Truus Schröder, 1980

Interior of Mrs Breebaart-Bruseker's living room, 1947.

Interieur van de kamer van mevrouw Breebaart-Bruseker, 1947.

Truus Schröder and Gerrit Rietveld renovated the Redelé family's home at Singel 76 in Dordrecht. During the Occupation, German soldiers were billeted there and the house therefore had to be refurbished. Schröder and Rietveld converted the living room, study and daughter's room. The surviving correspondence is almost exclusively Schröder's: she writes about carpets, curtains, the location of sockets, the plasterer, and adjusting windows and doors. Soon after, she and Rietveld received an additional commission from Redelé to renovate the factory halls and offices of the Victoria biscuit and chocolate factory. Mr Redelé was the director of the factory in Dordrecht. Marjan Schröder had worked there since 1942 as a social worker in the personnel department and probably put Redelé in contact with her mother.

Truus Schröder en Gerrit Rietveld verbouwen de woning van de familie Redelé aan de Singel 76 in Dordrecht. Tijdens de bezetting zijn er Duitse soldaten ingekwartierd geweest en het huis moet worden opgeknapt. Schröder en Rietveld maken een nieuwe inrichting voor de woon- en studeerkamer en de kamer van de dochter. De correspondentie hierover is vrijwel uitsluitend van Schröder: ze schrijft over vloerkleden, gordijnen, de locatie van stopcontacten, de stukadoor en het aanpassen van ramen en deuren. Kort daarna krijgt ze samen met Rietveld een aanvullende opdracht van Redelé om de fabriekshallen en de kantoren van de Biscuit- en Chocoladefabriek Victoria te renoveren. Meneer Redelé is directeur van de koekjesfabriek in Dordrecht. Marjan Schröder werkt er sinds 1942 als maatschappelijk werker op de personeelsafdeling en heeft waarschijnlijk voor het eerste contact tussen Redelé en haar moeder gezorgd.

Letter from the contractor Pols commissioning Truus Schröder and Gerrit Rietveld for the construction of a chimney, 1947.

Opdracht van aannemer Pols aan Truus Schröder en Gerrit Rietveld voor de bouw van een schoorsteen, 1947.

— Dear Mrs Schröder, it is with great pleasure that we remember your last visit and the drawings you brought with you. We are very pleased with most of the plans.

— Zeer geachte mevrouw Schröder, met veel genoegen denken we terug aan uw laatste bezoek en aan de tekeningen die u toen meebracht. Met het grootste deel van de plannen zijn we zeer ingenomen.

Brief van mevrouw Redelé aan Truus Schröder, z.j.

Letter from Mrs Redelé to Truus Schröder, n.d.

Truus Schröder and Gerrit Rietveld, interior of the study with fireplace, Mr and Mrs Redelé, 1947. On the back of the photo, Schröder wrote: 'The gentlemen's room'. The fireplace was faced with tiles and there was room for 2,000 books.

Truus Schröder en Gerrit Rietveld, studeerkamer, meneer en mevrouw Redelé, 1947. Achterop de foto schrijft Schröder: "Herenkamer". De schoorsteen wordt bekleed met tegels en er is plaats voor 2.000 boeken.

_Suspended and illuminated glass ceiling

_Verlaagd en verlicht glasplafond

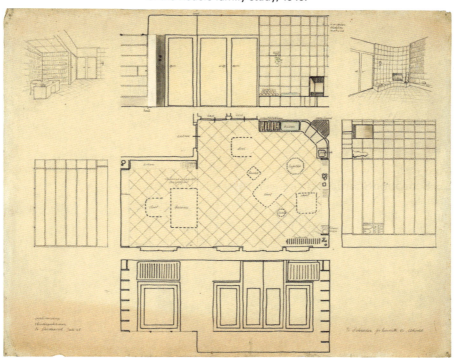

Truus Schröder, plan for the refurbishment of the Redelé family study, 1945.

Truus Schröder, verbouwing van de studeerkamer van de familie Redelé, 1945.

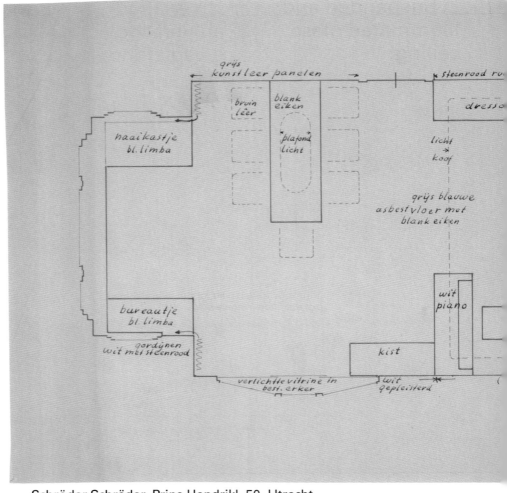

— Schröder-Schräder, Prins Hendrikl. 50, Utrecht.

Truus Schröder, drawing for the Redelé family's living room, 1947.

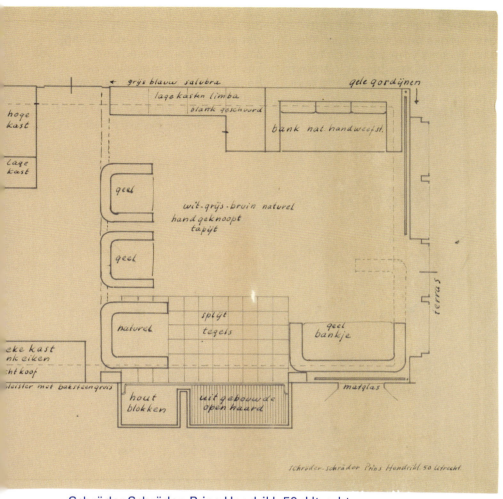

— Schröder-Schräder, Prins Hendrikl. 50, Utrecht.

Truus Schröder, tekening van de woonkamer van de familie Redelé, 1947.

― The upper room of our canteen, which is used for club work, looks rather cheerless. We wish to seek your advice as to whether it is possible, at low cost, to make it more cheerful and give it more atmosphere.
— Marjan Schröder to her mother

― De bovenzaal van onze kantine, die voor clubwerk wordt gebruikt, ziet er heel ongezellig uit. Graag zouden wij eens uw advies inwinnen, of de mogelijkheid bestaat, op weinig kostbare wijze, er iets gezelligs van te maken, zodat het geheel meer sfeer krijgt.
— Marjan Schröder aan haar moeder

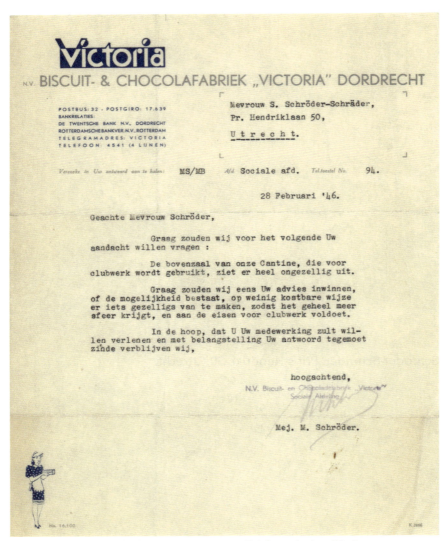

Letter from daughter Marjan to Truus Schröder, 28 February 1946.

Brief van dochter Marjan aan Truus Schröder, 28 februari 1946.

— I regret that the couches are not particularly appreciated.
— Truus Schröder

— Het spijt me dat de banken niet zo bijzonder gewaardeerd worden.
— Truus Schröder

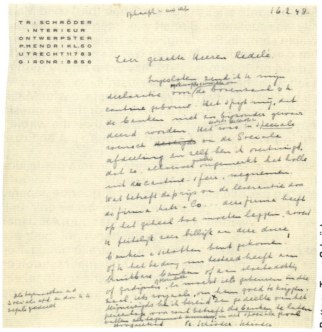

Top: letter from Schröder to Mr Redelé about her designs for the Victoria biscuit and chocolate factory in Dordrecht, February 1948.

Bottom: Truus Schröder, design for the furniture of the Victoria biscuit and chocolate factory in Dordrecht, 1946–47.

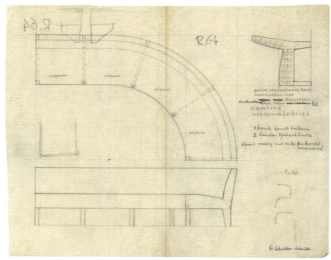

Boven: brief van Schröder aan de heer Redelé over haar ontwerpen voor koekjesfabriek Victoria in Dordrecht, februari 1948.

Onder: Truus Schröder, ontwerp voor het meubilair van de Biscuit- en Chocoladefabriek Victoria in Dordrecht, 1946–1947.

FAMILY IN INDONESIA
FAMILIE IN INDONESIË

In October 1943, a month after the birth of their third child Margot, the Schröder-Kolkman family was separated. Binnert was interned by the Japanese occupying forces in a civilian camp in Bandung, while his wife and their children were sent to another camp on Java. Maarten was 6 years old and Rein 3. When Japan surrendered on 15 August 1945 they were briefly reunited. But Els and Margot soon left with the Red Cross for Australia to recover. Margot, in particular, was in a bad way. Binnert stayed in Indonesia with Maarten and Rein, but they fled indirectly to Australia on account of the Indonesian war of independence. They collected Els and Margot, and then the whole family went back to Utrecht in 1947. They first stayed in Truus's flat on Erasmuslaan.

In oktober 1943, een maand na de geboorte van hun derde kind Margot, wordt het gezin Schröder-Kolkman uit elkaar gehaald. Er breekt voor hen een angstige en chaotische periode aan. Binnert wordt door de Japanse bezetter in Bandung in een burgerkamp geïnterneerd, zijn vrouw en hun kinderen in een ander kamp op Java. Maarten is 6 en Rein 3 jaar oud. Als Japan de capitulatie tekent – 15 augustus 1945 – zijn ze korte tijd herenigd, maar al gauw vertrekken Els en Margot met het Rode Kruis richting Australië om daar op te knappen. Vooral Margot is er slecht aan toe. Binnert blijft met Maarten en Rein in Indonesië, maar ze vluchten vanwege de Indonesische onafhankelijkheidsoorlog met een omweg naar Australië. Daar halen ze Els en Margot op, en dan komt het gehele gezin in 1947 in Utrecht aan. De eerste tijd verblijven ze in de Erasmuslaanflat van Truus.

Binnert and Els with their children in Indonesia, c. 1945. Their daughter Margot was born in September 1943.

Binnert en Els met hun kinderen in Indonesië, ca. 1945. Dochter Margot is in september 1943 geboren.

For Bep Rietveld and her family, it was also a frightening time. From the end of 1943, she was imprisoned with her two daughters in a Japanese internment camp for almost three years, while her husband Dennis Coolwijk was kept in a men's camp. Her son Fons was with Bep until the age of 10, after which he too had to enter a men's camp. Bep returned to the Netherlands with her children in early 1946.

Voor Bep Rietveld en haar gezin is het ook een angstige periode. Zij wordt vanaf eind 1943 samen met haar twee dochters gevangen gehouden in een Japans interneringskamp, haar man Dennis Coolwijk zit in een mannenkamp. Haar zoon Fons is tot zijn 10de jaar bij Bep, daarna moet ook hij naar een mannenkamp. Begin 1946 keert Bep met haar kinderen terug naar Nederland.

Bep Rietveld, *Self-portrait*, 1940.

In Indonesia, Bep produced portraits of Els and Binnert's two sons for Truus Schröder just after they left the camp. Originally it was a double portrait; later it was cut into two. Bep produced the portrait in haste, as Maarten and Rein were about to take the plane with their father to Australia where their mother and sister Margot were.

In Indonesië maakt Bep voor Truus Schröder een portret van de twee zonen van Els en Binnert vlak nadat ze het kamp zijn uitgekomen. Oorspronkelijk is het een dubbelportret; later is het in tweeën geknipt. Bep maakt het portret in haast, omdat Maarten en Rein op het punt staan met hun vader het vliegtuig naar Australië te nemen waar hun moeder en hun zusje Margot zijn.

―― Beppie Rietveld who lives right behind us here – the back of our gardens border each other – is bringing a sketch of Maarten and Reintje, which she is going to make in a hurry (today and tomorrow). From what I've seen of it so far I am confident that it is going to be beautiful. ... She has become very handsome and made beautiful things with meagre resources.
— Binnert Schröder to his mother

―― Beppie Rietveld die hier vlak achter ons woont – de achterkant van onze tuinen grenzen aan elkaar – brengt een schets van Maarten en Reintje mee, die ze in de haast (vandaag en morgen) maakt. Wat ik er tot nu van gezien heb, geeft het vertrouwen dat het mooi wordt. […] Zij is erg knap geworden en heeft mooie dingen gemaakt met gebrekkige middelen.
— Binnert Schröder aan zijn moeder

―― For Truus. Elisabeth Rietveld, 15 December 1945

―― Voor Truus. Elisabeth Rietveld, 15 december 1945

Bep Rietveld, *Portrait of Rein Schröder*, 15 December 1945.

Bep Rietveld, *Portrait of Maarten Schröder*, 15 December 1945.

— Your mother talks only of Australia because of Els's letter. To me too, it seems like a wonderful country. We should all go there if those people there will at least accept such a bunch of fidgets. Not that we don't have it good here, mind you. I am very hopeful for the near future. I think that this coming spring (I'm being a bit premature) we'll be able to fully be aware of freedom with all our might if the people from Indonesia are there too by then, or at least are doing alright.
— Gerrit Rietveld to Han

— Je moeder is vol van Australië, door de brief van Els. Het lijkt me ook een heerlijk land. We moesten er maar met zijn allen heengaan als die lui daar tenminste zo'n stel woelwaters kunnen hebben. Niet dat we het hier niet goed hebben hoor. Ik heb alle hoop op de naaste toekomst. Ik denk dat we de aanstaande lente (ik ben wel wat voorbarig) wel met heel ons vermogen de vrijheid ten volle kunnen beseffen als dan de lui uit Indië er ook zijn, of het tenminste goed hebben.
— Gerrit Rietveld aan Han

Letter from Gerrit Rietveld to Han Schröder, 20 December 1945.

EVERYONE IS BACK
IEDEREEN IS TERUG

By 1947 everyone was back. Bep returned from Indonesia that year, which meant that Gerrit's six children were now back in the Netherlands. Truus's Han had returned from London in 1946, while Binnert's family made their way home a year later. They lived temporarily in one of the flats on Erasmuslaan.

Els Schröder-Kolkman with her daughter Margot, 1947.
Els Schröder-Kolkman met haar dochter Margot, 1947.

Truus Schröder with Han and her three grandchildren: Martin, Rein and Margot on the balcony of Erasmuslaan, 1947.
Truus Schröder met Han en haar drie kleinkinderen: Maarten, Rein en Margot op het balkon van de Erasmuslaan, 1947.

In 1947 is iedereen terug. Bep is al uit Indonesië terug en daarmee zijn de zes kinderen van Gerrit weer in Nederland. Van Truus is Han in 1946 uit Londen teruggekomen, het gezin van Binnert komt een jaar later thuis. Ze wonen tijdelijk in een van de flats aan de Erasmuslaan.

Els in the flat on Erasmuslaan with Schröder and Rietveld's display cabinet above her against the wall, late 1940s.

Els in de Erasmuslaanflat met boven tegen de muur de vitrinekast van Schröder en Rietveld, eind jaren 40.

From 1942 to 1947, Marjan Schröder worked as a social worker at the Victoria biscuit and chocolate factory in Dordrecht. As a child, she was active in scouting, and still was: in 1946 she joined the Nederlandse Padvindersgilde voor Fabrieksgroepen [Dutch Scouts' Guild for Factory Groups]. After 1947, she worked for two years in Stockholm, Sweden.

Van 1942 tot 1947 werkt Marjan Schröder als maatschappelijk werker bij de Biscuit- en Chocoladefabriek Victoria in Dordrecht. Als kind was ze al actief in de padvinderij en dat is ze nog altijd: in 1946 zit ze bij het Nederlandse Padvindersgilde voor Fabrieksgroepen. Na 1947 werkt ze twee jaar in Stockholm, Zweden.

Marjan Schröder in the Rietveld Schröder House, late 1940s.

Marjan Schröder in het Rietveld Schröderhuis, eind jaren 40.

'After the war, I knew very quickly', Bep Rietveld recalled. 'I no longer liked that man, and with my children I then went back to the Netherlands.' After divorcing Dennis Coolwijk, Bep returned to the Netherlands in 1947. She first lived with her parents at Vredenburg for a while. Later that year, she married Derk Eskes, who had survived a camp in Germany.

—— After the war, I arrived at my parents' with three children. But like so many other Dutch people, they weren't really interested in our misery. They had their own war behind them. No one talked about mine.
— Bep Rietveld

—— Ik kwam na de oorlog met drie kinderen bij mijn ouders aan, maar die hadden net als zoveel andere Nederlanders eigenlijk geen belangstelling voor onze ellende. Die hadden hun eigen oorlog achter de rug. Over de mijne werd niet gepraat.
— Bep Rietveld

"Na de oorlog had ik het snel gezien", vertelt Bep Rietveld. "Ik moest die man niet meer en met mijn kinderen ben ik toen terug naar Nederland gegaan." Bep gaat scheiden van Dennis Coolwijk en wanneer ze in 1946 terug is in Nederland woont ze onder andere een tijd bij haar ouders aan het Vredenburg. In de zomer van 1948 trouwt ze met Derk Eskes, die in Duitsland een kamp overleefde.

Bep Rietveld in het appartement aan het Vredenburg, ca. 1947.

Bep Rietveld in the Vredenburg flat, c. 1947.

Photomontage by Nico Jesse of Gerrit Rietveld and his family in the flat above the Vreeburg cinema, Utrecht, 1947.

Fotomontage, gemaakt door Nico Jesse, van Gerrit Rietveld en zijn gezin boven bioscoop Vreeburg, Utrecht, 1947.

Wim Rietveld op het balkon van de woning aan het Vredenburg, eind jaren 30.

Wim Rietveld on the balcony of the Vredenburg flat, late 1930s.

Egbert Rietveld met zijn echtgenote Ada Noordijk, Den Haag, ca. 1939.

Egbert Rietveld with his wife Ada Noordijk, The Hague, c. 1939.

LET'S TEAR IT DOWN
LATEN WE HET MAAR SLOPEN

1947–1964

FROM 'ARCHITECTURAL ARTIST' TO THE DEATH OF RIETVELD
VAN 'BOUWKUNSTENARES' TOT HET OVERLIJDEN VAN RIETVELD

When Truus Schröder and Gerrit Rietveld returned to work after the war, big commissions – Schröder called them 'good' commissions – initially failed to materialise. Truus confided to one of her children her fear that Rietveld would get bogged down in the construction of displays for exhibitions and trade fairs, whereas he actually wanted to participate in the big reconstruction projects so that he could implement his ideas on affordable prefab houses.

Yet it is not as if there were no commissions for the architectural firm on Oudegracht. The firm was actually expanding. Schröder often worked there as a 'collaborator'. Han Schröder joined Rietveld's architectural firm in 1949. As did Rietveld's son, Jan, who was also an architect, and his youngest, Wim, who studied industrial design in The Hague and designed furniture.

During this period, Rietveld and Schröder embarked on a long series of international work trips. They went to Philadelphia, for instance, and Rietveld travelled to Curaçao, and with Han and Jan to Mexico.

DE STIJL EXHIBITION

The Stedelijk Museum Amsterdam organised the *De Stijl 1917–1931* exhibition in 1951. This was the first retrospective since the avant-garde movement broke up after the death of Theo van Doesburg in 1931. Museum director Willem Sandberg appointed Gerrit Rietveld as guest curator. Alongside works by Theo van Doesburg, Piet Mondrian, Ko Oud, Vilmos Huszár and Robert van 't Hoff, among others, Rietveld's own work and the Schröder House were also given a prominent place.

The exhibition on De Stijl was a great success. After Amsterdam, it

Als Truus Schröder en Gerrit Rietveld na de oorlog opnieuw aan het werk gaan, blijven in eerste instantie de grote – wat Schröder noemt "goede" – opdrachten uit. Tegen een van haar kinderen uit Truus de vrees dat Rietveld verzandt in het bouwen van opstellingen voor exposities en beurzen, terwijl hij juist wil deelnemen aan de grote bouwprojecten van de wederopbouw, zodat hij zijn ideeën over betaalbare prefabwoningen kan toepassen.

Toch is het niet zo dat er géén opdrachten zijn voor het architectenbureau aan de Oudegracht. Het bureau breidt uit. Schröder is er als "medewerker" vaak aan het werk. Han Schröder treedt in 1949 bij Rietvelds architectenbureau in dienst. Net als zijn zoon Jan Rietveld, die eveneens architect is, en de jongste, Wim, die industriële vormgeving in Den Haag heeft gestudeerd en meubelen ontwerpt.

Rietveld en Schröder beginnen in deze periode aan een lange reeks internationale werkreizen. Zo gaan ze naar Philadelphia en trekt Rietveld naar Curaçao en met Han en Jan naar Mexico.

DE STIJLTENTOONSTELLING

Het Stedelijk Museum Amsterdam organiseert in 1951 de tentoonstelling *De Stijl 1917–1931*. Het is de eerste overzichtstentoonstelling sinds de avant-gardebeweging na het overlijden van Theo van Doesburg in 1931 uit elkaar is gevallen. De directeur van het museum Willem Sandberg benoemt Gerrit Rietveld tot gastcurator. Naast werken van onder meer Theo van Doesburg, Piet Mondriaan, Ko Oud, Vilmos Huszár en Robert van 't Hoff krijgt ook werk van Rietveld en het Schröderhuis een belangrijke plek.

De expositie over De Stijl is een groot succes en reist na Amsterdam door naar onder meer Venetië, New York en Rome. Rietveld en Schröder reizen samen naar deze steden om de tentoonstelling op te bouwen. In alle musea waar de Stijltentoonstelling te zien is, staat bij de maquette en de tekeningen van het huis (gemaakt door Han Schröder) een houten bordje met in witte letters: 'Rietveld en Schröder'. Hun beider namen.

Rietveld, vooral bekend vanwege het huis en de lattenstoel – werken die hij respectievelijk op zijn 36ste (1924) en 31ste (1919) maakte – krijgt grotere opdrachten. "Goede" opdrachten. Behalve voor particulieren, zoals het huis voor Martin en Mia Visser in Bergeijk, tekent hij twee opvallende tentoonstellingsgebouwen die de roem van zijn eerdere werk evenaren: het Nederlands paviljoen voor de Biënnale van Venetië en het expositiepaviljoen voor de internationale beeldententoonstelling in Park Sonsbeek in Arnhem.

Maar nu de opdrachten voor hem groter worden, verandert Truus' rol. Zelf zegt Schröder dat ze "veel narigheden, onvriendelijkheden of wanbegrip" heeft ondervonden van haar "leven tussen de architecten". Han noemt haar moeder in retrospectief een "schaduwfiguur naast en achter (maar vooral achter) Rietveld". Schröder kijkt mee naar projecten, is kritisch als altijd, gaat veelvuldig mee op reis, maar haar rol wordt meer en meer administratief. En het huis aan de Prins Hendriklaan?

Daar zijn eind jaren 40, begin jaren 50 weinig veranderingen. Schröder werkt er, ze geeft de groeiende groep geïnteresseerden rondleidingen door het huis en verhuurt de kamers op de begane grond – bij voorkeur aan architectuurstudenten. Zelf leeft ze boven: op de verdieping en in de dakkamer.

Dat verandert in 1957 wanneer Vrouwgien Rietveld-Hadders

travelled to Venice, New York and Rome, among other cities. Rietveld and Schröder travelled to these cities together to set up the exhibition. In all museums where the De Stijl exhibition was shown, a wooden sign with both their names in white letters – 'Rietveld and Schröder' – was placed next to the model and drawings of the house (made by Han Schröder).

Rietveld, best known for the house and the slatted armchair – works he made when he was 36 (in 1924) and 31 (in 1919) respectively – received bigger commissions. 'Good' commissions. As well as private homes, such as the house for Martin and Mia Visser in Bergeijk, he drew two striking exhibition buildings that matched the fame of his earlier work: the Dutch pavilion for the Venice Biennale and the pavilion for the international sculpture exhibition at Park Sonsbeek in Arnhem.

As Rietveld's commissions grew, Schröder's role changed. She herself said she experienced 'many troubles, acts of unkindness or a lack of understanding' from her 'life among architects'. Han retrospectively called her mother a 'shadow figure next to and behind (but especially behind) Rietveld'. Schröder oversaw projects, was as critical as ever, travelled frequently, but her role became increasingly administrative. And the house on Prins Hendriklaan?

Few changes had happened there in the late 1940s and early 1950s. Schröder worked there, she gave the growing group of interested people tours of the house and rented out the rooms on the ground floor – preferably to architecture students. She herself lived upstairs: on the first floor and in the attic.

That changed in 1957 when Vrouwgien Rietveld-Hadders died. Soon after his wife's death, Rietveld moved in with Schröder on Prins Hendriklaan. He was 68, she was 67. More than forty years after they first met, they were living together in the house they had built.

ATTIC

In 1958 Rietveld had another important exhibition: a solo show at the Centraal Museum in Utrecht. For him, this finally meant getting recognition in his home town; for the house, this heralded the end of the attic. Whereas Schröder's little 'tower room' had previously been painted black to show that it was less part of the house's architecture, now the attic was going to be removed. For the Utrecht exhibition, they wanted to show the house as originally intended. The spiral metal staircase giving access to the roof would remain in the house until the 1970s.

The number of commissions continued to grow, including in terms of volume. In addition to private homes and government buildings, Rietveld was now also being commissioned for social housing projects.

For instance, he drew housing for the model village of Nagele (together with his son Jan) and hundreds of social housing units in Utrecht. He was also commissioned to design the Van Gogh Museum: he did so with architects Joan van Dillen and Johan van Tricht, with whom he formed a partnership in 1961.

In 1963 Rietveld received a medal from the city of Utrecht. A year later, he was awarded an honorary doctorate from Delft University of Technology and was appointed an honorary member of the BNA, the association of architects.

overlijdt. Kort na de dood van zijn echtgenote trekt Rietveld in bij Schröder op de Prins Hendriklaan. Hij is dan 68 jaar, Schröder is 67. Meer dan 40 jaar na hun eerste ontmoeting wonen ze samen in het huis dat ze bouwden.

DAKKAMER

In 1958 krijgt Rietveld opnieuw een belangrijke expositie: een solotentoonstelling in het Centraal Museum in Utrecht. Voor hem betekent dit dat hij eindelijk erkenning in zijn eigen stad krijgt, voor het huis luidt dit het einde van de dakkamer in. Was Schröders 'torenkamertje' eerder al zwartgeverfd om aan te tonen dat het minder deel uitmaakt van de architectuur van het huis, nu wordt de dakkamer verwijderd. Voor de Utrechtse expositie willen ze het huis laten zien zoals het oorspronkelijk bedoeld is. De gedraaide metalen trap die toegang geeft tot het dak blijft nog tot in de jaren 70 in het huis.

Het aantal opdrachten blijft groeien, ook in volume. Rietveld wordt, behalve voor particuliere woningen en overheidsgebouwen, nu ook gevraagd voor sociale woningbouwprojecten. Zo tekent hij woningen voor het modeldorp Nagele (samen met zijn zoon Jan) en een paar honderd woningwetwoningen in Utrecht. Ook krijgt hij de opdracht om het Van Gogh Museum te ontwerpen: dat doet hij samen met de architecten Joan van Dillen en Johan van Tricht met wie hij in 1961 een maatschap opricht.

In 1963 ontvangt Rietveld een stadsmedaille van de stad Utrecht. Een jaar later krijgt hij een eredoctoraat van de Technische Hogeschool Delft en wordt hij benoemd tot erelid van de branchevereniging van architecten BNA.

"ONMISBAAR"

Inmiddels is Han Schröder een architectenbureau in Amsterdam begonnen, net als Jan Rietveld. Wim Rietveld is industrieel ontwerper. En wat betreft de andere kinderen van Gerrit en Vrouwgien Rietveld-Hadders: Bep is kunstenaar en schildert en tekent, Egbert is instrumentmaker en wordt directeur-eigenaar van zijn bedrijf Rietveld Instrumenten, Tutti is pianist en zingt en Gerrit junior is meubelmaker.

Marjan Schröder komt, na een aantal jaar als arbeidsdeskundige in de Verenigde Staten te hebben gewerkt, terug naar Nederland en gaat bij Han en haar geliefde Cora de Castro aan de Amsterdamse Kromme Waal wonen. Binnert – inmiddels gescheiden van Els – is ook terug in Nederland: hij laat zijn woonhuis in Hattem door zijn zus ontwerpen.

En Truus Schröder?

Nog in zijn speech ter gelegenheid van zijn benoeming tot erelid van de BNA noemt Gerrit Rietveld Schröders "inzicht en ruimtegevoel onmisbaar". Maar hoewel hij meermaals benadrukt hoe belangrijk haar rol in zijn (hun) werk was en is – behalve "bouwkunstenares" noemt hij haar "ruimtekunstenares" – wordt de naam van zijn 'gelijkgestemde' steeds meer naar de achtergrond gedrukt.

"R. bespreekt niet meer zoveel met me", zegt Schröder eind jaren 50 tegen haar dochter. Han denkt dat het door gezondheidsproblemen van Rietveld komt. Ze zegt: "Ik heb de indruk dat het kwam doordat hij zich niet meer zo goed voelde en vaak vermoeid thuiskwam." Schröder regelt bruiklenen, de agenda, adviseert, beslist over keuzes betreffende binnenhuisarchitectuur en is druk met de Soroptimisten. Aan de gevel van het huis hangt ze een bordje met

'ESSENTIAL'

Meanwhile, Han Schröder had set up an architectural firm in Amsterdam, as had Jan Rietveld. Wim Rietveld was an industrial designer. As for the other children of Gerrit and Vrouwgien Rietveld-Hadders: Bep was an artist who painted and drew, Egbert was an instrument maker and became the managing director of his company, Rietveld Instrumenten, Tutti was a pianist and singer, and Gerrit junior was a furniture maker.

After working as an occupational consultant in the USA for several years, Marjan Schröder returned to the Netherlands and moved in with Han and her lover Cora de Castro on Amsterdam's Kromme Waal. Binnert – now divorced from Els – was also back in the Netherlands: he had his house in Hattem designed by his sister.

And Truus Schröder?

In the speech he gave upon his appointment as an honorary member of the BNA, Gerrit Rietveld called Schröder's 'insight and sense of space indispensable'. But although he repeatedly stressed how important her role in his (their) work had been and still was – besides 'bouwkunstenares' [architectural artist], he called her 'ruimtekunstenares' [spatial artist] – the name of his 'kindred spirit' was increasingly pushed into the background.

'R. doesn't discuss all that much with me anymore', Schröder told her daughter in the late 1950s. Han believed this was because of Rietveld's health problems. She explained: 'My impression is that it was because he was feeling out of sorts and often came home tired.' Schröder arranged loans and the diary, gave advice, made decisions regarding interior design and was busy with the Soroptimists. She hung a sign on the façade of the house saying, 'For information about this house, be so kind as to phone first.' She still oversaw Rietveld's work, but the days of intense collaboration and distant travels were over.

THREE METRES HIGH

'Work progressing steadily: Construction of underpass at Prins Hendriklaan', ran the headline of the *Utrechtsch Nieuwsblad* of 9 January 1964. The existence of the house was under threat. Due to the congestion on Laan van Minsweerd, which ran right in front of the house, and the ensuing accidents, the municipality of Utrecht had decided to turn it into an elevated national expressway under which cars from Prins Hendriklaan could drive. A three-metre-high embankment, with the elevated road right in front of the house.

This marked the end of the rural view that had been so important when the house was built in 1924. A view which Truus Schröder had prevented from being spoilt back in the 1930s by having the Erasmuslaan houses built there.

Architecture lovers, scientists, museum directors, Schröder and Rietveld themselves: a significant group of people within the art world protested against the construction of the embankment and underpass. The Dutch House of Representatives and the Queen received letters about it, and even MoMA in New York took action, but construction went ahead. When the expressway was finished, Gerrit Rietveld suggested tearing down the house: the view had been ruined.

'Something so beautiful can't last', Schröder would lament years later, but at the time she decided to ignore Rietveld's comment.

RIETVELD OVERLIJDT

Rekening houdend met zijn kwetsbaar wordende gezondheid – in juni 1963 is hij 75 geworden – blijven ze dicht bij huis. Schröder en Rietveld gaan naar de Vinkeveense Plassen, vrienden en kinderen haken aan, ze fantaseren over een woonboot, ze gaan naar zee, ontvangen kleinkinderen en een achterkleinkind. Nog één keer, in de lente van 1964, gaan ze samen naar Milaan, Lausanne en Venetië.

Een maand later, op de dag na zijn 76ste verjaardag, na terugkomst van een lunch met zijn compagnons Van Dillen en Van Tricht en hun personeel, zakt hij ineen op het bankje in de hal van het huis aan de Prins Hendriklaan. Rietveld overlijdt op 25 juni 1964.

RIETVELD DIES

Taking into account his delicate health – he turned 75 in June 1963 – they stayed close to home. Schröder and Rietveld moved to the Vinkeveense Plassen, friends and children joined them, they fantasised about a houseboat, they went to the sea, received grandchildren and a great-grandchild. One more time, in the spring of 1964, they went together to Milan, Lausanne and Venice.

A month later, a day after his 76th birthday, after returning from lunch with his associates Van Dillen and Van Tricht and their staff, he collapsed on the bench in the hallway of the house on Prins Hendriklaan. Rietveld died on 25 June 1964.

NO GOOD COMMISSIONS
GEEN GOEDE OPDRACHTEN

After peace had returned somewhat after the war, Schröder and Rietveld went back to work. At first, they found it difficult to get big commissions, but they did have work.

Als na de oorlog de rust wat is teruggekeerd, gaan Schröder en Rietveld weer aan de slag. Lukt het in eerste instantie maar moeilijk om grote opdrachten te krijgen, toch hebben ze wel degelijk werk.

Gerrit Rietveld, lead plate (stamp) 'Tr. Schröder Prins Hendriklaan 50', c. 1955.

Gerrit Rietveld, loden cliché (stempel) "Tr. Schröder Prins Hendriklaan 50", ca. 1955.

Gerrit Rietveld, 1950s.

Truus Schröder, 1950s.

— After the war, from about 1949, when I worked for Rietveld, mother also worked there in the mornings. I have rarely seen two people who were still so in love and dependent on each other after so many years. At 9 o'clock he would call her, at about 10 o'clock he would go and get her, at 12 o'clock the three of us would have lunch, or I would have lunch with mother, and in the afternoon he went to Prins Hendriklaan until he went home at 4.30.
— Han Schröder

— Na de oorlog, vanaf ongeveer 1949, toen ik bij Rietveld werkte, werkte moeder daar ook 's morgens. Ik heb zelden twee mensen gezien die na zoveel jaren nog steeds zo verliefd en afhankelijk van elkaar waren. Om 9 uur belde hij haar op, om circa 10 uur ging hij haar halen, om 12 uur lunchten we gedrieën, of ik samen met moeder, en 's middags ging hij naar de Prins Hendriklaan tot hij om half 5 naar huis ging.
— Han Schröder

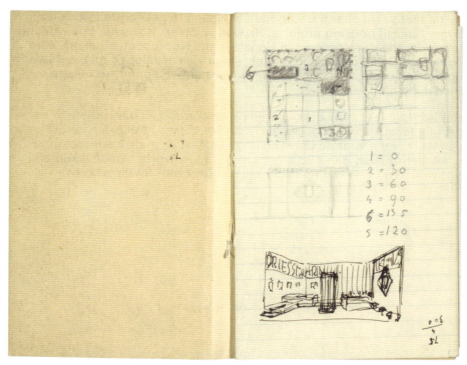

Gerrit Rietveld, sketch for the Driessens Tegelhandel stand at the Utrecht Jaarbeurs, n.d.

Gerrit Rietveld, schets voor de stand van Driessens Tegelhandel in de Utrechtse Jaarbeurs, z.j.

―― R., to his shame, I find, is getting bogged down further and further in exhibition and info fair assignments. His good work no longer gets the attention of the early days, he still hasn't started on Curaçao. ... I really feel that a good assignment, with the highest demands, could still save him.
— Truus Schröder to Han

―― R. verzinkt tot zijn schande, vind ik, steeds verder in de tentoonstellings- en infobeursopgaven. Zijn goede werk krijgt niet meer de aandacht van in het begin, aan Curaçao is hij nog steeds niet begonnen. [...] Ik heb echt het gevoel dat een goede opdracht, waaraan de hoogste eisen gesteld zouden worden, nu hem nog redden kan.
— Truus Schröder aan Han

In the first years after the war, Rietveld failed to get commissions for larger (social) housing projects. He was involved, however, in a working group for the development of Nagele in the Noordoostpolder, as were Truus and Han. The Nagele model village was developed on the drawing board. Ten years after the first plans were drawn up for this village, Rietveld built houses there.

Het lukt Rietveld in de eerste jaren na de oorlog niet opdrachten voor grotere (sociale) woningbouwprojecten te krijgen. Wel is hij betrokken bij een werkgroep voor de ontwikkeling van Nagele in de Noordoostpolder – net als Truus en Han. Het modeldorp Nagele wordt aan de tekentafel ontwikkeld en tien jaar na de eerste plannen voor dit dorp bouwt Rietveld er woningen.

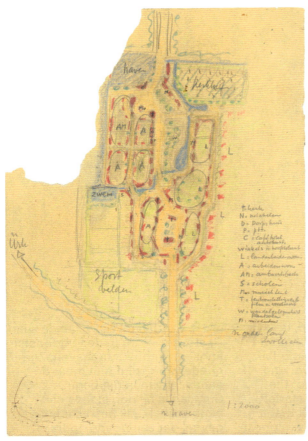

Gerrit Rietveld, stedenbouwkundig plan Nagele (niet-uitgevoerd), ca. 1948.

Gerrit Rietveld, urban development plan for Nagele (unbuilt), c. 1948.

— Once I went to the meeting instead of him [Rietveld]. I had to defend what he had designed. That ended very badly, I was shaking so terribly in front of all those great men. I became so nervous. I had to explain that piece in front of all those great men. And then that young man who is also an architect asked me, 'How big is that square that Rietveld designed? Is it as big as Vreeburg?' But I hadn't looked into that at all. I don't know what I said. I think I just lied.
— Truus Schröder on Nagele

— Ik ben een keer in plaats van hem [Rietveld] naar de vergadering geweest. Toen moest ik verdedigen wat hij ontworpen had. Dat liep heel slecht af, ik bibberde zo vreselijk bij al die grote mannen. Ik werd zo zenuwachtig. Voor al die grote mannen moest ik dat stuk verklaren. En toen vroeg die jongen die ook architect is aan mij: hoe groot is nou dat plein dat Rietveld ontworpen heeft? Is dat nou zo groot als het Vreeburg? Maar daar had ik me helemaal niet in verdiept. Ik weet niet wat ik gezegd heb. Ik heb maar wat gelogen, denk ik.
— Truus Schröder over Nagele

— Ik hoop, lieve Truus, dat je mijn briefjes hebt gekregen, al was het nog niet veel. Maar dat moet je tussen alles door begrijpen: I l y v m v v v v v v m [I love you very much very very etc. much]
— Gerrit Rietveld

— I hope, dear Truus, that you got my letters, although it wasn't much. But you must understand this amid everything: I l y v m v v v v v v v v m [I love you very much very very etc. much]
— Gerrit Rietveld

Letter from Gerrit Rietveld to Truus Schröder from the hotel The Warm Friend Tavern in New York, 1947.

Brief van Gerrit Rietveld aan Truus Schröder vanuit hotel The Warm Friend Tavern in New York, 1947.

The Wit-Gele Kruis foundation commissioned Rietveld to design the Monseigneur Verriet Institute, a home for disabled children on Curaçao. He wrote to Schröder from the island: 'Dear Truus, I was very happy with your letter. ... Last week I saw all kinds of constructions – ailing children – which I was devastated about – saw land – quite nice – took measurements. Discussions with possible builders. Swam in the sea all day Sunday at Dr Engels' place. Beautiful clear, blue water. Still all over the place, your Rietje.'

Van de stichting Het Wit-Gele Kruis krijgt Rietveld de opdracht voor het ontwerp van het Monseigneur Verriet Instituut, een tehuis voor gehandicapte kinderen op Curaçao. Hij schrijft aan Schröder vanaf het eiland: "Lieve Truus, ik was erg blij met je briefje. [...] Verleden week allerlei bouwwerken gezien – gebrekkige kinderen gezien – waar ik kapot van was – grond gezien – wel mooi – maten genomen. Besprekingen met eventuele uitvoerders. Zondag de hele dag bij dr. Engels in de zee gezwommen. Prachtig licht, blauw water. Nog altijd overal, je Rietje."

Gerrit Rietveld, Monseigneur Verriet Institute, Curaçao, 1955.

Gerrit Rietveld, Monseigneur Verriet Instituut, Curaçao, 1955.

HOLLAND FAIR AND OTHER COMMISSIONS
HOLLAND FAIR EN ANDERE OPDRACHTEN

Schröder too got a number of commissions during this period, which she carried out partly alone, partly with Rietveld. She worked more and more at the architectural firm on Oudegracht.

Ook Schröder heeft in deze periode een aantal opdrachten die ze deels alleen, deels samen met Rietveld uitvoert. Ze werkt steeds vaker op het architectenbureau aan de Oudegracht.

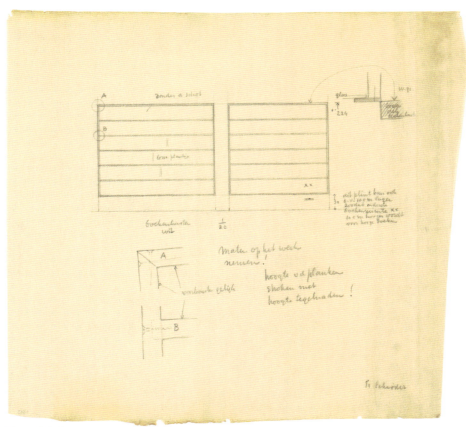

Truus Schröder, ontwerp voor kasten (met handschrift van Gerrit Rietveld), 1947.

Truus Schröder, design for cupboards (with handwriting by Gerrit Rietveld), 1947.

_ TR: SCHRÖDER INTERIOR DESIGNER

_ TR: SCHRÖDER INTERIEUR ONTWERPSTER

Truus Schröder, interior design for J.C. Zwan's flat in Hong Kong, 1949.

Truus Schröder, interieurontwerp voor de flatwoning van J.C. Zwan in Hongkong, 1949.

Schröder rented out the old architect's office in her house on Prins Hendriklaan as a bedroom and study to students. The little table she had designed was included, as was the zigzag chair with holes and the desk she made with Rietveld. The tubular lamp that hung above their worktable was still there too.

Het oude architectenbureau in haar huis aan de Prins Hendriklaan verhuurt Schröder als slaapkamer en werkkamer aan, met name, studenten. Het tafeltje dat ze heeft ontworpen staat er, net als de zigzagstoel met gaten en het bureau dat ze met Rietveld maakte. De buizenlamp die boven hun werktafel hing, hangt er nog steeds.

Study in the Schröder House, n.d.

Studeerkamer in het Schröderhuis, z.j.

Founded in 1946, Stichting Goed Wonen [Good Living Foundation] pursued a modern way of living: rational, functional and industrially manufactured. With exhibitions, a magazine, show homes and lectures, the foundation promoted modern interiors. Designs by Rietveld were often featured in the Foundation's magazine, *Goed Wonen*. Schröder also writes an article for the magazine in 1951.

De in 1946 opgerichte Stichting Goed Wonen streeft naar een moderne manier van wonen: rationeel, functioneel en industrieel vervaardigd. Met tentoonstellingen, een tijdschrift, modelwoningen en lezingen promoot de stichting het moderne interieur. Ontwerpen van Rietveld staan vaak in *Goed Wonen* afgedrukt. Ook Schröder schrijft in 1951 een artikel voor het blad.

— I was at a nice weekend of *Goed Wonen*. With lots of life, little disagreement, mainly retailers, designers.
— Truus Schröder to Han

— Ik was op een aardig weekend van *Goed Wonen*. Met veel leven, weinig verschil van mening, vooral winkeliers, ontwerpers.
— Truus Schröder aan Han

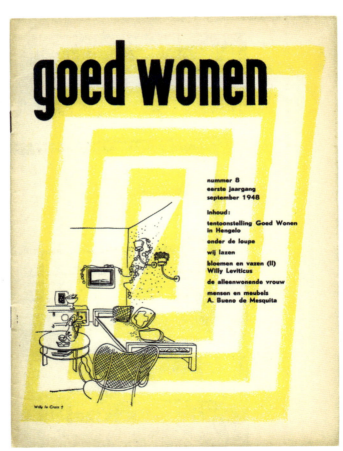

Magazine *Goed Wonen*, vol. 1, no. 8, 1948.
Tijdschrift *Goed Wonen*, jrg. 1, nr. 8, 1948.

—— When he travelled for work, she almost always accompanied him. She would then stay in the station restaurant or elsewhere, patiently waiting for him and he was impatient to finish off his business. In the studio, her work was almost entirely administrative. She would stay in his workroom, making sure incoming post was answered, writing cheques, selecting pictures for publications or ordering them. Very necessary, but rather thankless work.
— Han on her mother's work

—— Als hij voor werk op reis ging, begeleidde ze hem vrijwel altijd. Dan bleef ze in het stationsrestaurant of ergens anders geduldig op hem wachten en hij was ongeduldig in het afdoen van zijn zaken. In het atelier was haar werk vrijwel geheel administratief. Ze bleef in zijn werkkamer, zorgde ervoor dat ingekomen post beantwoord werd, schreef cheques uit, zocht foto's voor publicaties of bestelde ze. Zeer noodzakelijk, maar vrij ondankbaar werk.
— Han over het werk van haar moeder

Truus Schröder's membership card for the Dutch Federation of Professional Associations of Artists (NFBK), a post-war umbrella organisation, 1955.

Truus Schröders lidmaatschapskaart van de Nederlandse Federatie van Beroepsverenigingen van kunstenaars (NFBK), een naoorlogse koepelorganisatie, 1955.

In 1950 Gerrit Rietveld was commissioned to design the Holland Fair at the Gimbels department store in Philadelphia, Pennsylvania. Schröder worked on it too, as did the designer Willem Hendrik Gispen. It was a commission from the Dutch Foreign Trade Agency (EVD) requiring them to design a 2,000 m² area for more than a hundred Dutch exhibitors.

In 1950 krijgt Gerrit Rietveld de opdracht voor het ontwerp van de *Holland Fair* in het warenhuis Gimbels in Philadelphia (Pennsylvania). Schröder werkt eraan mee, net als ontwerper Willem Hendrik Gispen. Het is een opdracht van de Economische Voorlichtingsdienst waarbij ze een oppervlakte van 2.000 m² voor meer dan honderd Nederlandse exposanten moeten inrichten.

— Dear Han and Cora. Started work as early as 7 o'clock this morning. ... We are only going to Philadelphia on Wednesday now. We flew all over snow and ice and uninhabited areas.
— Truus Schröder

— Lieve Han en Cora. Vanmorgen al om 7 uur begonnen te werken. […] We gaan nu woensdag pas naar Philadelphia. We vlogen allemaal over sneeuw en ijs en onbewoonde gebieden.
— Truus Schröder

Ansichtkaart van Truus Schröder aan Han en Cora de Castro, New York, 3 april 1950.

Postcard from Truus Schröder to Han and Cora de Castro, New York, 3 April 1950.

▬ We have made great progress,
the fair is almost completely there.
— Truus Schröder to Marjan and Han

▬ We zijn erg opgeschoten,
de kermis staat er bijna helemaal.
— Truus Schröder aan Marjan en Han

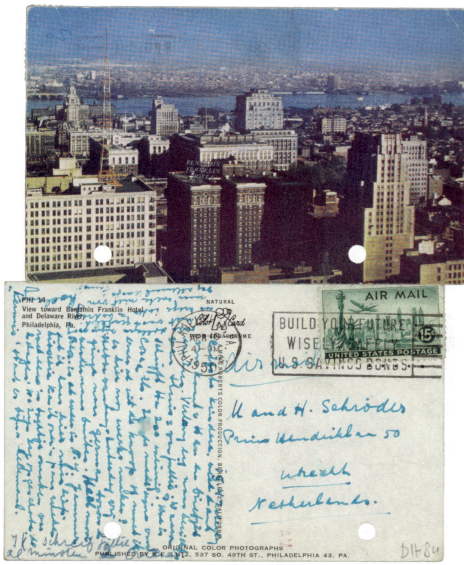

Postcard from Truus Schröder to
Marjan and Han, New York, 15 April 1950.

Ansichtkaart van Truus Schröder aan
Marjan en Han, New York, 15 april 1950.

Components for the exhibition were shipped from the Netherlands to the USA in fifty-five crates. After the opening by Prince Bernhard on 5 May 1950, a newspaper reported: 'Rietveld has succeeded in turning the prosaic floor of a department store into a most charming Dutch square with shops with awnings in cheerful colours.'

De onderdelen voor de expositie worden in 55 kratten vanuit Nederland naar de Verenigde Staten verscheept. Na de opening door prins Bernhard, op 5 mei 1950, recenseert een krant: "Rietveld is er in geslaagd van een prozaïsche warenhuisverdieping een alleraardigst Nederlands plein te maken met luifelwinkels in vrolijke kleuren."

—— It was terribly difficult to piece the stuff together. There is no room to unpack everything. They hadn't yet removed any of their stuff and today it was almost emptied out. While our 45 crates [10 arrived later], some 4.50 metres long, are all in there! But we hope to have most of it together this week.
— Truus Schröder to Han

—— Het was vreselijk moeilijk de spullen bij elkaar te vinden. Er is geen ruimte om eerst alles uit te pakken. Ze hadden nog niets leeg van hun rommel en vandaag is het bijna leeggekomen. Terwijl onze 45 kratten [10 arriveren later], sommige 4,50 meter lang, er allemaal in staan! Maar we hopen deze week het grootste deel in elkaar te hebben.
— Truus Schröder aan Han

Gerrit Rietveld, the Holland Fair, 1950.

Gerrit Rietveld, de *Holland Fair*, 1950.

Proclamation. Be it known to all men by these presents that whereas, during the month of May, in the year of Our Lord, 1950, Mrs. G. Schröder, the Netherlands, has, by personal efforts and devotion far beyond the strict call of duty, contributed in a large measure to the extraordinary success of the Holland Fair at Gimbels, Philadelphia.

Proclamatie. Laat het aan alle aanwezigen bekend zijn dat mevrouw G. Schröder, Nederland, in de maand mei, in het jaar van onze heer, 1950, door persoonlijke inspanningen en toewijding veel meer en breder dan de strikte vereiste verantwoordelijkheden in grote mate heeft bijgedragen aan het buitengewone succes van de *Holland Fair* in Gimbels, Philadelphia.

Proclamation awarded to Truus Schröder, signed by the mayor of Philadelphia and the director of the Gimbels department store, 1950.

Oorkonde van Truus Schröder, ondertekend door de burgemeester van Philadelphia en de directeur van het warenhuis Gimbels, 1950.

STAFF AT OUDEGRACHT
MEDEWERKERS AAN DE OUDEGRACHT

Besides Truus and other collaborators, Han Schröder (architect), Jan Rietveld (architect) and Wim Rietveld (industrial designer) also worked in Gerrit Rietveld's architectural firm in the 1950s.

Behalve Truus en andere medewerkers werken in de jaren 50 ook Han Schröder (architect), Jan Rietveld (architect) en Wim Rietveld (industrieel ontwerper) bij Gerrit Rietveld op het architectenbureau.

Gerrit Rietveld (standing) in his studio at Oudegracht 55 in Utrecht, c. 1958.

Gerrit Rietveld (staand) in zijn atelier aan de Oudegracht 55 in Utrecht, ca. 1958.

Before the war, Jan Rietveld had begun studying architecture. In 1947, Zoef, as he was nicknamed, set himself up as an architect and two years later graduated from the Academy of Architecture in Amsterdam. In his early years as an architect, Jan spent some time working in his father's office. He collaborated, for instance, on the design of the Van Ommeren family home and medical practice.

Voor de oorlog was Jan Rietveld begonnen aan zijn architectuurstudie. In 1947 vestigt Zoef, zoals zijn bijnaam luidt, zich als architect en twee jaar later studeert hij af aan de Academie van Bouwkunst in Amsterdam. In zijn beginjaren als architect gaat Jan enige tijd aan de slag op het bureau van zijn vader. Zo werkt hij mee aan het ontwerp van het huis en de artsenpraktijk van de familie Van Ommeren.

The Van Ommeren house in Elst, c. 1949.

Woonhuis Van Ommeren in Elst, ca. 1949.

Once he had set himself up, Jan Rietveld, together with architect Pieter Bloemsma, designed a building for single people in Amsterdam in 1956–57, the Westereindflat building. He also designed detached houses, mostly with an office. Like his father, Jan started teaching in the 1950s. In 1970 he was appointed an endowed professor at the Technical University in Delft.

Jan Rietveld, 1958.

Eenmaal voor zichzelf begonnen, bouwt Jan Rietveld in 1956–1957 samen met architect Pieter Bloemsma een flat voor alleenstaanden in Amsterdam: de Westereindflat. Ook ontwerpt hij vrijstaande huizen, veelal met een praktijkruimte. Net als zijn vader gaat Jan in de jaren 50 lesgeven. In 1970 wordt hij bijzonder hoogleraar aan de Technische Universiteit in Delft.

Jan Rietveld, Westereindflat, z.j.

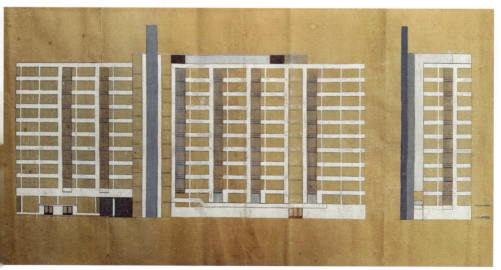

Jan Rietveld, the Westereindflat building, n.d.

Wim Rietveld studied Industrial Design at the Academy of Art in The Hague. After graduating, besides carrying out commissions for his father, he began working for the furniture manufacturer, Gispen, making office furniture. In 1957, together with his father, Wim designed the Mondial: a chair with a steelplate frame and aluminium seat which could be both stacked and joined together. The Mondial is first shown during an exhibition at Stedelijk Museum Amsterdam. Afterwards, it was presented at Expo 58, the Brussels World's Fair, the first to be held since World War II.

Wim Rietveld volgt de opleiding Industriële Vormgeving aan de Academie voor Beeldende Kunsten in Den Haag. Na zijn afstuderen gaat hij, behalve de opdrachten die hij voor zijn vader uitvoert, aan het werk bij meubelfabrikant Gispen, waar hij kantoormeubelen maakt. In 1957 ontwerpt Wim samen met zijn vader de Mondial: een stoel, met plaatstalen frame en een zitting van aluminium, die zowel gestapeld als gekoppeld kan worden. De Mondial wordt voor het eerst getoond tijdens een tentoonstelling in het Stedelijk Museum Amsterdam. Vervolgens is hij in 1958 te zien tijdens Expo 58 in Brussel, de eerste wereldtentoonstelling na de Tweede Wereldoorlog.

Wim Rietveld, 1961.

Wim Rietveld, 1961.

Gerrit and Wim Rietveld, Mondial chair (right at the table), Brussels World's Fair, 1958.

Gerrit en Wim Rietveld, Mondialstoel (rechts aan tafel), wereldtentoonstelling in Brussel, 1958.

After Han had returned to the Netherlands from London with Cora after the war, she worked at the Stedelijk Museum in Amsterdam from 1946 to 1949. She initially assisted director Willem Sandberg with exhibitions, including one on the architect Le Corbusier, before heading the secretariat. In 1949 Han joined Rietveld's architectural firm.

Nadat Han na de oorlog met Cora vanuit Londen terug naar Nederland komt, werkt ze van 1946 tot 1949 bij het Stedelijk Museum in Amsterdam. In eerste instantie assisteert ze directeur Willem Sandberg bij tentoonstellingen, waaronder een over architect Le Corbusier. Later wordt ze 'chef bureau' van het secretariaat. In 1949 gaat Han bij het architectenbureau van Rietveld aan de slag.

Han Schröder, 1950s.   Han Schröder, jaren 50.

Han Schröder was the second woman to register with the BNA in 1949 – out of a total of 2,700 men.

Han Schröder is in 1949 de tweede vrouw die bij de Bond van Nederlandse Architecten (BNA) ingeschreven staat – op een totaal van 2.700 mannen.

— The Architectural Council informs you that you,
Ms J.E.E. Schröder
have been entered in the Register of Architects under number 2702.

— De Architectenraad, deelt u mede, dat u,
Mejuffrouw J.E.E. Schröder
onder nummer 2702 zijt ingeschreven in het Architectenregister.

BNA-inschrijving van Han Schröder, 1949.   Han Schröder's BNA registration, 1949.

AN HARRENSTEIN-SCHRÄDER
AN HARRENSTEIN-SCHRÄDER

Truus Schröder's sister died on 3 March 1951. She was 63 years old. 'Our dear wife, sister and sister-in-law', the newspaper read, died 'after a long illness' at the psychiatric institution in Blaricum: the Rest and Nursing Home Gemelli. 'An was a very special woman,' Han later said about her aunt, 'much more intelligent than mother. Had studied.'

De zus van Truus Schröder overlijdt op 3 maart 1951. Ze is 63 jaar geworden. "Onze lieve vrouw, zuster en behuwdzuster", zo staat in de krant, sterft "na een langdurige ziekte" in het Rust- en Verpleeghuis Gemelli in Blaricum. "An was een heel bijzondere vrouw", zegt Han later over haar tante, "veel intelligenter dan moeder. Had gestudeerd."

An's obituary in the *Algemeen Handelsblad*, 6 March 1951.
Overlijdensadvertentie van An in het *Algemeen Handelsblad*, 6 maart 1951.

Even before An died, Rein Harrenstein had the living room, designed by Gerrit Rietveld and Truus Schröder in 1926, remodelled. He wrote about this in a letter to his niece Han – including that he had a disagreement with Truus about it. He left the bedroom, and a Rietveld-Schröder design, intact. That space – the building components and furniture – was later acquired by the Stedelijk Museum of Amsterdam.

Al voordat An overlijdt, laat Rein Harrenstein de woonkamer verbouwen die Gerrit Rietveld en Truus Schröder in 1926 hebben ontworpen. Hij schrijft hierover in een brief aan zijn nicht Han – ook dat hij er met Truus onenigheid over heeft gehad. De slaapkamer, eveneens een Rietveld-Schröderontwerp, laat hij wel intact. Die ruimte (de bouwonderdelen en de meubelen) wordt later door het Stedelijk Museum van Amsterdam aangekocht.

—— I now believe that Truus found it hard to bear that I had no appreciation for Rietveld's method of working. Without a doubt, Rietveld has original and new ideas, is also widely recognised at this point, but when the practical implementation arrives, the work is not professional and is sloppily executed, while costing a fortune.
— Rein Harrenstein to Han

—— Nu geloof ik dat Truus moeilijk heeft verdragen dat ik voor Rietvelds methode van werken geen waardering had. Zonder twijfel heeft Rietveld originele en nieuwe ideeën, is op dit punt ook algemeen erkend, maar wanneer de praktische uitvoering aanbreekt, is het werk niet deskundig en wordt slordig uitgevoerd, terwijl het bovendien schatten geld kost.
— Rein Harrenstein aan Han

An Harrenstein-Schräder, 1930s.   An Harrenstein-Schräder, jaren 30.

DE STIJL EXHIBITIONS
DE STIJLTENTOONSTELLINGEN

The De Stijl exhibition held in Amsterdam in 1951 was the first major retrospective of the artist group. After the death of Theo van Doesburg in 1931, the group fell apart. There had been previous exhibitions of individual De Stijl members, but *De Stijl 1917–1931* at the Stedelijk Museum showed for the first time the avant-garde movement as a whole. And successfully so as, after Amsterdam, the exhibition travelled to Venice, New York, Virginia and, in 1960–61, Rome.

De Stijltentoonstelling, die in 1951 in Amsterdam te zien is, is de eerste grote overzichtstentoonstelling van de kunstenaarsgroep. Na het overlijden van Theo van Doesburg in 1931 viel de groep uit elkaar. Er zijn eerder exposities van afzonderlijke Stijlleden, maar *De Stijl 1917–1931* in het Stedelijk Museum toont voor het eerst de avant-gardebeweging in haar geheel. Met succes, na Amsterdam reist de tentoonstelling door naar Venetië, New York, Virginia en in 1960–1961 naar Rome.

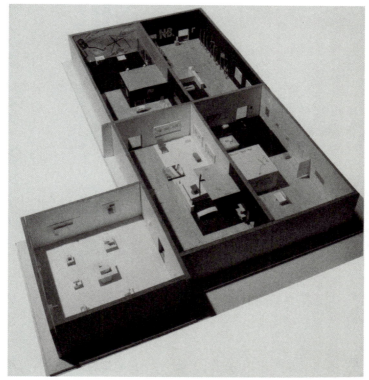

Gerrit Rietveld, model for the De Stijl exhibition at the Stedelijk Museum Amsterdam, c. 1951.

Gerrit Rietveld, maquette Stijltentoonstelling Stedelijk Museum Amsterdam, ca. 1951.

Willem Sandberg, the director of the Stedelijk Museum in Amsterdam, appointed Rietveld as exhibition designer. In this capacity, Rietveld drew the layout of the halls and helped to decide which objects to display.

Willem Sandberg, de directeur van het Stedelijk Museum in Amsterdam, stelt Rietveld aan als tentoonstellingsvormgever. In die functie tekent Rietveld de inrichting van de zalen en beslist hij mee welke objecten geëxposeerd worden.

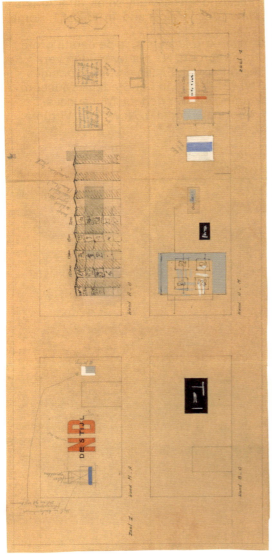

Gerrit Rietveld, ontwerp van de tentoonstellingsinrichting *De Stijl 1917-1931*, Stedelijk Museum Amsterdam, 1951.

Gerrit Rietveld, design for the exhibition *De Stijl 1917-1931*, Stedelijk Museum Amsterdam, 1951.

Willem Sandberg (1897–1984) and Gerrit Rietveld were friends. They collaborated on an exhibition in the 1930s, and Rietveld was also involved in the exhibition *Resilient Democracy* organised by Sandberg shortly after World War II. From 1946 to 1949, Han Schröder worked for Sandberg at the Stedelijk Museum. Truus Schröder also knew Sandberg, who originally trained as a graphic designer: he was the son of the educator Betsy Sandberg-Geisweit van der Netten, whom Truus valued. The 1951 De Stijl exhibition ushered in a renewed appreciation for the work of Rietveld and his De Stijl peers. Sandberg and his second wife Alida Sandberg-Swaneveld (1885–1974) – Willem and Lida – remained friends with Rietveld and Schröder, and they saw each other regularly during their travels.

Willem Sandberg (1897–1984) en Gerrit Rietveld zijn bevriend. In de jaren 30 hebben ze samengewerkt aan een tentoonstelling en ook is Rietveld betrokken bij de expositie *Weerbare Democratie* die Sandberg kort na de Tweede Wereldoorlog organiseert. Van 1946 tot 1949 werkt Han Schröder voor hem bij het Stedelijk Museum. Ook Truus Schröder kent Sandberg, die oorspronkelijk als grafisch vormgever is opgeleid: hij is de zoon van de door haar gewaardeerde opvoedkundige Betsy Sandberg-Geisweit van der Netten. Met de Stijltentoonstelling van 1951 luidt hij een hernieuwde waardering voor het werk van Rietveld en zijn Stijlgenoten in. Sandberg en zijn tweede vrouw Alida Sandberg-Swaneveld (1885–1974) – Willem en Lida – blijven bevriend met Rietveld en Schröder en ze zien elkaar regelmatig tijdens hun reizen.

Willem Sandberg with Gerrit Rietveld, 1961.

The exhibition catalogue included brief biographies of the De Stijl members. Truus Schröder is mentioned within that of Rietveld: 'In 1921 Rietveld made an interior design for Mrs Schröder-Schräder. Together with her, he designed the Schröder House in 1924. From 1931 to 1934, Rietveld, also with the collaboration of Mrs Schröder, designed several terraces in Utrecht.'

In de tentoonstellingsbrochure staan korte biografieën van de Stijlleden. Bij die van Gerrit Rietveld wordt ook Truus Schröder genoemd: "In 1921 maakt Rietveld een interieurontwerp voor mevrouw Schröder-Schräder. Samen met haar ontwerpt hij in 1924 het Schröderhuis. Van 1931–1934 ontwerpt Rietveld, ook in samenwerking met mevrouw Schröder, een aantal huizenrijen in Utrecht."

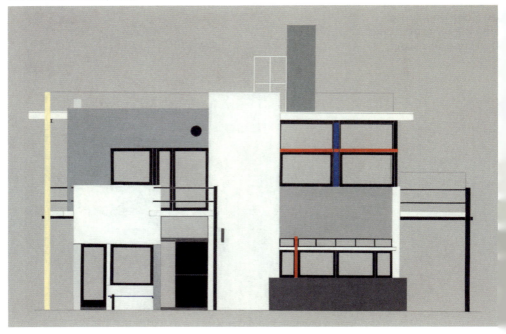

Han Schröder, façade view of the Schröder House, 1951.

Han Schröder, gevelaanzicht van het Schröderhuis, 1951.

Rietveld had a 'Cartesian knot' suspended in the exhibition. A spatial form of three equal slats crossing each other in the three dimensions: height, width and depth. Gerrit used this construction quite often in his designs, including in the slatted armchair and the tubular lamp. Han Schröder, who was working at Rietveld's architectural firm at the time, made façade views and floor plans of her old house for the De Stijl exhibition.

Rietveld laat in de tentoonstelling een 'cartesiaanse knoop' ophangen. Een ruimtelijke vorm van drie gelijke latten die elkaar in de drie dimensies kruisen: hoogte, breedte en diepte. Het is een constructie die Gerrit vaker in zijn ontwerpen gebruikt, onder meer in de lattenstoel en bij de buizenlamp. Han Schröder, die op dat moment bij Rietveld op het architectenbureau werkt, maakt voor de Stijltentoonstelling gevelaanzichten en plattegronden van haar oude huis.

Gerrit Rietveld, Cartesian knot, 1951.

Gerrit Rietveld, cartesiaanse knoop, 1951.

Between the red-blue slatted armchair and the sideboard Rietveld made for architect Piet Elling in 1919 lies the wooden sign 'Rietveld and Schröder'. As the exhibition travelled to other cities, this sign went with it. Incidentally, the original sideboard made for Elling was destroyed in a fire. Rietveld had the cabinet remade for the De Stijl exhibition.

The exhibition *De Stijl 1917–1931*, Stedelijk Museum Amsterdam, 1951.

Tentoonstelling *De Stijl 1917–1931*, Stedelijk Museum Amsterdam, 1951.

Tussen de rood-blauwe lattenstoel en de buffetkast die Rietveld in 1919 voor architect Piet Elling maakte, staat het houten bordje 'Rietveld en Schröder'. Als de tentoonstelling doorreist naar andere steden, gaat dit bordje mee. De originele buffetkast voor Elling werd overigens door een brand verwoest. Rietveld laat voor de Stijltentoonstelling de kast opnieuw maken.

—RIETVELD and SCHRÖDER
—RIETVELD en SCHRÖDER

After Amsterdam, the *De Stijl 1917–1931* exhibition travelled to other cities. The works were first shown, in modified form, in the Greek pavilion during the Venice Biennale. As the show's curator, Rietveld travelled to Venice with Schröder.

Na Amsterdam reist de tentoonstelling *De Stijl 1917–1931* naar andere steden. Als eerste worden de werken, in aangepaste vorm, getoond in het Griekse paviljoen tijdens de *Biennale di Venezia*. Als curator reist Rietveld samen met Schröder naar Venetië.

The De Stijl exhibition at the Venice Biennale, 1952.

De Stijltentoonstelling op de Biënnale van Venetië, 1952.

In December 1952, the exhibition travelled, after Venice, to the Museum of Modern Art in New York. Sandberg asked MoMA to let Schröder assist Rietveld in both preparing and building the exhibition. He named her as a co-designer of several important buildings and international designs.

In december 1952 reist de expositie, na Venetië, door naar het Museum of Modern Art in New York. Sandberg verzoekt het MoMA Schröder Rietveld te laten assisteren bij zowel de voorbereiding als de opbouw van de tentoonstelling. Hij noemt haar als medeontwerper van diverse belangrijke gebouwen en internationale ontwerpen.

Left to right, seated: Lida Sandberg-Swaneveld, Gerrit Rietveld, Willem Sandberg and Truus Schröder in Venice, 1952. The people standing have not been identified.

V.l.n.r., zittend: Lida Sandberg-Swaneveld, Gerrit Rietveld, Willem Sandberg en Truus Schröder in Venetië, 1952. Het is niet bekend wie de staande personen zijn.

The undersigned, W. Sandberg, director of the Municipal Museums in Amsterdam, hereby declares that Mrs T. Schröder-Schräder in Utrecht played a major part in the organisation of the 'De Stijl' exhibition... Mrs Schröder-Schräder was the right person for this purpose, since she herself was part of the group of artists who formed the De Stijl group in the years 1917–31 – during that period, she also repeatedly designed, with the collaboration of the architect Rietveld, important buildings and interiors, which still attract national and international attention today.

Hierbij verklaart ondergetekende, W. Sandberg, directeur der Gemeente Musea te Amsterdam, dat Mevrouw T. Schröder-Schräder te Utrecht een groot aandeel heeft gehad bij de organisatie van de tentoonstelling 'De Stijl' […]. Mevrouw Schröder-Schräder was daartoe de aangewezen persoon, aangezien zijzelf deel uitmaakte van de groep kunstenaars die in de jaren 1917–1931 de Stijlgroep vormden – in die periode heeft zij ook in samenwerking met de architect Rietveld herhaaldelijk belangrijke gebouwen en interieurs ontworpen, die ook thans nog zowel nationaal als internationaal de aandacht trekken.

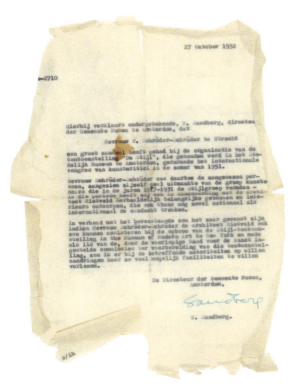

Letter from Willem Sandberg to MoMA in New York about Truus Schröder's contribution to the De Stijl exhibition, 1952.

Brief van Willem Sandberg aan het MoMA in New York over de bijdrage van Truus Schröder aan de Stijltentoonstelling, 1952.

— ...the board made every effort to convey to the American public the importance of the event of this Dutch exhibition, focused entirely on artists of the De Stijl group. Works by Mondriaan, Van Doesburg, Van Tongerloo, Rietveld, Bart van der Leck, J.J.P. Oud and T. Schröder will be on display from 17 December to 15 February.

— [...] de directie heeft er alles op gezet om het Amerikaanse publiek de belangrijkheid van de gebeurtenis van deze Nederlandse tentoonstelling, geheel geconcentreerd op artiesten van de Stijlgroep, bij te brengen. Van 17 december tot 15 februari zullen werken van Mondriaan, Van Doesburg, Van Tongerloo, Rietveld, Bart van der Leck, J.J.P. Oud en T. Schröder te zien zijn.

'Americans flock to the De Stijl group', article by the New York correspondent of *de Volkskrant*, 23 December 1952.

Artikel 'Amerikanen stromen naar Stijlgroep' van de correspondent in New York, *de Volkskrant*, 23 december 1952.

Rembrandt en Mondriaan
Amerikanen stromen naar Stijl-groep

(Van onze correspondent)

NEW YORK, 20 December — „Holland heeft drie schilders van de allergrootste allure voortgebracht: Rembrandt, Van Gogh en Mondriaan", heeft een Amerikaanse kunstcriticus eens uitgeroepen en als men de toewijding ziet waarmede de Amerikanen belangstelling toonden voor de heden geopende Stijl-tentoonstelling, dan zou men het haast beginnen te geloven. De Amerikaanse pers legde reeds weken lang ongewone interesse aan de dag en nu is er ook van de zijde van het publiek een enthousiaste reactie op gekomen.

De tentoonstelling wordt gehouden in het New Yorkse Museum van Moderne Kunst en de directie heeft er alles op gezet om het Amerikaanse publiek de belangrijkheid van de gebeurtenis van deze Nederlandse tentoonstelling, geheel geconcentreerd op artisten van de Stijlgroep, bij te brengen.

Van 17 December tot 15 Februari zullen werken van Mondriaan, Van Doesburg, Van Tongerloo, Rietveld, Bart van der Leck, J. J. P. Oud en T. Schröder te zien zijn. En wat men in Nederland wel eens wil vergeten, wordt hier met nadruk aan de millioenen-bevolking verteld: de Stijl-groep en vooral haar Amerikaanse profeet, de Nederlander Piet Mondriaan, hebben enorme invloed gehad op moderne Amerikaanse architectuur zowel binnen- als buitenshuis. De tentoonstelling gearrangeerd naar adviezen van Rietveld, stelt zich niet tevreden met werken van de Stijlgroep. Vele foto's, diagrammen en gedrukte lessen, illustreren de grondslagen, waarvan De Stijl in schilderkunst, architectuur, drukwerk, meubilair en beeldhouwwerk uitgaat.

Modellen voor huizen door Van Doesburg, Van Eesteren en Rietveld, en foto's van gebouwen door J. J. P. Oud, illustreren voor de aangenaam verbaasde Amerikanen dat naast Mondriaan, die hier een kunstsalonwoord is, ook andere Nederlanders een diepe invloed hebben gehad op de Yankee-architecten. Stoelen, tafels, lampen en kasten van Rietveld die in stijl zo dicht bij de schilderijen van deze groep staan, dwingen de bewondering der New Yorkers af. Het succes van deze tentoonstelling in het Stedelijk Museum in Amsterdam in 1951 en op de Biennale van 1952, herhaalt zich thans in New York. Maar de Stijl blijft vorm voor een beperkt publiek. In Amerikaanse gretigheid voor onconventionele uitdrukkingsvormen trekt De Stijl in New York percentagegewijs echter een wellicht grotere kring van belangstellenden dan in vele grote steden van Europa.

In the 1950s, when drawing up her CV for the De Stijl exhibition, Schröder described herself as 'one of the champions of modern building'.

In de jaren 50 noemt Schröder zichzelf "*one of the champions of modern building*" wanneer ze voor de Stijltentoonstelling haar cv op papier zet.

___ It so happened, that gradually I became one of the champions of modern building, even more so of modern interior design. In 1924 I had my present house built in collaboration with Mr Rietveld. I suggested the floor plan, Mr Rietveld did the elevations and together we designed the interior.
— notes by Truus Schröder

___ Ik kwam bekend te staan als een van de pioniers van het moderne bouwen, en vooral van het moderne interieurontwerp. Ik heb in 1924 mijn huis gebouwd in samenwerking met dhr. Rietveld. De indeling bepaalde ik, dhr. Rietveld de buitenkant. Samen ontwierpen we het interieur.
— aantekeningen van Truus Schröder

The De Stijl exhibition at MoMA, New York, 1952.

De Stijltentoonstelling in het MoMA, New York, 1952.

— Plate 13. G. Rietveld and T. Schröder: Schröder House at Utrecht, 1924.

Plate 13 G. Rietveld and T. Schröder: Schröder House at Utrecht, 1924

The Schröder House in the MoMA exhibition catalogue, 1952. The house next door has been retouched so that the Schröder House looks like a detached house.

Het Schröderhuis in de MoMA-tentoonstellingsbrochure, 1952. De woning ernaast is geretoucheerd, zodat het een vrijstaande woning lijkt.

TRUUS SCHRÖDER'S CHILDREN
DE KINDEREN VAN TRUUS SCHRÖDER

The Schröders, late 1940s. Left to right: Han, Els (Binnert's wife), grandchildren Maarten, Rein (on the floor) and Margot, Marjan, Binnert and Truus.

De Schröders, eind jaren 40. V.l.n.r.: Han, Els (echtgenote van Binnert), de kleinkinderen Maarten, Rein (op de grond) en Margot, Marjan, Binnert en Truus.

In 1954 Han Schröder left Gerrit Rietveld's firm and started her own architectural firm in Amsterdam, where she then lived with Cora de Castro on Kromme Waal. Among other things, Han designed the house for her brother Binnert in Hattem (1954) and the Gaastra house in Zeist (1960); she also renovated the Kessler house at Huis ter Heide and drew a complex of flats for retired district nurses in Austerlitz (1962).

In 1954 vertrekt Han Schröder bij het kantoor van Gerrit Rietveld en begint een eigen architectenbureau in Amsterdam, waar ze met Cora de Castro aan de Kromme Waal gaat wonen. Han ontwerpt onder meer het woonhuis voor haar broer Binnert in Hattem (1954) en het Gaastrahuis in Zeist (1960), ze verbouwt het Kesslerhuis in Huis ter Heide en tekent een complex met flats voor gepensioneerde wijkverpleegsters in Austerlitz (1962).

—— They don't trust a woman with the construction of a big project. ... The strange thing is that I always have to pass a kind of aptitude test before the people on the construction site accept me. It goes something like this. I say that something has to be done this way and that, and then invariably some man will say, 'Not that, it can't be done'. The only thing I do then is this: I take up the saw, hammer, chisel or whatever myself and start demonstrating it.
— Han Schröder

—— Ze vertrouwen een vrouw de bouw van een groot project niet toe. [...] Het vreemde is dat ik altijd een soort proeve van bekwaamheid moet afleggen vóór de mensen op de bouw me accepteren. Dat gaat dan ongeveer zo in zijn werk. Ik zeg dat er iets zo en zo moet gebeuren, en dan is er steevast wel een mannetje dat zegt: "Dat niet, dat is niet uit te voeren." Het enige wat ik dan doe is dit: Ik neem zelf de zaag, hamer, beitel of wat dan ook ter hand en ga het voordoen.
— Han Schröder

Han Schröder, n.d.
Han Schröder, z.j.

633

Grandson Rein Schröder in the house, late 1940s.
Kleinzoon Rein Schröder in het huis, eind jaren 40.

Binnert Schröder surrounded by his children: Maarten, Rein and Margot, in the late 1940s.
Binnert Schröder omringd door zijn kinderen: Maarten, Rein en Margot, eind jaren 40.

Left to right: Truus, Cora, Margot, Els, Rein, Marjan and Maarten, late 1940s. Erasmuslaan can be seen in the background.
V.l.n.r.: Truus, Cora, Margot, Els, Rein, Marjan en Maarten, eind jaren 40. Op de achtergrond de Erasmuslaan.

In 1947 Binnert and Els returned to Indonesia with their children, but shortly afterwards they divorced. Binnert remained in Indonesia, where he worked as a contractor at the Hollandsche Beton Maatschappij. In 1954 he returned to the Netherlands and became the director of the contracting company Schrale's Beton. He commissioned his sister to build his house in Hattem, and in 1957 Gerrit Rietveld designed the office for Schrale's Beton.

In 1947 gaan Binnert en Els met hun kinderen terug naar Indonesië, maar kort daarna scheiden ze. Binnert blijft in Indonesië, waar hij als aannemer bij de Hollandsche Beton Maatschappij werkt. In 1954 komt hij terug naar Nederland en wordt directeur van het aannemersbedrijf Schrale's Beton. Hij laat zijn zus zijn woonhuis in Hattem bouwen en in 1957 ontwerpt Gerrit Rietveld het kantoor van Schrale's Beton.

__ First, I must tell you that I was in Hattem yesterday and this time I found the house inside especially so beautiful that it still lingers in my mind. I found it more beautiful than my own house yesterday and in a way more habitable.
— Truus Schröder to Han

__ Eerst moet ik je nog vertellen dat ik gisteren in Hattem was en dat ik het huis van binnen vooral dit keer zó prachtig vond dat het nog steeds door mijn hoofd zweeft. Ik vond het mooier dan mijn eigen huis gisteren en in zekere zin bewoonbaarder.
— Truus Schröder aan Han

Han Schröder, Binnert Schröder's house in Hattem, 1950s.

Han Schröder, huis van Binnert Schröder in Hattem, jaren 50.

Marjan Schröder returned from the USA in 1954 and went to live with Han and Cora de Castro on Amsterdam's Kromme Waal. Han and Cora lived on the top floor, Marjan moved onto the second floor, which Han designed for her. Marjan was an occupational consultant and in the 1950s was involved in the Nederlandsche Vereeniging voor Vrouwenbelangen, Vrouwenarbeid en Gelijk Staatsburgerschap [Dutch Association for Women's Interests, Women's Labour and Equal Citizenship]: an organisation that resulted from the merger of women's interest groups in 1949. She was also active in the Dutch Scouts Guild, of which she had been a member as a child.

The Schröder family around the table, late 1940s.

Het gezin Schröder rond de tafel, eind jaren 40.

Marjan Schröder komt in 1954 terug uit de Verenigde Staten en gaat bij Han en Cora de Castro op de Amsterdamse Kromme Waal wonen. Han en Cora wonen op de bovenste verdieping, Marjan gaat op de tweede etage wonen, die Han voor haar inricht. Marjan is arbeidsdeskundige en in de jaren 50 betrokken bij de Nederlandse Vereniging voor Vrouwenbelangen, Vrouwenarbeid en Gelijk Staatsburgerschap: een organisatie die in 1949 uit een fusie van vrouwenbelangenorganisaties ontstaat. Ook is ze actief bij het Nederlandse Padvindersgilde, waarvan ze als kind lid was.

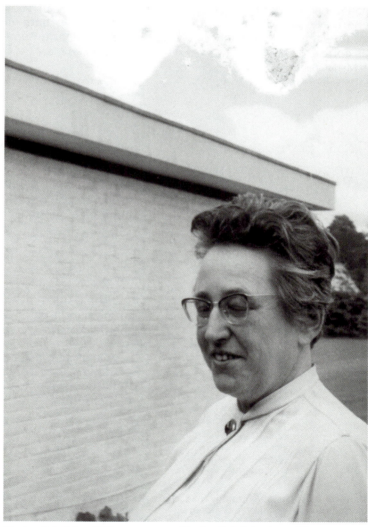

Marjan Schröder, 1950s.   Marjan Schröder, jaren 50.

In 1955 Marjan gave a lecture at the Dutch Association for Women's Interests, which was subsequently reviewed in the magazine under the title: 'The collaboration of men and women in business'.

In 1955 houdt Marjan een lezing voor de vereniging Vrouwenbelangen, die daarna in het tijdschrift wordt besproken onder de titel: 'De samenwerking van man en vrouw in het bedrijf'.

__ Time and again, women prove to be indispensable workers in business, yet they are often still considered more or less as enemies (albeit indispensable enemies) and are fiercely opposed as competitors.
— Marjan Schröder

__ Steeds weer blijkt dat de vrouwen onmisbare arbeidskrachten zijn in het bedrijf, toch worden zij nog dikwijls min of meer als vijanden beschouwd (zij het onmisbare vijanden) en worden zij als concurrenten fel bestreden.
— Marjan Schröder

__ Understandably, women also feel they are being treated unfairly.

__ Begrijpelijk is ook dat de vrouwen zich onrechtvaardig behandeld vinden.

__ The battle between the world of men and that of women in the field of work is far from over.

__ De strijd tussen de mannen- en de vrouwenwereld is op het arbeidsveld nog lang niet uitgestreden.

Vrouwenbelangen, the monthly magazine of the Dutch Association for Women's Interests, Women's Labour and Equal Citizenship, May 1955.

Vrouwenbelangen, maandblad van de Nederlandse Vereniging voor Vrouwenbelangen, Vrouwenarbeid en Gelijk Staatsburgerschap, mei 1955.

— I find her work exceptionally good, in both practical and aesthetic terms. I think (in all modesty) she is one of the most artistic Dutch architects, but still totally unknown. R. also appreciates her very much.
— Truus Schröder about Han's work, to Jan Poelhekke

— Haar werk vind ik buitengewoon goed, zowel praktisch als esthetisch. Ik vind (in alle bescheidenheid) haar een van de artistiekste Hollandse architecten, maar totaal onbekend nog. Ook R. waardeert haar zeer.
— Truus Schröder over het werk van Han, aan Jan Poelhekke

Top and bottom: Han Schröder, interior of Marjan's flat, 1954. With the high-back chair Rietveld designed in 1942 and zigzag chairs.

Boven en onder: Han Schröder, interieur van de woning van Marjan, 1954. Met de stoel met hoge rug die Rietveld in 1942 ontwierp en zigzagstoelen.

Optocht van kinderen voor het Schröderhuis, foto uit het *Nieuw Utrechts Dagblad*, 6 december 1955. Het knipsel komt uit het archief van Truus Schröder.

A procession of children passing in front of the Schröder House, photo from the *Nieuw Utrechts Dagblad*, 6 December 1955. The clipping is from Truus Schröder's archive.

—— Here, fresh off the press, is the first postcard of a test of my abilities. Unfortunately, the picture is a bit gloomy, but mostly because, in reality, the room is actually cheerful and festive.

—— Hier is, vers van de pers, de eerste briefkaart van een proeve van mijn kunnen. Jammer genoeg is de foto wat somber, maar vooral omdat de zaal in werkelijkheid juist vrolijk en feestelijk is.

Postcard from Han to Jan and Agnes Poelhekke-Koch, 1958. With a photograph of the conversation room at the School for Social Work in Amsterdam, designed by Han Schröder.

Ansichtkaart van Han aan Jan en Agnes Poelhekke-Koch, 1958. Met foto van de conversatiekamer van de School voor Maatschappelijk Werk in Amsterdam, ontwerp Han Schröder.

In 1963, Han quit as an architect and emigrated to New York where her lover Florence Maly was teaching art history. Han also obtained an academic appointment (Adelphi University). Later, Han taught interior design at the Parsons School of Design, New York Institute of Technology (as a professor) and Virginia Commonwealth University. Cora de Castro continued to live on the Kromme Waal in Amsterdam.

In 1963 stopt Han als architect en emigreert ze naar New York, waar haar geliefde Florence Maly kunstgeschiedenis doceert. Ook Han krijgt een academische aanstelling (Adelphi University). Later doceert Han interieurontwerp aan de Parsons School of Design, het New York Institute of Technology (als hoogleraar) en de Virginia Commonwealth University. Cora de Castro blijft aan de Kromme Waal in Amsterdam wonen.

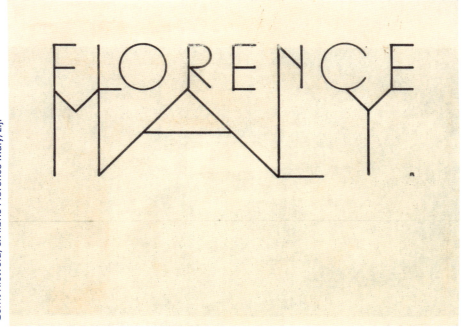

Gerrit Rietveld, ex libris Florence Maly, n.d.

GERRIT RIETVELD BUILDS
GERRIT RIETVELD BOUWT

A busy period dawned for Rietveld. As well as teaching at the art academy in The Hague, he had all the work he could handle: in Curaçao, the USA, Mexico and Italy, among other places. In the Netherlands, he designed detached houses for private individuals, especially in the wooded areas around Utrecht. He was commissioned by the United Nations, by aircraft manufacturers, and by the Utrecht Jaarbeurs. He designed with his son Jan, with Han and with Jan van Grunsven, a young architect who would work with him until 1958. Truus Schröder also remained involved in the work.

Er breekt een drukke periode aan voor Rietveld. Hij doceert aan de kunstacademie in Den Haag en werkt volop: onder meer op Curaçao, in de Verenigde Staten, Mexico en Italië. In Nederland ontwerpt hij vrijstaande huizen voor particulieren, met name in de bosrijke gebieden rond Utrecht. Hij krijgt opdrachten van de Verenigde Naties, van vliegtuigbouwers en van de Utrechtse Jaarbeurs. Hij ontwerpt samen met zoon Jan, met Han en met Jan van Grunsven, een jonge architect die tot 1958 bij hem zal werken. Ook Truus Schröder blijft betrokken bij het werk.

Gerrit Rietveld, the Copier house, Bosch en Duin, 1951.

Gerrit Rietveld, huis Copier, Bosch en Duin, 1951.

Gerrit Rietveld, the Groenendijk house, Bosch en Duin, 1952–53.

Gerrit Rietveld, woning Groenendijk, Bosch en Duin, 1952–1953.

Gerrit Rietveld, the Max house under construction, Amersfoort, 1950–52.

Gerrit Rietveld, woning Max in aanbouw, Amersfoort, 1950–1952.

In 1953 Rietveld was commissioned to build the Dutch pavilion in Venice, the space where the Dutch contribution to the biennial art event would be shown. Han worked with him on this design. The national pavilion in the Giardini della Biennale was completed in 1954. The first exhibition featured work by Charley Toorop and Karel Appel. Two years later, the Van der Leck composition from the Schröder House was hung there.

In 1953 krijgt Rietveld de opdracht voor de bouw van het Nederlands paviljoen in Venetië: de expositieruimte waar de Nederlandse bijdrage aan de tweejaarlijkse kunstmanifestatie kan worden tentoongesteld. Han werkt mee aan dit ontwerp. Het landenpaviljoen in de *Giardini della Biennale* is in 1954 klaar. Tijdens de eerste tentoonstelling wordt er werk getoond van Charley Toorop en Karel Appel. Twee jaar later hangt de Van der Leckcompositie uit het Schröderhuis er.

Gerrit Rietveld (with the collaboration of Han Schröder and J.B. van Grunsven), Dutch pavilion, Venice, c. 1954.

Gerrit Rietveld (met medewerking van Han Schröder en J.B. van Grunsven), Nederlands paviljoen, Venetië, ca. 1954.

Gerrit Rietveld, design for the Dutch pavilion, Venice, 1954.

Gerrit Rietveld, ontwerp voor het Nederlands paviljoen, Venetië, 1954.

Truus Schröder (boven) en Gerrit Rietveld (onder) voor het Nederlands paviljoen, ca. 1954.

Truus Schröder (top) and Gerrit Rietveld (bottom) in front of the Dutch pavilion, c. 1954.

— Mrs Schröder, who worked with me for many years and is now once again a collaborator of the Rietveld architectural firm, is more entitled than many a more technically minded architect to the name 'Architectural Artist' because, apart from her practical and business skills (which freed the house from stylistic imitations and unnecessary drudgery), she is a spatial artist, giving the houses she works on the gradually more appreciated, stimulating and positive atmosphere.
— Gerrit Rietveld

— Mevrouw Schröder, die jarenlang met mij samenwerkte en nu ook weer medewerkster van het architectenbureau Rietveld is, heeft door haar overzicht en kennis van zaken meer recht dan menig meer technisch ingestelde bouwkundige op de naam Bouwkunstenares, omdat ze behalve haar praktische en zakelijke bekwaamheden (waardoor ze het woonhuis bevrijdde van stijlimitaties en onnodig sleurwerk) ruimtekunstenares is, waardoor de woningen waaraan ze meewerkt de langzamerhand meer gewaardeerde opwekkende en opbouwende sfeer krijgen.
— Gerrit Rietveld

Notes by Gerrit Rietveld on Truus Schröder in which he calls her 'architectural artist' and 'spatial artist', n.d.

Aantekeningen van Gerrit Rietveld over Truus Schröder waarin hij haar "bouwkunstenares" en "ruimtekunstenares" noemt, z.j.

When Rietveld was commissioned to create a temporary exhibition space for sculptures in Arnhem's Park Sonsbeek, he folded a preliminary sketch out of cardboard during a train journey. After the exhibition in 1955, the building was demolished. In 1964 the pavilion was rebuilt in the Kröller-Müller Museum's sculpture garden in Otterlo.

Als Rietveld de opdracht krijgt een tijdelijke expositieruimte voor sculpturen in het Arnhemse Park Sonsbeek te maken, vouwt hij tijdens een treinreis een eerste schets van karton. Na de tentoonstelling in 1955 wordt het gebouw afgebroken. In 1964 zal het paviljoen in de beeldentuin van het Kröller-Müller Museum in Otterlo worden herbouwd.

—— By chance, I happened to have a pair of scissors and a piece of cardboard with me.
— Gerrit Rietveld

—— Ik had toevallig een schaar en stukje karton bij me.
— Gerrit Rietveld

Gerrit Rietveld, model for the Sonsbeek pavilion, 1955.

Gerrit Rietveld, model Sonsbeekpaviljoen, 1955.

Gerrit Rietveld (with the collaboration of Han Schröder), Sonsbeek pavilion, Arnhem, c. 1955.

Gerrit Rietveld (met medewerking van Han Schröder), Sonsbeekpaviljoen, Arnhem, ca. 1955.

Foto's van de bouw van de tentoonstellingspaviljoenen in Venetië en Arnhem (Park Sonsbeek) in een album van Truus Schröder, ca. 1953–1955.

Photos of the construction of the exhibition pavilions in Venice and Arnhem (Park Sonsbeek) in an album belonging to Truus Schröder, c. 1953–55.

— The Driessen house is going to be beautiful, especially inside! I really collaborated on it and I was so happy to be involved again and R. said I really helped him, and I know that myself this time.
— Truus Schröder to Han

— Het huis van Driessen wordt mooi, vooral interieur! Ik heb er echt aan meegewerkt en ik vond het zo fijn weer eens mee te doen en R. zei dat ik hem echt geholpen had, en dat weet ik zelf ook dit keer.
— Truus Schröder aan Han

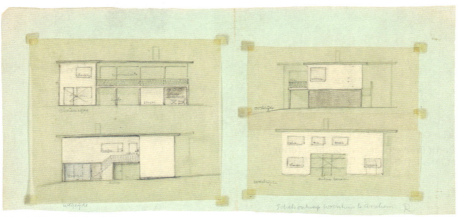

Gerrit Rietveld, the Driessen house, Arnhem, 1954.

Gerrit Rietveld, woning Driessen, Arnhem, 1954.

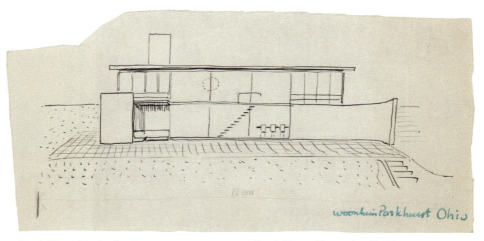

Gerrit Rietveld, the Parkhurst house, Oberlin (Ohio), 1958.

Gerrit Rietveld, woning Parkhurst, Oberlin (Ohio), 1958.

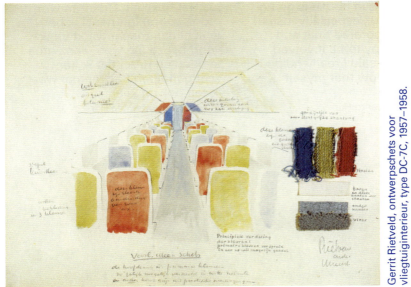

Gerrit Rietveld, sketch for the interior of an aircraft, type DC-7C, 1957–58.

Gerrit Rietveld, ontwerpschets voor vliegtuiginterieur, type DC-7C, 1957–1958.

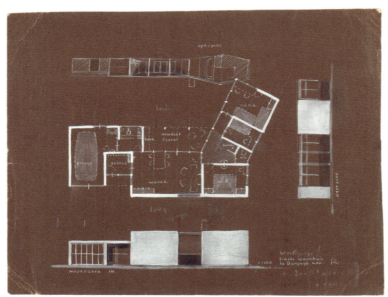

Gerrit Rietveld (with the collaboration of Han Schröder), the Visser house, Bergeijk, 1954.

Gerrit Rietveld (met medewerking van Han Schröder), huis Visser, Bergeijk, 1954.

Gerrit Rietveld, the De Ploeg weaving mill, Bergeijk, 1960.

Gerrit Rietveld, weverij De Ploeg, Bergeijk, 1960.

Gerrit Rietveld, rotanstoel, 1951.

Gerrit Rietveld, rattan chair, 1951.

Gerrit Rietveld, stoel Van Daalen, 1955.

Gerrit Rietveld, Van Daalen chair, 1955.

Gerrit Rietveld, press room UNESCO building in Paris, 1958.

Gerrit Rietveld, perskamer van het Unesco-gebouw in Parijs, 1958.

Gerrit Rietveld, model for Schrale's Beton, Zwolle, c. 1957.

Gerrit Rietveld, maquette Schrale's Beton, Zwolle, ca. 1957.

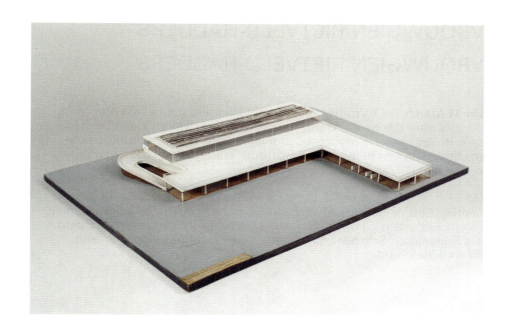

Gerrit Rietveld, model of the Julianahal,
Koninklijke Jaarbeurs Utrecht, c. 1955–56.

Gerrit Rietveld, maquette van de Julianahal,
Koninklijke Jaarbeurs Utrecht, ca. 1955–1956.

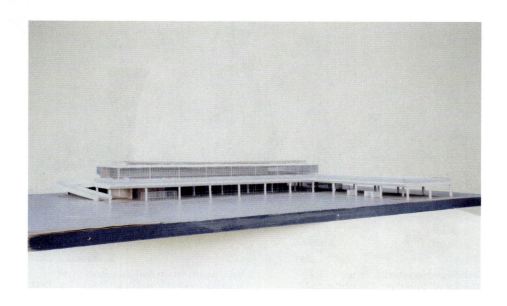

VROUWGIEN RIETVELD-HADDERS
VROUWGIEN RIETVELD-HADDERS

On 31 March 1957, Vrouwgien Rietveld-Hadders died at the age of 73. Shortly after her death, Gerrit moved into Prins Hendriklaan 50. It is only in 1961 that he registered at this address with the municipality of Utrecht. When Rietveld and Schröder started living together, they were 68 and 67 years old respectively.

Op 31 maart 1957 overlijdt Vrouwgien Rietveld-Hadders op 73-jarige leeftijd. Kort na haar dood verhuist Gerrit naar de Prins Hendriklaan 50. Pas in 1961 staat hij bij de gemeente Utrecht op dit adres ingeschreven. Als Rietveld en Schröder gaan samenwonen, zijn ze respectievelijk 68 en 67 jaar oud.

Vrouwgien on the Berlin chair in the flat on Vreeburg, Utrecht, c. 1947.

Vrouwgien op de Berlijnse stoel in de woning aan het Vreeburg, Utrecht, ca. 1947.

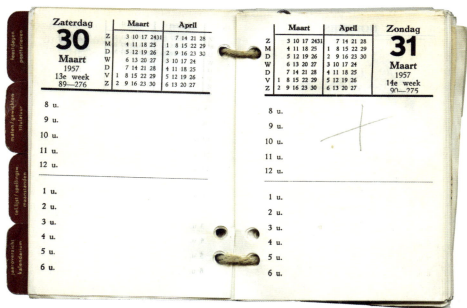

Truus Schröder's diary. On the day Vrouwgien died, she drew a cross, 1957.

Agenda van Truus Schröder. Op de sterfdag van Vrouwgien zet ze een kruis, 1957.

— Then I came to Vreeburg and saw my mother sitting in the chair with the Bible next to it, with sunglasses on, because she couldn't bear that light on Vreeburg. She wasn't happy there.
— Bep Rietveld on her mother

— Toen kwam ik op dat Vreeburg en zag ik mijn moeder in die stoel zitten met die bijbel ernaast met een zonnebril op, want zij kon dat licht niet verdragen op het Vreeburg. Ze was daar niet gelukkig.
— Bep Rietveld over haar moeder

— As you write of your happy life together with Rietveld, I hope you will be able to do so together for many years to come and will mutually enjoy it.
— Rein Harrenstein to Truus Schröder

— Nu je schrijft van je gelukkig samenwonen met Rietveld, hoop ik dat jullie dat nog vele jaren tezamen zullen mogen doen en er wederzijds van genieten.
— Rein Harrenstein aan Truus Schröder

Gerrit Rietveld in front of the house, late 1950s.

Gerrit Rietveld voor het huis, eind jaren 50.

— At the end when he did live here. And at that point he said, 'It's a nice house anyway, or something.' Nothing more. It was too complicated for him, especially those partitions. He didn't even know how they worked.
— Truus Schröder

— Op het laatst toen heeft hij wel hier gewoond. En toen zei hij: "Het is toch een prettig huis, of zo." Meer niet. Het was hem te gecompliceerd, vooral die schotten. Hij wist niet eens hoe ze werkten.
— Truus Schröder

Gerrit Rietveld and Truus Schröder in the house, 1950s.

Gerrit Rietveld at the Schröder House, late 1950s.

Gerrit Rietveld in het Schröderhuis, eind jaren 50.

—— Tutti said recently over the phone that she was so happy that I was taking care of her father so well. And when I said we were really happy together, you could feel her beaming down the line! Beppie doesn't quite know how to handle me yet. ... Egbert is very sweet to me. Wim also feels awkward. Jan not at all, but we hardly ever see him, and Gerrit (currently working at Philips) doesn't worry about it.
— Truus Schröder to Marjan

—— Tutti zei laatst door de telefoon dat ze toch zo blij was dat ik haar vader zo goed opving. En toen ik zei dat we het erg goed hadden samen, voelde je haar stralen aan de andere kant van de telefoon! Beppie weet nog niet goed raad met me. [...] Verder is Egbert allerliefst voor me. Wim weet ook geen houding. Jan helemaal niet, maar die zien we haast nooit en Gerrit (bij Philips tegenwoordig) maakt er zich geen zorg over.
— Truus Schröder aan Marjan

The Rietveld family with partners, 1958. Seated front left, Truus Schröder, to her left Gerrit Rietveld.

De Rietveldfamilie met partners, 1958. Links vooraan zittend Truus Schröder, rechts naast haar Gerrit Rietveld.

After Bep Rietveld had returned to the Netherlands from Indonesia, she married Derk Eskes in 1948, with whom she had three more children. She painted portraits and still lifes. Egbert (Eggi) Rietveld, the eldest son of Gerrit and Vrouwgien Rietveld-Hadders, was an instrument maker and lived in Epe. Jan was an architect, Tutti a pianist and Wim an industrial designer. The second youngest son, Gerrit Jr, a furniture maker and interior designer, died in 1961 at the age of 39.

Nadat Bep Rietveld uit Indonesië terug naar Nederland is gekomen, trouwt ze in 1948 met Derk Eskes, met wie ze nog drie kinderen krijgt. Ze schildert portretten en stillevens. Egbert (Eggi) Rietveld, de oudste zoon van Gerrit en Vrouwgien Rietveld-Hadders, is instrumentmaker en woont in Epe. Jan is architect, Tutti pianist en Wim industrieel ontwerper. De een-na-jongste zoon, Gerrit junior, is meubelmaker en binnenhuisarchitect, hij overlijdt in 1961 op 39-jarige leeftijd.

Egbert Rietveld with his second wife Mieke Bruyn, early 50s.

Egbert Rietveld met zijn tweede vrouw Mieke Bruyn, begin jaren 50.

SOLO EXHIBITION AT THE CENTRAAL MUSEUM

SOLOTENTOONSTELLING IN HET CENTRAAL MUSEUM

In 1958 Gerrit Rietveld – who turned 70 that year – held a solo exhibition at the Centraal Museum in Utrecht: *Rietveld, bijdrage tot vernieuwing der bouwkunst* [Rietveld, Contribution to the Renewal of Architecture]. Truus Schröder sat on the working committee preparing the exhibition and she handled the correspondence for the planning and budget. After the exhibition, Rietveld and Schröder donated several pieces of furniture to the Centraal Museum, along with furniture from the Schröder House including the armchair from her study: this donation would form the basis of the largest Rietveld collection in the world.

Rietveld on the chair he made for Zuylen Castle in 1906, holding a model of the zigzag chair, exhibition in Centraal Museum, Utrecht, 1958.

In 1958 krijgt Gerrit Rietveld – die dat jaar 70 wordt – een solotentoonstelling in het Centraal Museum in Utrecht: *Rietveld, bijdrage tot vernieuwing der bouwkunst*. Truus Schröder zit in het werkcomité dat de expositie voorbereidt en ze voert de correspondentie over de planning en het budget. Na afloop van de tentoonstelling schenken Rietveld en Schröder een aantal meubelen aan het Centraal Museum, ook meubelen uit het Schröderhuis, waaronder de leunstoel uit haar studeerkamer: deze schenking zal de basis vormen van de grootste Rietveldcollectie ter wereld.

Rietveld op de stoel die hij in 1906 voor Slot Zuylen maakte, met in zijn hand een model van de zigzagstoel, tentoonstelling Centraal Museum, Utrecht, 1958.

— How nice that this 'Utrecht boy' is now represented in his own city!
— Truus Schröder to Han

— Toch leuk dat deze 'Utrechtse jongen' in zijn eigen stad nu vertegenwoordigd is!
— Truus Schröder aan Han

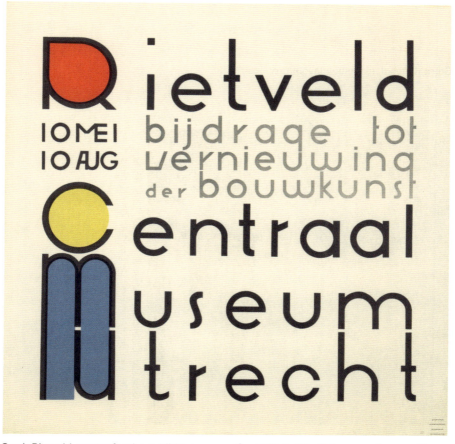

Gerrit Rietveld, poster for the exhibition at the Centraal Museum, Utrecht, 1958.

Gerrit Rietveld, affiche voor de expositie in het Centraal Museum, Utrecht, 1958.

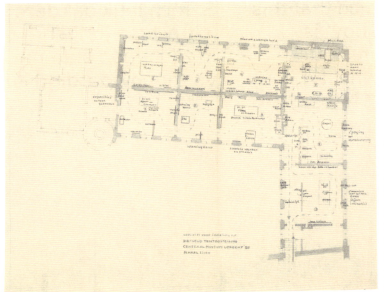

Gerrit Rietveld, exhibition layout proposal, 1958.

Gerrit Rietveld, voorstel voor de indeling van de tentoonstelling, 1958.

Exhibition, Centraal Museum, Utrecht, 1958. Right: models of the window display of the Goud en Zilversmid's Compagnie [Gold and Silversmith's Company] he made in 1921.

Tentoonstelling, Centraal Museum, Utrecht, 1958. Rechts: maquettes van de etalage van de Goud en Zilversmid's Compagnie die hij in 1921 maakte.

Rietveld exhibition, including, among others, the military table from the house, Centraal Museum, Utrecht, 1958.

Rietveldtentoonstelling, met o.a. de militaire tafel uit het huis, Centraal Museum, Utrecht, 1958.

A room devoted to 'recent works and studies', Centraal Museum, Utrecht, 1958.

Zaal 'recente werken en studies', Centraal Museum, Utrecht, 1958.

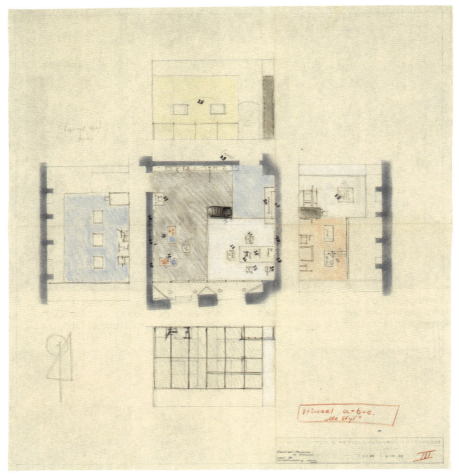

Gerrit Rietveld, layout of the De Stijl room, Centraal Museum, Utrecht, 1958.

Gerrit Rietveld, inrichting van De Stijlzaal, Centraal Museum, Utrecht, 1958.

_Visual a-b-c
De Stijl.

_Visueel a-b-c
De Stijl.

The attic installed on the house in the late 1930s was removed in 1958. The room did not match the architecture of the house, and for the Utrecht solo exhibition, Truus Schröder and Gerrit Rietveld wanted to show the house in its original state.

De dakkamer die eind jaren 30 op het huis is geplaatst, wordt in 1958 verwijderd. De kamer past niet bij de architectuur van het huis en voor de Utrechtse solotentoonstelling willen Truus Schröder en Gerrit Rietveld het huis in zijn oorspronkelijke staat laten zien.

The Schröder House without attic, 1950s. Het Schröderhuis zonder dakkamer, jaren 50.

In early 1959, Rietveld's work was on display again at the Stedelijk Museum in Amsterdam. There, too, he had a retrospective of his work as a furniture maker and architect.

Begin 1959 is Rietvelds werk weer te zien in het Stedelijk Museum in Amsterdam. Ook daar heeft hij een overzichtstentoonstelling van zijn werk als meubelmaker en architect.

— You can see here some drawings of the interior. That's where we started. And I then had a commission from a female interior designer who had very far-reaching notions about the use of space. And not just the use of space, but also about the sense of space. ... That was Mrs Schröder.
— Gerrit Rietveld during a guided tour at the Stedelijk Museum Amsterdam

— U ziet hier een aantal tekeningen van het interieur. Daar zijn we mee begonnen. En ik had toen een opdracht van een vrouwelijke interieurarchitect die hele vergaande begrippen had over het gebruik van ruimte. En niet alleen het gebruik van ruimte, maar ook over het aanvoelen van ruimte. [...] Dat was mevrouw Schröder.
— Gerrit Rietveld tijdens een rondleiding in het Stedelijk Museum Amsterdam

Catalogue Stedelijk Museum Amsterdam, 1959.

Catalogus Stedelijk Museum Amsterdam, 1959.

After Amsterdam, Venice, New York and Virginia, the De Stijl exhibition was shown in Rome. During the construction of the exhibition in the Italian capital, Rietveld fell ill. Schröder wrote to Han that Jan and Wim Rietveld would travel to Rome to visit their sick father and her.

—— Jan and Wim Rietveld suddenly stood there before us, unexpectedly. I was very happy! We ate together. R. rice and broth (for the first time in a while) and then R. to bed. Tomorrow we might go on a tour together if R. is well again.
— Truus Schröder to Han

Na Amsterdam, Venetië, New York en Virginia is de Stijltentoonstelling in Rome te zien. Tijdens de opbouw van de expositie in de Italiaanse hoofdstad wordt Rietveld ziek. Schröder schrijft aan Han dat Jan en Wim Rietveld naar Rome afreizen om hun zieke vader en haar te bezoeken.

—— Daar staan ongevraagd ineens voor ons Jan en Wim Rietveld. Ik was erg blij! We aten samen. R. rijst en bouillon (voor het eerst weer) en daarna R. naar bed. Morgen gaan we misschien samen rondtoeren als R. weer fit is.
— Truus Schröder aan Han

Gerrit Rietveld, poster for the De Stijl exhibition at the Galleria Nazionale d'Arte Moderna in Rome, 1960.

Gerrit Rietveld, affiche voor de Stijltentoonstelling in de Galleria Nazionale d'Arte Moderna in Rome, 1960.

▬ In general, R. discussed all stages of his rough designs in depth with mother and then they developed changes together. It was only when R. lived with her that this slowly changed and in about 1959 she complained sadly: 'R. doesn't discuss much with me anymore, and I don't understand why.' My impression is that it was because he was feeling out of sorts and often came home tired.
— Han Schröder

▬ Over het algemeen besprak R. alle fasen van zijn schetsontwerpen diepgaand met moeder en dan ontwikkelden ze samen wijzigingen. Pas toen R. bij haar woonde kwam daarin langzaam verandering en rond 1959 zuchtte ze treurig: "R. bespreekt niet meer zoveel met me, en ik begrijp niet waarom." Ik heb de indruk dat het kwam doordat hij zich niet meer zo goed voelde en vaak vermoeid thuiskwam.
— Han Schröder

Gerrit Rietveld and Truus Schröder during the construction of the De Stijl exhibition in Rome, 1960.

Gerrit Rietveld en Truus Schröder tijdens de opbouw van de Stijltentoonstelling in Rome, 1960.

A KIND OF SHADOW FIGURE
EEN SOORT SCHADUWFIGUUR
— HAN SCHRÖDER

Truus Schröder was still involved in Gerrit Rietveld's building projects and regularly travelled with him. She received visitors in the house, sent photos for publications, arranged loans and contributed content for the design of exhibitions.

Truus Schröder is nog altijd betrokken bij Gerrit Rietvelds bouwprojecten en reist geregeld met hem mee. Ze ontvangt bezoekers in het huis, stuurt foto's voor publicaties, regelt bruiklenen en denkt inhoudelijk mee over de opzet van tentoonstellingen.

> All her life, Mother was a kind of shadow figure next to and behind (but mostly behind) Rietveld. And that was a particularly difficult position whose complexity he perhaps did not always perceive.
> — Han Schröder

> Moeder was haar hele leven een soort schaduwfiguur naast en achter (maar vooral achter) Rietveld. En dat was een verdraaid moeilijke positie, waarvan hij misschien niet altijd de ingewikkeldheid doorzag.
> — Han Schröder

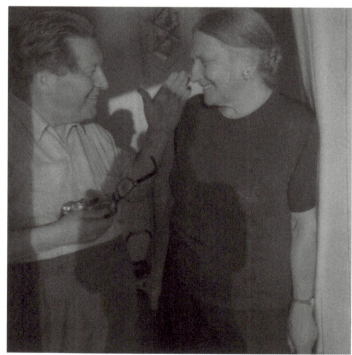

Gerrit Rietveld and Truus Schröder, c. 1963.

— 11: Schrale Zwolle
— 11: Schrale Zwolle
14: Meeting town hall
14: Verg[adering] stadhuis
20: Museum committee
20: Museumcommissie
22: Bergeijk
22: Bergeijk
30: Brussels
30: Brussel

Gerrit Rietveld and Truus Schröder's calendar, January 1958.

Kalender van Gerrit Rietveld en Truus Schröder, januari 1958.

Rietveld at work in the Schröder House, 1950s.

Rietveld aan het werk in het Schröderhuis, jaren 50.

— My new job seems to be to show the house regularly, but then mainly to clients and contractors. In so doing, I am doing R. a favour and helping him, and I will start to consider that a kind of 'job'. May suit my disposition, forces me to be neat and to tidy up.
— Truus Schröder

— Mijn nieuwe taak lijkt wel regelmatig het huis te laten zien, maar dan vooral aan klanten en aannemers. Daarmee doe ik R. plezier en help ik hem en ik zal dat dan maar als een soort 'baan' gaan beschouwen. Past misschien wel bij mijn aanleg, dwingt me om netjes te zijn en op te ruimen.
— Truus Schröder

Sign at the front door of the Schröder House, 1950s. 'For information about this house, be so kind to phone first.'

Bord bij de voordeur van het Schröderhuis, jaren 50. "Voor informatie over dit huis, wees zo vriendelijk eerst te bellen."

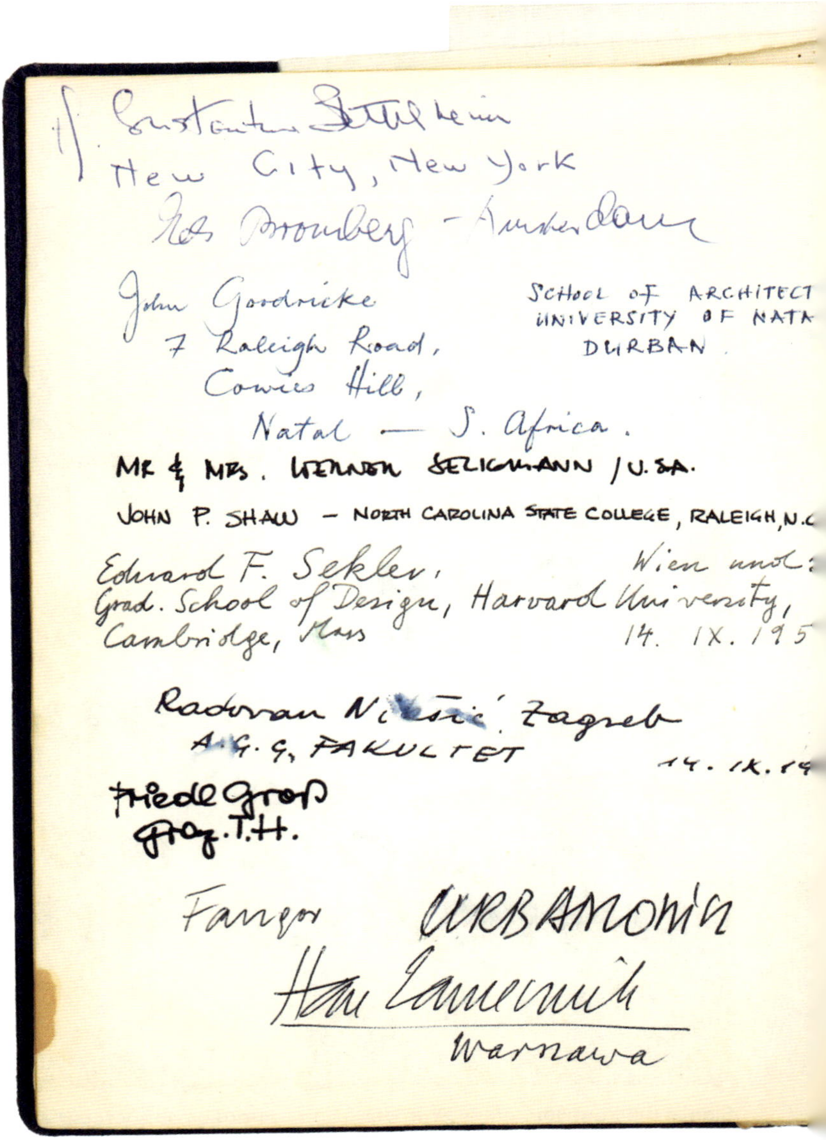

The Schröder House guest book, 1959.

—— In 10 days got 2 × requests from Englishmen for here and a group of 30 people were outside already at breakfast, but they don't ask anything.
— Truus Schröder

—— Kreeg in 10 dagen 2 × aanvragen van Engelsen voor hier en een groep van 30 man stond bij ons ontbijt al buiten, maar die vragen niets.
— Truus Schröder

In August 1954, Truus Schröder was elected 'assessor [member] of the Soroptimists' board'. The women's professional association, of which she had been a member since 1930, was opening up to new professions. Schröder sat on the electoral committee and candidates could apply to her.

In augustus 1954 wordt Truus Schröder tot "assessor [lid] van het bestuur van de Soroptimisten" gekozen. De vrouwenberoepsvereniging, waar ze sinds 1930 lid van is, stelt zich open voor nieuwe beroepen. Schröder zit in de kiescommissie en kandidaten kunnen zich bij haar opgeven.

___ Schröder-Schräder, T., Designer of modern home interiors
— Soroptimists' membership list, 1950

___ Schröder-Schräder, T., Ontwerpster van moderne woninginterieurs
— ledenlijst Soroptimisten, 1950

Truus Schröder, 1950s–60s.

Truus Schröder, jaren 50–60.

presidente van de afdeling Utrecht der Soroptimisten

president of the Utrecht branch of the Soroptimists

Ook werkende vrouw heeft recht op eigen flat

Er komt in Utrecht een actie-comité

(Van een verslaggeefster)

Voor de huisvestingsnoden van de groep alleenstaande werkende mannen en vrouwen wordt over het algemeen weinig begrip getoond. Bij het heersende tekort zijn zij wel uitermate geschikt om de gaatjes te vullen. Maar het is hun recht, te meer waar zij gedwongen zijn het grootst percentage van hun inkomen af te staan, dat een deel van die belasting gebruikt wordt om hun een eigen home te verschaffen.

Om dit probleem te bespreken in de kring van belanghebbenden had de afd. Utrecht van de Ned. Bond van Vrouwen werkzaam in Bedrijf en Beroep Mejuffrouw Ir W. C. M. Jansen, architecte te Schiedam, uitgenodigd Voor een aandachtig gehoor, dat het zaaltje van het Haagse Koffiehuis geheel vulde, behandelde Ir Jansen verschillende woongelegenheden, zoals deze in het buitenland (voornamelijk in Zweden), maar ook in Nederland uitgevoerd en ontworpen zijn.

Voor en tijdens de oorlog ging men uit van de idee om een groep alleenstaande vrouwen samen te brengen in één groot gebouw. Meestal was hierin een restaurant aanwezig, om het de bewoonsters gemakkelijk te maken. Over het algemeen rendeerde dit niet, omdat de vrouwen uit bezuiniging of uit liefhebberij, toch de voorkeur aan gaven zelf haar potje te koken. Voor de jongeren, voor wie het zelfstandig wonen gewoonlijk een overgang is van het ouderlijk tehuis naar een eigen gezin, is een zit-slaapkamer met kookinis voldoende; voor de ouderen zijn tweekamerflats met keuken en douchehok beschikbaar.

De laatste tijd is men tot de overtuiging gekomen, dat de verschillende bevolkingsgroepen niet gescheiden moeten wonen en men geeft er de voorkeur aan in een flat met gezinswoningen een gedeelte der ruimte te besteden voor alleenstaanden.

De voorzitster van de Afd. Utrecht van de Bond van Werkende Vrouwen, Mejuffrouw M. v. d. Knoop, deelde vooraf mede, dat het de bedoeling is in Utrecht te komen tot oprichting van een klein werkend comité (met de nadruk op het werken), dat plannen ontwerpt om ook in onze stad te komen tot een huisvestingsmogelijkheid voor de alleenstaande werkende vrouw.

Zij verheugde zich er over, dat behalve afgevaardigden van vele vrouwenverenigingen in Utrecht, ook een vertegenwoordiger van het college van B. en W., verschillende hoofden van dienst der gemeente, o.a. architect Planjer en de vrouwelijke raadsleden de vergadering bijwoonden, omdat men vóór alles de steun van de overheid nodig zal hebben.

Mej. v. d. Knoop begreep de moeilijkheden van de gemeente Utrecht, waar meer dan elfduizend woningzoekenden staan ingeschreven, maar wilde toch aandacht vragen voor de moeilijkheden van vele alleenstaanden, die ook graag een eigen tehuis hebben en die thans onverbiddelijk door het Huisvestigingsbureau worden afgewezen. Zij achtte na de grenswijziging het ogenblik gunstig, nu Utrecht volop bouwgrond ter beschikking heeft gekregen, om bij het gemeentebestuur aan te kloppen.

Aan het slot van de bijeenkomst werd de volgende motie aangenomen: De Afdeling Utrecht van de Bond van Vrouwen werkzaam in Bedrijf en Beroep, bijeen in vergadering op 13 October 1953 met vertegenwoordigsters van andere verenigingen, gehoord de uiteenzettingen van de spreekster en belangstellenden en de ervaringen door deze groep van personen opgedaan, is van mening, dat huisvestingsmogelijkheden voor alleenstaande vrouwen urgent en noodzakelijk zijn, besluit tot vorming van een comité met actie om te komen tot spoedige uitwerking van concrete plannen. Zij zegt voor deze motie ter kennis van het gemeentebestuur te brengen.

Enkele leden van het genoemde comité konden reeds worden aangewezen, o.a. de presidente van de afd. Utrecht der Soroptimisten, Mevrouw Schröder-Schräder, Mevrouw Thoe Water-Schepers (Vrouwenbelangen), Mejuffrouw M. v. d. Knoop, en Ir J. L Planjer (als adviserend lid).

ZILVEREN S.O.V.-JUBILEUM.

Op 27 October a.s. zal het feit worden herdacht, dat 25 jaar geleden op het emplacement der N.V. Nederl. Spoorwegen te Amsterdam-Rietlanden de eerste S.O.V.-cantine werd geopend door de Stichting S.O.V.-cantines (Snelverkeers Onthouders Vereniging).

FEESTAVOND „ONS ZEELAND".

Op Vrijdag 16 October zal de Zeeuwse Vereniging „Ons Zeeland" voor Utrecht en Omstreken te Utr. haar openingsfeestavond houden in gebouw „Trianon". Aanvang 20 uur.

Artikel over huisvesting voor alleenstaande werkende vrouwen waarin Schröder wordt genoemd, *Utrechtsch Nieuwsblad*, 14 oktober 1953.

Article on housing for single working women in which Schröder is mentioned, *Utrechtsch Nieuwsblad*, 14 October 1953.

In consultation with Henny Verhagen, I asked architect Rietveld for a tour of his exhibition at the Centraal Museum in Utrecht with those members of the Soroptimist Club Utrecht who would be interested. ... As a Soroptimist, it also gives me great pleasure to put you in touch with work with which I am so closely involved.

In overleg met Henny Verhagen heb ik architect Rietveld gevraagd een rondleiding over zijn tentoonstelling in het Centraal Museum te Utrecht te willen maken met die leden van de Soroptimisten Club Utrecht, die daarvoor belangstelling zouden hebben. [...] Als Soroptimist doet het mij ook een genoegen u hierdoor in aanraking te brengen met werk, waarbij ik zo nauw ben betrokken.

Utrecht, 26 Juli 1958.

In overleg met Henny Verhagen heb ik architect Rietveld gevraagd een rondleiding over zijn tentoonstelling in het centraal museum te Utrecht te willen maken met die leden van de Soroptimisten Club Utrecht, die daarvoor belangstelling zouden hebben.
Hij is daartoe graag bereid op Donderdag 7 Aug om 8 uur.
Als Soroptimist doet het mij ook een genoegen U hierdoor in aanraking te brengen met werk, waarbij ik zo nauw ben betrokken.

Truus Schröder-Schräder.

Brief van Truus Schröder over de rondleiding van Gerrit Rietveld door zijn expositie in Utrecht, 26 juli 1958.

Letter from Truus Schröder about Gerrit Rietveld's tour of his exhibition in Utrecht, 26 July 1958.

SOCIAL HOUSING
SOCIALE WONINGBOUW

Social housing was close to Gerrit Rietveld's heart, and in the late 1950s he received design assignments for new districts, such as Hoograven and Kanaleneiland, in his home city of Utrecht. He would at last be able to fulfil the social ideals he had published with Truus Schröder in the 1920s and 1930s.

Sociale woningbouw ligt Gerrit Rietveld na aan het hart en eind jaren 50 krijgt hij ontwerpopdrachten voor nieuwe wijken, zoals Hoograven en Kanaleneiland, in zijn eigen stad Utrecht. Eindelijk kan hij de sociale idealen realiseren waar hij in de jaren 20 en 30 al met Truus Schröder over publiceerde.

—— It is about giving thousands, tens of thousands of people the opportunity, indeed the stimulus, to live happily. We can build houses where our children bother us as little as possible; this is useful but negative. We can also build a house where it is a pleasure for children to grow up. ... We have to build for a future we see as happy and decent.
— Gerrit Rietveld

—— Het gaat erom om duizenden, tienduizenden mensen de gelegenheid, ja de aansporing, te geven gelukkig te leven. We kunnen huizen bouwen waar men zo min mogelijk last van zijn kinderen heeft; dit is nuttig doch negatief. We kunnen ook een huis bouwen waar het opgroeien der kinderen een genot is. […] Wij moeten bouwen voor een toekomst, die wij als gelukkig en menswaardig zien.
— Gerrit Rietveld

Gerrit Rietveld, n.d.

Gerrit Rietveld, z.j.

Having previously drawn an (unbuilt) urban development plan for Nagele, Rietveld was again involved, in the late 1950s, in the construction of the experimental model village in Flevoland. Architects from De 8 and Opbouw – advocates of Nieuwe Bouwen [New Objectivity] – created the village. Rietveld designed 74 units there together with his son Jan. Han was also involved in the design phase.

Nadat hij eerder een (niet-uitgevoerd) stedenbouwkundig plan voor Nagele tekende, is Rietveld eind jaren 50 alsnog betrokken bij de bouw van het experimentele modeldorp in Flevoland. Architecten van De 8 en Opbouw – pleitbezorgers van het Nieuwe Bouwen – creëren het dorp. Rietveld ontwerpt er samen met zijn zoon Jan 74 huizen. Ook Han is betrokken bij de ontwerpfase.

Aerial view of Nagele, 1967.

Luchtfoto van Nagele, 1967.

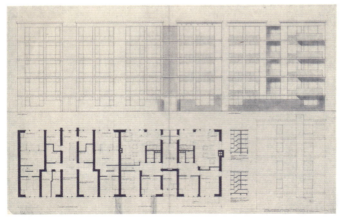

Gerrit Rietveld, apartment building, Hoograven, Utrecht, 1954.

Gerrit Rietveld, etagewoningen, Hoograven, Utrecht, 1954.

For Rietveld, the construction of the Utrecht district of Kanaleneiland prompted a study assignment for his students at the Academy of Architecture in The Hague. This plan failed to materialise. Designs by his own hand were realised in 1959: sixty single-family houses and ninety flats – publicised in the sales brochure as 'the ideal super-flat'.

Voor Rietveld is de bouw van de Utrechtse wijk Kanaleneiland aanleiding voor een studieopdracht voor zijn studenten aan de Academie voor Bouwkunst in Den Haag. Dit plan wordt niet uitgevoerd. Ontwerpen van hemzelf worden in 1959 wel gerealiseerd: zestig eengezins-woningen en negentig flatwoningen – in de verkoopbrochure als "de ideale superflat" aangeprezen.

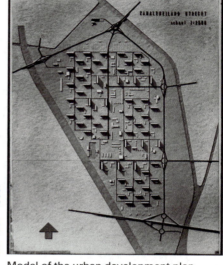

Maquette van het stedenbouwkundig plan van Kanaleneiland, Utrecht, ca. 1957–1958.

Model of the urban development plan of Kanaleneiland, Utrecht, c. 1957–58.

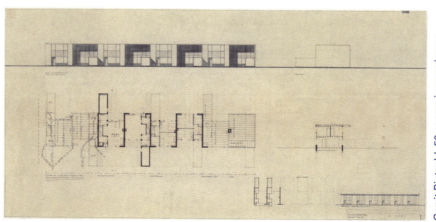

Gerrit Rietveld, 52 single-family houses, Reeuwijk, 1957.

Gerrit Rietveld, 52 eengezinswoningen, Reeuwijk, 1957.

TRUUS SCHRÖDER TURNS SEVENTY
ZEVENTIGSTE VERJAARDAG VAN TRUUS SCHRÖDER

Truus's 70th birthday, with Gerrit Rietveld at her side, 1959.

70ste verjaardag van Truus met naast haar Gerrit Rietveld, 1959.

Truus Schröder's birthday, 23 August 1959. Left to right: Han, Truus and Marjan.

Verjaardag van Truus Schröder, 23 augustus 1959. V.l.n.r.: Han, Truus en Marjan.

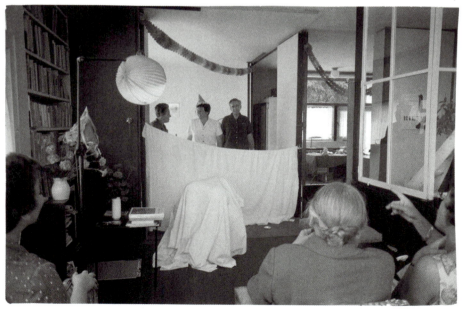

Marjan, Han and Binnert performing a play behind a sheet strung between the sliding walls, 1959.

Tussen de schuifwanden, achter een laken, voeren Marjan, Han en Binnert een toneelstuk op, 1959.

— I was looking for a book for you, Truusje. The first one I saw in a shop window struck me on account of its title. I know nothing of the author or the subject, but the title expresses exactly for me (now that I have known you for more than half your life), the great appreciation I have for your person and the honest and heartfelt attitude to life you have, especially as you apply it to your environment with inextinguishable adventurousness. Because, without regard to the individual, you know how to discover a small miracle in everyone. Applied to you, dear Truus, the word 'small' only guarantees the absence of personal exaggeration.
— Gerrit Rietveld

Brief die Gerrit Rietveld met het boek van de Amerikaanse schrijver Paul Gallico *The Small Miracle* (1951) aan Truus Schröder geeft, 1959.

The letter Gerrit Rietveld gave to Truus Schröder with American writer Paul Gallico's book *The Small Miracle* (1951), 1959.

—— Ik zocht een boek voor je Truusje. Het eerste dat ik zag in een etalage trof me om de titel. Ik weet niets van de schrijver of het onderwerp, maar de titel drukt voor mij precies uit (nu ik je meer dan je halve leven ken) de grote waardering die ik heb voor je persoon en de eerlijke en innige levenshouding van je, vooral zoals je deze met nooit te blussen avontuurlijkheid toepast op je omgeving. Want zonder aanzien des persoons weet je in ieder a small miracle te ontdekken. Op jou toegepast, lieve Truus, waarborgt het woordje 'small' alleen de afwezigheid van persoonlijke overdrijving.
— Gerrit Rietveld

—— If I didn't live here, I would immediately take down all the curtains, because the house is much nicer without curtains. But then it's really horrible to live in it of course. At least I think so.
— Truus Schröder

—— Als ik hier niet woonde, zou ik onmiddellijk alle gordijnen eraf halen, want het huis is veel mooier zonder gordijnen. Maar dan is het erg naar natuurlijk om erin te leven. Vind ik tenminste.
— Truus Schröder

Seated at the table, left to right: Han, an unidentified woman, Marjan, Binnert and Truus Schröder, 1959.

Zittend aan tafel v.l.n.r.: Han, een onbekende vrouw, Marjan, Binnert en Truus Schröder, 1959.

THE FINEST DAYS IMAGINABLE
DE FIJNST DENKBARE DAGEN
— TRUUS SCHRÖDER

In the late 1950s and early 1960s, Rietveld and Schröder stopped going on long-distance trips. They stayed more often in the Netherlands and regularly rented a house at the Vinkeveense Plassen during this period. Rietveld also drew a houseboat for Schröder – a plan that did not materialise.

Eind jaren 50 en begin jaren 60 maken Rietveld en Schröder geen verre reizen meer. Ze blijven vaker in Nederland en huren in die periode regelmatig een huis aan de Vinkeveense Plassen. Ook tekent Rietveld een woonboot voor Schröder – een plan dat niet wordt uitgevoerd.

Gerrit Rietveld (top) and Truus Schröder (bottom) by the sea, n.d.

Gerrit Rietveld (boven) en Truus Schröder (onder) aan zee, z.j.

— The latest plans are to have a small houseboat built from concrete and put a dwelling on it myself and put it in the Vinkeveense Plassen or in the Amstel between Vinkeveen and Nieuwersluis. My seamstress gave me the idea of putting up there, she has a boat herself and it is the cheapest solution for a summer house.
— Truus Schröder to Han

— De laatste plannen zijn om een kleine woonboot van beton te laten bouwen en daar zelf een woongelegenheid op te zetten en die te leggen in de Vinkeveense Plassen of in de Amstel tussen Vinkeveen en Nieuwersluis. Mijn naaister heeft me op het idee gebracht daar te gaan liggen, heeft zelf ook een boot en het is de goedkoopste oplossing van een zomerhuisje.
— Truus Schröder aan Han

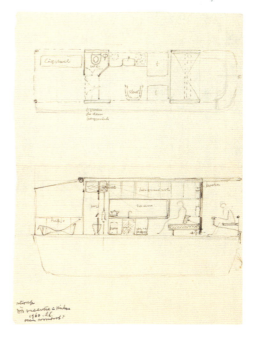

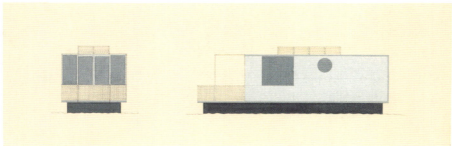

Above and below: Gerrit Rietveld, designs for a houseboat (unbuilt) for Truus Schröder, c. 1960.

Boven en onder: Gerrit Rietveld, ontwerpen voor een woonboot (niet-uitgevoerd) voor Truus Schröder, ca. 1960.

— 1st preliminary sketch for a drawn portrait which still needs to be made and will probably not be ready before your birthday I think R.

— 1° ongefixeerde aanloop tot een getekend portret dat nog gemaakt moet worden en wel niet voor je verjaardag klaar zal komen denk ik R.

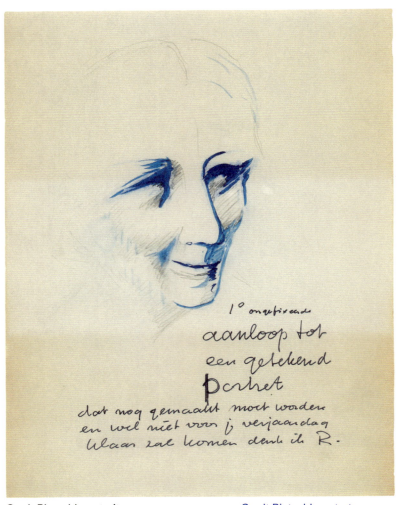

Gerrit Rietveld, portrait of Truus Schröder, 1962.

Gerrit Rietveld, portret van Truus Schröder, 1962.

— The message we had to bring together was simplicity in life, through work and example. We didn't do it too fanatically, I believe. Will we keep thinking about it? Bye dear.
— Rietveld to Schröder

— De boodschap die we samen te brengen hadden, was de eenvoud in het leven, door werk en voorbeeld. We hebben het niet te fanatiek gedaan, geloof ik. Zullen we eraan blijven denken? Dag lieve.
— Rietveld aan Schröder

Schröder at the flower market, Janskerkhof, Utrecht, n.d.

Schröder op de bloemenmarkt, Janskerkhof, Utrecht, z.j.

— I did not rent Vinkeveen this year. I find it too troublesome if R. were to suddenly be less well and I would be terribly agitated, though R. seems fine at the moment.
— Truus Schröder to Han

— Ik heb Vinkeveen dit jaar niet gehuurd. Vind het te bezwaarlijk als R. plotseling eens minder goed zou zijn en ik zou vreselijk onrustig zijn, alhoewel R. op het ogenblik prima lijkt.
— Truus Schröder aan Han

Han, Cora, Truus and Gerrit in Vinkeveen, 1963. The three people at the back have not been identified.

Han, Cora, Truus en Gerrit in Vinkeveen, 1963. Het is onbekend wie de drie personen op de achtergrond zijn.

Rietveld (top) and Schröder (bottom) at the Vinkeveense Plassen, early 1960s.

Rietveld (boven) en Schröder (onder) aan de Vinkeveense Plassen, begin jaren 60.

Gerrit Rietveld with his first great-grandchild Ries Seijler and his mother Gerda Rijkeboer. Ries was the first child of Fons Seijler, Bep's eldest son, c. 1963.

Gerrit Rietveld met zijn eerste achterkleinkind Ries Seijler en zijn moeder Gerda Rijkeboer. Ries is het eerste kind van Fons Seijler, de oudste zoon van Bep, ca. 1963.

Schröder and Rietveld with great-grandchild Ries Seijler, c. 1963.

Schröder en Rietveld met achterkleinkind Ries Seijler, ca. 1963.

SCHRÖDER HOUSE UNDER THREAT
SCHRÖDERHUIS BEDREIGD

In 1963 the municipality of Utrecht decided to adapt the intersection in front of the Rietveld Schröder House: an underpass would be built at the junction where accidents happened with some regularity.

In 1963 besluit de gemeente Utrecht het kruispunt voor het Rietveld Schröderhuis aan te passen: op de gelijkwaardige kruising, waar met enige regelmaat ongelukken gebeuren, komt een viaduct.

—— Architect G. Rietveld:
'An underpass in front of it? Then I'd prefer to tear it down!'

—— Is the famous Schröder House, architect G. Rietveld's creation on Utrecht's Prins Hendriklaan, going to be demolished?

—— Architect G. Rietveld:
"Viaduct ervoor? Dan liever afbreken!"

—— Wordt het beroemde Schröderhuis, de schepping van architect G. Rietveld aan de Utrechtse Prins Hendriklaan, afgebroken?

'Schröder House under threat', article in *Het Parool*, 10 September 1963.

Artikel 'Schröderhuis bedreigd' in *Het Parool*, 10 september 1963.

Gerrit Rietveld and Truus Schröder, as well as architecture experts and enthusiasts, objected to the construction of the underpass and embankment. The underlying argument was that it would ruin the view, which was such an important part of the house.

Gerrit Rietveld en Truus Schröder, maar ook architectuurkenners en -liefhebbers tekenen bezwaar aan tegen de bouw van het viaduct. Het uitzicht, zo'n belangrijk onderdeel van het huis, wordt erdoor verpest, is de achterliggende gedachte.

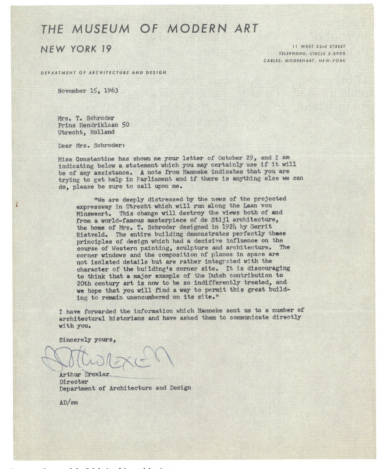

Brief van het MoMA in New York aan Truus Schröder over de bouw van het viaduct, 15 november 1963.

Letter from MoMA in New York to Truus Schröder about the construction of the expressway, 15 November 1963.

— We are deeply distressed by the news of the projected expressway in Utrecht which will run along the Laan van Minsweerd. This change will destroy the views both of and from a world-famous masterpiece of de Stijl architecture, the home of Mrs. T. Schröder designed in 1924 by Gerrit Rietveld.

— Wij zijn diep geschokt door het nieuws over de geplande snelweg in Utrecht langs de Laan van Minsweerd. Deze verandering zal het uitzicht op en vanuit het wereldberoemde meesterwerk van De Stijlarchitectuur, het huis van mevrouw T. Schröder, ontworpen in 1924 door Gerrit Rietveld, tenietdoen.
— Arthur Drexler, MoMA

— To Her Majesty the Queen, Soestdijk Palace. Madam, ... Due to the construction of this underpass, my house, the Schröder House, built by G. Rietveld and me in 1924, will end up on a sunken street, significantly damaging the architectural standing of this house, which is famous the world over.
— Truus Schröder to Queen Juliana

— Aan Hare Majesteit de Koningin, Soestdijk. Mevrouw, [...] Door de aanleg van dit viaduct komt mijn woning, het in 1924 door G. Rietveld en mij gebouwde Schröderhuis, aan een verdiepte straat te liggen waardoor het architectonisch aanzien van dit over de hele wereld befaamde huis in aanzienlijke mate wordt geschaad.
— Truus Schröder aan koningin Juliana

Work for the construction of the underpass, 1963.

Werkzaamheden voor de bouw van het viaduct, 1963.

— Last night R. heard that it is certain that the road here is going to be raised by three metres. ... To this R. said, 'then the house will not be there for long'. I found this a good answer, although now I'm not considering demolishing it.
— Truus Schröder to Han

— Gisteravond hoorde R. dat het zeker is dat de weg hier drie meter omhoog gaat. [...] Hierop zei R.: dan zal het huisje er niet lang meer staan. Dit vond ik een goed antwoord, al denk ik nu niet over het af te breken.
— Truus Schröder aan Han

— After the roadway was there, but before it was elevated.
View PHL50 rear.

— Nadat de verkeersweg er was, maar vóór de verhoging ervan.
Uitzicht PHL50 achterkant.

View from the house at Prins Hendriklaan 50, photo from an album belonging to Truus Schröder, 1963.

Uitzicht vanuit het huis, Prins Hendriklaan 50, foto uit een album van Truus Schröder, 1963.

Despite protests, construction of the underpass went ahead. It was completed in early 1964. Schröder and Rietveld considered selling the house, tearing it down or converting it into something unrecognisable, but none of that happened. Later, Truus Schröder said in an interview, 'Maybe Rietveld was right after all and the house should have been razed when the road was built. I used to get up at night to see the night sky, I don't have to now, it's no longer possible because of all those lights.'

Laan van Minsweerd in Utrecht at the start of the work to raise the main road, 1963.

De Laan van Minsweerd in Utrecht aan het begin van de werkzaamheden voor de verhoging van de Rijksweg, 1963.

Ondanks de protesten gaat de bouw van het viaduct door. Begin 1964 is het klaar. Schröder en Rietveld overwegen het huis te verkopen, af te breken of tot onherkenbaar te verbouwen, maar dat gebeurt geen van alle. Later zegt Truus Schröder in een interview: "Misschien heeft Rietveld toch gelijk gehad en had het huis toen de weg kwam moeten worden afgebroken. Vroeger stond ik 's nachts nog wel eens op om de nacht te zien, dat hoeft nu niet meer, het kan niet meer door al die lampen."

The Schröder House
with the underpass, n.d.

Het Schröderhuis
met het viaduct, z.j.

FINAL WORKS AND APPRECIATION
LAATSTE WERKEN EN WAARDERING

In 1961, Gerrit Rietveld – he was then 73 years old – started a partnership with architects Joan van Dillen and Johan van Tricht, who had worked for him since the late 1950s. They employed some twenty people.

In 1961 begint Gerrit Rietveld – hij is dan 73 jaar oud – een maatschap met de architecten Joan van Dillen en Johan van Tricht, die sinds eind jaren 50 bij hem werken. Ze hebben zo'n twintig medewerkers in dienst.

—— Last week I suddenly saw Truus and Rietveld at the Stedelijk Museum, hunting for where the new Van Gogh Museum would be located. Nice to see them again.
— Rein Harrenstein to Han Schröder

—— Verleden week zag ik ineens Truus en Rietveld bij het Stedelijk Museum, snuffelend waar het nieuwe Van Gogh Museum zou komen te staan. Aardig hen weer eens te zien.
— Rein Harrenstein aan Han Schröder

Gerrit Rietveld, rough model of the Van Gogh Museum (2 × 7 cm), 1963.

Gerrit Rietveld, schetsmodel van het Van Gogh Museum (2 × 7 cm), 1963.

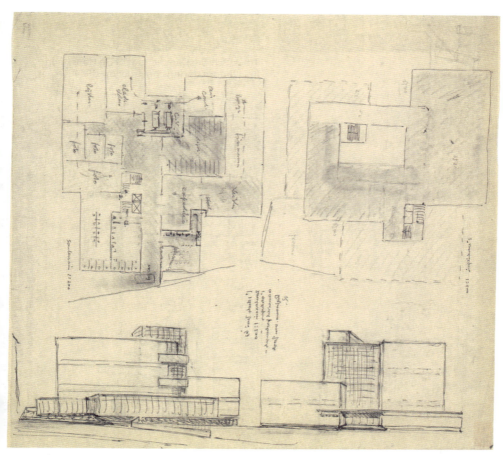

Gerrit Rietveld, Van Gogh Museum, 1963.   Gerrit Rietveld, Van Gogh Museum, 1963.

Truus Schröder on the roof of De Hoeksteen in Uithoorn during construction, 1964.

Truus Schröder op het dak van De Hoeksteen in Uithoorn tijdens de bouw, 1964.

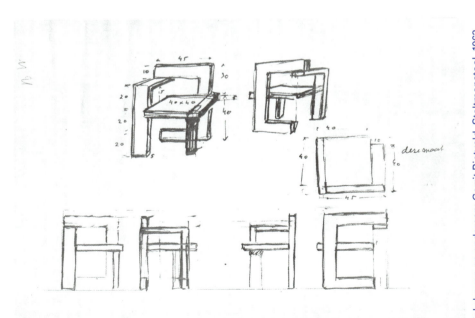

Top left and bottom: Gerrit Rietveld, Steltman chair, 1963. The chair, designed for the Hague jeweller Steltman, also appears in the Schröder House.

Linksboven en onderaan: Gerrit Rietveld, Steltmanstoel, 1963. De stoel voor de Haagse juwelier Steltman komt ook in het Schröderhuis te staan.

— Even in her collaboration with Riet, mother stubbornly stuck to her ideas and she fought for them to tears, so in a very emotional way too. For example: the church centre in Uithoorn is accessible via an outside staircase. Mother thought there should then be a seating area at the top, a bench for the 'old folk' to catch their breath and also chat. Riet was not fond of it and made no room for it. And did not like 'chatting'. It was a lengthy, and for her, emotional, back and forth between them. She won.
— Han Schröder

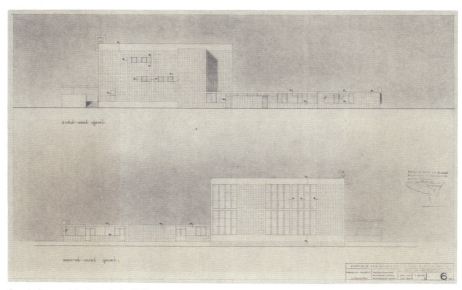

Gerrit Rietveld, church building
De Hoeksteen, Uithoorn, 1962.

Besides the appreciation Rietveld received through exhibitions and major commissions, he was also granted formal recognition. For instance, he was awarded the city medal of the municipality of Utrecht, an honorary doctorate from Delft University of Technology and was appointed an honorary member of the Association of Dutch Architects (BNA).

Behalve de waardering die Rietveld krijgt door de tentoonstellingen en de grote opdrachten, valt hem ook formele erkenning ten deel. Zo ontvangt hij de stadsmedaille van de gemeente Utrecht, een eredoctoraat van de Technische Hogeschool in Delft en wordt hij benoemd tot erelid van de BNA (Bond van Nederlandse Architecten).

Rietveld receiving the Utrecht city medal from Mayor De Ranitz on the occasion of his 75th birthday, 1963.

Rietveld ontvangt ter gelegenheid van zijn 75ste verjaardag de Utrechtse stadsmedaille van burgemeester De Ranitz, 1963.

—— Now you need to sit down for a moment, because now I suddenly have some news! It will give you satisfaction. Riet was teaching in Delft and knew that someone wanted to have a word with him afterwards. There he met a whole society of grandees who told him that it had been decided unanimously and with great enthusiasm to award him the title of doctor.
— Truus Schröder to Han

—— Nu moet je even gaan zitten, want nu heb ik ineens een nieuwtje! Zal je voldoening geven. Riet gaf les in Delft en wist dat iemand hem daarna even spreken wou. Daar kwam hij bij een heel genootschap hoge heren die hem vertelden dat men met algemene stemmen en groot enthousiasme had besloten hem de dokterstitel aan te bieden.
— Truus Schröder aan Han

Rietveld receiving the honorary doctorate from Delft University of Technology, 1964.

Rietveld ontvangt het eredoctoraat van de Technische Hogeschool in Delft, 1964.

In March 1964, he was named an honorary member of the Association of Dutch Architects. In his speech, Rietveld paid homage to Truus Schröder.

In maart 1964 wordt hij benoemd tot erelid van de Bond van Nederlandse Architecten. In zijn toespraak eert Rietveld Truus Schröder.

▬ I mostly felt more like a solitary individual who now and then met an admirer or like-minded colleague, as a result of which the courage to continue was kept up. Mrs Schröder, who has always remained true to herself and to architecture, was indispensable in this respect thanks to her insight and sense of space.
— Gerrit Rietveld

▬ Ik heb me meestal meer een eenling gevoeld die zo nu en dan een bewonderaar of gelijkgezinde collega ontmoette, waardoor de moed verder te gaan in stand bleef. De altijd trouw aan zichzelf en aan de architectuur gebleven mevrouw Schröder was daarbij door haar inzicht en ruimtegevoel onmisbaar.
— Gerrit Rietveld

Invitation to the induction of Gerrit Rietveld as an honorary member of the BNA, 1964.

Uitnodiging voor de installatie van Gerrit Rietveld als erelid van de BNA, 1964.

— The interior was made in close collaboration with Mrs Schröder-Schräder.

— Het interieur is gemaakt in nauwe samenwerking met mevrouw Schröder-Schräder.

Gerrit Rietveld with a text he wrote, 1963.
Gerrit Rietveld met een door hem geschreven tekst, 1963.

Schröder and Rietveld, 1959.   Schröder en Rietveld, 1959.

BUT IT'S QUITE A DISTANCE: RIETVELD DIES

MAAR HET IS OOK EEN EIND: RIETVELD OVERLIJDT

In May and June 1964, Truus Schröder and Gerrit Rietveld travelled to Italy and Switzerland to visit the Venice Biennale and other places. It was their last trip together. In a letter to Han, Schröder wrote: 'R. can fly according to the heart specialist, he only has to take some other medication again because of the non-salt diet.'

Truus Schröder in Italy, n.d.   Truus Schröder in Italië, z.j.

In mei en juni 1964 reizen Truus Schröder en Gerrit Rietveld naar Italië en Zwitserland om onder meer de Biënnale van Venetië te bezoeken. Het is hun laatste reis samen. In een brief aan Han schrijft Schröder: "R. mag van de hartspecialist vliegen, moet alleen vanwege het niet-zoutloze dieet weer wat andere medicijnen nemen."

— The photo of R. was taken eight days before his death (in Venice at the Biennale). Although many people later said he had looked so tired there (they did not know he had lost 20 to 30 pounds due to a course of treatment on prescription). At this moment, he looked fresh and content, no?
— Truus Schröder to furniture maker Gerard van de Groenekan

— De foto van R. werd gemaakt acht dagen voor zijn dood (in Venetië op de Biënnale). Alhoewel veel mensen later zeiden dat hij er zo moe had uitgezien daar (ze wisten niet dat hij 20 à 30 pond was afgevallen door een kuur op doktersvoorschrift). Op dit moment zag hij er toch fris en tevreden uit, hè?
— Truus Schröder aan meubelmaker Gerard van de Groenekan

Rietveld and Schröder in Venice, just before he died on 25 June 1964.

Rietveld en Schröder in Venetië, vlak voor zijn overlijden op 25 juni 1964.

The day after his 76th birthday, Rietveld and Schröder drank coffee with his associates Van Dillen and Van Tricht and employees of the architectural firm. As they drove back home, Rietveld became unwell. He died soon after, in the Rietveld Schröder House, on 25 June 1964.

De dag na zijn 76ste verjaardag drinken Rietveld en Schröder koffie met zijn compagnons Van Dillen en Van Tricht en medewerkers van het architectenbureau. Als ze naar huis terugrijden, wordt Rietveld onwel. Korte tijd later overlijdt hij, in het Rietveld Schröderhuis, op 25 juni 1964.

— On the way back home, he could hardly drive anymore. Then he would stop and a little later we could go on again. Here at home I thought, I'll go inside and make sure he can lie down. But then he stayed away quite a while. It turned out he was sitting on the wooden bench in the hall, resting after walking from the car to the house. I said, 'why are you sitting there?' He said, 'but it's quite a distance'. An hour later, he was dead.
— Truus Schröder

— Op de terugweg naar huis kon hij haast niet meer rijden. Dan stopte hij en even later konden we weer een eindje verder. Hier bij huis dacht ik: ik ga alvast gauw naar binnen en ik zorg dat hij kan gaan liggen. Maar toen bleef hij nogal lang weg. Hij bleek op het houten bankje in de hal te zitten, om uit te rusten nadat hij van de auto naar het huis was gelopen. Ik zei: wat zit je daar? Hij zei: maar het is ook een eind. Een uur later was hij overleden.
— Truus Schröder

Obituaries in the *Algemeen Handelsblad*, 26 June 1964.

Rouwadvertenties in het *Algemeen Handelsblad*, 26 juni 1964.

—— He never sought to impress you, only to make you comfortable and relaxed.
— Florence Maly to Truus Schröder

—— I was always very impressed by his work, from the 1918 chair to the academy in Arnhem, he was probably a genius.
— Willem Sandberg to Truus Schröder

—— Our message was simplicity in life through work and example.
— note by Truus Schröder

—— Hij heeft nooit geprobeerd indruk op je te maken. Hij wilde je geruststellen en je op je gemak laten voelen.
— Florence Maly aan Truus Schröder

—— Ik was altijd erg onder de indruk van zijn werk, vanaf de stoel uit 1918 tot aan de academie in Arnhem, waarschijnlijk was hij een genie.
— Willem Sandberg aan Truus Schröder

—— Onze boodschap was de eenvoud in het leven door werk en voorbeeld.
— aantekening van Truus Schröder

Funeral of Gerrit Rietveld, with Truus Schröder walking on the arm of Egbert Rietveld, 29 June 1964.

Begrafenis van Gerrit Rietveld, Truus Schröder loopt aan de arm van Egbert Rietveld, 29 juni 1964.

— To Riet who showed us how to love life.

— Aan Riet die ons voordeed het leven lief te hebben.

— Binnert, Marjan and Han Schröder

— Binnert, Marjan en Han Schröder

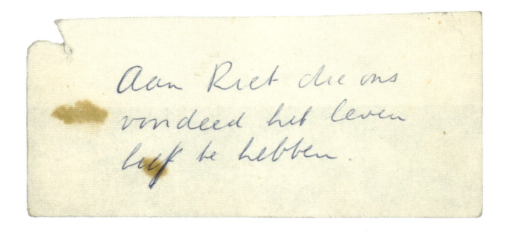

Card attached to the funeral bouquet from Truus Schröder's three children, 1964.

Kaartje dat aan het rouwboeket van de drie kinderen van Truus Schröder zit, 1964.

—— These were difficult, very tense days for me. I had to let go, because it was like my head was about to crack. I am a little further on now and seem to see that a few more years living with his ailment, for which he would not leave enough anyway, would not perhaps outweigh his silent and easy passing now. Yes, I can cope and keep going now, but still bound and connected to his work.
— Truus Schröder to Marjan

—— Het waren moeilijke, zeer gespannen dagen voor me. Ik moest loslaten, want het was of mijn hoofd op knappen stond. Ik ben nu een eindje verder en meen te zien dat een paar jaar langer leven met zijn kwaal, waarvoor hij toch niet genoeg zou laten, niet op zou wegen misschien tegen zijn geruisloos en gemakkelijk heengaan van nu. Ja, ik kan het nu aan en verdergaan, maar toch wel gebonden en verbonden met z'n werk.
— Truus Schröder aan Marjan

Page from Truus Schröder's scrapbook. The grey granite headstone was designed by Jan and Wim Rietveld, 1964.

Pagina uit het plakboek van Truus Schröder. De grijs granieten grafsteen is door Jan en Wim Rietveld ontworpen, 1964.

__ I am not lonesome. Riet is always with me and I can reach my inner self and him.
— Truus Schröder to Han and Florence Maly

__ Ik ben niet eenzaam. Riet is altijd bij mij. Ik kan mijn werkelijke zelf en hem bereiken.
— Truus Schröder aan Han en Florence Maly

__ Drunken concrete posts embracing each other

Wassenaar-Leiden road

__ Elkaar omarmende dronken betonpalen

Weg Wassenaar–Leiden

Photograph with text by Gerrit Rietveld on the reverse, n.d.

Foto met tekst van Gerrit Rietveld op de achterzijde, z.j.

THE HOUSE AS MUSEUM
HET HUIS ALS MUSEUM

1964–NOW
NU

FROM THE 'LITTLE SORTING ROOM' TO THE RIETVELD SCHRÖDER HOUSE
VAN HET 'SORTEERKAMERTJE' TOT HET RIETVELD SCHRÖDERHUIS

'I really do miss someone with some of the same interests', Truus Schröder wrote after Gerrit Rietveld's death. She received many letters of condolence and visits, and after a while she started going out again, travelling to exhibitions, visiting residents of Rietveld houses – who had often become friends – and following the construction of projects he had been unable to finish: for instance, she visited the Sonsbeek Pavilion, which was being rebuilt in 1964–65 as the Rietveld Pavilion at the Kröller-Müller Museum in Otterlo; she also went to the De Hoeksteen church in Uithoorn; and in Amsterdam she monitored the construction of both the Van Gogh Museum and the art school that took Rietveld's name, the Gerrit Rietveld Academie.

In addition, now that she was living alone in the house again, Truus intended to rent out the downstairs rooms, as in previous years. Although this time, she no longer had a preference for architecture students, but rather young people studying medicine or having a first-aid diploma.

Schröder was finally heading towards 80. She decided to slow down. (International) visitors still regularly rang the doorbell to see the inside of the house, but she now chose more carefully who she let in. And in the periods when it got really too busy for her, she had one of her tenants put up a sign at the front door saying, *'The interior of this house is not on view. Sorry.'*

ARCHIVE

Schröder also took on two important tasks. First, she decided to assemble the archive of Rietveld's work. With the help of various researchers, she organised and collected the drawings, blueprints, models, notes, slides and

de tekeningen, blauwdrukken, maquettes, notities, dia's en foto's die in het huis zijn achtergebleven. De kamer waar in de jaren 20 en 30 het architectenbureau zat en de kamer voor de hulp verhuurt ze, maar de andere benedenkamers komen vol met dozen en archiefmappen te staan. Zo vol dat ze haar oude keuken voortaan haar 'sorteerkamertje' noemt. Dat archief wordt het latere Rietveld Schröder Archief, dat zich in het Centraal Museum in Utrecht bevindt.

GEEN CZAAR PETERHUISJE

Wat gebeurt er met het huis na haar overlijden? Dat is de tweede kwestie waar Schröder zich over buigt. Gerrit Rietveld heeft ooit tegen haar gezegd dat een gebouw na vijftig jaar zou moeten worden afgebroken – dan was het tijd voor iets nieuws. Maar haar huis blijft staan. Ze wil er blijven wonen én ze wil dat het na haar dood een zinvolle bestemming krijgt.

Haar kinderen, Binnert, Marjan en Han, hebben alle drie geen belangstelling om er in te wonen, ook de kleinkinderen niet, en zo begint voor haar een zoektocht waarbij ze twijfelt of er een "verzamelaar van moderne schilderijen" in zou moeten trekken of dat kunstenaars het als atelier moeten gaan gebruiken. Het mag in ieder geval geen 'Czaar Peterhuisje' worden: geen huisje vol prullaria of relikwieën.

Om een beslissing te kunnen nemen over de toekomst van het huis wordt op 28 augustus 1970 de Stichting Rietveld Schröderhuis opgericht. Daarnaast heeft de stichting twee andere hoofddoelen: het ordenen van het archief en de restauratie van de woning. Het komt in de praktijk hierop neer: Schröder verkoopt het huis aan de stichting en er wordt afgesproken dat ze de woning tot haar overlijden mag blijven huren. In 1974, 1976 en

photos left in the house. She rented out the room that housed the architect's office in the 1920s and 1930s and the room for the housemaid, but filled the other downstairs rooms with boxes and archival files – so many of them that she called the former kitchen her 'little sorting room' from then on.

That archive would later become the Rietveld Schröder Archive, located at the Centraal Museum in Utrecht.

NO 'TSAR PETER HOUSE'

What would happen to the house after she herself died? That was the second question Schröder delved into. Gerrit Rietveld once told her that a building should be demolished after fifty years – at that point, it would be time for something new. But her house would remain standing. She wanted to continue living there and she also wanted it to be given a meaningful use after her death.

None of her children – Binnert, Marjan and Han – was interested in living there, nor were her grandchildren, and so a search began, during which she wondered whether a 'collector of modern paintings' should move into it, or whether artists should use it as a studio. In any case, it should not become a 'Tsar Peter house', a house filled with knickknacks or relics.

To decide on the future of the house, the Rietveld Schröder House Foundation was established on 28 August 1970. In addition, the foundation had two other main goals: organising the archive and restoring the house. In practice, it came down to this: Schröder sold the house to the foundation, and it was agreed that she could continue to rent the house until her death. The exterior was restored in 1974, 1976 and 1979; the interior would be tackled after her death.

The name of the foundation, incidentally, took some doing. A house is usually named after its occupant, not the architect, so therefore it should be called the Schröder House, but her house was often called the Rietveld House. 'They want to push me out', Schröder claimed, and she therefore worked to ensure that the foundation bore both their names – and that it later became the Rietveld Schröder House.

KNIGHTED

When the Centraal Museum in Utrecht devoted an exhibition to the 50th anniversary of the Schröder House and it was listed as a national monument in 1976, interest in Truus Schröder also grew. In one of the first interviews with her, an art journalist called the house 'a vital declaration of love to life'.

Aged 90, she was made a Knight of the Order of Orange-Nassau for her 'great merit in cultural-historical terms'. In 1982, another major travelling De Stijl exhibition toured the United States, and when it visited the Kröller-Müller Museum in the Netherlands, Schröder attended the opening. But she now rarely left the house. A hospital bed was set up in the living room upstairs, she put cushions on the chairs and wore an emergency button around her neck. When she could, she walked around the open space – the sliding doors were permanently kept open.

MUSEUM

Truus Schröder died on 12 April 1985. She was 95 years old. After Rietveld's death, she lived in the house for more than twenty years.

As decided by the foundation, the interior was to be restored: it would be brought back to the living arrange-

1979 wordt het exterieur al gerestaureerd, na haar dood zal het interieur grondig worden aangepakt.

De naam van de stichting heeft overigens de nodige voeten in de aarde. Gewoonlijk heet een huis naar de bewoner, niet naar de architect en dan zou het dus Schröderhuis heten, maar haar woning wordt vaak het Rietveldhuis genoemd. "Ze willen mij er graag afschuiven", zegt Schröder en ze ijvert er dan ook voor dat de stichting hun beider namen draagt – en dat het later het Rietveld Schröderhuis wordt.

RIDDER

Als het Centraal Museum in Utrecht een tentoonstelling aan het 50-jarige bestaan van het Schröderhuis wijdt en het in 1976 op de lijst van Rijksmonumenten komt te staan, neemt ook de belangstelling voor Truus Schröder toe. In een van de eerste interviews met haar noemt een kunstjournalist het huis "een vitale liefdesverklaring aan het leven".

Op haar 90ste wordt ze "wegens haar grote verdienste in cultuurhistorische zin" tot ridder in de Orde van Oranje-Nassau benoemd. Nog in 1982 is er een grote reizende De Stijltentoonstelling in de Verenigde Staten en als die ook het Kröller-Müller Museum in Nederland aandoet, is Schröder aanwezig op de opening. Maar vaak komt ze het huis niet meer uit. Boven in de woonkamer komt een ziekenhuisbed te staan, ze legt kussens op de stoelen en ze draagt een alarmknop om haar hals. Als het lukt, wandelt ze rondjes door de open ruimte – de schuifdeuren staan permanent open.

MUSEUM

Truus Schröder overlijdt op 12 april 1985. Ze is 95 jaar geworden. Na de dood van Rietveld heeft ze nog meer dan twintig jaar in het huis gewoond.

Zoals door de stichting is besloten, wordt het interieur gerestaureerd: het wordt teruggebracht tot de woonsituatie van begin 1925, toen Truus Schröder er net een paar maanden met haar jonge kinderen woonde. Het huis, het Rietveld Schröderhuis, wordt een museum, zo heeft ze nog voor haar overlijden besloten. Toegankelijk voor iedereen. Het Centraal Museum, dat ook in het bezit is van de grootste Rietveldcollectie ter wereld, neemt het huis in beheer en het draagt zorg voor het archief.

Alles is geregeld. Het huis, waar het zo lang "goed was om te leven", kan de wijde wereld in. Als de restauratie van het interieur klaar is, wordt het huis op 3 april 1987 voor publiek opengesteld: nog altijd komen er jaarlijks duizenden belangstellenden van over de hele wereld naar de Prins Hendriklaan in Utrecht om de woning te bezichtigen die ze samen ontwierpen, Schröder en Rietveld.

ment of early 1925, when Truus Schröder had lived there for just a few months with her young children. The house, the Rietveld Schröder House, became a museum, as she had decided before she died. Accessible to everyone. The Centraal Museum, which also owns the largest Rietveld collection in the world, would manage the house and look after the archives.

Everything was settled. The house, where it had been 'nice to live in' for so long, could venture out into the great wide world. Once the restoration of the interior was completed, the house was opened to the public on 3 April 1987: every year, thousands of interested people from all over the world still come to Utrecht's Prins Hendriklaan to see the house they designed together, Schröder and Rietveld.

RIETVELD'S LEGACY
RIETVELDS NALATENSCHAP

After Gerrit Rietveld's death, Truus Schröder organised his archive. Notes, photos, slides, sketches on the backs of envelopes, but also drafts, scale models and publications featuring his work: the house was full of them. In bookcases, hanging folders, removal boxes and crates. Schröder always kept a lot, from her poetry album to her children's letters. Now she brought as much of Rietveld's work as possible to the 'little sorting room' on the ground floor: first their former architect's office, and later the study and the old kitchen.

Na het overlijden van Gerrit Rietveld ordent Truus Schröder zijn archief. Aantekeningen, foto's, dia's, schetsen op de achterkant van enveloppen, maar ook ontwerptekeningen, maquettes en publicaties met zijn werk: het huis ligt er vol mee. In boekenkasten, hangmappen, verhuisdozen en kisten. Schröder bewaarde altijd al veel, van haar poëziealbum tot de brieven van haar kinderen. Nu brengt ze het werk van Rietveld zoveel mogelijk naar het 'sorteerkamertje' op de begane grond: eerst is dat hun voormalige architectenbureau, later komen daar de studeerkamer en de oude keuken bij.

Truus Schröder in the zigzag chair with armrests by the corner window, n.d.

Truus Schröder in de zigzagstoel met armleuningen bij het hoekraam, z.j.

▬ You just have to try and remember that you made Riet really happy. His face always brightened up when you arrived or when he talked about you. He was so aware of your support and of the value of your judgement.
— Han Schröder to her mother

▬ Je moet maar proberen eraan te denken dat je Riet echt gelukkig hebt gemaakt. Zijn gezicht fleurde altijd op als jij kwam of als hij over je praatte. Hij was zich zo bewust van je steun en van de waarde van je oordeel.
— Han Schröder aan haar moeder

Study, 1974.   Studeerkamer, 1974.

── Busy organising the back room and am going to need more storage space there! I might then let any new tenant of the living room go through my little room to the shower room and keep the study strictly private.
— Truus Schröder to Han

── Ben bezig het achterkamertje te ordenen en zal er meer bergruimte moeten hebben! Ik laat dan de eventuele nieuwe bewoner/ster van de huiskamer door mijn kamertje in de douche gaan en houd de werkkamer stevig privé.
— Truus Schröder aan Han

Former Schröder and Rietveld architect's office with boxes and cabinets for hanging folders and card systems, 1974.

Voormalig architectenbureau van Schröder en Rietveld met dozen en kasten voor hangmappen en kaartsystemen, 1974.

___ It is far from finished, but bags and bags of paper have already been thrown out.
— Truus Schröder to Han

___ Het is nog lang niet klaar, maar er zijn al zakken en zakken vol papier weggegooid.
— Truus Schröder aan Han

Archival material in cabinets designed by Truus Schröder in 1926, 1985.

Archiefmateriaal in door Truus Schröder in 1926 ontworpen kasten, 1985.

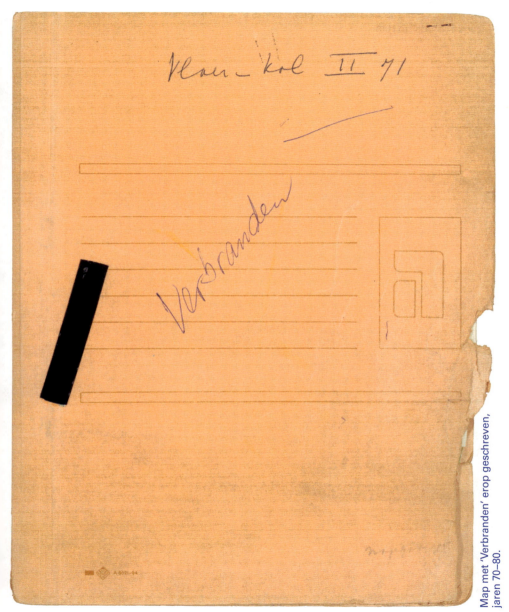

Folder with 'Burn' written on it, 1970s–80s.

— Church opening Uithoorn yesterday. Brown [architectural historian and biographer of Rietveld] asked me very gently, 'Where is the religion?' And I thought, 'Where is Rietveld?'
— Truus Schröder to Han

— Gisteren opening kerk Uithoorn. Brown [architectuurhistoricus en biograaf van Rietveld] vroeg me heel zachtjes: "*where is the religion*?" En ik dacht: waar is Rietveld?
— Truus Schröder aan Han

Gerrit Rietveld, church centre
De Hoeksteen, Uithoorn, 1965.

Gerrit Rietveld, kerkelijk centrum
De Hoeksteen, Uithoorn, 1965.

Schröder visited building sites where designs by Gerrit Rietveld were being built, such as De Hoeksteen church in North Holland and the sculpture park of the Kröller-Müller Museum. She also visited residents of Rietveld houses and took part in exhibitions.

Schröder bezoekt bouwlocaties waar ontwerpen van Gerrit Rietveld worden uitgevoerd, zoals de kerk De Hoeksteen in Noord-Holland en het beeldenpark van het Kröller-Müller Museum. Ook gaat ze langs bij bewoners van Rietveldhuizen en werkt ze mee aan tentoonstellingen.

After Rietveld's death, work continued on his designs. In 1965, for instance, the Sonsbeek Pavilion was given a new lease of life: after the 1954–55 sculpture exhibition in Arnhem the pavilion had been demolished, but ten years later it was rebuilt in the Kröller-Müller Museum's sculpture garden. The Van Gogh Museum and the Gerrit Rietveld Academie – designs Gerrit Rietveld worked on before his death – were nearing completion. And in 1971, the 'Harrenstein Bedroom' (by Schröder and Rietveld and dating from 1926) was included in the permanent collection of the Amsterdam Stedelijk Museum.

Na het overlijden van Rietveld wordt er nog altijd aan zijn ontwerpen gewerkt. Zo krijgt het Sonsbeekpaviljoen in 1965 een nieuw leven: na de beeldententoonstelling in 1954–1955 in Arnhem was het paviljoen afgebroken, maar tien jaar later wordt het opnieuw opgetrokken in de beeldentuin van het Kröller-Müller Museum. Het Van Gogh Museum en de Amsterdamse kunstacademie – ontwerpen waar Gerrit Rietveld vóór zijn dood aan werkte – worden afgemaakt. En in 1971 wordt de 'Harrensteinslaapkamer' (van Schröder en Rietveld uit 1926) opgenomen in de vaste collectie van het Amsterdamse Stedelijk Museum.

__ It was the common wish of many of his colleagues and friends to honour him, he who, with this structure, made it clear how architecture can have an enlightening, purifying, liberating and cheering effect on our lives.
— invitation to the opening of the rebuilt Sonsbeek Pavilion

__ Het was het gezamenlijk verlangen van velen van zijn collega's en vrienden daarmee hem te eren die met dit bouwwerk heeft duidelijk gemaakt hoe architectuur in ons leven verhelderend, zuiverend, bevrijdend en verblijdend kan werken.
— uitnodigingstekst bij de opening van de herbouw van het Sonsbeekpaviljoen

Rietveld Pavilion in the sculpture garden of the Kröller-Müller Museum, Otterlo, c. 1965.

Rietveldpaviljoen in de beeldentuin van het Kröller-Müller Museum, Otterlo, ca. 1965.

_The building is a large dark-grey box that stands out beautifully against the sky.

_Het gebouw is een grote donkergrijze doos prachtig afstekend tegen de lucht.
— Truus Schröder

Gerrit Rietveld Academie, Amsterdam, c. 1966. The art academy, which moved into the building in 1967, was renamed the Gerrit Rietveld Academie a year later.

Gerrit Rietveld Academie, Amsterdam, ca. 1966. De kunstacademie die in 1967 het gebouw betrekt, krijgt een jaar later de naam Gerrit Rietveld Academie.

— I am pleased to inform you that your house (Prins Hendriklaan 50, Utrecht) was chosen for one of these stamps.

— Het doet mij genoegen u te kunnen mededelen dat voor één van deze zegels uw woonhuis (Prins Hendriklaan 50 Utrecht) is uitgekozen.

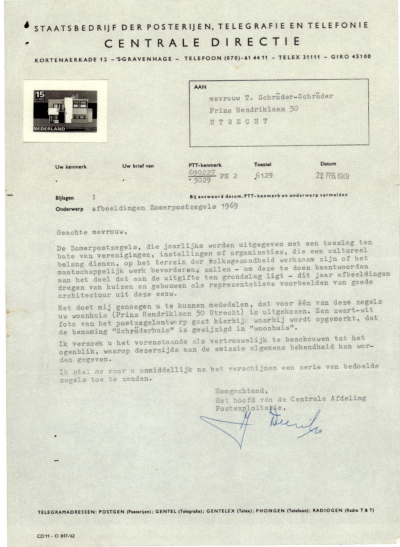

Brief van staatspostbedrijf PTT aan Truus Schröder over de postzegel van het Rietveld Schröderhuis, 28 februari 1969.

Letter from the Dutch national postal service (PTT) to Truus Schröder about the Rietveld Schröder House stamp, 28 February 1969.

In 1963–64, Gerrit Rietveld had begun work on a design for the main building of the Van Gogh Museum in Amsterdam. His partners Van Dillen and Van Tricht (altered and) finished it after his death. Construction began in 1969, with the museum opening to the public in 1973.

In 1963–1964 was Gerrit Rietveld begonnen aan een ontwerp voor het hoofdgebouw van het Van Gogh Museum in Amsterdam. Zijn compagnons Van Dillen en Van Tricht maken het na zijn overlijden (anders en) af. In 1969 wordt met de bouw begonnen, in 1973 gaat het museum open voor publiek.

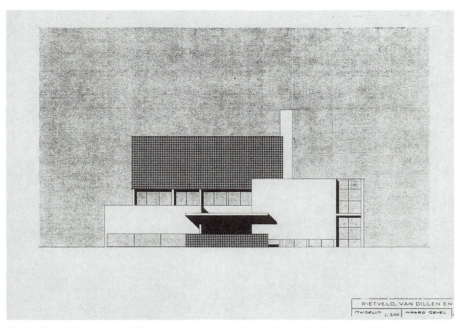

Gerrit Rietveld, Joan van Dillen and Johan van Tricht, drawing of the north façade of the Van Gogh Museum, n.d.

Gerrit Rietveld, Joan van Dillen en Johan van Tricht, tekening noordgevel van het Van Gogh Museum, z.j.

__ Rietveld exhibition at Amsterdam Stedelijk, with An and Rein's room. I'm not involved in it myself, just a bit behind the scenes.
— Truus Schröder

__ Rietveld tentoonstelling in Amsterdam Stedelijk, met kamer van An en Rein erin. Ik bemoei me er zelf niet mee, alleen een beetje achter de schermen.
— Truus Schröder

Letter from Schröder to her daughter Han about the Harrenstein Bedroom on display at the Stedelijk Museum Amsterdam, 1971.

Brief van Schröder aan haar dochter Han over de Harrensteinslaapkamer die in het Stedelijk Museum Amsterdam te zien is, 1971.

THE INTERIOR OF THIS HOUSE IS NOT ON VIEW, SORRY

THE INTERIOR OF THIS HOUSE IS NOT ON VIEW, SORRY

Interest in the house kept growing, both in national and international publications, and from visitors at the door. Schröder kept a guest book, but also became stricter as to who she let in. She rented out a couple of her downstairs rooms to students – for income purposes, but also to have someone around as she grew frailer.

Er komt steeds meer aandacht voor het huis, zowel in binnen- en buitenlandse publicaties als van bezoekers die aan de deur staan. Schröder houdt een gastenboek bij, maar wordt ook strenger op wie ze binnenlaat. Een paar van haar kamers beneden verhuurt ze aan studenten – voor inkomsten, maar ook om iemand in de buurt te hebben aangezien haar gezondheid brozer wordt.

Bells at the front door and a sign saying,
'The interior of this house is not on view, sorry', 1974.

Bellen bij de voordeur en een bordje met de tekst "the interior of this house is not on view, sorry", 1974.

— I had [illegible name] here yesterday, with six students at the end of their studies from Eindhoven. It was a very nice company. They had spontaneously promised to take off their shoes, which they did.
— Truus Schröder

— Ik had gisteren [onleesbare naam] hier, met zes studenten aan het eind van hun studie uit Eindhoven. Het was een erg aardig gezelschap. Ze hadden uit zichzelf beloofd hun schoenen uit te zullen trekken, dat deden ze dan ook.
— Truus Schröder

__ Many thanks for showing us your house and for the warm welcome.

__ Heel veel dank voor het bezichtigen van uw huis en de hartelijke ontvangst.

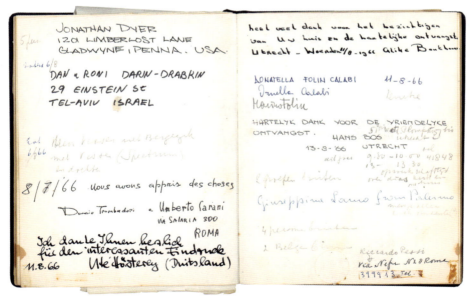

Guestbook of the Rietveld Schröder House, 1966.

Gastenboek van het Rietveld Schröderhuis, 1966.

— My nurse will be moving in on Friday and the room needed to be whitened and the blue boards painted.
— Truus Schröder to Han

— Vrijdag komt mijn verpleger hier wonen en moest nog even de kamer gewit worden en de blauwe plankjes geverfd.
— Truus Schröder aan Han

The Rietveld Schröder House, 1950s.   Het Rietveld Schröderhuis, jaren 50.

— A lot of people come to take photographs, including a group of up to 25 boys and girls. This week there were 20 Norwegians sketching in front of the house.
— Truus Schröder

— Ze komen erg veel fotograferen. Ook een gezelschap van wel 25 jongens en meisjes. Er stonden deze week 20 Noren te schetsen voor het huis.
— Truus Schröder

Visitors in front of the house, 1985.

Bezoekers voor het huis, 1985.

— Keeping your own room clean
Cigars
Faith or direction
Bell at stair door behind stairs is living room
Help with ash bucket
Sheets and blankets
Groceries window for us too!
To basement through room
Rent in advance?

— Zelf kamer schoonhouden
Sigaren
Geloof of richting
Belletje bij trapdeur achter trap is woonkamer
Asemmer helpen
Lakens en dekens
Boodschappenraampje ook voor ons!
Naar kelder door kamer
Huur vooruit?

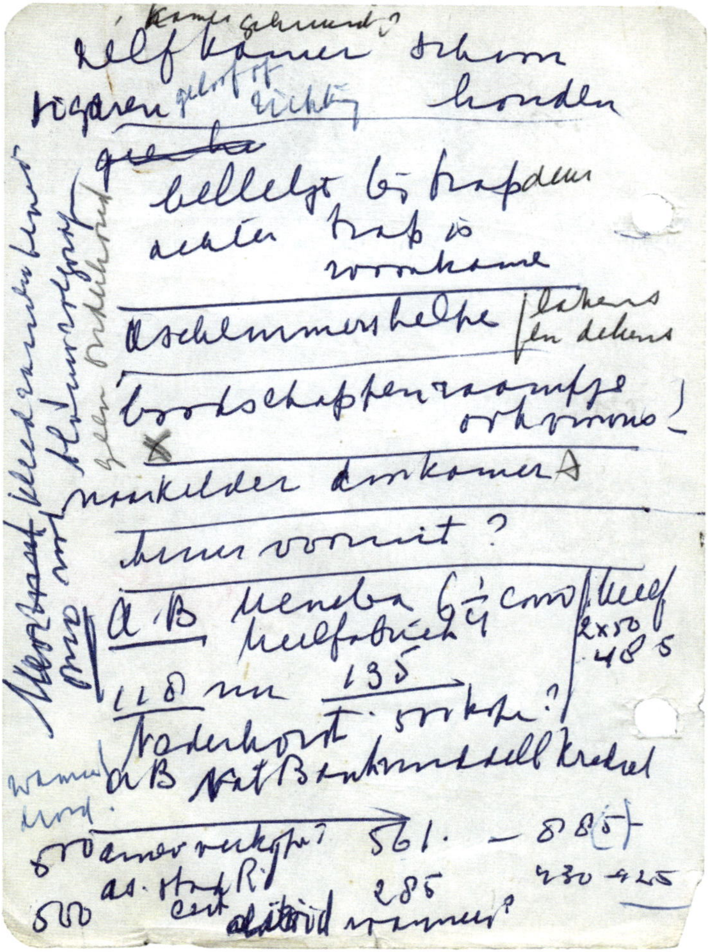

Entry in Truus Schröder's diary, 1967.

Aantekening in de agenda van Truus Schröder, 1967.

Schröder on her 78th birthday, 1967. Behind her, the lightwell with the metal stairs.

Schröder op haar 78ste verjaardag, 1967. Achter haar de lichtkoker met de metalen trap.

Schröder's birthday, 1967. Han and Marjan (right) in the kitchen in what had been their mother's old bedroom.

Verjaardag van Schröder, 1967. Han en Marjan (rechts) in de keuken in de oude slaapkamer van hun moeder.

Binnert in his old room, 1967.

Binnert in zijn oude kamer, 1967.

Han (centre) at a
birthday party, 1969.

Han (midden) tijdens een
verjaardagsfeest, 1969.

— 'Look at that beautiful painting', someone said, 'look at that Van der Leck over there.' And then someone else said, 'Yes and then that mess underneath it.' Then I said, 'Yes, that's life.' Yes, that's life.
— Truus Schröder

— "Kijk eens wat een mooi schilderij", zei iemand, "kijk eens die Van der Leck daar." En toen zei een ander: "Ja en dan die rommel eronder." Toen zei ik: "Ja, dat is het leven." Ja, dát is het leven.
— Truus Schröder

Bart van der Leck, *Composition '18–'21*, 1921. This work hung in the house from 1925 until Truus Schröder's death.

Bart van der Leck, *Compositie '18–'21*, 1921. Dit werk hangt vanaf 1925 tot aan het overlijden van Truus Schröder in het huis.

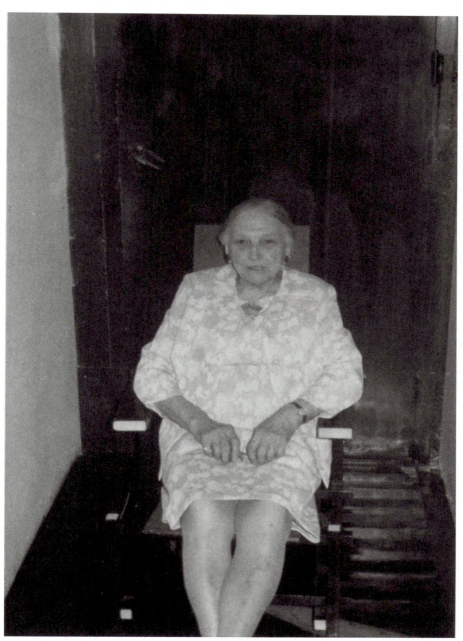

Truus Schröder at age 80 in Rietveld's slatted armchair, 1969.

De 80-jarige Truus Schröder in Rietvelds lattenstoel, 1969.

THE RIETVELD SCHRÖDER HOUSE FOUNDATION

DE STICHTING RIETVELD SCHRÖDERHUIS

To prevent the world-famous creation of the late architect Gerrit Rietveld – the Schröder House on Prins Hendriklaan in Utrecht – from falling into serious disrepair, a foundation was being set up in Utrecht to take charge of its conservation.

Envelope containing the deed of sale of the Schröder House to the foundation, 1975.

Envelop met de verkoopakte van het Schröderhuis aan de stichting, 1975.

Om te voorkomen dat de wereldberoemde schepping van wijlen architect Gerrit Rietveld, het Schröderhuis aan de Prins Hendriklaan te Utrecht, in ernstig verval raakt, wordt in Utrecht de oprichting van een stichting voorbereid, die de instandhouding van dit huis ter hand zal nemen.

Newspaper article 'Rietveld's house falling into disrepair' in *De Telegraaf*, 6 February 1971.

The Rietveld Schröder House Foundation was established in 1970 with, as its main task, and as stated in its statutes: 'To put and maintain in good condition the house built by G.Th. Rietveld and Mrs G.A. Schröder-Schräder in 1924.' In short: to restore. In addition, the foundation aimed to 'put and maintain in good condition the archives currently present in the house'. Truus Schröder was going to sell her house to the foundation and become a tenant, so that the restoration of the house could be arranged. She and the other board members also reflected on the future of the house after her death.

In 1970 wordt de Stichting Rietveld Schröderhuis opgericht met – zoals in de statuten staat – als belangrijkste taak: "Het in goede staat brengen en houden van het door G.Th. Rietveld en Mevrouw G.A. Schröder-Schräder in 1924 gebouwde huis." Kortom: restaureren. Daarnaast heeft de stichting tot doel: "het in goede staat brengen en houden van het zich thans in het huis aanwezige archief". Truus Schröder verkoopt haar huis aan de stichting en wordt huurder, zodat de restauratie van de woning geregeld kan worden. Ook gaat ze met de andere bestuursleden nadenken over de toekomst van het huis na haar overlijden.

——— They want to push me out. It would then be called the Rietveld House, but I've always opposed that. He created it with me.
— Truus Schröder

——— Ze willen mij er graag afschuiven. Het Rietveldhuis heet het dan, maar daar heb ik me altijd tegen verzet. Hij heeft het samen met mij gemaakt.
— Truus Schröder

Truus Schröder, n.d.   Truus Schröder, z.j.

Pieter Singelenberg (1918–2007) was the first secretary of the Rietveld Schröder House Foundation. Besides being an art and architecture historian and Berlage specialist, he was also, for many years, a resident of one of the houses on Robert Schumannstraat in Utrecht that Gerrit Rietveld designed with Truus Schröder. Other members of the first board included: Schröder herself, Marjan, Binnert and Willem Sandberg. Han gave advice from America.

Pieter Singelenberg (1918–2007) is de eerste secretaris van de Stichting Rietveld Schröderhuis. Behalve kunst- en architectuurhistoricus en Berlagespecialist, is hij ook jarenlang bewoner van een van de huizen in de Robert Schumannstraat in Utrecht die Gerrit Rietveld met Truus Schröder ontwierp. Andere bestuursleden van de eerste lichting zijn onder anderen: Schröder zelf, Marjan, Binnert en Willem Sandberg. Han adviseert op afstand vanuit Amerika.

—— It will be the Rietveld Schröder House Foundation. This was generally thought to be the best name. You will probably be able to be an advisor.
— Truus Schröder to Han

—— Het wordt de Stichting Rietveld Schröderhuis. Dit vond men algemeen de beste naam. Jij zult waarschijnlijk adviseuse kunnen zijn.
— Truus Schröder aan Han

Truus Schröder with Pieter Singelenberg, n.d.   Truus Schröder met Pieter Singelenberg, z.j.

— It comes down to this, that I will have tremendous peace of mind if I can continue to live here up until a certain degree of invalidity. And the archive can remain under interested management [...].

— Het komt hierop neer dat het me een enorme rust geeft als ik hier kan blijven wonen tot een bepaalde graad van invaliditeit. En het archief onder belangstellend beheer kan blijven [...].

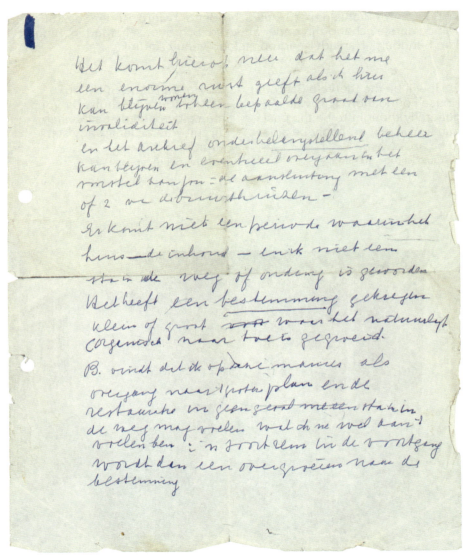

Notes by Truus Schröder, n.d.   Aantekeningen van Truus Schröder, z.j.

THE RESTORATION OF THE EXTERIOR
DE RESTAURATIE VAN HET EXTERIEUR

—— Rietveld thought 50 years was enough for a house. But I believe we are obliged to keep going with it. I can't see anyone else living in it. I have no image of such a new occupant. Rietveld said, 'You are the only one who can live in this house.'

—— I do sometimes think of keeping Riet's writings here and of having some kind of study opportunity here later. R. found the house unsuitable for a museum.

—— I would have preferred to go down with this house.
— Truus Schröder

—— Rietveld vond dat 50 jaar genoeg was voor een huis. Maar ik geloof dat we verplicht zijn ermee door te gaan. Ik zie er geen ander in wonen. Ik heb geen beeld van zo'n nieuwe bewoner. Rietveld zei: "Jij bent de enige die in dit huis kan wonen."

—— Ik denk wel eens het schrijfwerk van Riet hier te houden en een soort studiegelegenheid hier te laten zijn later. Voor een museum vond R. het huis ongeschikt.

—— Ik was het liefst met dit huis ondergegaan.
— Truus Schröder

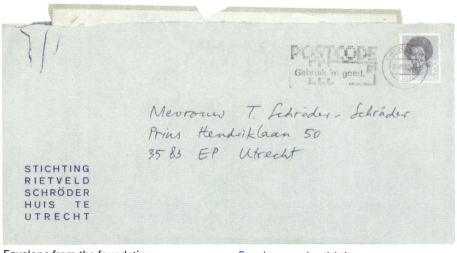

Envelope from the foundation to Truus Schröder, 1982.

Envelop van de stichting aan Truus Schröder, 1982.

In 1974 the exterior underwent its first major restoration. The exterior walls were scraped bare, leaks were fixed, and the plastering and painting were redone. The metal stairs leading to the roof structure were removed. The garden also received an overhaul, as did the interior. The façade was subjected to further renovations, in 1976 and 1979 for instance.

In 1974 wordt het exterieur voor het eerst grondig gerestaureerd. De buitenmuren worden kaal geschraapt, lekkages aangepakt en er wordt opnieuw gestuukt en geschilderd. De metalen trap naar de dakopbouw verdwijnt. Ook de tuin krijgt een opknapbeurt, net als het interieur. Overigens wordt de gevel later nog vaker onder handen genomen, zoals in 1976 en 1979.

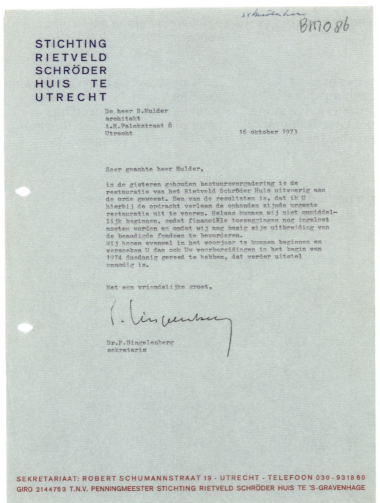

Brief van de Stichting Rietveld Schröderhuis aan architect Bertus Mulder met de opdracht tot restauratie van het huis, 16 oktober 1973.

Letter from the Rietveld Schröder House Foundation to architect Bertus Mulder commissioning the restoration of the house, 16 October 1973.

—— I think it is very good that you have started on the house. Nice to hear that a former draughtsman-employee of Rietveld has such an interest in it, and has clear ideas as to how to go about such a thing. Hope, however, that you don't worry about it too much. Refurbishing also entails getting rid of things that evoke memories.
— architect friend Teun Koolhaas
  in a letter to Truus Schröder

—— Ik vind het erg goed dat u aan het huis begonnen bent. Fijn te horen dat een vroegere tekenaar-medewerker van Rietveld er zo'n belangstelling voor heeft, en duidelijke ideeën heeft hoe je zoiets moet aanpakken. Hoop echter dat u er zich niet te veel van aantrekt. Opknappen brengt met zich mee dat je ook dingen wegwerkt die herinneringen oproepen.
— bevriend architect Teun Koolhaas
  in een brief aan Truus Schröder

Restoration architect and former employee of Gerrit Rietveld's architectural firm, Bertus Mulder, with Truus Schröder in the house's garden, 1979.

Restauratiearchitect en oud-medewerker van Gerrit Rietvelds architectenbureau, Bertus Mulder, met Truus Schröder in de tuin van het huis, 1979.

— Workroom: slightly enlarge keyhole outside to the right so key goes in less awkwardly.

— Werkkamer: sleutelgat buiten iets naar rechts vergroten zodat sleutel minder stroef erin gaat.

— Corner window is alright, but the window stops of the other windows in the living corner need to be moved.

— Hoekraam is in orde, maar van de andere ramen in de woonhoek moeten uitzetijzers worden verzet.

List of 'Things left to do at Schröder House' for restoration architect Bertus Mulder, 1974.

Lijst met "Dingen nog te doen aan Schröderhuis" voor restauratiearchitect Bertus Mulder, 1974.

Corner window on the upper floor, 1974.   Hoekraam op de verdieping, 1974.

Truus Schröder with an unidentified woman during the first restoration of the façade, 1974.

Truus Schröder met een onbekende vrouw tijdens de eerste restauratie aan de gevel, 1974.

The garden during the restoration, 1974. The metal stairs to the attic had been removed and lie against the garage.

Tuin tijdens de restauratie, 1974. De metalen trap naar de dakkamer is weggehaald en ligt tegen de garage.

__ I don't think those stairs are coming back. But I still want to keep an access to the roof from the inside.
— Truus Schröder to Han

__ Ik denk niet dat die trap terugkomt. Toch wil ik een toegang naar het dak van binnenuit behouden.
— Truus Schröder aan Han

The chimney before the restoration, 1974.   Schoorsteen vóór de restauratie, 1974.

The house after the first restoration of the façade, 1975.

Het huis na de eerste restauratie van de gevel, 1975.

__ The façade of the red room has now been touched up, not the right colour, but acceptable nevertheless.
— Truus Schröder to Han

__ De gevel van de rode kamer is nu bijgekleurd, niet de goede kleur, maar toch acceptabel.
— Truus Schröder aan Han

Façade restoration, 1979.   Gevelrestauratie, 1979.

— They're busy here now chipping off the outer wall in some places around the red room (window and door).
— Truus Schröder to Han

— Nu zijn ze hier bezig de buitenmuur af te bikken op sommige plaatsen rond de rode kamer (raam en deur).
— Truus Schröder aan Han

Restoration work on the exterior wall of the red room, 1979.

Restauratiewerkzaamheden aan de buitenmuur van de rode kamer, 1979.

THE HOUSE TURNS FIFTY
HET HUIS BESTAAT VIJFTIG JAAR

With interest in the house growing – and now that Gerrit Rietveld had died – Truus Schröder was interviewed by journalists about the house. Her first major interview was in 1974 in the magazine *De Tijd*, where the journalist referred to the love affair between Schröder and Rietveld. In later interviews, Schröder is more reserved about this.

Met de groeiende belangstelling voor het huis – en nu Gerrit Rietveld overleden is – wordt Truus Schröder door journalisten over het huis bevraagd. Haar eerste grote interview is in 1974 in het tijdschrift *De Tijd*, waar de journalist aan de liefdesrelatie tussen Schröder en Rietveld refereert. In latere interviews is Schröder hierover terughoudender.

Truus Schröder in her workspace, 1975.

Truus Schröder in haar werkruimte, 1975.

—— More was going on. Between the young architect and the young woman who provided him with the inspiration and the sounding board for the house that would make him world famous, an understanding had developed out of which grew a love affair that would last their entire lives.

—— It is a house that came straight out of my head, caught by Rietveld. And beautifully translated. Nothing would have come of it if I hadn't had Rietveld.
— Truus Schröder in *De Tijd*, 29 November 1974

—— Er gebeurde meer. Tussen de jonge architect en de jonge vrouw, die hem de inspiratie en de klankbodem verschafte voor het huis dat hem wereldberoemd zou maken, was een verstandhouding ontstaan, waaruit een liefdesrelatie groeide die hun hele leven zou duren.

—— Het is een huis helemaal uit mijn geest, door Rietveld opgevangen. En prachtig vertaald. Er zou niets van terechtgekomen zijn als ik Rietveld niet had gehad.
— Truus Schröder in *De Tijd*, 29 november 1974

Truus Schröder in her living room, 1975.

Truus Schröder in haar woonkamer, 1975.

In the 1960s and 1970s, several exhibitions were held on the work of Gerrit Rietveld and De Stijl. Truus Schröder provided advice and loaned works while also engaging in correspondence for articles and sharing photographs for publications. Held in 1966 at the Stedelijk Museum Amsterdam, *Vijftig jaar zitten* was one such exhibition, as was *De Stijl* in London two years later. In 1975, Utrecht's Centraal Museum organised the exhibition *Rietveld Schröder Huis 50 jaar*. The house was listed as a national monument in 1976.

Exhibition poster, Centraal Museum, Utrecht, 1975.

In de jaren 60 en 70 zijn er meerdere tentoonstellingen over het werk van Gerrit Rietveld en De Stijl. Truus Schröder adviseert en leent werken uit, ook voert ze correspondentie over artikelen en deelt ze foto's voor publicaties. *Vijftig jaar zitten* in 1966 in het Stedelijk Museum Amsterdam is zo'n expositie net als *De Stijl* in Londen twee jaar later. In 1975 organiseert het Utrechtse Centraal Museum de tentoonstelling *Rietveld Schröder Huis 50 jaar*. In 1976 komt het huis op de lijst van Rijksmonumenten.

Rietveld Schröder Huis 50 jaar,
Centraal Museum, Utrecht, 1975.

— The exhibition was so full that you couldn't actually see anything, but everyone was very animated. It was a real 'clan' gathering. I was the guest of honour.
— Truus Schröder to Han

Opening of the exhibition at the Centraal Museum, Utrecht, 1975.

Opening van de tentoonstelling in het Centraal Museum, Utrecht, 1975.

Truus Schröder with her son Binnert on the left at the exhibition in Utrecht, 1975.

Truus Schröder met links haar zoon Binnert op de tentoonstelling in Utrecht, 1975.

— De tentoonstelling was zo vol dat je eigenlijk niets kon zien, maar iedereen was heel geanimeerd. Het was een echte 'clan'. Ik was de eregast.
— Truus Schröder aan Han

Schröder bij een maquette van haar huis, Centraal Museum, Utrecht, 1975.
Ze draagt de ketting die Rietveld na de oorlog voor haar maakte.

Schröder with a model of her house, Centraal Museum, Utrecht, 1975.
She is wearing the necklace Rietveld made for her after the war.

A TOUR OF THE HOUSE: THE UPPER FLOOR

EEN RONDGANG DOOR HET HUIS: DE BOVENVERDIEPING

Let's take another tour of the house. In an earlier chapter, we highlighted the situation in 1924–25, when Truus Schröder had just moved in with her children. In the following pages, we shall look at the house as it was in the late 1970s and into the 1980s – with all the life and stuff that had gone into it.

We maken opnieuw een rondgang door het huis. In een eerder hoofdstuk belichtten we de situatie in 1924–1925 – als Truus Schröder er net met haar kinderen woont. Op de pagina's hierna bekijken we het huis zoals het er eind jaren 70 en in de jaren 80 uitziet – met al het leven en alle spullen die erin zijn terechtgekomen.

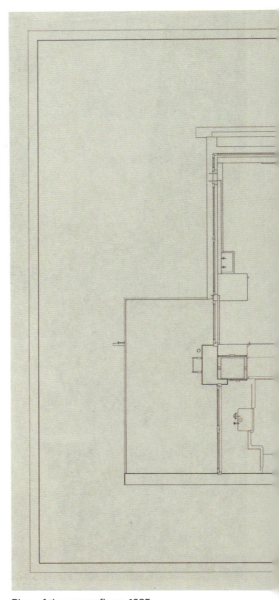

Plan of the upper floor, 1985.

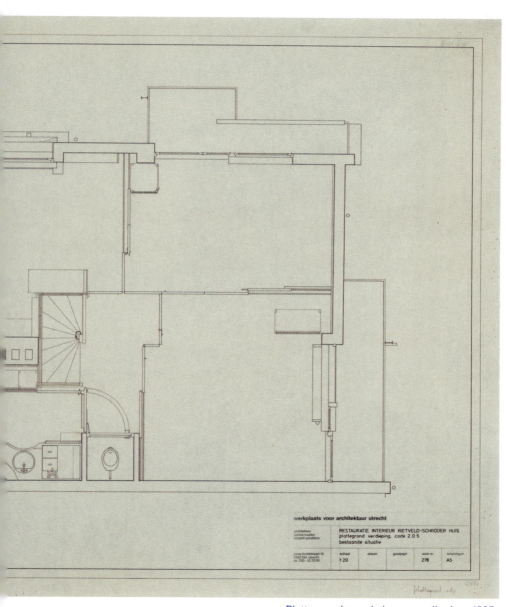

Plattegrond van de bovenverdieping, 1985.

THE LIVING ROOM

Truus Schröder in her house, 1974. Truus Schröder in haar woning, 1974.

DE WOONKAMER

—— I have always suspected that this house and this layout have a mind-healing power, not in all cases and not for everyone, but that it is in there.
— Truus Schröder

—— Ik heb altijd vermoed dat dit huis en deze inrichting een geestelijk gezond makende kracht hebben, niet in alle gevallen en niet voor iedereen, maar dat het erin zit.
— Truus Schröder

__ Life is good here in the house.
The sun shines in everywhere,
the plants grow and bloom in it.
— Truus Schröder to Han

Upper floor with the slatted armchair
and the chair with the sprung seat, 1985.

Bovenverdieping met de lattenstoel
en de stoel met de verende zitting, 1985.

— Het leven is goed hier in huis. De zon straalt overal naar binnen, de planten groeien en bloeien er.
— Truus Schröder aan Han

The dining table with zigzag chairs and view of the Erasmuslaan flats, 1985.

Eettafel met zigzagstoelen en uitzicht op de flats van de Erasmuslaan, 1985.

Schröder regularly moved the furniture around in her house. In a letter to Han, she wrote: 'In this beautiful weather, the house looks wonderful, inside a bit emptier. The red-blue chair back in front of the wardrobe. The Steltman chair very nice in the red room, next to the side of my little desk, open side towards the bed.'

Regelmatig verplaatst Schröder de meubelen in haar huis. In een brief aan Han schrijft ze erover: "Bij dit prachtweer ziet het huis er magnifique uit, binnen wat leger. De rood-blauwe stoel weer voor de klerenkast. De Steltmanstoel heel mooi in de rode kamer, naast de zijkant van m'n bureautje, open kant naar het bed."

Gerrit Rietveld, table, c. 1940.

Gerrit Rietveld, tafel, ca. 1940.

Dining table with zigzag chairs and Steltman chair, 1974.

Eettafel met zigzagstoelen en Steltmanstoel, 1974.

___ I have come up with a fun little game. I can't walk in the street now, the weather is too cold or else I don't feel well enough. Then I walk here, I walk around for five minutes. The light is then different again, now I have the light at my back and now I walk towards it. See, I take pleasure in things like that.
— Truus Schröder to Han

___ Ik heb een leuk spelletje bedacht. Ik kan nu niet op straat lopen, het weer is te koud of ik voel me niet goed genoeg. Dan ga ik hier lopen, dan loop ik vijf minuten zo rond. Dan is de belichting weer anders, de ene keer heb ik de belichting op m'n rug en de andere keer loop ik ernaartoe. Kijk, zulke dingen, daar heb ik plezier in.
— Truus Schröder aan Han

View from the living room of the former bedrooms of Marjan, Han and Binnert, n.d.

Zicht vanuit de woonkamer op de oude slaapkamers van Marjan, Han en Binnert, z.j.

Upper floor, 1974.

Bovenverdieping, 1974.

— I suffer from my own sloppiness, badly. I can't throw any papers away, I keep everything. I have an endless mess. And this house is not at all arranged for the kind of work I have to do, I never counted on that happening.
— Truus Schröder

— Ik heb last van mijn eigen slordigheid, heel erg. Ik kan geen papiertjes weggooien, ik bewaar alles. Ik heb een mateloze bende. En dit huis is helemaal niet ingericht op dat soort van werk dat ik doen moet, daar heb ik nooit op gerekend, dat dat gebeuren zou.
— Truus Schröder

Living room, 1985. Top left: a photograph of Schröder's father, the 'dealer in draperies and confections' Bernard Schräder.

Woonkamer, 1985. Linksboven: een foto van Schröders vader, de 'handelaar in manufacturen en confecties', Bernard Schräder.

Bookcase with, bottom left, the plastic footstool of a garden chair, 1985.

Boekenkast met linksonder de kunststof voetenbank van een tuinstoel, 1985.

The former dumb waiter was blocked up and served as a cabinet, 1974.

De voormalige keukenlift is vastgezet en fungeert als kast, 1974.

The tube lamp and a picture of Gerrit Rietveld on the chimney, 1974.

Buizenlamp en een foto van Gerrit Rietveld op de schoorsteen, 1974.

When the house was newly finished, there was a big wooden daybed with red upholstery. The children could slide it to the windowsill and do their homework at it. It was soon replaced by a smaller one that could be pulled out. Truus Schröder kept this bench in the same place in the house until her death: next to the stove.

Toen het huis net klaar was, stond er een groot houten dagbed met rode bekleding. De kinderen konden het aan de vensterbank schuiven en er hun huiswerk op maken. Het werd al snel vervangen door een kleiner exemplaar dat kon worden uitgeschoven. Truus Schröder houdt dit bankje al die jaren, tot haar dood, op dezelfde plek in het huis: naast de kachel.

— Then the partition that passes along and in front of the mirrors shot out of the rails! Gerard [van de Groenekan] told me recently that both those partitions needed new rollers, but that his back wouldn't allow him to handle this properly on his own.
— Truus Schröder to Han

— Toen schoot het schot dat langs en voor de spiegels gaat uit de rails! Gerard [van de Groenekan] vertelde me onlangs dat die beide schotten nieuwe rolletjes nodig hadden, maar dat hij dit met z'n rug niet goed alleen aankon.
— Truus Schröder aan Han

Gerrit Rietveld, slide-out bench, c. 1928.

Gerrit Rietveld, uitschuifbankje, ca. 1928.

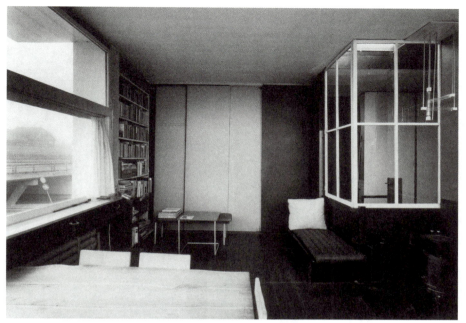

Living room with the sliding door to the red room closed, 1974.

Woonkamer met de schuifdeur naar de rode kamer dicht, 1974.

Living room with the sliding door to the red room partially open, 1974.

Woonkamer met de schuifdeur naar de rode kamer deels open, 1974.

THE RED ROOM

DE RODE KAMER

—— I actually live incredibly luxuriously, don't you think?, such a space for a single person, it's really shameful.
— Truus Schröder to Han

—— Ik leef eigenlijk ontzettend luxueus hè, zo'n ruimte voor één mens, dat is eigenlijk schandelijk.
— Truus Schröder aan Han

Binnert's old bedroom with the red-and-blue slatted armchair, 1979.
De oude slaapkamer van Binnert met de rood-blauwe lattenstoel, 1979.

— It is the most beautiful day of the year, I sit near the balcony in the red room in the nice sunshine and the dust and the stench, or at least the polluted air; at my age, that is no longer so important, I think.
— Truus Schröder to Han

Desk with piano stool, 1974. Truus Schröder used part of the desk she designed with Rietveld.

Bureau met pianokruk, 1974. Truus Schröder gebruikt een onderdeel van het bureau dat ze samen met Rietveld ontwierp.

— De mooiste dag van het jaar is het, zit bij het balkonnetje in de rode kamer in de lekkere zon en het stof en de stank, of althans de bevuilde lucht; op mijn leeftijd is dat niet meer zo belangrijk denk ik.
— Truus Schröder aan Han

View from the red room of the Erasmuslaan flats, 1974.

Uitzicht vanuit de rode kamer op de Erasmuslaanflats, 1974.

— Nice that it was pleasant with Premsela [designer Benno Premsela] and the red carpet is so beautiful. Off with the shoes, then! Or paper slippers over the shoes.
— Han Schröder to her mother

— Leuk dat het met Premsela [ontwerper Benno Premsela] prettig was en het rode kleed zo mooi is. Dan maar de schoenen uit! Of papieren sloffen over de schoenen heen.
— Han Schröder aan haar moeder

The room with the red carpet, n.d.

Kamer met het rode kleed, z.j.

Gerrit Rietveld, Amersfoort armchair, from Truus Schröder's house, 1949.

Gerrit Rietveld, Amersfoortse stoel, afkomstig uit het huis van Truus Schröder, 1949.

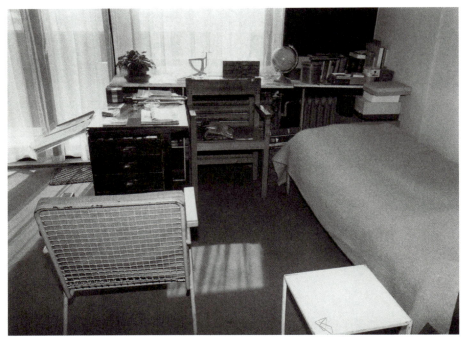

Gerrit Rietveld's Amersfoort armchair and wooden chair with a spare bed on the right, 1985.

De Amersfoortse stoel en het bankmeubel van Gerrit Rietveld met rechts een logeerbed, 1985.

Slatted armchair with footstool in the red room, 1985.

Lattenstoel met voetenbankje in de rode kamer, 1985.

SCHRÖDER'S WORKROOM/BEDROOM

── My stack of untidy folders has already been put away in part. Under Van der Leck, things are already a bit quieter and tidier. The red and blue chair is still in the same place, but oriented crosswise to my desk chair and Van der Leck. This is more homely and more pleasant to use and more spacious.
— Truus Schröder to Han

Schröder's workroom/bedroom, 1970s.

DE WERK-SLAAPKAMER VAN SCHRÖDER

— Mijn stapel slordige mappen is al voor een deel opgeborgen. Onder Van der Leck is het nu al wat rustiger en netter. De rood-blauwe stoel staat nog op dezelfde plek, maar dwars georiënteerd op mijn bureaustoeltje en Van der Leck. Dit is huiselijk en gezelliger in het gebruik en ruimer.
— Truus Schröder aan Han

Werk- en slaapkamer van Schröder, jaren 70.

— My memory is getting worse and worse. It bothers me so much with archival work that I have to find a solution!

— Mijn geheugen wordt steeds slechter. Zodat ik met archiefwerk er zoveel last van heb dat ik er een oplossing voor moet zoeken!

— I am thinking of making the sliding door that also disappears into the small closet on my bedroom side lemon yellow.
— Truus Schröder to Han

— Ik denk erover de schuifdeur die ook in de kleine kast verdwijnt aan mijn slaapkamerkant citroengeel te maken.
— Truus Schröder aan Han

Truus Schröder's workspace, 1973.

Werkplek van Truus Schröder, 1973.

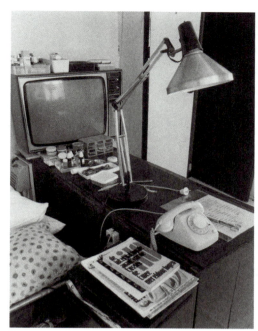

Kast met televisie en telefoon aan het voeteneind van haar bed, 1985.

Cabinet with television and telephone at the foot of her bed, 1985.

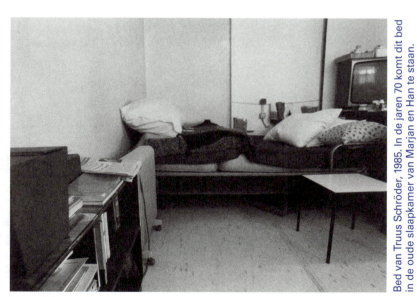

Bed van Truus Schröder, 1985. In de jaren 70 komt dit bed in de oude slaapkamer van Marjan en Han te staan.

Truus Schröder's bed, 1985. In the 1970s, the bed was moved into Marjan and Han's old bedroom.

Uitzicht vanaf het bureau, 1974.

View from the office, 1974.

Het portret dat Jacob Bendien in 1928–1929 van haar zus An Harrenstein-Schräder maakte, hangt op de kast in Truus' werk-slaapkamer, 1974.

The portrait Jacob Bendien made of her sister, An Harrenstein-Schräder, in 1928–29, hanging on the wardrobe in Truus's workroom/bedroom, 1974.

View from Marjan and Han's former
bedroom into Binnert's old room, 1974.

Zicht vanaf de voormalige slaapkamer van Marjan en Han op de oude kamer van Binnert, 1974.

Peter Struycken's painting *Systematic Movement* hanging on the sliding wall, 1974.

Het schilderij *Wetmatige beweging* van Peter Struycken hangt aan de schuifwand, 1974.

— I also had a talk with Struycken. I asked, 'Who did you do that painting for? For the house or for me?' He said, 'For you!' And then I told him that what hangs in the house is my choice and that they should never explain it as R.'s choice
— Truus Schröder to Han

— Ook had ik een gesprek met Struycken. Ik heb gevraagd: "Voor wie heb je dat schilderij gemaakt? Voor het huis of voor mij?" Hij zei: "Voor u!" En toen heb ik hem verteld dat wat in huis hangt mijn keuze is en dat ze dat nooit mogen uitleggen als een keus van R.
— Truus Schröder aan Han

Peter Struycken, *Systematic Movement*, 1963.

Peter Struycken, *Wetmatige beweging*, 1963.

THE KITCHEN AND THE BATHROOM

Kitchen worktop upstairs, overlooking the apple tree, 1970s.

DE KEUKEN EN DE BADKAMER

Aanrecht van de keuken boven, met uitzicht op de appelboom, jaren 70.

—— The apple tree broke out in bloom on Sunday morning. The windows at the back wide open. Spring!
— Truus Schröder

—— De appelboom brak zondagmorgen los in bloei. De ramen achter wagenwijd open. Lente!
— Truus Schröder

▬ When I get up in the morning, I go to the kitchen and slowly make tea, then I get a zigzag chair from the living room, close the sliding door and put that chair against it. Then I sit with my back to the partition and look triumphantly at my pan rack with almost all pans got from you. Then, like a queen, I drink my tea in that spot.
— Truus Schröder to Han

The kitchen from the living room, 1985.

De keuken vanuit de woonkamer, 1985.

— Als ik 's morgens opsta, ga ik naar de keuken en zet langzaam thee, dan haal ik een zigzagstoel uit de huiskamer, doe de schuifdeur dicht en zet die stoel er tegenaan. Dan zit ik met de rug naar het schot en kijk triomfantelijk naar m'n pannenrekje met bijna allemaal pannetjes van jou gekregen. Dan drink ik prinsheerlijk op dat plekje m'n thee.
— Truus Schröder aan Han

The kitchen from the living room, 1985.

De keuken vanuit de woonkamer, 1985.

Washbasin in the bathroom, 1971.

The stairwell and the bathroom wall with a curtain on the right, seen from the red room, 1970s–80s.

Het trappengat en de badkamerwand met rechts een gordijn, gezien vanuit de rode kamer, jaren 70–80.

A TOUR OF THE HOUSE: THE GROUND FLOOR

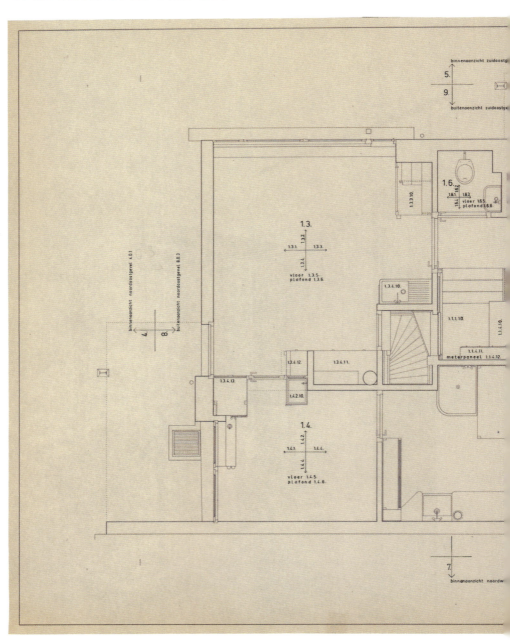

Ground floor plan, 1985.

EEN RONDGANG DOOR HET HUIS: DE BENEDENVERDIEPING

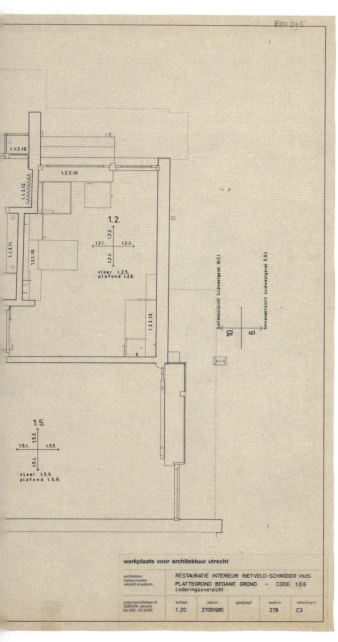

Plattegrond van de benedenverdieping, 1985.

Coat rack in the hallway, 1970s–80s.

Kapstok in de hal, jaren 70–80.

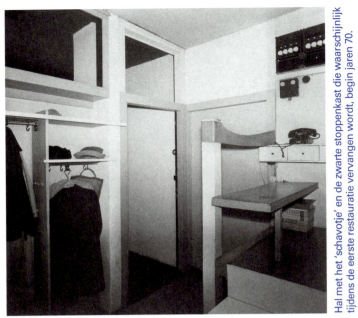

The hall with the 'scaffold' and the black fuse box, probably replaced during the first restoration, early 1970s.

Hal met het 'schavotje' en de zwarte stoppenkast die waarschijnlijk tijdens de eerste restauratie vervangen wordt, begin jaren 70.

The hall with the white fuse box, 1974.

Hal met de witte stoppenkast, 1974.

— I hardly get outside, but I air the sunny side a lot. But it's time to loosen up those walking muscles (i.e. for the street).
— Truus Schröder to Han

— Ik kom vrijwel niet buiten, maar luchtte heel veel de zonkant. Maar het wordt tijd dat de wandelspieren (dus voor de straat) eens los kunnen komen.
— Truus Schröder aan Han

The front door, a stable or Dutch door opening in two parts – with glass letter box, 1970s–80s. The umbrella stand holds walking sticks.

De boerenvoordeur – die in twee delen open kan – met glazen brievenbus, jaren 70–80. In de paraplustandaard staan wandelstokken.

THE STUDY

The study, 1974.

DE STUDEERKAMER

Studeerkamer, 1974.

__ There will be a sofa (bed) in the study for any emergencies.
— Truus Schröder to Han

__ In de werkkamer komt een bank(bed) voor eventuele noodsituaties.
— Truus Schröder aan Han

Bookshelves and sink in the study, 1970s.

Boekenplanken en wasbak in de studeerkamer, jaren 70.

The room with the black ceiling and grey felt on the floor is the room in the house that underwent the fewest changes over the years. In the 1970s, it was filled with archival materials and work by Rietveld: chair models and maquettes on the shelves, for instance, including Gerrit Rietveld's first draft of the house.

De kamer met het zwarte plafond en het grijze vilt op de vloer is de ruimte in het huis die in de loop van de jaren het minste verandert. In de jaren 70 komt het er vol te staan met archiefmateriaal en werk van Rietveld. Zo staan er stoelmodellen en maquettes op de planken, waaronder het eerste schetsontwerp dat Gerrit Rietveld van het huis maakte.

The study with on the shelves maquettes and chair models by Rietveld, 1974.

Studeerkamer met op de planken maquettes en stoelmodellen van Rietveld, 1974.

Gerrit Rietveld, model of the zigzag chair with holes (9 cm high), late 1930s.

Gerrit Rietveld, model van de zigzagstoel met gaten (9 cm hoog), eind jaren 30.

Gerrit Rietveld, model of an armchair (11 cm high), 1927.

Gerrit Rietveld, model van leunstoel (11 cm hoog), 1927.

View from the study, 1970s. Uitzicht vanuit de studeerkamer, jaren 70.

THE SORTING ROOM

—— So, for many people, the question is: what now? And I am in the process of resolving the matter by clearing the study so that it can be used as a guest room if I should need help at night. A few nights or for a short while. But the room might also be needed later for a permanent carer.
— Truus Schröder to Han

DE SORTEERKAMER

— Zo is voor veel mensen de vraag: wat nu? En ik ben bezig de zaak op te lossen door de werkkamer zo ver te ontruimen dat hij als logeerkamer kan dienen als ik 's nachts hulp nodig zou hebben. Enkele nachten of voor enige tijd. Maar voor een definitieve verzorgster zou misschien de kamer later ook nodig zijn.
— Truus Schröder aan Han

When the study became too small to contain the archive boxes and file folders, Truus Schröder converted the former kitchen on the ground floor of the house into a 'little sorting room'. There are no photos of archival materials stacked in this room.

Als de studeerkamer te klein wordt om de archiefdozen en dossiermappen te bevatten, doopt Truus Schröder ook de voormalige keuken op de begane grond in het huis om tot 'sorteerkamertje'. Er zijn geen foto's van opgestapeld archiefmateriaal in deze ruimte.

Marjan Schröder on a garden bench designed by Gerrit Rietveld in the old kitchen, 1985. Right: a spare bed.

Marjan Schröder op een tuinbank van Gerrit Rietveld in de oude keuken, 1985. Rechts: een logeerbed.

— I'm going to try not to fill the cooking alcove with boxes. It might work out. Four of the five boxes and two pretty chests are now on the floor next to the chest of drawers with stationery, almost disappearing into the space.
— Truus Schröder

— Ik ga proberen de kooknis niet te vullen met dozen. Misschien lukt het wel. Vier van de vijf dozen en twee mooie kistjes staan nu op de grond naast de ladenkast met schrijfwerk en vallen haast weg in de ruimte.
— Truus Schröder

The kitchen, n.d. The corner where the cooker used to be has been bricked up and converted into a fireplace.

Keuken, z.j. De hoek waar het fornuis stond, is dichtgemetseld en omgebouwd tot haard.

The glass door to the room for the housemaid was closed. On the wall to the left is the display cabinet designed by Truus Schröder and Gerrit Rietveld.

De glazen deur naar de kamer voor de hulp is dichtgemaakt. Links aan de muur hangt de vitrinekast die Truus Schröder en Gerrit Rietveld ontwierpen.

The kitchen, 1974.

De keuken, 1974.

THE ROOMS RENTED OUT BY SCHRÖDER TO STUDENTS

The dark sliding door giving access to the in-between room with kitchenette and shower, 1974.

DE KAMERS DIE SCHRÖDER AAN STUDENTEN VERHUURT

De donkere schuifdeur geeft toegang tot het tussenkamertje met keukentje en douche, 1974.

The former office of 'Schröder & Rietveld Architect' was, for a long time, a study with a darkroom in the small room next to it. These two rooms, together with the old housemaid's room, are the rooms Truus Schröder rented out to students. In 1936 she had a kitchenette and shower cubicle installed in the old darkroom.

Het voormalige architectenbureau Schröder & Rietveld Architecten is lange tijd een werkkamer met in het kleine vertrek ernaast een donkere kamer. Deze twee ruimten zijn, samen met de oude dienstbodekamer, de kamers die Truus Schröder aan studenten verhuurt. In 1936 laat ze in de oude doka een keukentje en douchecel plaatsen.

The former architect's office as a study, 1960s.

Het oude architectenbureau als studeerkamer, jaren 60.

The windowsill of the former architect's office, 1974.

Vensterbank van het oude architectenbureau, 1974.

THE HOUSE SEEN FROM OUTSIDE

—— The 60-year-old house still looks like a freshly prepared breakfast here.
— Truus Schröder to Han, 1980s

HET HUIS VAN BUITENAF GEZIEN

— Het zestig jaar oude huis doet hier nog aan als een fris ontbijt.
— Truus Schröder aan Han, jaren 80

Façade showing the balcony of the red room with Gerrit Rietveld's Amersfoort armchair, 1970s.

Gevel met het balkon van de rode kamer met daarop de Amersfoortse stoel van Gerrit Rietveld, jaren 70.

The Rietveld Schröder House, 1950s.

Het Rietveld Schröderhuis, jaren 50.

Gevel met het hoekraam en gordijnen achter alle ramen, ca. 1963.

Façade with the corner window and curtains on all windows, c. 1963.

Gevel, jaren 70.

Façade, 1970s.

▬ As I write this, I am reminded of the day I saw the house for the first time... The first impression was so overwhelming that I was literally struck dumb. At the first meeting, the house is like a finely tuned grand piano in which every note sounds perfect.
— architect friend Walter Stahl to Truus Schröder

▬ Wanneer ik dit zo schrijf, moet ik terugdenken aan de dag waarop ik het huis voor de eerste keer zag. [...] De eerste indruk was zo overweldigend dat ik letterlijk met stomheid geslagen was. Het huis is bij de eerste ontmoeting als een fijn gestemde vleugel waarin elke toon volmaakt klinkt.
— bevriend architect Walter Stahl aan Truus Schröder

Het huis vanaf de Laan van Minsweerd, jaren 70.

The house from Laan van Minsweerd, 1970s.

The sign by the grocery hatch reading 'Groceries: call first, if no answer use speaking tube' was removed, 1970s.

Bij het boodschappenluik is het bord met de tekst "boodschappen: eerst bellen, bij geen gehoor spreekbuis" weggehaald, jaren 70.

Façade of the former architect's office, 1974.

Gevel van het oude architectenbureau, 1974.

— Dear Kee [Han, ed.], this promises to be a quiet afternoon. It is so gloomy outside, grey skies. Most trees bare, but around the house still green. A few visible apples still hang from the branches close to the balcony. You could pick one like that, but you don't!
— Truus Schröder

— Lieve Kee [Han, red.], dit belooft wel een rustige middag te worden. Het is zo somber buiten, grauwe lucht. De meeste bomen kaal, maar om het huis nog groen. Er hangen nog enkele zichtbare appels aan de takken dicht bij het balkon. Eén zo te plukken, maar dat doe je niet!
— Truus Schröder

Garden path along the façade, 1974.

— The house is already a bit chubby in the young greenery and the light reflection is therefore very pleasant again.
— Truus Schröder to Han

— Het huisje ligt alweer een beetje mollig in het jonge groen en de lichtreflex is daardoor weer erg prettig.
— Truus Schröder aan Han

Façade of the house, after 1974.

—— I have sat for an hour on the blue bench in the sun.
— Truus Schröder to Han

—— Ik zit een uur op het blauwe bankje in de zon.
— Truus Schröder aan Han

Bench by the door to the study, 1970s–80s.

Bankje bij de deur van de studeerkamer, jaren 70–80.

THE FINAL YEARS
DE LAATSTE JAREN

On her 90th birthday, in 1979, Truus Schröder was made a Knight of the Order of Orange-Nassau by Mayor H.J.L. Vonhoff. She received the royal award for 'her great merits in cultural-historical terms'.

Op haar 90ste verjaardag ontvangt Truus Schröder in 1979 de ridderorde van Oranje-Nassau uit handen van burgemeester H.J.L. Vonhoff. Ze krijgt de koninklijke onderscheiding "wegens haar grote verdiensten in cultuur-historische zin".

Truus Schröder with the mayor of Utrecht, Henk Vonhoff, 1979.

Truus Schröder met de Utrechtse burgemeester Vonhoff, 1979.

Truus Schröder on the Steltman chair with her award pinned to her chest, 1979.

Truus Schröder op de Steltmanstoel met haar onderscheiding opgespeld, 1979.

__ Love from proudest professor spatial interior design
— congratulations from Han to her mother

__ Liefs van de meest trotse hoogleraar interieurontwerp
— felicitatie van Han aan haar moeder

___ I don't think it is easy to live in an important piece of architecture, it saddles you with many obligations. You have become lovingly acquainted with these obligations, I think, because every visitor to the house bears witness to that!
— Wim Crouwel to Truus Schröder

___ Ik denk niet dat het gemakkelijk is om in een belangrijk stuk architectuur te wonen, het zadelt je op met veel verplichtingen. Met deze verplichtingen bent u met liefde vertrouwd geraakt, denk ik, want iedere bezoeker aan het huis getuigt daarvan!
— Wim Crouwel aan Truus Schröder

Felicitatiebrief van grafisch ontwerper Wim Crouwel aan Truus Schröder, 1979.

Letter of congratulations from graphic designer Wim Crouwel to Truus Schröder, 1979.

After a tour in the USA (Minneapolis and Washington DC), the De Stijl exhibition travelled on to the Kröller-Müller Museum in Otterlo, where it was on display from August to October 1982. Truus Schröder, aged 93, visited the exhibition.

Nadat een De Stijltentoonstelling in de Verenigde Staten is geweest (in Minneapolis en Washington DC), reist de expositie door naar het Kröller-Müller Museum in Otterlo. Daar is *De Stijl 1917–1931* van augustus tot oktober 1982 te zien. De 93-jarige Truus Schröder bezoekt de expositie.

Schröder at the *De Stijl 1917–1931* exhibition at the Kröller-Müller Museum, Otterlo, 1982.

Schröder bij de expositie *De Stijl 1917–1931* in het Kröller-Müller Museum, Otterlo, 1982.

Schröder with the poster of *De Stijl 1917–1931*, Kröller-Müller Museum, Otterlo, 1982.

Schröder met de affiche van *De Stijl 1917–1931*, Kröller-Müller Museum, Otterlo, 1982.

— I really felt the need to take another critical look at the photo exhibition of our house one more time... The 'atmosphere' was too exuberant for a really serious introduction to the house. The flowers on the table or in front of the window bothered me.
— Truus Schröder to Han

— Ik had echt behoefte om de fototentoonstelling van ons huis nog één keer ook kritisch te bekijken. [...] De 'atmosfeer' was te uitbundig voor een echt ernstige kennismaking met het huis. Mij hinderen de bloemen op de tafel of voor het raam.
— Truus Schröder aan Han

Schröder voor een tekening van de bovenverdieping van haar huis, Kröller-Müller Museum, Otterlo, 1982.

Schröder in front of a drawing of the upper floor of her house, Kröller- Müller Museum, Otterlo, 1982.

— I may indeed have a lot of visitors. The absence of someone around you who is really willing and able to listen to you is still insoluble after Riet.
— Truus Schröder to Han

— Ik mag dan veel afwisseling hebben. Het gemis van iemand om je heen die echt naar je luisteren wil en kan, is na Riet toch onoplosbaar.
— Truus Schröder aan Han

Poster for the exhibition *Rietveld als meubelmaker, wonen met experimenten 1900–1924*, held at the Centraal Museum in Utrecht in 1983.

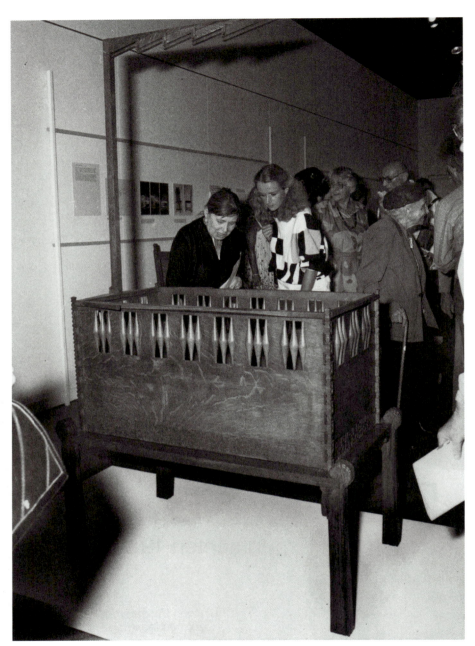

Rietveld exhibition at the Centraal Museum, Utrecht, 1983. With Truus and Marjan Schröder. Bep Rietveld is looking at the cradle, a 1918 design by her father.

Rietveldtentoonstelling in het Centraal Museum, Utrecht, 1983. Met Truus en Marjan Schröder. Bep Rietveld kijkt naar de wieg, een ontwerp van haar vader uit 1918.

CENTRAAL MUSEUM DER GEMEENTE UTRECHT

Agnietenstraat 1 Tel. 030-315541 Postrek.nr. 402834

Nr. 1592 AJ/VD
Bericht op brief van
Onderwerp dank medewerking

Postbus 2106, 3500 GC UTRECHT, 20 oktober 1983

Stichting Rietveld Schröderhuis Utrecht
t.a.v. mevr. M. Schröder
Schoutenstraat 61
2596 SK Den Haag

Zeer geachte mevrouw Schröder,

Tot mijn genoegen kan ik u mededelen dat de tentoonstelling "Rietveld als meubelmaker" in elk opzicht een succes is geworden. Zij heeft niet alleen een groot aantal bezoekers getrokken maar ook een positieve waardering gekregen, zowel van de kant van het publiek als van de pers.

Dit resultaat kon mede worden bereikt door uw bruikleen, waarvoor ik u nogmaals hartelijk dank.

Met de meeste hoogachting,

Drs. A.M. Janssens,
directrice

Bij antwoord datum, kenmerk en onderwerp vermelden

Letter of thanks from the Centraal Museum to Truus Schröder for her cooperation as a lender to the exhibition *Rietveld als meubelmaker*, 20 October 1983.

Dankbrief van het Centraal Museum aan Truus Schröder voor haar medewerking als bruikleengever aan de tentoonstelling *Rietveld als meubelmaker*, 20 oktober 1983.

On 12 September 1983, the house was transferred to the municipality of Utrecht by the Rietveld Schröder House Foundation for the symbolic sum of 1 guilder a year. Management of the house was entrusted to the Centraal Museum.

Op 12 september 1983 wordt het huis door de Stichting Rietveld Schröderhuis voor het symbolische bedrag van 1 gulden per jaar aan de gemeente Utrecht overgedragen. Het beheer van het huis wordt belegd bij het Centraal Museum.

Schröder in the public gallery of the council chamber of Utrecht city hall during the meeting on the transfer of the house to the municipality, 1983.

Schröder op de publieke tribune van de raadzaal van het Utrechtse stadhuis tijdens de vergadering over de overdracht van het huis aan de gemeente, 1983.

Meeting at the Rietveld Schröder House after the formal transfer of the house, 1983. On the left (seated) Binnert; on the right Schröder.

Bijeenkomst in het Rietveld Schröderhuis na de formele overdracht van het huis, 1983. Links (zittend) Binnert en rechts Truus Schröder.

— Vitale zelfstandige gezonde vrouw 93 jaar, bij het lopen wat gehandicapt, zoekt als medebewoonster een jonge alleenstaande gezonde vrouw, bereid bij eventueel wat moeilijke omstandigheden bijstand te verlenen. Condities enzovoort nader te bespreken.

— Lively independent healthy woman, 93 years old, somewhat disabled when walking, seeks a young single healthy woman as co-habitant, willing to provide assistance in the event of somewhat difficult circumstances. Conditions etc. to be discussed.

Draft by Schröder for the advertisement to rent out the room downstairs, 1983.

Kladtekst van Schröder voor de advertentie om de kamer beneden te verhuren, 1983.

Truus Schröder (right) with the mayor of Utrecht, M.W.M. Vos-van Gortel, both in a Rietveld chair, 1983.

Truus Schröder (rechts) met de Utrechtse burgemeester M.W.M. Vos-van Gortel, beiden in een Rietveldstoel, 1983.

Due to her deteriorating health – she twice broke a hip – from August 1984, all requests to see the interior of the house were turned down.

Door haar verslechterende gezondheid – ze breekt tot twee keer toe een heup – worden vanaf augustus 1984 alle aanvragen om het interieur van het huis te mogen bekijken afgewezen.

Truus Schröder, 1981.

── A pity that Truusje can't manage visitors at the moment. She was doing so well for a while, but things are really up and down. She has aged a lot in a year and is enjoying much less what opportunities remain now. There is so little left.
— Jan Poelhekke to Marjan Schröder

── Wel jammer dat Truusje op het ogenblik geen bezoek aankan. Zij was een tijdje juist zo goed, maar het gaat erg op en neer. Zij is in een jaar veel verouderd en heeft veel minder plezier in wat er nu nog voor mogelijkheden overblijven. Er is nog zo weinig.
— Jan Poelhekke aan Marjan Schröder

── I have become, I believe, much older and more bent and also very tired much more easily. I often need 2 hours of lying down to be fit again.
— Truus Schröder to Han

── Ik ben geloof ik wel veel ouder en krommer en ook nog veel gauwer erg moe geworden. Ik heb vaak 2 uur liggen nodig om weer fit te zijn.
— Truus Schröder aan Han

Truus Schröder in the living room, 1983.   Truus Schröder in de woonkamer, 1983.

Schröder by the slatted armchair in the red room, 1983.

Schröder bij de lattenstoel in de rode kamer, 1983.

EVERYTHING HAS NOW BECOME MEMORY: TRUUS SCHRÖDER DIES

NU IS ALLES HERINNERING GEWORDEN: TRUUS SCHRÖDER OVERLIJDT

In the early morning of 12 April 1985, Truus Schröder-Schräder passed away peacefully at the age of 95.

In de vroege ochtend van 12 april 1985 is rustig overleden Truus Schröder-Schräder op de leeftijd van 95 jaar.

_ She was inspiring to the last.

_ Ze was tot het laatst inspirerend.

Obituaries by the family and the board of the Rietveld Schröder House Foundation for the death of Truus Schröder, *NRC Handelsblad*, 17 April 1985.

The national dailies reported her death. *Het Parool* called her the 'occupant' of the Rietveld House, *de Volkskrant* talked about 'Rietveld's most faithful disciple'. The headline in *Trouw* read: 'Rietveld House became a monument of mutual inspiration'.

De landelijke dagbladen melden haar overlijden. *Het Parool* noemt haar "bewoonster" van het Rietveldhuis, *de Volkskrant* heeft het over "Rietvelds trouwste discipel". De kop in *Trouw* luidt: 'Rietveldhuis werd monument van wederzijdse inspiratie'.

Article 'Schröder, Rietveld's most faithful disciple' in *de Volkskrant*, 18 April 1985.

Artikel 'Schröder, Rietvelds trouwste discipel' in *de Volkskrant*, 18 april 1985.

Cora de Castro at the graves of Gerrit Rietveld (left) and Truus Schröder (right) at the Den en Rust cemetery in Bilthoven, 1985.

__I absolutely do not need to state the importance of Truus Schröder anymore. History, time has already done that, and this will happen many times in the future. Although she did not set out to do so, she made history!
— speech by Benno Premsela at Truus Schröder's funeral

— Ik behoef absoluut niet meer de importantie van Truus Schröder aan te geven. Dat heeft de geschiedenis, de tijd reeds gedaan, en het zal in de toekomst nog menigmaal plaatsvinden. Al was ze daar niet op uit, geschiedenis heeft ze gemaakt!
— toespraak van Benno Premsela bij de begrafenis van Truus Schröder

Truus Schröder, 1980s.   Truus Schröder, jaren 80.

1 + 1 = 1
1 + 1 = 1

As previously agreed by the foundation, the interior of the house was restored after Truus Schröder's death. A radical operation, during which the building was first completely stripped. It was carried out by restoration architect Bertus Mulder, who was also responsible for previous restorations to the house.

The upper floor during the restoration, 1985.

Zoals van tevoren door de stichting is bepaald, wordt na het overlijden van Truus Schröder het interieur van het huis gerestaureerd. Een ingrijpende operatie, waarbij het gebouw eerst volledig wordt gestript. Ze wordt uitgevoerd door de restauratiearchitect Bertus Mulder, die ook eerdere restauraties aan het huis voor zijn rekening nam.

De verdieping tijdens de restauratie, 1985.

The bathroom during the restoration, 1985.

Dismantling the old darkroom with shower and worktop for tenants, 1985.

Ontmanteling van de oude donkere kamer met douche en aanrecht voor de huurders, 1985.

The kitchen in Truus Schröder's old bedroom was also removed, 1985.

Ook de keuken in de oude slaapkamer van Truus Schröder wordt weggehaald, 1985.

The old kitchen downstairs after the restoration, 1987.

De oude keuken beneden na de restauratie, 1987.

The study after the restoration, 1987.   De studeerkamer na de restauratie, 1987.

The living room with stove after the restoration, 1987.

De woonkamer met kachel na de restauratie, 1987.

Bertus Mulder in the restored Rietveld Schröder House, 1987.

Bertus Mulder in het gerestaureerde Rietveld Schröderhuis, 1987.

— You transformed the house into something new without Rietveld and mother lacking from it.

— Het huis heb je tot iets nieuws herschapen zonder dat Rietveld en moeder eraan tekortkomen.

Letter from Han Schröder to Bertus Mulder, 12 December 1988.

Brief van Han Schröder aan Bertus Mulder, 12 december 1988.

When the restoration was completed after two years, the house was opened to the public as a museum on 3 April 1987. 'In view of the fragility of the interior and the small size of the house, visits are only possible as guided tours by appointment', a newspaper reported. In 2000 the house was inscribed on the UNESCO World Heritage List. In 2024 the house celebrated its centenary.

Wanneer de restauratie na twee jaar klaar is, wordt het huis op 3 april 1987 als museum opengesteld voor publiek. "Met het oog op de kwetsbaarheid van het interieur en de geringe omvang van het huis is bezichtiging in de vorm van rondleiding uitsluitend mogelijk op afspraak", meldt een krant. In 2000 wordt het huis op de Werelderfgoedlijst van de Unesco geplaatst, in 2024 is het honderdjarige bestaan van het huis gevierd.

Photo from *de Volkskrant* of 14 September 1987 about Open Monument Day in Utrecht.

Foto uit *de Volkskrant* van 14 september 1987 over de Open Monumentendag in Utrecht.

— Mrs Schröder and Rietveld built the house together and Mrs Schröder preserved it all her life.
— Bertus Mulder

— Mevrouw Schröder en Rietveld hebben het huis samen gebouwd en mevrouw Schröder heeft het heel haar leven behoed.
— Bertus Mulder

RIETVELD-SCHRÖDER HOUSE
From living machine to museum
RIETVELD-SCHRÖDERHUIS
Van woonmachine tot museum

Article in *Trouw*, 23 April 1987.

The red room with the slatted armchair, 2018.

De rode kamer met de lattenstoel, 2018.

The upper floor, 2018.

Bovenverdieping, 2018.

Visitors at the museum, n.d.

Bezoekers bij het museum, z.j.

Truus Schröder's bedroom, 2024. Until 2023, Truus's bed in the museum house was white. Through various sources, it was established that the bed was yellow in 1924. One hundred years later, it has regained its original colour.

De slaapkamer van Truus Schröder, 2024. Tot 2023 is het bed van Truus in de museumwoning wit. Door diverse bronnen kon worden vastgesteld dat het bed in 1924 geel was. Honderd jaar later heeft het zijn originele kleur teruggekregen.

__ If someone were to ask me: could you recommend such a life, such a house? Then I would say: if you are satisfied with a roof over your head and don't aspire to live in the house, but very much want to live outside, towards other people, then I would say: no. The house asks a lot of you, but it also gives you a lot. It is laborious if you are very orderly and sensitive to all the little things that disturb you. It takes a lot from you, but can fill and enrich your life.
— note by Truus Schröder

__ Als iemand me zou vragen: kun je zo'n leven, zo'n huis aanbevelen? Dan zou ik zeggen: als je tevreden bent met een dak boven je hoofd en het leven in huis niet ambieert, maar erg naar buiten wilt leven, naar andere mensen toe, dan zeg ik: nee. Het huis vraagt veel van je, maar geeft je ook veel. Het is bewerkelijk als je erg ordelijk bent en gevoelig voor alle kleine dingen die jezelf verstoren. Het neemt veel van je, maar kan je leven vullen en verrijken.
— aantekening van Truus Schröder

View of the living room with the military table, 2018.

Zicht op de woonkamer met de militaire tafel, 2018.

— Mother could never understand and accept that 1 + 1 = 2. No one could teach her. In her work with Rietveld, 1 + 1 = 1. A unique whole. I even imagine that with some study, one could determine in which designs her collaboration was not there, for whatever reason. Her contribution was spread across all elements of the design, except the technical ones. She found the spatial and visual outcome more important. And of that, the emphasis was then on the dynamic, the changeable space adapted to the use, and later also in the interplay with the changing light.
— Han Schröder

The upper floor of the museum house, 2018.

Bovenverdieping van de museumwoning, 2018.

── Moeder kon nooit begrijpen en accepteren dat 1 + 1 = 2. Niemand kon het haar bijbrengen. In haar werk met Rietveld was 1 + 1 = 1. Uniek geheel. Ik verbeeld me zelfs dat met enige studie, men kan vaststellen bij welke ontwerpen haar medewerking niet plaatsvond om welke reden dan ook. Haar inbreng is verspreid over alle elementen van het ontwerp, met uitzondering van de technische. Het ruimtelijke en visuele resultaat vond zij belangrijker. En daarvan lag dan het accent op het dynamische, de veranderbare ruimte aangepast aan het gebruik, en later ook in samenspel met het wisselende licht.
— Han Schröder

The museum's visitor centre is to the left of the house, in the former home of the Van Lier family, 2014.

Het bezoekerscentrum van het museum is links van het huis, in de voormalige woning van de familie Van Lier, 2014.

Attached to the fence around the garden, the plaque indicating that, since 2000, the house has been a UNESCO World Heritage Site, 2018.

Bij het hek van de tuin: de plaquette die aangeeft dat het huis sinds 2000 op de Werelderfgoedlijst van de Unesco staat, 2018.

1 + 1 = 1

1 + 1 = 1

Het huis in 2018.

EXPLANATION

The Centraal Museum in Utrecht manages the Rietveld Schröder Archive: the collection of documents, drawings and photographs from the Rietveld Schröder House compiled by Truus Schröder and which is still owned by the foundation set up by Truus herself. The archive has expanded over the years with many loans and donations. It comprises some 10,000 archival records, consisting of around 50,000 individual items. This collection also includes the former archives of Marijke Küper, Bertus Mulder and the items of the Rietveld Schröder House Foundation. This extensive archive is the main source for this book.

Via the Schröder family, the Centraal Museum received a donation of more than four hundred photographs in 2023. Gabriël Poelhekke donated a box full of letters and photographs to the museum, relating to the time Han Schröder stayed in Lisbon with Jan Poelhekke, the donor's father, during World War II. Jessica van Geel researched the Han Schröder Archive at the International Archive of Women in Architecture at Virginia Tech in the United States in 2017. The finds she made in this archive were indispensable for this book.

In this 'biography' of the house, we have limited ourselves to material relating to the Rietveld Schröder House and to Truus Schröder and her immediate environment. It is intentionally not a study of Rietveld or Schröder's work – the latter would require further research. As we examined all the materials at our disposal, we constantly asked ourselves the question: is there a direct or indirect relationship to the house here?

The material selected for this book leads us through the history of this unique house, its makers and occupants – in particular Truus Schröder, who lived in the house for sixty years and who is inextricably linked to the house and the archive. Officially, her name is Truus Schröder-Schräder. Born Schräder, married to Schröder. For the sake of clarity, we have used the name Schröder unless the image or story requires us to be complete.

The quotes printed in this book from Schröder, her children Binnert, Marjan and Han, Gerrit Rietveld and others are taken from the correspondence and notes in the Rietveld Schröder Archive. We also quote from interviews with Gerrit Rietveld and Truus Schröder, such as Schröder's conversations with Til Oxenaar and Benno Premsela in 1979, and with Frank den Oudsten and Lenneke Büller in 1982. We also used several undated cassette tapes from the Rietveld Schröder Archive and the archive of Marijke Küper.

To ensure a pleasant reading experience, some quotes have been abbreviated.

VERANTWOORDING

Het Centraal Museum in Utrecht beheert het Rietveld Schröder Archief, de verzameling documenten, tekeningen en foto's uit het Rietveld Schröderhuis die door Truus Schröder is samengesteld en die nog altijd eigendom is van de stichting die Truus zelf heeft opgericht. Het archief is in de loop van de jaren uitgebreid met vele bruiklenen en schenkingen. Het bevat zo'n 10.000 archiefnummers, bestaande uit circa 50.000 losse stukken. Ook de voormalige archieven van Marijke Küper, Bertus Mulder en de stukken van de Stichting Rietveld Schröderhuis behoren tot deze collectie. Dit omvangrijke archief is de belangrijkste bron voor dit boek.

Via de familie Schröder ontving het Centraal Museum in 2023 een schenking van meer dan vierhonderd foto's. Gabriël Poelhekke schonk het museum een doos vol brieven en foto's, met name over de tijd dat Han Schröder met Jan Poelhekke, de vader van de schenker, tijdens de Tweede Wereldoorlog in Lissabon verbleef. Jessica van Geel onderzocht in 2017 het Han Schröderarchief in het International Archive of Women in Architecture van Virginia Tech in de Verenigde Staten. Haar vondsten in dit archief zijn onmisbaar voor dit boek.

In deze 'biografie van het huis' beperken we ons tot materiaal dat te maken heeft met het Rietveld Schröderhuis en met Truus Schröder en haar directe omgeving. Het is bewust geen oeuvreboek van het werk van Rietveld of van Schröder – voor het laatste zal verder onderzoek nodig zijn. Bij al het materiaal dat we onderzochten, stelden we onszelf telkens de vraag: is hier direct of indirect een relatie met het huis?

Het geselecteerde materiaal voor dit boek leidt ons door de geschiedenis van het bijzondere woonhuis, de makers en de bewoners. Met name Truus Schröder, die het huis zestig jaar bewoonde en onlosmakelijk met de woning en het archief verbonden is. Officieel is haar naam Truus Schröder-Schräder. Geboren als Schräder, getrouwd met Schröder. Voor de overzichtelijkheid gebruiken we de naam Schröder, tenzij de afbeelding of het verhaal volledigheid vereist.

De in dit boek afgedrukte citaten van Schröder, haar kinderen Binnert, Marjan en Han, Gerrit Rietveld en anderen zijn afkomstig uit correspondentie en aantekeningen in het Rietveld Schröder Archief. Ook wordt geciteerd uit interviews met Gerrit Rietveld en Truus Schröder, zoals de gesprekken van Schröder met Til Oxenaar en Benno Premsela in 1979 en Frank den Oudsten en Lenneke Büller in 1982. Daarnaast gebruikten we diverse ongedateerde cassettebandjes uit het Rietveld Schröder Archief en het archief van Marijke Küper.

Voor de leesbaarheid zijn de citaten in hedendaags Nederlands geschreven en in sommige gevallen ingekort.

ARCHIEVEN

Behalve het Rietveld Schröder Archief (RSA) en privéverzamelingen zijn de volgende archieven en instellingen geraadpleegd:

Bibliotheek Stedelijk Museum Amsterdam (SMA)
Delpher, gedigitaliseerde Nederlandse kranten, boeken en tijdschriften
Het Utrechts Archief (HUA)
International Archive of Women in Architecture, Virginia Tech, VS (IAWA)
Maria Austria Instituut (MAI)
Nationaal Archief (NA)
Nationale Bibliotheek van Nederland (KB)
Nederlands Fotomuseum (NFM)
Nieuwe Instituut (NI)
NIOD Instituut voor Oorlogs-, Holocaust- en Genocidestudies (NIOD)
Rijksdienst Cultureel Erfgoed (RCE)
RKD, Nederlands Instituut voor Kunstgeschiedenis (RKD)
Scala Archives MoMA NY/Firenze

LITERATUUR

Abdelkaui, Nadia, *An Harrenstein-Schräder. Weteringschans 141 ontmoetingsplaats voor de avant-garde* (masterscriptie Universiteit van Amsterdam), Amsterdam 2017.

Brown, Theodore M., *The work of G. Rietveld, architect*, Utrecht 1958.

Dettingmeijer, Rob, Marie-Thérèse van Thoor en Ida van Zijl (red.), *Rietvelds universum*, Rotterdam 2010.

Friedman, Alice T. en Maristella Casciato, 'Family Matters: The Schröder House, by Gerrit Rietveld and Truus Schröder', in: Alice T. Friedman, *Women and the Making of the Modern House. A Social and Architectural History*, Londen 2006.

Geel, Jessica van, *I love you, Rietveld*, Amsterdam 2018.

Geel, Jessica van, *Truus van Lier. Het leven van een verzetsvrouw*, Amsterdam 2022.

Hijman, Nico en Gerbrand Korevaar, 'De jonge Gerrit Rietveld. Meubelmakerszoon ontwikkelt zich', in: Gerbrand Korevaar (red.), *Rietveld in Slot Zuylen. Vernieuwing aan de Vecht*, Utrecht 2017.

Hoekstra, Rixt, 'Brown over Rietveld, het begin van de moderne architectuurgeschiedenis aan het kunsthistorisch instituut in Utrecht, in: *Bulletin KNOB*, 122, nr. 1, 2023, p. 20–32.

Küper, Marijke en Ida van Zijl, *Gerrit Th. Rietveld 1888–1964: het volledige werk*, Utrecht 1992.

ARCHIVES

Apart from the Rietveld Schröder Archive (RSA) and private collections, the following archives and institutions were consulted:

Cultural Heritage Agency (RCE)
Delpher, digitised Dutch newspapers, books and magazines
International Archive of Women in Architecture, Virginia Tech, USA (IAWA)
Maria Austria Instituut (MAI)
National Archive (NA)
National Library of the Netherlands (KB)
National Museum of Photography (NFM)
Nieuwe Instituut (NI)
NIOD Institute for War, Holocaust and Genocide Studies (NIOD)
RKD (Netherlands Institute for Art History)
Scala Archives MoMA NY/Florence
Stedelijk Museum Amsterdam (SMA) Library
The Utrecht Archives (HUA)

LITERATURE

Abdelkaui, Nadia, *An Harrenstein-Schräder. Weteringschans 141 ontmoetingsplaats voor de avant-garde,* Master's thesis, University of Amsterdam (Amsterdam, 2017).

Brown, Theodore M., *The Work of G. Rietveld, Architect* (Utrecht, 1958).

Dettingmeijer, Rob, Marie-Thérèse van Thoor and Ida van Zijl (eds.), *Rietvelds universum* (Rotterdam, 2010).

Friedman, Alice T. and Maristella Casciato, 'Family Matters: The Schröder House, by Gerrit Rietveld and Truus Schröder', in: Alice T. Friedman, *Women and the Making of the Modern House. A Social and Architectural History* (London, 2006).

Geel, Jessica van, *I love you, Rietveld* (Amsterdam, 2018).

Geel, Jessica van, *Truus van Lier. Het leven van een verzetsvrouw* (Amsterdam, 2022).

Hijman, Nico and Gerbrand Korevaar, 'De jonge Gerrit Rietveld. Meubelmakerszoon ontwikkelt zich', in: Gerbrand Korevaar (ed.), *Rietveld in Slot Zuylen. Vernieuwing aan de Vecht* (Utrecht, 2017).

Hoekstra, Rixt, 'Brown over Rietveld, het begin van de moderne architectuurgeschiedenis aan het kunsthistorisch instituut in Utrecht' in: *Bulletin KNOB*, Vol. 122, no. 1, 2023, pp. 20–32.

Küper, Marijke and Lex Reitsma, *De stoel van Rietveld* (Rotterdam, 2012).

Küper, Marijke and Ida van Zijl, *Gerrit Th. Rietveld 1888–1964: het volledige werk* (Utrecht, 1992).

Prins, Erika, *Het Indische licht: Nederlands-Indië en de kampportretten van Bep Rietveld* (Amsterdam, 2024).
Rodijk, G.H., *De huizen van Rietveld* (Zwolle, 1991).
Schröder-Schräder, Truus, 'Wat men door normalisatie in den woningbouw te Frankfort a/d Main heeft bereikt', in: *De Werkende Vrouw*, Vol. 1, no. 2, 1930, pp. 12–14.
Schröder-Schräder, Truus, 'Een inleidend woord tot binnen-architectuur', in: *De Werkende Vrouw*, Vol. 1, no. 3, 1930, pp. 93–94.
Thoor, Marie-Thérèse van, et al., *Colour, Form and Space. Rietveld Schröder House Challenging the Future* (Delft, 2019).
Vöge, Peter and Paul Overy, *The Complete Rietveld Furniture* (Rotterdam, 1993).
Zijl, Ida van, *Truus Schröder, tentoonstelling per post* (Utrecht, 1999).

Küper, Marijke en Lex Reitsma, *De stoel van Rietveld*, Rotterdam 2012.
Prins, Erika, *Het Indische licht: Nederlands-Indië en de kampportretten van Bep Rietveld*, Amsterdam 2024.
Rodijk, G.H., *De huizen van Rietveld*, Zwolle 1991.
Schröder-Schräder, Truus, 'Wat men door normalisatie in den woningbouw te Frankfort a/d Main heeft bereikt', in: *De Werkende Vrouw*, 1, nr. 2, 1930, p. 12–14.
Schröder-Schräder, Truus, 'Een inleidend woord tot binnen-architectuur', in: *De Werkende Vrouw*, 1, nr. 3, 1930, p. 93–94.
Thoor, Marie-Thérèse van, Natalie Dubois, Barbara Lubelli en Rob van Hees, *Colour, Form and Space. Rietveld Schröder House Challenging the Future*, Delft 2019.
Vöge, Peter en Paul Overy, *The complete Rietveld furniture*, Rotterdam 1993.
Zijl, Ida van, *Truus Schröder, tentoonstelling per post*, Utrecht 1999.

PHOTO CREDITS
FOTOVERANTWOORDING

Most of the photographs and archival pieces shown come from the Rietveld Schröder Archive (RSA) managed by the Centraal Museum (CM). For pieces from a different source, see the list of archives consulted for the abbreviations used below. If there are several images on one page, the sources are given from left to right, top to bottom. Note that only one page is shown of most letters, even when the letter consists of several sides. Moreover, the details of newspaper articles, magazines, catalogues and other publications are not included in this list (unless they are rare copies or come from Schröder's archive): the necessary information is given below the images.

De meeste foto's en afgebeelde archiefstukken zijn afkomstig uit het Rietveld Schröder Archief (RSA), dat beheerd wordt door het Centraal Museum (CM). Voor stukken met een andere herkomst: zie de lijst met geraadpleegde archieven voor de hieronder gebruikte afkortingen. Als er meerdere afbeeldingen op een pagina staan, geven we de bronnen weer van links naar rechts, van boven naar onder. Van de meeste brieven is slechts één pagina afgebeeld, ook wanneer de brief uit meerdere kantjes bestaat. Verder geldt dat de specificaties van krantenartikelen, tijdschriften, catalogi en andere publicaties niet in deze lijst zijn opgenomen (tenzij het een zeldzaam exemplaar betreft of afkomstig is uit het archief van Schröder): de nodige informatie staat onder de afbeeldingen.

31	CM/RSA 084 F 003
32	CM/RSA album 61, © photo Gebr. Frohn
33	CM/RSA D0949
34	CM/RSA D2615
35	CM/RSA D2615; CM/RSA D2615; CM/RSA D2614 & D2638
36	CM/RSA album 61, © photo Jac. de Vries Gz
37	CM/RSA album 61
38	CM/RSA album 61, © photo Albert Meyer
39	CM/RSA album 61, © photo E. v.d. Kerkhoff
40	CM/RSA album 61
41	Archive family Schröder, © photo Albert Meyer
42	CM/RSA album 61
43	Archive family Schröder, © photo L.M. de Rijk
44	CM/RSA 051 F 001
45	CM/RSA album 61; CM/RSA D2638
46	CM/RSA D2638; CM/RSA D2657, donation Gabriël Poelhekke
47	CM/RSA D2638; CM/RSA D2638
48	CM/RSA album 61
49	CM/RSA album 64
51	CM/RSA album 62
52	CM/RSA D0876
53	CM/RSA D0854
54	Archive family Schröder
55	CM/RSA D2597/002, donation Schröder heirs; CM/RSA album 61
56	CM/RSA album 61
57	CM/RSA D2597/003, donation Schröder heirs
58	CM/RSA album 61, © photo Francis Kramer
59	CM/RSA D2597/001, donation Schröder heirs
60	CM/RSA RSA1963
62	CM/RSA D2597/002, donation Schröder heirs; CM/RSA D2597/002, donation Schröder heirs
63	CM/RSA D0950
64	CM/RSA D2597/001, donation Schröder heirs
65	CM/RSA D2597/001, donation Schröder heirs
66	CM/RSA D752
67	Archive Rietveld heirs
68	Archive Rietveld heirs
69	CM inv.no. 28550, © photo Ernst Moritz
71	CM inv.no. 33999, loan Slot Zuylen © photo Ernst Moritz
72	CM/RSA album 3
73	CM inv.no. 10087 b, © photo Adriaan van Dam
74–75	CM/RSA 905 A 001
76	Archive Rietveld heirs
78	Archive Rietveld heirs; CM inv.no. 31569, purchase with support from the Mondriaan Stichting © photo Ernst Moritz
79	CM inv.no. 27479, © photo Ernst Moritz; CM inv.no. 27487, © photo Ernst Moritz
80	CM/RSA album 65
81	CM inv.no. 19869; CM/RSA 029 F 002
82	Archive Rietveld heirs
83	CM/RSA 001 A 002; CM/RSA 043 F 002
84	Archive Rietveld heirs
85	CM inv.no. 24571, © photo Adriaan van Dam
86	CM/RSA 401 A 002; CM inv.no. 12575, © photo Ernst Moritz
87	CM inv.no. 27425, © photo Ernst Moritz
88	RKD 210581, © photo Atelier Eckner
89	RKD 0408.169
91	CM inv.no. 2008.1.0631 (1-3), purchase with Stedelijk Museum Amsterdam with support from the Mondriaan Stichting and Vereniging Rembrandt, Prins Bernhard Cultuurfonds and KF Hein Fonds, © photo Stedelijk Museum Amsterdam
92	CM inv.no. AB5940, loan RCE 1999, donation Van Moorsel

93	CM/RSA album 66	164	CM/RSA 084 F 200
94	CM inv.no. 29854, purchase with support from Vereniging Rembrandt, Mondriaan Stichting, Stichting Bedrijfsvrienden CM, © photo Ernst Moritz	165	CM/RSA 084 F 249
		166–167	CM/RSA BM536
		168	CM/RSA BM327
		169	CM/RSA 084 F 198
95	CM/RSA 051 F 005	171	CM/RSA BM496, © photo Paul Citroen/NFM
97	IAWA Ms1987-064 B08 F28-001	172–173	CM/RSA 084 F 153
98	CM inv.no. 12587, © photo Adriaan van Dam	174	CM/RSA 004 A 051; IAWA Ms1987-064 B01 F01-001
99	CM/RSA 050 F 004; CM/RSA 001,5 A 001		
100	CM/RSA 051 F 003	175	CM/RSA 084 F 150
101	CM/RSA 051 F 002	176	CM/RSA BM506
102	CM/RSA 051 F 004	177	CM/RSA 084 F 155
103	CM/RSA 051 F 006	178–179	CM/RSA BM502
104	CM/RSA D010	180	CM/RSA BM511
105	CM/RSA 035 F 007 (reproduction), whereabouts of the original photograph unknown	181	CM/RSA BM331
		182	CM/RSA BM512
		183	CM/RSA 094 F 002
106	CM/RSA 076 F 001	184–185	CM/RSA 084 F 165
107	CM/RSA 704 A 001	186	CM/RSA 073 F 012
108	CM/RSA 071 F 004; CM/RSA 070 F 004	187	CM/RSA 084 F 164
109	CM/RSA D1116	188	CM/RSA 084 F 166
110	CM/RSA D0863	189	CM, © photo Edgar van Riessen
111	IAWA Ms1987-064 B08 F28-002	190–191	CM/RSA 084 F 021g (detail)
112	CM/RSA 051 F 010, © photo G. Jochmann	192	CM/RSA 084 F 190
113	Archive family Schröder	193	CM/RSA 106 F 002; CM/RSA 119 F 002
115	CM/RSA 051 F 002c	194	CM inv.no. 26106, © photo Ernst Moritz
116	CM inv.no. AB4995, loan RCE 1999, donation Van Moorsel	195	CM/RSA 084 F 006
		196	CM/RSA 084 F 018a
118–119	CM inv.no. 25627, © photo Ernst Moritz	197	CM/RSA 084 F 027
		198	CM/RSA 084 F 001 (detail); CM inv.no. 26104, © photo Ernst Moritz
120	CM/RSA album 3		
127	CM/RSA 004 A 003	199	CM/RSA 084 F 019h
128	CM/RSA album 64	200	CM/RSA 084 F 001
129	CM/RSA album 62	201	CM/RSA 084 F 019c
130	CM/RSA 004 A 103	202	CM/RSA 084 F 004a
131	CM/RSA 004 A 029	203	CM/RSA 084 F 019f
132	CM/RSA RSA0034	204–205	CM/RSA 084 F 019a
134–135	CM/RSA 004 A 097 (3× detail)	206	CM/RSA D247
136	CM/RSA D0924	208	CM/RSA album 62
137	CM/RSA 004 A 001	209	CM/RSA D2623
138	CM/RSA 084 F 009	210–211	CM/RSA 084 F 218
139	CM/RSA 004 A 072	212	CM/RSA 084 F 163
140	CM/RSA 004 A 039	213	CM/RSA D2597/051, donation Schröder heirs
142–143	CM/RSA BM528		
144	CM/RSA BM323	214	IAWA Ms1987-064 B07 b01-012
145	CM/RSA BM530	221	CM/RSA 084 F 008
146–147	CM/RSA 084 F 212	222	CM/RSA 084 F 021g (& detail)
148	CM inv.no. 12585, © photo Ernst Moritz	223	CM/RSA 084 F 154
149	CM/RSA 084 F 209	230	CM/RSA album 65
150	CM/RSA 084 F 204a	235	CM/RSA 084 F 023a
151	CM/RSA BM535	237	CM/RSA RSA0042
152	CM/RSA 087 F 002	249	Archive Rietveld heirs
153	CM/RSA BM533; CM/RSA BM531	250	Archive Rietveld heirs
154–155	CM/RSA BM518	251	Archive Rietveld heirs
156	CM/RSA BM534	252	CM/RSA 096 F 001
157	CM/RSA 068 F 003; CM/RSA BM519	253	CM/RSA 096 F 003
158	CM/RSA BM521	254	CM/RSA D2638
159	CM/RSA BM520	255	CM/RSA 104 F 004
160–161	CM/RSA 084 F 220	256	CM/RSA 102 F 001
162	CM/RSA 084 F 221	257	CM/RSA 101 F 003
163	CM/RSA 072 F 001		

258	CM/RSA 112 F 002	326	CM/RSA RSA0064
259	CM/RSA D018	327	CM/RSA RSA0134
260	CM/RSA album 03; CM/RSA 421 A 003	328	CM/RSA 172 F 006; CM/RSA 172 F 008, © photo Martin Gerlach
261	CM inv.no. 31157/001-006, © photo Ernst Moritz	329	CM/RSA 027 A 002
264	CM/RSA album 14	330	CM/RSA D015
265	CM/RSA D2615	331	CM/RSA 163 F 006; CM/RSA 163 F 004
266	CM/RSA 107 F 028	332	CM/RSA 163 F 008; CM/RSA 027 A 004
267	CM/RSA 107 F 022	333	CM/RSA 163 F 040
268	CM/RSA 107 F 006	334	CM/RSA 163 F 039
269	CM/RSA 107 F 004	335	CM/RSA 163 F 029; CM/RSA 163 F 016
270	CM/RSA D319	336–337	CM/RSA 709 A 001
271	CM/RSA 802 A 007	338	CM/RSA 457 A 002
272	CM/RSA D021	339	CM/RSA 164 F 001, © photo F.W. van Malsen/NFM; CM/RSA 164 F 003, © photo F.W. van Malsen/NFM
273	CM/RSA 126 F 001		
275	Archive family Schröder		
277	CM/RSA album 65	340–341	CM/RSA 164 F 002, © photo F.W. van Malsen/NFM
280	Archive grandchildren Mr Fraenkel-Nieuwstraten	351	CM/RSA album 65
281	CM inv.no. 34041, donation from the estate of Dr E.M. Fraenkel-Nieuwstraten	352	CM/RSA 199 F 001
		353	CM/RSA D0965
282	CM inv.no. 34042, donation from the estate of Dr E.M. Fraenkel-Nieuwstraten, © photo Ernst Moritz	354	CM/RSA D241
		356	CM/RSA D2614
		357	CM/RSA album 65, © photo Paul Citroen/NFM
283	CM inv.no. 27156, © photo Ernst Moritz	358	CM/RSA D276
284–285	CM/RSA 420 A 002	359	CM/RSA album 62
287	CM/RSA 115 F 001	360	CM/RSA 233 F 011 (reproduction), whereabouts of the original photograph unknown
288–289	CM/RSA 430 A 001		
290	CM inv.no. 12576, © photo Axel Funke		
291	CM/RSA D003	361	CM/RSA 510 A 001
292	CM/RSA D2638; CM/RSA 167 F 001 (reproduction), whereabouts of the original photograph unknown	362	CM/RSA D0983
		363	CM/RSA D714
		364	CM/RSA album 62
293	CM/RSA 014 A 002	365	CM/RSA album 62
294	CM/RSA D2623	366	CM/RSA 205 F 003
295	CM/RSA D2623	367	CM/RSA 205 F 008; CM/RSA 205 F 014
296	CM/RSA 011 A 007	368	CM/RSA 034 A 002
297	CM/RSA 161 F 001	369	CM/RSA 034 A 001
298–299	CM/RSA 032 A 004	370	CM/RSA 485 A 001
300	CM/RSA 032 A 005	371	CM/RSA 189 F 002
301	CM/RSA 176 F 001	372	CM inv.no. 12580, © photo Ernst Moritz
302	CM/RSA 031 B 001	373	CM/RSA D137
303	CM/RSA 173 F 003; CM/RSA 173 F 005	374	CM/RSA 850,2 B 002
304	CM/RSA 463 A 002; CM/RSA 463 A 001	375	CM/RSA 721 A 002
305	CM/RSA 464 A 003; CM inv.no. 26191, © photo Axel Funke	376	CM/RSA 182 F 001
		377	MAI, © photo Eva Besnyö
306	RKD 761905	378–379	Museum Boijmans Van Beuningen, Rotterdam. no. 2045 (MK), donation Mr Th.J. Hintzens' Jacob, Ms Dr J. Hintzen, Jacob Mees, H.P. Bremmer, H. Nijgh en Jhr M.R. Radermacher Schorer, © photo Studio Tromp
309	CM/RSA D2638		
310	CM/RSA D2638		
311	CM/RSA 445 A 001		
314	CM/RSA album 14		
317	CM/RSA D2638		
319	Archive Rietveld heirs		
321	Rijksmuseum Amsterdam SK-A5110, © photo Elisabeth Eskes-Rietveld Foundation	380	CM/RSA D2597/054, donation Schröder heirs
		381	CM/RSA 711 A 012; CM/RSA 711 A 007
322	CM/RSA 175 F 001	382	IAWA Ms1987-064 B10 F26-002
323	CM/RSA D033	383	IAWA Ms1987-064 B01 F04-004
324	NI RIET 0396.28-2	384	IAWA Ms1987-064 B07 b01-007
325	CM/RSA 172 F 001	385	CM/RSA 805 A 001

386	CM/RSA D0888
387	CM/RSA album 62
388–389	CM/RSA 212 F 009
390	NI RIET 0389.19.4
391	CM/RSA 154 F 001; CM/RSA 154 F 002
392	CM/RSA 029 A 003
393	CM/RSA 212 F 022
394	CM/RSA album 05
395	CM/RSA album 05
396–397	Archive family Schröder
398	CM/RSA 084 F 373
399	CM/RSA D293
400	CM/RSA 084 F 016
401	CM/RSA 084 F 208
402	CM/RSA 084 F 375
403	CM inv.no. 26147, © photo Axel Funke; CM inv.no. 26115, © photo Adriaan van Dam
404	CM/RSA 212 F 001
405	CM/RSA 162 F 002
406	CM inv.no. 26189, © photo Axel Funke
407	IAWA Ms1987-064 B07 b01-004
409	IAWA Ms1987-064 B07 b01-001
410	CM/RSA album 64
411	CM/RSA 486 A 002
412	CM/RSA 224 F 044
413	CM/RSA D2597/009, donation Schröder heirs
414	CM/RSA BM373
415	CM inv.no. 31197
416	CM/RSA BM613, © photo Bertus Mulder heirs
417	CM/RSA BM338
418	CM/RSA album 63
419	CM/RSA BM543
420	CM/RSA BM579, © photo Bertus Mulder heirs
421	CM/RSA BM369
422	CM inv.no. 26158, © photo Ernst Moritz
423	CM inv.no. 26100, © photo Axel Funke
424	Archive family Schröder
425	CM inv.no. 28098
426	CM/RSA D2623
427	CM/RSA D2623
428	NFM PCI-1467, © photo P. Zeilmaker
430	CM/RSA D0938
431	CM/RSA 082 A 005
432	CM/RSA 248 F 011
433	CM/RSA 248 F 001; CM/RSA D779
434	CM/RSA 718 A 002
435	CM/RSA 082 A 002
436–437	CM/RSA 248 F 018
438	CM/RSA 248 F 029
439	Archive Rietveld heirs; Archive Rietveld heirs
440–441	HUA inv.no. 99596
442	IAWA Ms1987-064 B01 F05-002
443	IAWA Ms1987-064 B11 F01-001
444	IAWA Ms1987-064 B10 F26-001; Archive family Schröder
445	CM/RSA D2578
446	Archive family Schröder
447	CM/RSA D1660
448	CM/RSA 717 A 001
449	CM/RSA 079 A 002
450	CM/RSA D046
451	CM/RSA 076 A 004
452	CM/RSA D2582
453	CM/RSA 716 A 002
454	CM/RSA 259 F 001
455	CM/RSA D730
457	CM/RSA 084 A 007
458	CM/RSA RSA0188
459	CM/RSA 084 A 034
460	CM inv.no. 26479, donation from Flatstichting voor Vrouwen door Vrouwen © photo Axel Funke
461	CM/RSA D052
462	IAWA Ms1987-064 B01 F04-002
463	Archive family Schröder
464	Archive family Schröder
465	Archive family Schröder
466	Archive family Schröder; CM/RSA D2623
467	CM/RSA D2597/003, donation Schröder heirs; CM/RSA album 62
468	Archive family Schröder
469	CM/RSA D2704/001
470	IAWA Ms1987-064 B07 b01-008; CM/RSA album 65
471	HUA inv.no. 97387
472	CM/RSA D1673
473	CM/RSA D1675
474–475	CM/RSA album 64
476	IAWA Ms1987-064 B11 F10-003
477	IAWA Ms1987-064 B11 F21-001
478	CM/RSA D2703/067
479	CM/RSA album 11
480	CM/RSA D1678
489	CM/RSA 945 A 001
490	CM/RSA D0952
491	CM/RSA D0953
492–493	CM/RSA D1859
494	CM/RSA D1663
495	CM/RSA D244
496	CM/RSA D2704/057
497	CM/RSA D2704/085
498	Archive family Schröder
499	Archive Rietveld heirs
500	CM/RSA D1667
501	IAWA Ms1987-064 B10 F26-003
502	CM/RSA RSA0251
503	CM/RSA 513 A 001
504	CM/RSA album 62
505	CM/RSA album 64
506	Archive family Schröder
507	HUA inv.no. 97782, © photo J.G. de Graaf
508	CM/RSA RSA0259
509	CM/RSA 284 F 004a, © photo Nico Jesse/NFM
510	CM/RSA 325 F 031, on loan private collection

511	CM/RSA 325 F 010, © photo Bruschwiler	571	CM/RSA 813 A 001
512	CM/RSA album 62	572–573	CM/RSA 816 A 003
513	CM/RSA album 64	574	CM/RSA RSA0309
514	CM/RSA RSA1804	575	CM/RSA RSA0431; CM/RSA 538 B 001
515	Archive family Schröder	576	CM/RSA D2597/002, donation Schröder heirs
516	CM/RSA D1671	577	Private collection, © photo Elisabeth Eskes-Rietveld Foundation
517	CM/RSA D2657/009, donation Gabriël Poelhekke	578	Archive family Schröder, © photo Elisabeth Eskes-Rietveld Foundation; Archive family Schröder, © photo Elisabeth Eskes-Rietveld Foundation
518–519	CM/RSA BM341		
520	CM/RSA D2657/188, donation Gabriël Poelhekke; IAWA Ms1987-064 B07 b01-009		
521	IAWA Ms1987-064 B07 b01-006	579	CM/RSA RSA0304
522	IAWA Ms1987-064 B01 F04-003	580	Archive family Schröder; IAWA Ms1987-064 B07 b01-016
523	IAWA Ms1987-064 B01 F05-003		
524	Archive family Schröder	581	CM/RSA D2615
525	CM/RSA album 64	582	CM/RSA D2623
526	CM/RSA D067	583	CM/RSA album 64
527	CM/RSA 529 B 009	584–585	NFM JES-455, © photo Nico Jesse/NFM
529	HUA inv.no. 97546, © photo Nico Jesse/NFM		
530	CM/RSA album 14	586	CM/RSA album 64; Archive Rietveld heirs
532	Archive Peter Tonneijck	595	CM inv.no. 31167, © photo Ernst Moritz
533	Archive Jan Holsbergen	596	CM/RSA album 64; CM/RSA album 62
534	Archive Jan Holsbergen	597	CM/RSA D2581
535	Archive family Schöder	598	CM/RSA 123 A 001
536	IAWA Ms1987-064 B07 b02-001	599	CM/RSA D1010
537	CM/RSA RSA0291	600	CM/RSA 434 F 001
538	Archive family Schröder	601	CM/RSA 547 A 001
539	IAWA Ms1987-064 B07 b01-015	602	CM/RSA 818 A 005
541	HUA inv.no. 802006	603	CM/RSA 084 F 185
542	CM/RSA D2657/058, donation Gabriël Poelhekke	605	CM/RSA album 62
		606	CM/RSA D1683
543	CM/RSA D2705	607	CM/RSA D1684
544	CM/RSA D2554	608	NI RIET 637.1-04
545	CM/RSA D2705	609	CM/RSA D2588
546	CM, © photo Edgar van Riessen	610	CM/RSA album 65
547	CM/RSA 928 A 002; CM/RSA 935 A 003	611	CM/RSA 393 F 001
549	CM/RSA 485 A 008	612	CM/RSA album 12, © photo Annelies Romein/MAI
550	CM/RSA 485 A 012		
552	HUA inv.no. 831521, © photo J.P Hogeweg	613	Archive Jan Holsbergen
553	CM/RSA D2657/046, donation Gabriël Poelhekke	614	NA 913-2819, © photo Joop van Bilsen, Anefo/NA; CM/RSA 544 F 011
554	AWA Ms1987-064 B11 F10-001	615	IAWA Ms1987-064 B10 F26-005
555	CM inv.no. 25632, © photo Axel Funke; Archive Jan Holsbergen	616	IAWA Ms1987-064 B11 F08-001
		618	CM/RSA album 14
556	CM/RSA RSA1805	619	CM/RSA 431 F 003
557	Archive Jan Holsbergen	620	CM/RSA 883 A 041
558	CM/RSA D1860	621	CM/RSA BM776, © photo Hans de Boer/NFM
560	CM/RSA D0984		
561	CM/RSA 107 A 002; CM inv.no. 28116, © photo Axel Funke	622	CM/RSA 004 A 108a
		623	CM/RSA 431 F 024
562	NIOD, Beeldbank WO2	624–625	CM/RSA 431 F 004, © photo Jaap d'Olivieira/NFM
563	CM/RSA D067		
564	CM/RSA 817 A 001	626	ASAC, © photo Ferruzzi/ASAC
565	CM/RSA RSA0405	627	CM/RSA album 64
566	CM/RSA 817 A 005	628	CM/RSA D303
567	CM/RSA 381 F 001	630	CM/RSA 444 F 001
568	CM/RSA D069	631	© 2024 digital image MoMA, NY/Scala, Florence
569	CM/RSA RSA1788		
570	CM/RSA 376 F 002	632	Archive Rietveld heirs

633 IAWA Ms1987-064 MC01 D02 F10-001a,
© photo Jan Sterk
634 IAWA Ms1987-064 B10 F21-001;
CM/RSA D2597/002,
donation Schröder heirs;
CM/RSA D2623
635 MAI, © photo Jan Versnel
636 CM/RSA album 62
637 CM/RSA D2623
639 IAWA Ms1987-064 B08 F26-001;
IAWA Ms1987-064 B08 F26-002
640–641 CM/RSA D2582
642 CM/RSA D2657/093,
donation Gabriël Poelhekke
643 CM/RSA 732 A 002
644 CM/RSA 130 A 001
645 CM/RSA 453 F 003; CM/RSA 435 F 005
646 CM/RSA 463 F 007; CM/RSA 463 F 022
647 CM/RSA 463 F 050; CM/RSA 463 F 013
648 CM/RSA RSA1810
649 CM inv.no. 28119, © photo Ernst Moritz
650 CM/RSA 481 F 021, © photo Han
Schröder; CM/RSA album 3
651 CM/RSA 127 A 010; CM/RSA 166 A 001
652 CM inv.no. 24426; CM/RSA 149 A 001
653 CM/RSA 541 F 024, © photo Pieter
Singelenberg; CM inv.no. 26089, © photo
Axel Funke; CM inv.no. 29695, on loan
private collection, © photo Ernst Moritz
654 CM inv.no. 31283; CM/RSA 534 F 009
655 CM inv.no. 12601, © photo Ernst Moritz;
CM inv.no. 12601, © photo Axel Funke
656 MAI, © photo A. Windig
657 CM/RSA D2586
658 Archive Peter Tonneijck
659 CM/RSA album 66
660–661 CM/RSA album 65
662 Archive Rietveld heirs,
© photo Annelies Romein/MAI
663 CM/RSA album 64
664 CM/RSA album 65
665 CM/RSA 742 A 004
666 CM/RSA 888 A 001; CM/RSA 558 F 055
667 CM/RSA 558 F 002,
© photo Jan Versnel/MAI;
CM/RSA 558 F 008
668 CM/RSA 888 A 011
669 CM/RSA BM361
670 Library collection SMA
671 CM/RSA 752 A 006
672 CM/RSA 084 F 376, © photo Roeland van
der Hidde
673 CM/RSA D2597/002,
donation Schröder heirs
674 CM/RSA D533; CM/RSA album 66
675 CM/RSA D2707
676–677 CM/RSA D2612
678 CM/RSA album 62
680 CM/RSA RSA0975
681 CM/RSA album 64

682 Fotobureau Roel Dijkstra, © photo Bart
Hofmeester; CM/RSA 152,5 B 002
683 CM/RSA 553,5 F 001; CM/RSA 162 A 001
684 CM/RSA D2580
685 CM/RSA D2580; CM/RSA D2580
686 CM/RSA RSA1036
687 CM/RSA D2580
688 CM/RSA album 64; CM/RSA album 64
689 CM/RSA 174 A 001; CM/RSA 173 A 002
690 CM/RSA 950,5 A 001
691 Archive Rietveld heirs
692 CM/RSA album 64
693 CM/RSA album 64; CM/RSA D2623
694 CM/RSA album 64; CM/RSA album 64
696 CM/RSA RSA1094
698 CM/RSA D2708
699 CM/RSA album 11
700 HUA inv.no. 84138,
© photo L.H. Hofland
701 CM/RSA 084 F 062,
© photo Ronald Sweering heirs
702 CM inv.no. 31332, © photo Ernst Moritz
703 CM/RSA 181 A 004
704 CM/RSA 646 F 004; CM/RSA D2614;
CM/RSA 588 A 001
705 CM/RSA 180,5 B 007
706 CM/RSA album 65
707 NA 915-9350, © photo Eric Koch,
Anefo/NA
708 CM/RSA D123/003
709 CM/RSA D2580; CM/RSA album 66
710 CM/RSA album 64
711 CM/RSA album 64
713 CM/RSA album 64
714 CM/RSA D2638/001
715 CM/RSA album 64
716 CM/RSA album 64
723 CM/RSA album 63
724 CM/RSA BM368
725 CM/RSA BM364
726 CM/RSA BM590,
© photo Bertus Mulder heirs
727 CM/RSA D2618
728 CM/RSA 660 F 004
730 CM/RSA 481 F 049,
© photo Han Schröder
731 CM/RSA 672 F 002
732 CM/RSA RSA1382
733 CM/RSA 181 B 001, copy of a phototype
Van Gogh Museum
734 CM/RSA D2083
735 CM/RSA BM362
736 CM/RSA D2612
737 CM/RSA BM363
738 CM/RSA BM608,
© photo Bertus Mulder heirs
739 CM/RSA D2587
740 CM/RSA D2623/013; CM/RSA D2597/046,
donation Schröder heirs
741 CM/RSA D2623/011; CM/RSA D2623/025

742	CM inv.no. 26344, purchase with support from Vereniging Rembrandt, © photo Ernst Moritz	785	CM inv.no. 26154, © photo Axel Funke
		786	CM/RSA BM603, © photo Bertus Mulder heirs
743	CM/RSA D2623/024	787	CM/RSA BM604, © photo Bertus Mulder heirs
744	CM/RSA D294		
746	CM/RSA D2614/003	788–789	CM/RSA 084 F 225n
747	CM/RSA album 63	790	CM/RSA BM591 © photo Bertus Mulder heirs
748	CM/RSA D2518		
749	CM/RSA D2585	791	CM/RSA BM593, © photo Bertus Mulder heirs; CM/RSA BM594, © photo Bertus Mulder heirs
750	CM/RSA BM086		
751	CM/RSA BM458		
752	CM/RSA BM084	792	CM/RSA BM366, © photo Bertus Mulder heirs; CM/RSA BM589
753	CM/RSA 084 F 147, © photo Gerrit Oorthuys; CM/RSA 084 F 147, © photo Gerrit Oorthuys		
		793	CM/RSA BM563
		794	CM/RSA 084 F 261m, © photo M. Hunting
754	CM/RSA 084 F 147, © photo Gerrit Oorthuys	795	CM inv.no. 14147, © photo Ernst Moritz
755	CM/RSA BM423 © photo Bertus Mulder heirs	796–797	CM/RSA 084 F 224
		798	CM/RSA BM580
756-757	CM/RSA BM433, © photo Bertus Mulder heirs	799	CM/RSA BM615
		800	CM/RSA 084 F 271a
758	CM/RSA BM459	801	CM/RSA BM558
759	CM/RSA BM470, © photo Bertus Mulder heirs	802–803	CM/RSA BM295, © Bertus Mulder heirs
760	CM/RSA 084 F 276a, © photo Ronald Sweering heirs	804–805	CM/RSA BM365, © photo Bertus Mulder heirs
761	CM/RSA 084 F 277, © photo Ronald Sweering heirs	806	CM/RSA BM365, © photo Bertus Mulder heirs, CM/RSA BM365
762	CM/RSA 1026 A 001	807	CM/RSA BM365, © photo Bertus Mulder heirs
763	CM T197504		
764	CM/RSA D2614/005; CM/RSA D2614/006	808–809	CM/RSA BM368
765	CM/RSA D2614/002	810	CM/RSA 084 F 174
766–767	CM/RSA BM278, © Bertus Mulder heirs	811	CM/RSA BM368
		812	CM inv.no. 30205; CM inv.no. 30202
768–769	CM/RSA BM572	813	CM/RSA 084 F 180
770	CM/RSA BM623, © photo Bertus Mulder heirs	814–815	CM/RSA BM578
		816	CM/RSA 084 F 167
771	CM/RSA 084 F 269a	817	CM/RSA BM365
772	CM inv.no. 26094, © photo Ernst Moritz; CM/RSA BM546, © photo Bertus Mulder heirs	818–819	CM/RSA BM364
		820	CM/RSA 084 F 187
		821	CM/RSA BM364
773	CM/RSA 084 F 235, © photo Ronald Sweering heirs	822–823	CM/RSA 084 F 105i
		824	CM/RSA 084 F 090
774	CM/RSA 084 F 238	825	CM/RSA 084 F 107a; CM/RSA 084 F 133a
775	CM/RSA BM596, © photo Bertus Mulder heirs	826	CM/RSA 084 F 106e
		827	CM/RSA 084 F 113b
776	CM/RSA BM597, © photo Bertus Mulder heirs	828	CM/RSA BM358
		829	CM/RSA BM363
777	CM/RSA BM367; CM/RSA BM611 © photo Bertus Mulder heirs	830	CM/RSA BM472
		831	CM/RSA BM432
778	CM inv.no. 26131, © photo Axel Funke	832	CM/RSA album 63
779	CM/RSA BM570, © photo Bertus Mulder heirs; CM/RSA BM569, © photo Bertus Mulder heirs	833	CM/RSA album 63
		834	CM/RSA RSA1635
		835	CM/RSA album 13; CM/RSA album 62
780–781	CM/RSA BM577, © photo Bertus Mulder heirs	836	CM/RSA album 13
		837	CM T198306
782	CM/RSA BM366, © photo Bertus Mulder heirs	838	CM/RSA D2706
		839	CM/RSA D2592
783	CM/RSA BM366, © photo Bertus Mulder heirs	840	HUA inv.no. 404873
		841	CM/RSA album 63; CM/RSA RSA1730
784	CM/RSA 084 F 225f	842	CM/RSA album 63

843	CM/RSA album 63
844	HUA inv.no. 404906, © photo M. Kooren
845	HUA inv.no. 404905, © photo M. Kooren
848	IAWA Ms1987-064 B07 b01-011
849	CM/RSA album 62
850–851	CM/RSA BM685, © photo Bertus Mulder heirs
852	CM/RSA BM671, © photo Bertus Mulder heirs
853	CM/RSA BM700, © photo Bertus Mulder heirs
854	CM/RSA BM654, © photo Bertus Mulder heirs
855	CM/RSA BM756, © photo Bertus Mulder heirs
856	CM/RSA BM757, © photo Bertus Mulder heirs
857	CM/RSA BM760, © photo Bertus Mulder heirs
858–859	CM/RSA BM764
860	CM/RSA BM226
863	CM, © photo Stijn Poelstra; CM, © photo Stijn Poelstra
864–865	CM/RSA 084 F 116b
866	CM, © photo Edgar van Riessen
867	CM, © photo Stijn Poelstra
868	CM, © photo Stijn Poelstra
869	CM, © photo Mark Rammers
870–871	CM, © photo Stijn Poelstra
872	CM, © photo Stijn Poelstra
Cover	CM/RSA 004 A 072 (detail); CM/RSA album 64

The copyright of works by visual artists affiliated to a CISAC organization (Elisabeth (Bep) Eskes-Rietveld, Vilmos Huszár, Bart van der Leck, Gerrit Thomas Rietveld, Jan Rietveld, Wim Rietveld, Charley Toorop, Peter Struycken) is arranged with Pictoright in Amsterdam.
© c/o Pictoright Amsterdam 2020

The copyright of works concerning Truus Schröder-Schräder and Han Schröder is held by Schröder heirs.

All rights reserved. No part of this publication may be reproduced, stored in an automated database and/or made public in any form or by any means, electronic, mechanical or otherwise, without the prior written permission of the publisher.
  The Centraal Museum has made every effort to trace the copyright holders of the (photographic) materials included in the book and to inquire whether they are subject to copyright. If, however, you believe that your rights have been infringed, please contact the publisher or the Centraal Museum.

Van werken van beeldende kunstenaars aangesloten bij een CISAC-organisatie (Elisabeth/Bep Eskes-Rietveld, Vilmos Huszár, Bart van der Leck, Gerrit Thomas Rietveld, Jan Rietveld, Wim Rietveld, Charley Toorop, Peter Struycken) is het auteursrecht geregeld met Pictoright in Amsterdam.
© c/o Pictoright Amsterdam 2020

Het copyright van werken betreffende Truus Schröder-Schräder en Han Schröder is ondergebracht bij de erven Schröder.

Alle rechten voorbehouden. Niets van deze uitgave mag worden verveelvoudigd, opgeslagen in een geautomatiseerd gegevensbestand en/of openbaar gemaakt in enige vorm of op enige wijze, hetzij elektronisch, mechanisch of op enige andere manier, zonder voorafgaande schriftelijke toestemming van de uitgever.
  Het Centraal Museum heeft geprobeerd om de rechthebbenden van de in het boek opgenomen (foto)materialen te achterhalen en te onderzoeken of daarop nog auteursrecht rust. Wie meent nog rechten te kunnen laten gelden, wordt verzocht zich tot de uitgever of het Centraal Museum te richten.

DANKWOORD

We bedanken de directie van het Centraal Museum in Utrecht, Bart Rutten en Marco Grob, voor de steun voor het onderzoek en om tijd beschikbaar te stellen voor de realisering van dit boek.

En uitgeverij Hannibal Books, in het bijzonder Gautier Platteau en Stephanie Van den bosch voor het vertrouwen in dit project en de fijne samenwerking. Sandra Darbé en Derek Scoins danken we voor hun mooie redactiewerk en Patrick Lennon voor de vertaling, net als de andere medewerkers van Hannibal Books: Sara Colson, Pieter De Meyere, Natacha Hofman, Séverine Lacante, Sofie Meert en Hadewych Van den Bossche.

Irma Boom danken we voor de prachtige vormgeving die het huis tot leven brengt. Frederik Pesch (Irma Boom Office), dank voor de fijne samenwerking, de urenlange geduldige sessies samen achter je bureau en via Teams, en de mooie vormgeving. Het boek is een monument op zich geworden en het was een groot plezier om met jullie samen te werken.

De volgende medewerkers van het Centraal Museum bedanken we voor hun geduldige speurwerk naar archiefstukken en beeldmateriaal. In een archief dat uit zo'n 50.000 stukken bestaat, is dat soms zoeken naar een naald in een hooiberg. Neil Bangayan, Catharina van Daalen, Pascale Pere, Chantal Perlée, Edgar van Riessen, Dea Rijper, Saïd Saiah, Marije Verduijn: dank jullie wel! Speciale dank ook aan beelddocumentalist Frederik Markusse en beeldredacteur Julie Hartkamp, die met veel geduld en precisie voor de honderden beelden in dit boek zorgden. Achter elk beeld zitten vragen, zoektochten en soms onderhandelingen.

ACKNOWLEDGEMENTS

We thank the directors of the Centraal Museum in Utrecht, Bart Rutten and Marco Grob, for supporting the research and for making time available for the creation of this book.

We also thank Hannibal Books, in particular Gautier Platteau and Stephanie Van den bosch, for believing in this project, and for the smooth collaboration. Sandra Darbé and Derek Scoins are to be acknowledged for their fine copy-editing work, as is Patrick Lennon for the English translation, and the other contributors of Hannibal Books: Sara Colson, Pieter De Meyere, Natacha Hofman, Séverine Lacante, Sofie Meert and Hadewych Van den Bossche.

Thank you to Irma Boom for the beautiful design that brings the house to life. Frederik Pesch (Irma Boom Office), thank you for such a fine collaboration, involving many hours of time-consuming work together at your desk and via Teams, and for the wonderful design. The book has become a monument in itself and it was a great pleasure working with you both.

We acknowledge the following Centraal Museum staff members for their patient investigation of archival documents and visual materials in an archive comprising some 50,000 items, which was sometimes like looking for a needle in a haystack. Neil Bangayan, Catharina van Daalen, Pascale Pere, Chantal Perlée, Edgar van Riessen, Dea Rijper, Saïd Saiah, Marije Verduijn: thank you! Special thanks also to image documentarian Frederik Markusse and image editor Julie Hartkamp, who managed the hundreds of images in this book with great patience and care. Behind every image are questions, inquiries and sometimes negotiations.

Felicia Piga, an intern at Centraal Museum, made a valuable contribution to the research, mapping designs by Schröder by focusing on every drawing in the Rietveld Schröder Archive, searching for her name, which was sometimes traced very faintly in pencil and abbreviated [Schr.] in a corner or on the back of an archival piece. Felicia found several drawings signed by Schröder, but for which she had not previously been credited. Curator-in-training Roos van Laer helped us extensively with archival research.

Without the Rietveld and Schröder families, this book would not be so richly illustrated. Grandchildren delved into private archives and family albums and sent us wonderful, previously unpublished photos. We thank them warmly for their enthusiasm and the use of their photo materials. We especially thank Truus Schröder's grandchildren Maarten Schröder, Rein Schröder and Margot Pezarro-Schröder and great-grandchild Leone Schröder. Maarten Schröder donated more than four hundred items from his private archive to the Rietveld Schröder Archive during the research for this publication. Special thanks also go to Gerrit Rietveld's granddaughter, Martine Eskes, for her interest and support, her prompt answers to our (sometimes daily) questions and for making visual materials from the family archive available. She put us in touch with other family members who shared photos and archival materials with us, including Jan Holsbergen, who sent us the letters Rietveld's son Jan wrote from the internment camp.

Herman Bunjes gave us beautiful photos with accompanying stories about Eefje Fraenkel-Nieuwstraten, a woman who was friends with Truus Schröder for many years.

Stagiaire Felicia Piga leverde een goede bijdrage aan het onderzoek en bracht ontwerpen van Schröder in kaart door in te zoomen op elke tekening in het Rietveld Schröder Archief, op zoek naar haar naam, die soms heel subtiel en soms afgekort [Schr.] met potlood in een hoekje of op de achterzijde van een archiefstuk stond. Felicia vond diverse tekeningen die door Schröder gesigneerd zijn, maar waarvan het ontwerp niet eerder aan haar is toegeschreven. Conservator in opleiding Roos van Laer hielp ons uitgebreid met archiefonderzoek.

Zonder de families Rietveld en Schröder was dit boek niet zo rijk geïllustreerd. Kleinkinderen doken in privéarchieven en familiealbums en stuurden ons prachtige, nog niet eerder gepubliceerde foto's. We danken hen hartelijk voor hun enthousiasme en het gebruik van hun fotomateriaal. Met name bedanken we de kleinkinderen van Truus Schröder: Maarten Schröder, Rein Schröder en Margot Pezarro-Schröder en achterkleinkind Leone Schröder. Maarten Schröder schonk tijdens het onderzoek voor deze publicatie ruim vierhonderd stukken uit zijn privéarchief aan het Rietveld Schröder Archief. Speciale dank gaat ook uit uit naar de kleindochter van Gerrit Rietveld, Martine Eskes, voor haar interesse en steun, haar snelle antwoorden op onze – soms dagelijkse – vragen en het beschikbaar stellen van beeldmateriaal uit het familiearchief. Ze bracht ons in contact met andere familieleden die foto's en archiefmateriaal met ons deelden, onder wie Jan Holsbergen, die ons de kampbrieven van Rietvelds zoon Jan stuurde.

Van Herman Bunjes ontvingen we mooie foto's met bijbehorende verhalen van Eefje Fraenkel-Nieuwstraten, een vrouw die jarenlang bevriend was met Truus Schröder.

In 2023 werden we benaderd door een achterneef van Schröder, Gabriël Poelhekke. Op zijn zolder lag een doos vol met foto's en correspondentie tussen zijn vader Jan Poelhekke en Truus Schröder en haar kinderen, met name met haar jongste dochter Han. Dit materiaal gaf ons veel extra informatie over het leven van de Schröders in de Tweede Wereldoorlog. We zijn Poelhekke zeer erkentelijk dat hij dit materiaal aan het archief heeft willen schenken.

Tot slot bedanken we ook: Jurjen Creman, Titus Darley, Els Doornhein, Mirjam Elias, Rixt Hoekstra, Nicolette Jesse, Fleur Kuijf, Alenca Mulder, Monica Mulder, Lex Reitsma, Gert Rietveld, Peter Tonneijck, en de tientallen vrijwilligers die tijdens de lockdowns in coronatijd de brieven van Schröder aan haar dochter Han woord voor woord transcribeerden. In totaal bijna 80.000 woorden. We danken: Loes ter Beek, Ineke van den Boogaard, Agnes Claessen, Roel Delnooz, Thea te Dorsthorst, Shirley Elvilia, Karen Folkertsma, Chris van Gorp, Paut Greebe, Anneke de Groot, Rita Haring, Karin van Harreveld, Leny Hofland, Anneke Hutting-de Jager, Aglaia Kluyver, Natasja Koolmees, Alkine van der Laan, Paul van Lingen, Josephine van Maarschalkerweerd, Nicole van Maarseveen, André van Marwijk, Mathijs Meinderts, Wieteke van der Meulen, Ineke Oordijk, Anja van Putten, Marco de la Rambelje, Petra Smits, Joep Soons, Lara Stolwerk, Folke Stuivenberg, Gerard van Velzen, Senno Verduijn, Tine Verhoef, Yvonne Wellink, Jan Wit, Trudy de Wit, Marjon van der Zee, en stagiaires Maris van Leeuwen en Wendy Ettema. De brieven zijn vanaf 2025 online te raadplegen via de collectiedatabase op de website van het Centraal Museum.

In 2023 we were approached by a great-nephew of Schröder, Gabriël Poelhekke. In his attic was a box full of photographs and the correspondence between his father Jan Poelhekke and Truus Schröder and her children, in particular with her youngest daughter, Han. This material gave us a lot of additional information about the lives of the Schröders during World War II. We are very grateful to Gabriël Poelhekke for donating this material to the archive.

Lastly, we also wish to thank: Jurjen Creman, Titus Darley, Els Doornhein, Mirjam Elias, Rixt Hoekstra, Nicolette Jesse, Fleur Kuijf, Alenca Mulder, Monica Mulder, Lex Reitsma, Gert Rietveld, Peter Tonneijck, and the dozens of volunteers who, during the Covid lockdowns, transcribed Schröder's letters to her daughter Han, word for word – a total of nearly 80,000 words. We thank: Loes ter Beek, Ineke van den Boogaard, Agnes Claessen, Roel Delnooz, Thea te Dorsthorst, Shirley Elvilia, Karen Folkertsma, Chris van Gorp, Paut Greebe, Anneke de Groot, Rita Haring, Karin van Harreveld, Leny Hofland, Anneke Hutting-de Jager, Aglaia Kluyver, Natasja Koolmees, Alkine van der Laan, Paul van Lingen, Josephine van Maarschalkerweerd, Nicole van Maarseveen, André van Marwijk, Mathijs Meinderts, Wieteke van der Meulen, Ineke Oordijk, Anja van Putten, Marco de la Rambelje, Petra Smits, Joep Soons, Lara Stolwerk, Folke Stuivenberg, Gerard van Velzen, Senno Verduijn, Tine Verhoef, Yvonne Wellink, Jan Wit, Trudy de Wit, Marjon van der Zee, and interns Maris van Leeuwen and Wendy Ettema. The letters will be accessible online from 2025 via the collection database on the Centraal Museum website.

ABOUT THE AUTHORS

Natalie Dubois has been the curator of applied arts and design at the Centraal Museum, Utrecht since 2015. In this capacity, she is a Rietveld specialist and is responsible for the Rietveld Schröder House managed by the museum. Dubois studied art history at the University of Amsterdam and New York University as well as museology at the Reinwardt Academy in Amsterdam.

Jessica van Geel is a writer and historian. In 2018 she published a biography of Truus Schröder entitled *I love you, Rietveld*. In 2022 she released *Truus van Lier: Het leven van een verzetsvrouw*. Van Geel studied cultural history at Utrecht University and followed the PDOJ postgraduate course in journalism at Erasmus University Rotterdam. For many years she worked for *NRC Handelsblad* and she has written for *Vrij Nederland*, among others.

OVER DE AUTEURS

Natalie Dubois is sinds 2015 conservator toegepaste kunst en vormgeving bij het Centraal Museum, Utrecht. In die functie is ze Rietveld-specialist en verantwoordelijk voor het Rietveld Schröderhuis, dat door het museum wordt beheerd. Dubois studeerde kunstgeschiedenis aan de Universiteit van Amsterdam en New York University, evenals museologie aan de Reinwardt Academie in Amsterdam.

Jessica van Geel is schrijver en historicus. In 2018 verscheen *I love you, Rietveld*: de biografie van Truus Schröder. In 2022 publiceerde ze *Truus van Lier. Het leven van een verzetsvrouw*. Van Geel studeerde cultuurgeschiedenis (Universiteit Utrecht) en volgde de postacademische opleiding journalistiek PDOJ (Erasmus Universiteit Rotterdam). Ze werkte jarenlang bij *NRC Handelsblad* en schreef voor onder andere *Vrij Nederland*.

COLOPHON
COLOFON

Texts & Research
  Natalie Dubois
  Jessica van Geel

Image Editing Centraal Museum
  Frederik Markusse
  Julie Hartkamp
  Roos van Laer

Copy Editing
  Sandra Darbé
  Derek Scoins

Translation
  Patrick Lennon
  Jerome Lettvin (quote p. 291, translation from German)

Project Management
  Stephanie Van den bosch

Design
  Irma Boom
  Frederik Pesch

Lithography
  Séverine Lacante
  Steurs, Wijnegem, Belgium

Printing & Binding
  Printer Trento, Italy

Publisher
  Gautier Platteau

© Hannibal Books, 2024
www.hannibalbooks.be

This publication was made possible in part thanks to the Cultuurfonds, the Hendrik Mullerfonds, Stichting Erven Rietveld, Stichting Rietveld Schröderhuis and a private patron.

het Cultuurfonds

RIETVELD FOUNDATION

unesco
Werelderfgoed

All rights reserved. No part of this publication may be reproduced or transmitted in any form or by any means, electronic or mechanical, including photocopy, recording or any other information storage and retrieval system, without prior permission in writing from the publisher.

English edition, hard cover:
  ISBN 978 94 6494 143 2
  D/2024/11922/48
  NUR 648/653

Nederlandstalige editie, hardcover:
  ISBN 978 94 6494 123 4
  D/2024/11922/33
  NUR 648/653

Cover
  Gerrit Rietveld, axonometric drawing, c. 1950.
  Gerrit Rietveld, axonometrie, ca. 1950.

  Gerrit Rietveld and Truus Schröder in the Rietveld Schröder House, spring 1940.
  Gerrit Rietveld en Truus Schröder in het Rietveld Schröderhuis, voorjaar 1940.

We should neither be bothered by too much nor lack too little. Leave the excess out.

Gerrit Rietveld

We moeten geen last hebben van te veel en geen gebrek aan te weinig. Het overtollige laat je eraf.